Theorie der Wirtschaftsentwicklung

Bearbeitet von Prof. Dr. Werner Hofmann

Sozialökonomische Studientexte

Herausgegeben von Prof. Dr. Werner Hofmann

Band 3

Theorie der Wirtschaftsentwicklung

Vom Merkantilismus bis zur Gegenwart

Bearbeitet von

Dr. Werner Hofmann

Professor für Nationalökonomie und Soziologie
an der Universität Göttingen

DUNCKER & HUMBLOT · BERLIN

Dritte Auflage

Unveränderter Nachdruck der 1971 erschienenen 2. Auflage

Gedruckt 1979 bei fotokop, Darmstadt
Printed in Germany

ISBN 3 428 01513 4

Dem Morgen dargebracht!

Vorwort

Der Widerhall, den die beiden ersten Bände der „Sozialökonomischen Studientexte“ (*Wert- und Preislehre*, 1964; *Einkommenstheorie*, 1965) gefunden haben, zeigt an, wie groß das Bedürfnis ist, in einer Zeit, da auch der Studierende wichtige Werke der ökonomischen Literatur nur noch vom Hörensagen kennenlernt, auf Quellentexte zurückzugehen. Den unvermeidlichen Mangel der hier getroffenen Auswahl soll der verbindende Kommentar ausgleichen, der die dargebotenen Theorien auch in den größeren zeit- und lehrgeschichtlichen Zusammenhang einordnen will. Im übrigen bleibt zu hoffen, daß die in den nun vorliegenden drei Bänden gewählte neuartige Form einer Vermittlung des originären Schrifttums den Wunsch des Lesers wecken wird, sich selbst im Werke der großen ökonomischen Denker näher umzusehen. Die kritische Arbeit am Text bleibt eine erste Voraussetzung redlichen wissenschaftlichen Bemühens; vollends in einer Zeit, da die Nationalökonomie zum Gegenstande lebhafter ideologischer und praktischer Interessen geworden ist.

Für freundlichen Rat habe ich Herrn Diplom-Volkswirt Friedrich *Buttler* zu danken. Beim Lesen der Korrekturen und beim Anfertigen der Register hat Herr cand. rer. pol. Reinhard *Witt* geholfen. — Die Stiftung, die den Namen meines unvergeßlichen akademischen Lehrers *Adolf Weber* weiterführt, hat auch diesem Bande freundliche Förderung angedeihen lassen.

Göttingen, März 1966

Werner Hofmann

Inhalt

Verzeichnis der in den Literaturübersichten verwendeten Abkürzungen

AER	=	American Economic Review
ASS	=	Archiv für Sozialwissenschaft und Sozialpolitik
Ec.	=	Economica
Eca.	=	Econometrica
EJ	=	Economic Journal
HWBSoz.	=	Handwörterbuch der Sozialwissenschaften
HWBSt.	=	Handwörterbuch der Staatswissenschaften (4. Aufl.)
JNSt.	=	Jahrbücher für Nationalökonomie und Statistik
JS	=	Jahrbuch für Sozialwissenschaft
OEP	=	Oxford Economic Papers
QJE	=	Quarterly Journal of Economics
REcStat.	=	Review of Economics and Statistics
RESt.	=	The Review of Economic Studies
SchrVSP	=	Schriften des Vereins für Socialpolitik
SchZ	=	Schweizerische Zeitschrift für Volkswirtschaft und Statistik
WA	=	Weltwirtschaftliches Archiv
ZN	=	Zeitschrift für Nationalökonomie

Einleitung

Das Lebensgesetz der modernen Wirtschaft ist die ständige *Neubildung* (Akkumulation) *von Kapital.* Der ökonomische Gesamtprozeß selbst, jener Vorgang, der als *„Wachstum"* oder *„Entwicklung"* der Volkswirtschaft umschrieben wird, ist nichts anderes als das Resultat der rascher oder langsamer, beschleunigt oder stockend sich vollziehenden Vergrößerung der privaten Erwerbsvermögen. Ebenso stellt sich der ökonomische *„Kreislauf"* als die Zusammenfassung der zahllosen *Umschlags*prozesse der Einzelkapitalien dar. So wachsen die gesamtwirtschaftlichen Erscheinungen aus dem privatwirtschaftlichen Tun heraus.

Eine solche expandierende Wirtschaft der privaten Kapitalakkumulation hat zur *ökonomischen* Voraussetzung eine hinreichende *Entwicklung des Marktverkehrs.* Ihre *soziale* Bedingung ist die Scheidung der Gesellschaft in verselbständigte Träger der Kapitalverwertung und in unselbständig Beschäftigte, die allein ihre Arbeitsfähigkeit in den Verwertungsprozeß einbringen und deren Arbeitskraft ihrerseits einen besonderen *Markt* vorfindet.

Diese geschichtlichen Bedingungen hat die erwerbswirtschaftliche Epoche selbst erst im Großen hergestellt. Die Periode der frühen Kapitalbildung ist zugleich die eines tiefgreifenden gesellschaftlichen Umbruchs gewesen, nachhaltig gefördert durch die *merkantilistische* Politik der Regenten, denen die frühen ökonomischen Denker mit ihrem Rat zur Seite treten wollen.

Erst nach einer langen Epoche des Aufbaus ist schließlich jene kapitalistische Marktgesellschaft frei vom staatlichen Stützwerk hervorgetreten, die hinfort ihren eigenen immanenten Gesetzen folgt und deren Tendenzen den großen Gegenstand der *klassischen* und später der *Marx*schen Ökonomie darstellen. — Die bewegende Frage ist dabei: Wie kann eine Gesellschaft, deren Mitglieder der Voraussetzung nach sich ausschließlich von ihrem Selbstinteresse leiten lassen und nur durch *Märkte,* die Schauplätze des Interessenkontrastes, miteinander verbunden sind, sich im ganzen im Lote halten und eine von größeren Erschütterungen freie kontinuierliche Kapitalvermehrung sichern? Klassiker wie *Say* in Frankreich und *Ricardo* (samt seiner Schule) in England stehen zunächst hoffnungsvoll vor der Aussicht einer harmonischen „gleichgewichtigen" Entwicklung der Gesamtwirtschaft und suchen deren Bedingungen zu erfassen. Später dagegen verschiebt sich, im Zeichen der anhebenden

Konjunkturtheorie, das Schwergewicht der Frage auf die Gleichgewichts-*störungen* im Wirtschaftsprozeß. Die während des neunzehnten Jahrhunderts mit gewisser Regelmäßigkeit wiederkehrenden *Wirtschaftskrisen* zeigen ja an, daß die Märkte, durch welche die einzelnen Kapitalkreisläufe sachlich, größenmäßig und zwischenzeitlich miteinander koordiniert werden, die Erwartungen der Beteiligten nicht nur bestätigen oder übertreffen, sondern auch enttäuschen können, und daß das Gleichgewicht der Märkte offenbar ein labiles ist.

Zu den *Konjunktur*problemen des Wirtschaftsprozesses aber treten, in unserem Jahrhundert der *organisierten, machtgeordneten Konkurrenz,* besondere *Struktur*probleme der Kapitalexpansion, wie sie in der *Weltwirtschaftskrise* eklatiert sind. Mit ihr tritt auch die überkommene Gleichgewichtstheorie in ein kritisches Stadium. Wiederum richten sich nun Erwartungen auf die ökonomische Theorie: Sie soll einen Weg aus der elementaren Gefährdung des Wirtschaftsprozesses weisen; und mit dem *Keynes*schen System wird in der Tat ein solcher Weg aufgezeigt. — So sehr die Fragestellung sich seitdem, unter den Bedingungen der *institutionalisierten schleichenden Inflation,* wiederum verschoben hat: der Theorie des volkswirtschaftlichen „Wachstums" sind Merkmale der mit *Keynes* zum Durchbruch gelangten Sichtweise bis heute eigen geblieben.

Erster Teil

Die Ausbildung der Lehre vom Wirtschaftsprozeß

Die ökonomische Theorie entspricht dem Reifegrad der gesellschaftlichen Wirklichkeit, auf welche sie sich bezieht. Die „politische Ökonomie" selbst ist mit der modernen kapitalistischen National- und Weltwirtschaft auf den Plan getreten und hat in ihrer Fragestellung deren Entwicklung begleitet.

Am Anfang der Theorie steht die *Praxis.* Die Bedingungen der modernen Kapitalakkumulation beschäftigen die Denker der *Merkantilzeit* zunächst als Gegenstand des nachhelfenden, fördernden Eingriffs der Krone. Nur langsam tasten sich die merkantilistischen Schriftsteller hierbei an die adäquaten Begriffe (Kapital, Profit, Rente) und an die Erfassung der komplexeren Wechselbeziehungen heran, welche die anhebende *Volkswirtschaft* kennzeichnen. Ein erstes geschlossenes Bild des Zusammenhangs der Gesellschaftsmitglieder auf rein ökonomischer Grundlage liefert schließlich, in Gestalt des *Tableau Economique,* die französische *Physiokratie;* und wiederum verbindet sich hier mit dem theoretischen Konzept eine bestimmte wirtschaftspolitische Programmatik. So ist die ökonomische Theorie an den Aufgaben herangewachsen, die sich ihr gestellt haben.

Erster Abschnitt

Die Lehre von den produktiven Kräften und von der Erstkapitalbildung: Der Beitrag der Merkantilisten

Die Ausbildung der modernen Erwerbsordnung hat selbst in den führenden Ländern Europas eine ganze Epoche erfüllt. Sowohl die *Produktions-* als auch die *Markt*bedingungen einer Wirtschaftsweise, die auf dem kontinuierlichen Kreislauf des umschlagenden Kapitals beruht, mußten erst hergestellt werden.

Hinsichtlich der *Produktion* war Voraussetzung, daß bis dahin ruhender und einer konsumtiven Nutzung gewidmeter Besitz in werbend eingesetztes, mobiles, zirkulierendes Vermögen, in *Kapital* verwandelt wurde. Damit trat zugleich die historische Gestalt des Erwerbswirtschafters, des *Unternehmers* auf den Plan. — Zweite Voraussetzung war die Freisetzung der bis dahin meist eigenwirtschaftenden Produzenten in Stadt und Land von ihren Wirtschaftsmitteln und ihre Verwandlung in *freie Lohnarbeiter*, d. h. in „Personen ..., die nicht nur rechtlich in der Lage, sondern auch wirtschaftlich genötigt sind, ihre Arbeitskraft frei auf dem Markte zu verkaufen“ (Max *Weber*). — Die Förderung der gewerblichen Unternehmer und die Erhöhung der Zahl wie der Arbeitsamkeit der neuen Unselbständigen lassen alle merkantilistischen Schriftsteller sich angelegen sein. Die Krone selbst hat in allen führenden europäischen Ländern durch Gründung oder Begünstigung von Manufakturen, durch Maßnahmen zu deren Versorgung mit heimischen und auswärtigen Rohstoffen, ferner durch eine rigorose Arbeitsgesetzgebung jenen „Volkswohlstand“ auf alle Art zu vergrößern getrachtet, von dem gleichzeitig der überwiegende Teil des Volkes ausgeschlossen blieb.

Ebenso nachhaltig haben die Regenten Handel und Wandel in ihren Ländern zu befördern gesucht und damit die *Märkte* zur Entfaltung gebracht. Die fürstlichen Höfe selbst boten mit ihrem erheblichen Bedarf an Luxuserzeugnissen einerseits, an Kriegsmaterial andererseits erste Ansätze für eine Produktion im Großen. Dazu kam die schrittweise *Vereinheitlichung des inneren Marktgebietes:* die Beseitigung von Binnenzöllen, von Straßen- und Brückengebühren, der planvolle Ausbau der Verkehrswege; ferner der Schutz der heimischen Märkte vor auswärtiger Konkurrenz, bei gleichzeitiger aggressiver Politik der „*aktiven Handelsbilanz*“ gegenüber anderen Ländern, die Förderung des *Kolonialhandels* zugunsten des „Mutterlandes“; schließlich die Vereinheitlichung des Rechtswesens, die Bereinigung der wirren Vielfalt der Münzen, Maße und Gewichte, die Vermehrung der heimischen Zirkulationsmittel, die Förderung des Kreditsystems.

Mit alledem wurden ebenso die Grundlagen der systematischen privaten *Kapitalverwertung* wie auch einer „wachsenden“ *Volkswirtschaft* gelegt. In der Gestalt des „absoluten“ Monarchen, dessen überlegene Stellung auf einem vorübergehenden geschichtlichen relativen Gleichgewicht von Adel und Erwerbsbürgertum beruhte, verkörperte sich geradezu die heraufkommende

Wirtschaftsnation. Der Regent war zugleich die *personifizierte Volkswirtschaft* und der *ideelle Gesamtkaufmann,* in einer Zeit, da Entwicklung des Privatkapitals und Erschließung der produktiven Kräfte des Landes zwei Seiten des gleichen geschichtlichen Vorgangs waren. Und so sollte der Landesherr auch nach dem Rate der zeitgenössischen merkantilistischen Schriftsteller mit Land und Leuten wie mit einem Privatvermögen wuchern; und die Bereicherung der fürstlichen Schatzkammer erschien als ein Zeichen der Mehrung des Volkswohlstandes. Auch sollte im Außenverkehr vermittels einer „aktiven Handelsbilanz", die das Ausland in Gold zu zahlen hatte, die vom Fürsten repräsentierte neue Nation als ganze gewissermaßen einen „Gewinn" zu Lasten der anderen erzielen, so wie es bei jedem einzelnen Kaufmann der Fall zu sein schien.

Der ökonomische Inhalt jener Epoche der „ursprünglichen Akkumulation des Kapitals" (Karl *Marx*), der anhebenden „rationalen Kapitalrechnung" (Max *Weber)* beherrscht die wirtschaftlichen Überlegungen der Zeitgenossen. Es ist an anderem Orte gezeigt worden, wie die Merkantilisten zu einem ersten Begriff der *produktiven,* d. h. der wertschaffenden und zugleich kapitalbildenden *Arbeit* gelangt sind. (Vgl. Bd. I der „Sozialökonomischen Studientexte": Wert- und Preislehre, S. 23 ff.). Man hat ferner die durchaus wirtschaftspolitisch orientierte *Einkommens*lehre der Merkantilisten kennengelernt: Die Empfehlung möglichst niedriger Löhne sowie der Bereitstellung von immer mehr „Händen" für die Produktion zielt hierbei ebenso auf die vermehrte Kapitalbildung wie etwa die Überlegung, ob ein niedriger oder ein hoher Zinsfuß für Leihkapitalien der wirtschaftlichen Entwicklung von größerem Nutzen sei. (Vgl. Bd. II der „Texte": Einkommenslehre, S. 22 ff.) — Im folgenden resümieren sich nun die Einzelaspekte der merkantilistischen Auffassung zu einer umfassenden praktisch orientierten Lehre von der Erschließung der nationalen Produktivkräfte sowie der inneren und äußeren Märkte — und damit zugleich zur Lehre von den Bedingungen des privaten Erwerbs.

Wie die meisten merkantilistischen Schriftsteller, so haben sich auch die beiden *„kameralistischen"* Denker[1] des späten siebzehnten Jahrhunderts, die im weiteren zu Worte kommen sollen, J. J. *Becher* und Ph. W. *v. Hörnigk,* an ihren Landesherrn gewandt: Beiden ist es um die ökonomische Entwicklung der kaiserlichen österreichischen Erblande gegangen. Hier erschien, bei der allgemeinen territorialen Zersplitterung Deutschlands, noch am ehesten eine großräumige Förderung des Wirtschaftsaufbaues als möglich. Hier freilich war auch der Abstand zu den fortgeschrittenen Merkantilstaaten England und Frankreich besonders groß.

A. Johann Joachim Becher

Johann Joachim Becher (1635—1682), ein umfassender und zugleich unsteter Kopf, voller Ideen und Projekte, hat als zeitweiliger kaiserlicher Kommerzialrat (1666—1676) in seinem damals einflußreichen *„Politischen Discurs"*[2] die Grundsätze niedergelegt, nach denen ein Land zu einer Nation mit entwickeltem Marktverkehr und somit zu einer „volckreichen nahrhafften Gemeind" fortzubilden sei.

---

[1] Als „Kameralisten" bezeichneten sich im 18. Jh. jene merkantilistischen Schriftsteller des deutschen Sprachraumes, die in der Mehrung der fürstlichen Schatzkammer (camera) Ziel und Maßstab der Landeswohlfahrt erblickten.

[2] Der volle Titel lautet: Politische Discurs, Von den eigentlichen Ursachen / deß Auff- und Abnehmens der Städt / Länder und Republicken / in specie,

In jedem Gemeinwesen gibt es nach Becher zwei Arten von Menschen: Obrigkeit und Untertanen. Zur *Obrigkeit* zählen auch die Geistlichen, die Gelehrten, die Ärzte, Barbiere, Bader, Apotheker und Soldaten (d. h. die unproduktiven Schichten). Die Angehörigen der aufgezählten Gruppen dürfen nicht zu gering, aber auch nicht zu zahlreich vertreten sein. Diejenigen dagegen, „wovon die Gemeinde am meisten bestehet" (d. h. die produktiven Schichten der *Untertanenschaft*) teilen sich in den Bauern-, den Handwerker- und den Kaufmannsstand. Alle drei Stände gedeihen nur im wechselseitigen Verkehr, wobei der Bauernstand der wichtigste ist. Denn „wo kein Bauer ist, da hat der Handwercksmann nichts zu verarbeiten, und wo nichts gearbeitetes ist, da kan auch der Kauffmann nichts verkauffen" (S. 10). — Im ersten Kapitel des II. Teils seines *„Discurs"* entwickelt Becher nun, „was die drey Stände in einer Gemein, nemlich der Bauren-, Handwercks- und Kauffmanns-Stand, vor Gemeinschafft haben und erfordern".

1. Der Austausch zwischen den drei Ständen und die Gefahr seiner Behinderung

„Damit man aber etwas außführlicher sehe / worinn dann diese nothwendige Gemeinschafft dieser 3 Ständen bestehe will ich solches so viel zu meinem proposito nöthig / mit kurtzem erweisen. Erstlich müssen diese 3 Stände gemein haben eine Obrigkeit / dann von diversen Obrigkeiten dieser Stände zusammen flicken / thut / wie kurtz hievor gedacht / selten gut / und hat keinen Bestand / wann unter diesem Herrn reiche Kauffleut / und in jener Stadt gute Handwercks-Leut / und unter eines andern Herrn Gebiet die Bauren wohnen / dann solcher gestalt wil einer den andern nöthigen / sperren / übernehmen; und mit einem Wort / einer muß des andern Gnad leben / und verderben / wann untereinander der geringste Mißverstand entstehet. Derohalben sehr rathsam / daß diese drey Stände einer Jurisdiction, einer Obrigkeit / und einem Herr zugehören: vor allen Dingen aber soll die Obrigkeit sehen / daß sie diese Stände also tractire / wie es das End der Bürgerlichen Gemeinschafft / oder civil-societaet erfordert / nemlich / daß sie sich täglich je mehr und mehr vermehren / und die *Gemeine größer werde* / welches wie vor gesagt / geschicht / wann man der Gemeine ihr Nahrung lässet und befordert: weil aber / wie kurtz hernach folgen wird / solche allein in Verhandlung un Verkauffung / auch Versilberung ihrer Güter bestehet / ist leicht zu erachten / daß alles / was dieses verhindere / auch die darauff fundirte Nahrung / und die darauß entspringende / zum

---

Wie ein Land Volckreich und Nahrhafft zu machen / und in eine rechte Societatem civilem zu bringen. Auch wird von dem Bauren- Handwercks- und Kauffmanns-Standt / derer Handel und Wandel / Item, Von dem Monopolio, Polypolio und Propolio, von allgemeinen Land-Magazinen, Niederlagen / Kauff-Häusern / Montibus Pietatis, Zucht- und Werck-Häusern / Wechselbäncken und dergleichen außführlich gehandelt. Erste Ausgabe Frankfurt 1668. Im folgenden nach der dritten Auflage von 1688, unter Beibehaltung der damaligen Schreibweise. (Neudruck der Ausgabe von 1759 erschien 1966.)

End der Civil-societaet höchstnöthige populosität verhindere und schwäche: ist derhalben der Gemeine und derer Nahrung / und aller darauß folgender utilitäten nichts so hinderlich / *als wann man die Kauff-Wahren / und Kauff-Leut mit hohen Zöllen und imposten beschwehrt* / dann dardurch wird der Handelsmann bewogen / seine Wahren theuer zu geben / solche imposten wiederum darauff zu schlagen: weil sie dann ein Frembder / da solche imposten nit seyn / kan wolfeyler geben / oder wann auß Theure wegen solche beschwerte Wahren nicht mehr so starck consumirt und gekaufft werden / so folgt / daß der Kauffmann keine consumption oder debit mehr habe / per consequens er verderben / und gantze Handel geschwächt werden muß. *Es ist andern theils nichts / welches den Bürger / und Handwercksmann mehr verderbt / als die schwere imposten / so auff die Lebens-Mittel / und die grosse Contribution, so auff solche Leut / und ihre Wohnungen geschlagen werden* / dann also werden sie genöthigt / ihre Arbeit theuer zu geben / und zwingen den Käuffer oder Verläger / daß er von ihnen geht / und es lieber von den Frembden nimmt / da er es wolfeyler und besser haben kan / daß also dem Handwercksmann seine Nahrung entzogen / und er zum Müssiggang oder Bettelstab genöthigt wird / *nicht weniger ist dem Landmann und Bauren die grosse Steur und Aufflag ein grosses augenscheinliches Verderben* / dann wann die zwey erste Stände ruiniert oder im Abnehmen seyn / so kan er seine Früchte nicht versilbern / der Handwercksmann trinckt auß Mangel der Mittel Wasser / da er sonsten Wein trüncke / und die große Aufflagen machen / daß er sie theuer geben muß / zumahlen / da er sie verführen / und die schwere Zoell darauff schlagen muß: hierzu kommt noch / daß wann die Früchte der Erden theuer seynd / sie gemeiniglich nicht gerathen / und er keine hat / dafalls sie aber wolfeyl fallen / ist es ein Zeichen daß ihr viel verhanden / und dann schier ein jeder solche zu verkauffen hat; dannenhero ein solcher armer Mann vor dem Reichen / wegen des schädlichen Vorkauffs nicht zur Versilberung kommen kan / zumahlen machen alle vorerwehnte Ursachen nicht allein die Leut auß dem Land lauffen / und solches arm an Menschen / sondern auß dieser Ursach / daß nemlich wenig Menschen in einem Land seyn / und zwar die noch übrige arm / geschichts auch / daß die Victualien dem Baursmann ligen bleiben / und nicht versilbert werden / also der Obrigkeit ihre Contribution nicht ertragen können . . ." (S. 98 ff.).

„*Vor das ander* so haben auch diese 3 Stände gemein / und sehr nöthig zu ihrer Erhaltung / die consumption, debit, oder Verschleiß / dann wo der Kauffmann solchen hat / nimmt er dem Handwercksmann die Wahren ab / und wo der Handwercksmann seinen manufacturen einen gewissen Verschleiß weiß / da arbeitet er nit allein Tag und Nacht / sondern weil er solcher gestalt seine Arbeit versilbern kan / lebt er nit allein besser / trinckt an statt Wassers / Wein oder Bier / und gibt dem Landmann Geld zu lösen / er kaufft ihm auch neue Materien zu manufacturen ab / und da kan der Landmann alles Korn / Wein / Fleisch / Leinen / Leder / Woll / und was ihme die Erde gibt / zu Geld machen / und seiner Obrigkeit die Gülten entrichten / da freut sich der Baursmann / wann er dieser Dingen ein fruchtbahres Jahr sihet / da er nun weiß / wo er mit hin soll / da er hingegen offt betrübt ist / ja mancher / der dieser Dingen Vorrath hat / wünschte ein Mißjahr / welches ja unmenschlich ist / da freuet sich der Handwercksmann / wann er viel manufacturen kan / oder fertig hat / wann er das gantze Hauß voll Gesind / und Tag und Nacht Unruh hat / dann er weiß / wo er Sambstags sein Geld darfür beym Verläger holen soll: Da er nun / so er etwas fertig hat / ängstig ist / wo er es bey Juden / oder Christen versetzen / halb hinweg schencken / oder verhandelen / ja den einen Tag nicht weiß / wo er den andern sein Brod holen soll / da freuet sich endlich der Kauffmann / wann er gantze Ballen Waaren / bald hie / bald dorthin verhandelt / und dessentwegen / bald von hie / bald von dort Wechsel ziehet. Mit einem Wort / *die Consumption* [sprich: der Markt; W. H.] *erhält diese drey Ständ* / die Consumption ist ihre Seel / die Consumption ist der eintzige Bindschlüssel / welcher diese Stände aneinander bindet und hefftet / auch von einander leben macht / ja der consumption wegen ist der Kauffmann-Stand so nöthig in der Gemeind / so groß darinnen der Bauren-Stand / dann dieser vermehrt zwar die populosität / jener aber ernehret sie“ (S. 101 f.).

2. Der nützliche und der schädliche Kaufmann

Becher fährt fort:

„Wie ich nun erweisen will / so ligt die eintzige consumption dieser dreyen Ständen / und also alle ihre Nahrung allein an dem Kauffmann: dann von diesem lebt der Handwercksmann / und von demselben der Baur; ich verstehe aber am meisten Handels-Leut / welche Verläger seynd / und von welchen viel Handwercks-Leut leben können / und ihren Verlag haben / dann wann alles in der Gemeinde soll fovirt werden / was zur Vermehrung / und Ernehrung der populosität und der civil-societät dienet / so müssen *wahrlich solche Verläger vor Grundsäulen der Gemeinde gehalten werden* / dann von so einem Verläger können etlich hundert Menschen leben / davon die Bauren / und von diesen der Edelmann nicht wenig Nutzen haben: durch das Wort *Verlegen* aber verstehe ich / wann ein Mann den Handwercks-Leuten Mittel macht / daß sie die in dem Land fallende / oder auß der Frembde hereingebrachte rohe Waaren in manufacturen verarbeiten können / und dann ein solcher Verläger die gemachte manufacturen von ihm wieder um ein billiches Geld nimmt / und hernach anderwerts / so gut er kan / inn oder ausser Lands verhandelt: dieses nennet man Verläger / darvon man Exempel hat / daß durch ihrer etliche gantze fürnehme Städte seynd auffkommen / ja etlich 1000 Menschen von ihnen ihre ehrliche Nahrung gehabt / das seynd rechtschaffene Handelsleut / die da durch ihren Verlag machen / daß die rohe Waaren im Lande bleiben / und durch die Unterthanen verarbeitet / solche dardurch vom Müssiggang abgehalten und zu ehrlicher Nahrung gebracht werden / daß an statt nun frembde manufacturen ins Land gehen / und das Geld darfür hinauß gehet / nit allein solches Geld im Land bleiben / sondern die im Land gemachte / und in die Frembde geschickte manufacturen noch ein mehrers Geld ins Land ziehen / und also solches populôs und narhafft machen: dieses sag ich / *seynd nützliche Glieder der Gemeind* / die ihr End setzen / die societatem civilem zu vermehren und zu ernehren / aber diese Kauffleut / von welchen ehender ein Papagey / Hund oder Pferd / als ein einiger Mensch / oder Unterthanen leben kan / welche lieber die rohe Waaren aus dem Land führen / in der Frembde verarbeiten lassen / unn dann wieder herein bringen / also lieber den Fremden / als den Inländern das Geld gonnen; oder die / welchs das gemeinste ist / jährlich viel hundert tausend in fremde Länder schicken / frembder Leut Unterthanen reich / und potent, hinwegen ihres Lands-Fürsten Unterthanen arm machen / das Geld hinauß schicken / und nichtswertige / oder solche manufacturen dafür herein bringen / die man selber im Land haben / und zum wenigsten den Innwohnern und Bettlern / derer das gantze Land vollaufft / das stücklein Brod gönnen können; welche allein auff ihren Profit sehen / das Land schinden / schaben und aussaugen etwan hernach einem Teuffel ein Liecht anzünden / darbey die gröste propolisten seynd / und nicht allein des Lands Unterthanen in keine Arbeit stellen / und ihres Gewinns geniessen lassen / sondern ihre Mit-Bürger und Neben-Handelsleut verderben / ja als bissige Hund an dem bein allein nagen wollen / des Landmanns und Handwerckmanns blutigen Schweiß aussaugen / und / so man ihnen dann ein böses wort gibt / oder sich die Zeiten nur ein wenig änderen und böß anlassen / oder ein Feind auff 50 Meil vor der Thür ist / dräuen / und lauffen sie mit ihrem geschundenen Mammon hinweg / und lassen die arme Leut allein leyden / diß seynd die Blut- und Saugigel einer Republic, der Todt und Untergang / derselben End / dann sie mindern die populosität / und entziehen dem Land die Nahrung / bereichen dessen Feind / und tragen keine Scheu / ihres Nutzens willen / dasselbe seinen Feinden zu verrathen und zu verkauffen / sie seynd die Miedling / und nicht rechte Hirten / gefährliche Leut in der Republick / welche um so viel grössern progress haben / jeweniger man auff dieselbe Achtung gibt / ja je mehr solche bey den Staats-Personen bißweilen access haben / diese seynd das contrarium mit den Verlegern / dann weil dieser Juden und Canalien böse intention nur ein Monopolium ist / und auff ihre Bereichung allein sihet / ihres Nachbarn / und Neben-Menschen Beförderung aber / (welches doch wider alle leges der societät ist / laut vorhergehender deduction) gantz auff die Seite setzet / suchen sie nicht allein solche nit zu befördern / und gilt ihnen gleich (wie ich es auß ihrem Munde habe / und die Experientz solches erweiset) wie lang ein Staat stehe / ob er wol / oder übel fahre / sondern sie suchen auch auffs äußerst ihren Nechsten blind zu machen / damit sie ihn desto besser betrügen können / sie wenden vor / *man könne dergleichen Waaren nit im Land machen* / alle Elementen seynd nicht gut dazu / man müsse sie auß der Frembde holen / zwar nur darumb / darmit hinter ihren diebischen Gewinn niemands gründlich komme / und ihnen solchen (wanns im Land verlegt würde) unter Augen legen kan: diese Ursachen / sag ich / der Geitz allein alles zu haben / die intention dem Land nicht zu dienen / den betrogenen Gewinn verborgen zu halten / das Geld unter einem justen prätext hinauß zu partirn / neben dem Vorwand der Unmöglichkeit / grober ignorantz und Faulheit (dann solche Gesellen keine Liebhaber von manufacturen seynd / und die den geringsten Leinweber / wil geschweigen / jemands anders verlegt haben / seynd die Idioten / und von Stoltz übernommene Esel) seynd grobe motiven / daß solche Todtfeind / und Pesten der Republic nicht allein / wie gesagt / dem gemeinen Wesen nicht zum besten handeln / sondern wie die vorige die lobwürdige Verläger / der civil-societaet End / die populosität / und die Nahrung vermehren / also vermindern diese solche: dann es ist gewiß / und sich nach vorher gelesenem gantz nit zu verwunderen / *dz ein Kauffmann ein Land auffbringen oder verderben könne* / wiewol es unsere Staatisten theils nit mercken wollen / allein weil die endliche consumption, wie erwiesen / bey den Handelsleuten bestehet / ist leicht zu erachten / daß beede folgende Ständ / der Handwercks- und Baurenstand von ihnen dependirt; warum schlägt man einem Mörder den Kopff herab / und hencket einen Dieb / allein darum / daß der erste die populosität / der ander die Nahrung der Gemeinde mindert / und die lose Menschen die vorige Art von Kauffleuten / welche beydes begehen / ja nicht offentlich / sondern meuchtlich / diese / sag ich / an statt der Straff venerirt / privilegirt und nobilitirt man bißweilen; eine Menschen-Art / die um so viel böser ist / daß sie nicht allein böses thut dem gantzen gemeinen Wesen / sondern dieweil sie auch sucht das Gute / nemlich die erste / edleste Art der Verläger zu verhindern ..." (S. 102 ff.).

Vor allem ist dem „Monopolium" sowie dem „Propolium", dem „Vorkauf" (d. h. den preissteigernden Praktiken der Marktregulierung durch Kaufleute oder Handwerker) von Staats wegen entgegenzutreten. Dagegen verdient der redliche Unternehmer öffentlichen Beistand und gesellschaftliche Anerkennung:

„Nun wil ich noch zum Beschluß des Punctens von der consumption, folgends den Verlägern zu Lob und Ehren anhencken / *daß nemlich sie allein vor Grundsäulen dieser dreyer Ständen zu halten seynd* / dann von ihnen lebt der Handwercksmann / von diesen der Bauer / von diesen der Edelmann / von diesen der Lands-Fürst / und von diesen allen wieder der Kauffmann / das seynd die jenige Hände / welche einander vereinigen müssen. Wir verwundern uns öffters / warum das Teutschland arm seye / und depopulirt / und sehen nit die Blutigel / welche ihm in diesem schlam das blut auß den Adern saugen / biß wir unmächtig worden sind / und uns endlich frembde solche mit Gewalt herab thun müssen / aber es ist gewiß / *daß allein die Kauffleut die jenige seynd / welche heimlich ein Land verderben / und auffbringen können:* die Kauffmannschafft aber nur die jenige / von welcher der Staat an Geld und Nahrung gemehrt wird / ist nechst der Natur die jenige Säuge-Mutter / welche das noch junge Auffnehmen auch der desertesten Länder zum Sprossen / zur Blüt / und endlich herrlichen Früchten bringet ..." (S. 106 f.).

3. Die Förderung des inneren Marktes

„Was nun die consumption und wie vielerley sie seye / ist ingleichem zu erinnern und zu wissen / daß sie zweyerley sey / *nemlich Innländisch und Außländisch:* Die Innländische ist die jenige / welche von den Unterthanen eines Lands erhalten wird; man bringt sie zuwegen durch ein Privilegium, welches man privativum nennet / darum / daß dardurch dergleichen frembde manufacturen / oder in einem Land fallende Waaren von der Frembde herein zu bringen verbotten wird / dann es ist natürlich / daß sich ein jeder am nechsten ist / und seinen Landsleuten und Mitbürgern vor fremden ein stück brod gönnen / auch kein Wasser in die Donau / das ist / Waaren / die man in einem Land selber haben kan / von der fremde hinein bringen soll / dann solcher gestalt verschlägt man die Innländische Güter / wo derhalben ein privilegium privativum über einen Verlag ist / *da ist die Innländische consumption gewiß / und wo diese gewiß ist / da finden sich unfehlbar Verläger / wo aber Verläger seynd / da mangelts an Handwercksleuten nicht / und wo diese etwas verdienen / kan und muß der Landmann unfehlbar seine Waaren versilbern* / und das ist eine consequentz / die richtig einander folget. Die *außländische consumption* aber belangend / so ist sie die jenige / welche ihre Waaren in die Frembde consummirt: wiewol nun von Fremden wann sie klug seynd / selten darüber ein privilegium zu hoffen /und also diese consumption nicht so gewiß / als die vorige ist / so wird sie gleichwol erhalten durch Wolfeyle / und Güte der Waaren / durch welche zwey Mittel / wie man im Sprichwort sagt / *man auch von seinem ärgsten Feind das Geld herauß locken kan:* daß aber die manufacturn wolfeyl seyn können / wird zweyerley erfordert / erstlich / daß an dem Ort / wo sie gemacht werden / wolfeyl zu leben sey / und darum seynd die übergrosse imposten / so man auff die Victualien schlägt / diesem Ende gantz zu wider / *vor das ander* / daß man in der Arbeit selbsten compendia und Vortheil suche / und darum soll man gute Mechanicos und Künstler lieben / und darauff spendiren: die Güte der Waaren aber anbelangend / wird solche zu wegen gebracht durch Unterhaltung guter Meister / und Erhandlung guter roher zu manufacturen gehöriger materien: zu allem diesem aber wird erfordert Verstand / und inspecie zur frembden consumption wird conversation mit den Fremden / Abschaffung der schweren Zöll auff die hinaußgehende manufacturen / Trockirung der Innländischen manufacturen vor fremde rohe Waaren requirirt / wie dann solches ein jeder ehrlicher Handelsmann / der dem Vatterland zum Auffnehmen / und besten zu handlen suchet / mit mehrerm wissen wird / *da er dann / wann er diese gute intention hat von Gott auch unfehlbar hierinnen gesegnet wird* werden / da hingegen die vorige Hummeln / die den armen Bienen den Honig stehlen / nemlich die schädliche Kauffleut / so auß böser intention, Geitz / Neyd / Faulheit und Unverstand dem Land zum besten nichts verlegen / ja andere ehrliche Verläger / und ihre Beförderer noch hindern wollen / darvon ich zuvor gedacht / diese sage ich / die nur der Gemeinde zum Schaden im trüben fischen wollen / werden den unaußbleiblichen Fluch erben / und weiß man manchsmahl nicht / warum Gott einen oder den andern Prachthansen / ein klein wenig ehrlicher / als einen Dieb durch einen unversehenen Panckrot fallen lässet. Drittens so haben diese drey Stände weiter gemein eine gewisse proportion und correlation, so alle drey gegeneinander ... als jeder unter sich selbst“ (S. 107 ff.).

Der inneren Entwicklung soll auch der Außenhandel dienen. Hier rühmt Becher die großen Vorzüge des Kolonialsystems: Die Natursegnungen der überseeischen Länder, der billige Boden, die wohlfeile Arbeitskraft, die Profitierlichkeit der Sklavenarbeit, besonders in Nordamerika, lassen Becher die dringende Empfehlung aussprechen, auch in den kaiserlichen Landen eine Handelskompanie für den Westindien- sowie für den Orienthandel ins Leben zu rufen. Hierin wie auch in der Aufforderung, die Einfuhr fremder Manufakturwaren rundweg zu verbieten[3], sowie die Arbeitsamkeit des Volkes zu vergrößern — durch Bekämpfung des Bettels, durch strenges Verbot des Almosengebens, durch Errichtung von Werkhäusern, deren Insassen nur um Kost und Kleidung arbeiten, so daß „die Verleger des Werckhauses ein ziemliches bei dergleichen Arbeiten prosperiren“ (S. 293). —, zeigt sich Becher als ein Merkantilist auf der Höhe seiner Zeit.

[3] Man vergleiche das Reichsedikt Kaiser Leopolds von 1676, das für das ganze Reich die Einfuhr aller Waren aus Frankreich unter Verbot stellte; mit geringem Erfolg, wie sich denken läßt.

B. Philipp Wilhelm von Hörnigk

Steht bei Becher die Entwicklung des Austauschs innerhalb des Gemeinwesens obenan, so hat sein Schwager Philipp Wilhelm v. Hörnigk[4] (1638 bis 1712) in seinem nur kurze Zeit nach dem „*Discurs*“ (1684) erstmals (anonym) erschienenen Buch mit dem bezeichnenden Titel „*Österreich über alles, wann es nur will*“[5] besonders die Grundsätze der *Produktions*förderung hervorgehoben. Seine Ratschläge fassen sich in den folgenden „Neun landes-öconomischen Haupt-Reguln“ zusammen:

„Bestehet nun die Macht und Fürtrefflichkeit eines Landes in dessen Uberfluß / an Gold / Silber / und allen andern zu seiner Subsistenz erforderlichen oder bequemen Dingen / und zwar solches alles so viel möglich / aus seinem eigenen Vermögen / ohne Dependenz von andern / und dabey in all deren rechtmässiger Pflege / Gebrauch / und Anwerdung / so folget / daß eine gemeine Lands-Öconomie darauf zu sehen habe / wie solcher Uberfluß / Pflege und Genuß / aus eigenem Vermögen / und ohne Dependenz von andern / oder wo dieses nicht in allen Stucken seyn könte / aufs geringste als möglich / mit auswärtiger Dependenz, und Verschonung inländischer baarer Mittel zu wege gebracht werde. Zu welchem Ende dann fürnemlich nachfolgende neun Reguln dienen müssen.

Erstlich: Kommet die Art des Landes aufs genaueste zu beobachten / und zu erkennen / kein Winckel / kein Erdschollen / ob er des Bauens fähig / unbesprochen zu lassen; nichts nutzbares von Plantagien unter der Sonnen soll unversucht bleiben / ob / und wie weit es im Lande gut thun möchte / massen die Nähe oder Ferne der Sonnen nicht eben alles thut. Für allen Dingen was Gold und Silber betrifft / daran ist keiner Mühseeligkeit noch Kostens zu schonen / es über die Erde zu bringen.

Zweytens: Alle in einem Land fallende Gueter / so in ihrer rohen Gestalt nicht genutzet werden mögen / seynd innerhalb desselben zu verarbeiten; angesehen der Lohn von Fabricatur den Währt des rohen Zeugs gemeiniglich zwey / drey / zehen / zwanzig / auch wohl hundertfach übertriefft / welchen zuverwerffen / bey verständigen Haußhältern ein Greuel ist.

Drittens: Zu Vollstreckung[5a] obiger beyder Reguln gehören Leute / sowohl zum Beyschaffen oder Herfürbringen und Bauen der rohen Güter / als zu deren Verarbeitung; dannenhero auf die Bevolkung eines Lands so viel Menschen nur immer sich drinnen ernähren können / als eines wohlgeordneten Staats höchste / aber leider! bey vielen wenig

---

[4] Auch Hornigk oder Hornick geschrieben.

[5] Untertitel: Das ist wohlmeinender Fürschlag, wie mittelst einer wohlbestellten Landesökonomie die Kaiserliche Erblande in kurzem über alle andere Staaten von Europa zu erheben und mehr als einige derselben von denen andern independent zu machen. Hier nach der 2. Auflage, Nürnberg 1685.

[5a] Im Originaltitel: Vollsterckung.

geachtete Angelegenheit zu schauen ist. Und solche Leute seynd in alle mögliche Weiß und Wege aus dem Müssiggang in eine nahrhaffte Profession zu bringen; Zu allerhand Inventionen / Künsten und Hand-Arbeiten zu unterrichten und aufzumuntern / und wo nöthig die Lehrmeister dessen aus der Fremde hereinzuvermögen.

Vierdtens: Gold und Silber / so einmal in das Land / es sey aus eigenem Bau / oder aus der Fremde / durch Industrie kommen / ist in keinerley Weiß noch Wege / es sey für was es wolle / soviel nur immer möglich / wieder hinaus zu vertragen / noch zuzugeben / daß es in Küsten oder Kasten vergraben werde / sondern immerzu in der Circulation bleibe: auch nicht / daß es viel in solche Fabric gerathe / wo es gleichsam destruirt wird / und nicht wieder zu Nutzen zu bringen. Dann solcher gestalt / wird unmöglich seyn / daß ein Land / so einmal zu einer ansehnlichen Baarschafft kommen / bevorab / das jenige / so eigene Gold- und Silber-Minen besitzt / in Armuth verfalle; ja was das letzte betrifft / unmöglich / daß es nicht an Reichthum und Gut immerfort zunehme. Dannenhero seynd

Fünfftens / die Lands-Inwohner aus allen Kräfften dahin zuhalten / daß sie sich an ihren einheimischen Gütern begnügen / mit solchen allein ihre Lüsternheit und Pracht begräntzen / und der auswärtigen (ausgenommen / was die hohe Noth / oder an Nothstatt die eingerissene unvermeidliche Mißbräuche / deren Exempel uns das Indianische Gewürtz giebt / nicht anderst zuliessen:) aufs höchste als immer möglich / müssig gehen; Und was endlich noch.

Sechstens abgienge / und besagter Massen aus Noth / oder um unremedirlichen Mißbrauchs willen unentbährlich wäre / solches bey denen Fremden / so weit es nur immer möglich / von erster Hand / nicht um Gold und Silber / sondern in Austauschung anderer inländischer Waaren abholen.

Siebendens: Sothane frembde Waaren sollen alsdann in roher Gestalt genommen / innerhalb Lands fabricirt / und der Manufactur Lohn allda selbst verdienet werden.

Achtens: Nacht und Tage ist darob zu seyn / wie die im Land gefallene überflüssige Güter bey denen Ausländern in verarbeiteter Gestalt / so weit solches nöthig / und zwar um Gold und Silber anzuwerden / und zu dem Ende die Consumption so zusagen / biß an das äusserste Ende der Welt zu suchen / und selbige in alle Weiß und Wege zu fördern.

Neuntens / ist ausser wichtigen Bedenckens in keinerley Weiß noch Weg zugestatten / daß Güter / deren Arth inner Lands zu Genüge / und in erträglicher Güte fällig / von aussen hineingebracht werden; worinnen mit denen Auswärtigen / weder Mitleiden noch Barmhertzigkeit zu tragen / sie seyen gleich Freunde / Verwandten / Alliirte oder Feinde. Dann da hat alle Freundschafft ein Ende / wo solche zu meiner

Schwächung und Verderbung angesehen. Und solches behält Platz / wann gleich die inländische Waar schlechter an Güte / oder auch höher an Währt seyn solte. Dann besser wäre / es komme auch einem übel berichteten so seltzam vor / als es wolle / für eine Waar zwey Thaler geben / die im Land bleiben / als nur einen / der aber hinaus gehet.

Es ist keine Nothdurfft diese Grund-Reguln einer allgemeinen Lands Öconomie mit mehrerm zubeleuchten. Ihre Vernunfftmässigkeit ligt für jedem Klugen von selbst zu Tag" (S. 43 ff.).

Wie den merkantilistischen Schriftstellern seiner Zeit allgemein, so ist es auch Hörnigk wohl bewußt, daß die bewegende Kraft der Landesökonomie die *produktive Arbeit* ist. Auf alle Art ist daher das Volk zur Arbeitsamkeit zu erziehen. Auch redet Hörnigk einer rigorosen Lohnpolitik das Wort; denn nur ein niedriger Lohn halte die Arbeiter in Fleiß. (Näheres hierüber in Bd. II der „Sozialökonomischen Studientexte", S. 28 ff.)

So sind die merkantilistischen Schriften durchdrungen vom Geiste ihrer Epoche: Es geht um die bis zur Gewaltsamkeit getriebene Erschließung der (menschlichen und sachlichen) Produktivkräfte des Landes für den anhebenden ökonomischen Wettbewerb der Nationen, und zugleich um die Verwandlung dieser Produktivkräfte in Elemente des neuen *Erwerbskapitals.* — Schon die merkantilistische Literatur durchzieht dabei das tief *widersprüchliche* Verhältnis zwischen den beiden Zielsetzungen, zwischen der Entfaltung der nationalen *Produktivkräfte* und ihrer Mehrung als Bestandteile des *Kapitals,* zwischen Beförderung des *Güter*reichtums der Volkswirtschaft und Steigerung des *Geld*reichtums der einzelnen, und daher zwischen dem „guten" und dem „üblen" Kaufmann *(Becher),* zwischen *„private vice"* und *„public benefit" (Mandeville).* Indem die Merkantilisten mit naiver Unbefangenheit in ihren Ratschlägen die Bedingungen der anhebenden Wirtschaftsweise bezeichnen, zeigen sie den Kontrast zwischen deren verheißungsvollen und ihren mephistophelischen Tendenzen an; ein widersprüchliches Verhältnis, das alle weitere Entwicklung kennzeichnet und das bald zuversichtliche, bald besorgte oder kritische Urteil der Denker bestimmen wird.

Literatur

Weitere merkantilistische Schriftsteller und ihre Hauptwerke

D e u t s c h l a n d : Veit Ludwig *v. Seckendorff* (1626—1692): Teutscher Fürsten-Staat, Frankfurt 1656. — Wilhelm *v. Schröder* (1640—1688): Fürstliche Schatz- und Rent-Cammer, Leipzig 1686. — Johann Heinrich Gottlob *v. Justi* (1717—1771): Staatswirthschaft, oder systematische Abhandlung aller ökonomischen und Kameralwissenschaften, die zur Regierung eines Landes erfordert werden, Leipzig 1755; Grundsätze der Polizeywissenschaft, Göttingen 1756. — Jos. *v. Sonnenfels* (1732—1817): Sätze aus der Policey-, Handlungs- und Finanzwissenschaft, Wien 1765.

E n g l a n d : Thomas *Mun* (1571—1641): England's Treasure by Forraign Trade, London 1664. — William *Petty* (1623—1687): Political Arithmetick, or a Discourse Concerning the Extent and Value of Lands, People, Buildings etc.,

London 1690. — John *Locke* (1632—1704): Some Considerations of the Consequences of the Lowering of Interest and Raising the Value of Money, London 1691. — Dudley *North* (1641—1691): Discourses upon Trade, London 1691. — James *Steuart* (1712—1780): An Inquiry into the Principles of Political Economy, London 1767.

Frankreich: Maximilien de *Sully* (1560—1641): Mémoires des sages et royales oeconomics d'Estat, domestiques, politiques et militaires de Henry le Grand, Amsterdam und Paris 1638. — Pierre le Pesant de *Boisguillebert* (1646 bis 1714): Le Détail de la France, 1695.

Italien: Antonio *Serra* (geb. 1580; Sterbejahr unbekannt): Breve trattato delle cause, che possono far abbondare li regni d'oro e d'argento, dove non sono miniere, Neapel 1613. — Antonio *Genovesi* (1712—1769): Delle lezioni di commercio, o sia d'economia civile, Neapel 1765. — Fernando *Galiani* (1728 bis 1787): Della moneta libri quinque, Neapel 1750; Dialogues sur le commerce des blés, Paris 1770.

Empfohlene Sekundärliteratur

Allgemein: Art. „Merkantilismus" und „Kameralismus", HWBSt., HWBSoz. — Wilhelm *Roscher:* Geschichte der National-Oekonomik in Deutschland, München 1874 (München und Berlin 1924²). — August *Oncken:* Geschichte der Nationalökonomie, Teil I, Leipzig 1902 (1922³). — Kurt *Zielenzieger:* Die alten deutschen Kameralisten. Ein Beitrag zur Geschichte der Nationalökonomie und zum Problem des Merkantilismus, Jena 1914. — Werner *Sombart:* Studien zur Geschichte des modernen Kapitalismus, Bd. I: Luxus und Kapitalismus; Bd. II: Krieg und Kapitalismus, München und Leipzig 1913. — Eli F. *Heckscher:* Der Merkantilismus, a. d. Schwed., 2 Bde., Jena 1932.

Zu Becher und Hörnigk: Art. „Becher" HWBSt., HWBSoz. — Art. „Hörnigk" HWBSt. — *Zielenzieger,* a.a.O., S. 199 ff., 278 ff. — Herbert *Hassinger:* Johann Joachim Becher. Ein Beitrag zur Geschichte des Merkantilismus, Wien 1951.

Zweiter Abschnitt

Der ökonomische Zusammenhang der Gesellschaft auf Grundlage der agrarischen Produktion: François Quesnay

1. Die französischen Physiokraten in ihrer Zeit

Frankreich machte im achtzehnten Jahrhundert eine schwere wirtschaftliche Strukturkrise durch: Nach dem großen Jahrhundert planvoller Wirtschaftsförderung, angefangen von *Heinrich IV.* (1553—1610) und seinem Wirtschaftsminister *Sully* bis zu dem großen *Colbert* (1619—1683), hatten die zahlreichen Kriege der französischen Könige und die Gleichgültigkeit der Monarchen gegenüber der Wirtschaft ihres Landes nicht nur die Staatsfinanzen zerrüttet, sondern auch das Gewerbe und vor allem die Landwirtschaft schwer getroffen. Schon *Boisguillebert* (1646—1714) führte lebhafte Klage darüber, daß der Druck der öffentlichen Abgaben im Verein mit einer Politik niedriger Getreidepreise dem Landmann jeden wirtschaftlichen Anlaß zur Mehrleistung nehme. Wer immer konnte, verließ das flache Land. Um die Mitte des achtzehnten Jahrhunderts war nach Schätzung *Quesnays* etwa ein Viertel der nutzbaren Agrarfläche verödet. Überall schien man leichter zu leben als da, wo die Grundlage auch des gewerblichen Reichtums gelegt wurde. Ein zu schwer gewordener gesellschaftlicher Körper ruhte auf zu schwachen Beinchen. Die ungelöste Agrarfrage des spätfeudalen Frankreich, mit ihren wirtschaftlichen Konsequenzen, lieferte dem sozialen Begehren des von den Gewerbetreibenden angeführten „dritten Standes" weiten Widerhall auf dem flachen Lande. Als Grundbuchkommissar in der Picardie hat auch der junge *Babeuf*, das Haupt der späteren „Verschwörung der Gleichen" (hingerichtet 1797), den Gedanken einer Umwälzung der ländlichen Eigentumsverfassung gefaßt.

Eine Rückbesinnung auf die ursprünglichen Produktivkräfte der Nation schien dringlich. Der physiokratischen Schule in Frankreich[6] kommt hierbei das Verdienst zu — bei allem sektenhaften Lärm, den einige ihrer Jünger erhoben haben—, vor allem den Gedanken in die Lehrgeschichte eingebracht zu haben: Der Volksreichtum ist Ergebnis der *Produktion*, nicht des Handels, der Zirkulation, wie noch die Merkantilisten, jedenfalls in ihrer *Gewinntheorie*, vermeint hatten. Auch der private Profit findet seine Grundlage in einem volkswirtschaftlichen *Mehrprodukt*, dem *„produit net"*.

Allerdings erscheint als Quelle eines solchen „Überschusses" über den unmittelbaren Verbrauch der Produzenten selbst nur die Urproduktion, vor

---

[6] Ihre Anhänger nannten sich zunächst *Economistes*. Der Name „Physiocratie" erschien erstmals in dem Titel einer von *Dupont de Nemours* herausgegebenen Sammelveröffentlichung aus dem Jahre 1768; erst später fand er allgemeine Verbreitung.

allem die Landwirtschaft. Auch wird das Überschußprodukt der ländlichen Erzeuger von den Physiokraten noch, entsprechend ihrem rein güterwirtschaftlichen Begriff von „Produktivität" überhaupt, als eine physische Masse, noch nicht als eine abstrakte *Wert*größe aufgefaßt. Ferner wird der *produit net* als eine Masse betrachtet, die von einer Erzeugungsperiode zur anderen gleichbleibt; die Gesellschaft erscheint noch als eine stationäre.

Das anerkannte Haupt der physiokratischen Schule war *François Quesnay* (1694—1774), der Leibarzt der *Pompadour*. Um ihn scharten sich diejenigen Denker, die sich auf das Wort von *Sully* beriefen, wonach Ackerbau und Viehzucht die beiden Brüste des Menschengeschlechtes seien. Im Jahre 1758, als der Siebenjährige Krieg bereits auf der Wirtschaft und den Staatsfinanzen Frankreichs lastete, trug *Quesnay* dem König selbst sein *Tableau Economique* vor, ohne freilich bei Hofe größeres Verständnis zu finden. Wie der englische Arzt *Harvey* 1628 den animalischen Blutkreislauf entdeckt hatte, so wollte *Quesnay* in seinem *Tableau* den ökonomischen Kreislauf darstellen, durch den sich die Gesellschaft in allen ihren Gliedern am Leben erhalte. Seine Auffassung resümierte sich in dem Wahlspruch: *„Pauvres paysans, pauvre royaume; pauvre royaume, pauvre roi."*

Von den nur in geringer Stückzahl für die Angehörigen des Hofes veröffentlichten ersten Ausgaben des *Tableau* von 1758 sind erst in jüngerer Zeit Exemplare wieder aufgefunden worden. Das System ist zunächst in einer Bearbeitung *Mirabeaus d. Ä.* bekanntgemacht worden. Erst 1766 hat *Quesnay* selbst das *Tableau*, in veränderter Form, in dem von *Dupont de Nemours* redigierten *Journal d'agriculture, du commerce et des finances* veröffentlicht. Der vorliegende Auszug folgt der Wiedergabe von 1768[7].

2. Die ökonomischen Klassen im Tableau Economique

„Die Nation zerfällt in drei Klassen von Bürgern *(citoyens)*: Die *produktive Klasse (la classe productive)*, die *Klasse der Grundeigentümer (la classe des propriétaires)* und die *sterile Klasse (la classe stérile)*.

Die *produktive Klasse* ist diejenige, welche durch die Bebauung des Bodens den Reichtum der Nation Jahr für Jahr wieder erstehen läßt. Sie macht Vorschüsse für die landwirtschaftlichen Arbeiten und sie leistet jährlich die Zahlungen, welche die Reineinkommen der Grundeigen-

[7] *Analyse du Tableau Economique.* Hier nach dem Text der von *Dupont* herausgegebenen Sammlung *„Physiocratie, ou constitution naturelle du gouvernement le plus avantageux au genre humain"* (Tome I, Yverdon 1768, p. 35 ff.). Die folgenden Auszüge wurden durch mich neu übersetzt. Zur leichteren Auffindung der Textstellen werden in runder Klammer (ebenso wie bei den weiteren hier zitierten Veröffentlichungen Quesnays) die Seitenzahlen der von A. *Oncken* besorgten Ausgabe der *Oeuvres économiques et philosophiques de François Quesnay* (Francfort et Paris 1888, Neudruck 1965) angegeben. In eckiger Klammer wird außerdem die Seitenzahl der gängigen deutschen Ausgabe vermerkt: *Physiokratische Schriften II. François Quesnay, Allgemeine Grundsätze der wirtschaftlichen Regierung eines ackerbautreibenden Reiches*, Sammlung sozialwissenschaftlicher Meister. Jena 1921. Ferner Berlin (Ost) 1965 (3. Ausgabe, 1759, zweisprachig). Neuere französische Ausgabe der Werke Quesnays: *François Quesnay et la Physiocratie*, Paris 1958.

tümer *(les revenus des propriétaires des terres)* darstellen. Der produktiven Klasse sind alle Arbeiten und Aufwendungen zuzurechnen, die bis zum Verkauf der Produkte durch die Erzeuger geschehen. In diesen Verkäufen zeigt sich der Wert des jährlich reproduzierten Nationalreichtums *(la valeur de la réproduction annuelle des richesses de la nation).*

Die *Klasse der Eigentümer* umfaßt den Herrscher *(le Souverain),* die Grundbesitzer *(les possesseurs des terres)* und die Zehntherren *(les décimateurs).* Diese Klasse lebt von dem Einkommen oder Reinertrag *(revenu ou produit net)* der Bodenkultur. Dieses Reineinkommen wird ihr jährlich durch die produktive Klasse gezahlt, nachdem diese im Hinblick auf die jährlich neu zu leistende Produktion die Mittel für den Ersatz ihrer jährlichen Vorschüsse *(avances)* und zur Erhaltung der Produktionsmittel *(pour entretenir ses richesses d'exploitation)* abgesetzt hat.

Die *sterile Klasse* besteht aus allen Staatsbürgern, die sich der Tätigkeit außerhalb der Landwirtschaft widmen. Ihre Ausgaben werden getragen durch die produktive Klasse sowie die Klasse der Grundeigentümer; wobei die letztere wiederum ihre Einkünfte von der produktiven Klasse bezieht" (S. 305 ff. [23 f.]).

3. Die wirtschaftlichen Beziehungen zwischen den drei Klassen Der stationäre Kreislauf

„Denken wir uns ein großes Reich, dessen Gebiet, auf den höchsten Stand der Landwirtschaft gebracht, alljährlich einen Wert von fünf Milliarden reproduziere; wobei die Preise, die im Handelsverkehr zwischen den Nationen gelten, unverändert bleiben. Dabei herrsche freie Konkurrenz im Handel und vollständige Sicherheit im Eigentum an den landwirtschaftlichen Betriebskapitalien *(richesses d'exploitations de l'agriculture)*" (S. 309 [24]).

Unter diesen Bedingungen kann nun der Wirtschaftsverkehr, der sich zwischen den drei Klassen abspielt, mit dem folgenden Zahlenbeispiel veranschaulicht werden:

„*Produktive Klasse: Vorschüsse (avances)* pro Jahr zwei Milliarden. Mit ihrer Hilfe werden Werte in Höhe von fünf Milliarden erzeugt.	*Klasse der Grundeigentümer: Einkommen (revenu)* in Höhe von zwei Milliarden. Davon wird eine Milliarde für Käufe bei der pro-	*Sterile Klasse: Vorschüsse (avances)* in Höhe von einer Milliarde. Sie werden von der sterilen Klasse zum Kauf von Rohstoffen bei

Zwei Milliarden hiervon sind volkswirtschaftlicher Reinertrag *(produit net)* oder Einkommen *(revenu).*	duktiven Klasse verausgabt, und die zweite Milliarde für Käufe bei der sterilen Klasse.	der produktiven Klasse ausgegeben.

So verkauft die produktive Klasse Erzeugnisse im Werte von einer Milliarde an die Bezieher des Reineinkommens, und im Werte einer weiteren Milliarde an die sterile Klasse, welche die Rohstoffe zur weiteren Verarbeitung von ihr erwirbt. Das macht . . . . 2 Milliarden.

Die Milliarde, welche die *Bezieher des Reineinkommens* zum Kauf bei der sterilen Klasse ausgegeben haben, wird durch diese Klasse für den Lebensunterhalt der ihr Angehörenden *(agents)* verwendet, die ihren Bedarf bei der produktiven Klasse decken; macht . . . . 1 Milliarde.

Gesamtbetrag der von den Beziehern des Reineinkommens und der sterilen Klasse bei der produktiven Klassen getätigten Käufe: . . . . 3 Milliarden.

Von diesen drei Milliarden, welche die produktive Klasse im Austausch gegen Produkte im Werte von drei Milliarden erhält, schuldet sie im laufenden Jahre zwei Milliarden den Nutznießern des Reineinkommens, und eine Milliarde wendet sie zum Erwerb von Erzeugnissen der sterilen Klasse auf. Diese letztere ersetzt aus der Kaufsumme die Vorschüsse, die sie zuvor zum Ankauf der für ihre Arbeit notwendigen Rohstoffe gegenüber der produktiven Klasse aufgewandt hat. So bringen also ihre Vorschüsse nichts hervor; sie werden verausgabt und wieder ersetzt, und stehen so Jahr für Jahr wieder zur Verfügung.

Die Rohstoffe und die ihnen zugesetzte Arbeit *(le travail pour les ouvrages)* heben die Verkaufswerte *(les ventes)* der sterilen Klasse auf zwei Milliarden. Hiervon wird eine Milliarde für den Lebensunterhalt der in dieser Klasse Tätigen ausgegeben; und man sieht, daß hierbei nur Verzehr oder Untergang von Produkten geschieht, und keinerlei Reproduktion. Denn diese Klasse erhält sich nur dadurch, daß ununterbrochen Mittel zur Entgeltung ihrer Arbeit umverteilt werden *(payment successif de la rétribution due à son travail);* und dieses Entgelt selbst wieder wird gänzlich zur Existenzfristung ausgegeben, also *für den bloßen Verzehr, ohne daß die Dinge wieder ersetzt werden, die durch solche sterile Ausgaben aufgebraucht worden sind. Diese Ausgaben gehen also gänzlich zu Lasten der jährlichen Reproduktion des Reiches.* Die andere Milliarde ist zum Ersatz der Vorschüsse [der sterilen Klasse; W. H.] bestimmt, die im folgenden Jahre wiederum zu der produktiven Klasse in Bezahlung der Rohstoffe wandern werden, welche die sterile Klasse verarbeitet.

So werden die drei Milliarden, welche die produktive Klasse bei ihren Verkäufen von den Beziehern des Reineinkommens und von der sterilen Klasse erhalten hat, durch die produktive Klasse verausgabt zur Zahlung von zwei Milliarden Reineinkommen für das laufende Jahr sowie zum Ankauf von Erzeugnissen im Werte von einer Milliarde, die sie von der sterilen Klasse bezieht" (S. 309 ff. [24 ff.]).

„Von den fünf Milliarden der Gesamtreproduktion haben die Empfänger des Reineinkommens sowie die sterile Klasse für ihren eigenen Bedarf Erzeugnisse im Werte von drei Milliarden gekauft, so daß der produktiven Klasse noch Erzeugnisse im Werte von zwei Milliarden bleiben. Diese Klasse hat dazu für eine Milliarde Arbeitserzeugnisse der sterilen Klasse gekauft. Das ergibt einen jährlichen Fonds von drei Milliarden. Dieser Fonds dient dem Verbrauch durch die in den verschiedenen Arbeitszweigen dieser Klasse Tätigen, die teils mit den aus den jährlichen Produktionsvorschüssen entgoltenen Arbeiten, teils mit der täglichen Erneuerung der Betriebseinrichtungen *(fonds de l'établissement)* beschäftigt sind und sich aus den sogleich zu erörternden Zinsen bezahlt machen.

So betragen die jährlichen Aufwendungen der produktiven Klasse drei Milliarden, nämlich zwei Milliarden an Produkten, welche sie für ihren eigenen Bedarf zurückbehält, und eine Milliarde für Arbeitserzeugnisse, die sie der sterilen Klasse abgekauft hat.

Diese drei Milliarden sind das, was man die *Rückerstattung (les reprises)* an die produktive Klasse nennt. Davon stellen zwei Milliarden die jährlichen Vorschüsse dar, die in der unmittelbaren Reproduktion der fünf Milliarden aufgebraucht werden, welche diese Klasse jährlich neu zustande bringt; sie sind Ersatz zur ständigen Wiederholung jener Aufwendungen, die im Verbrauch untergehen. Die andere Milliarde wird durch die gleiche Klasse aus der Verkaufssumme zur Verzinsung der Betriebseinrichtungen in Abzug gebracht *(est prélevé pour les intérêts des avances de son établissement)* (S. 312 f. [29])."

Die Notwendigkeit solcher Verzinsung wird begründet mit dem Erfordernis, die Betriebsmittel laufend zu erneuern sowie Reserven für gelegentliche Naturkatastrophen (also eine „Risikoprämie") zurückzulegen. Diese Mittel bleiben jedoch nicht müßig liegen, sondern werden gewinnbringend, unter Umständen zur Erweiterung und Verbesserung der Kultur, genutzt. Man sieht: Quesnay denkt bei der *classe productive* an landwirtschaftliche *Unternehmer;* wenngleich der *Gewinn* solcher landwirtschaftlicher Unternehmer nur am Rande erscheint, gegenüber der Rentenabgabe, dem *revenu* der *propriétaires.*

Das Bild des (stationären) Wirtschaftskreislaufs faßt Quesnay folgendermaßen zusammen:

„Die Rechnung endigt schließlich auf jeder Seite mit der Gesamtsumme dessen, was jeder der beiden Klassen [der produktiven und der sterilen; W. H.] zugeflossen ist. Und man sieht, daß unter den gegebenen Bedingungen, wenn die Ausgaben sich nach der Ordnung verteilen, die oben eingehend beschrieben worden ist, die Einkünfte der produktiven Klasse, unter Einschluß ihrer Vorschüsse, der Summe ihrer jährlichen Reproduktion gleichkommt, und daß die Bodenkultur, der Güterreichtum, die Bevölkerungszahl im gleichen Zustande verharren, ohne Zuwachs oder Schrumpfung“ (S. 316 [34]).

Es folgt (im vorliegenden Text auf S. 316 [34]) das Schema des *Tableau Economique*[8].

Formel des Tableau Économique

Gesamtreproduktion: 5 Milliarden

	Jährliche Vorschüsse der produktiven Klasse	Reineinkommen der Grundherren, des Herrschers und der Zehntherren	Vorschüsse der sterilen Klasse

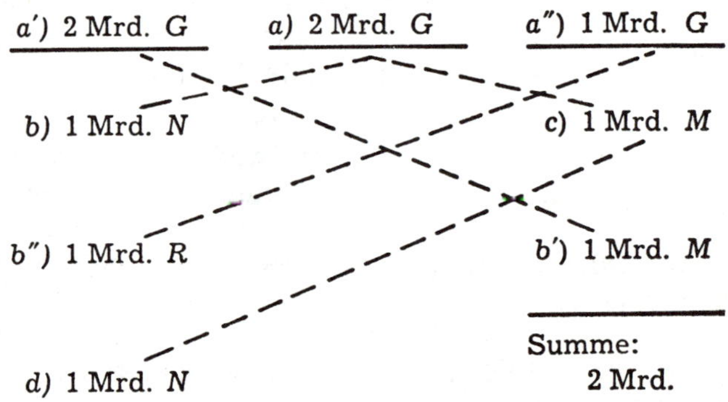

Summen, die zur Bezahlung des Reineinkommens und der Zinsen auf die ursprünglichen Vorschüsse dienen

Summe: 2 Mrd.

Davon wird die Hälfte durch diese Klasse als Vorschuß für das nächste Jahr zurückbehalten.

Verausgabung der jährlichen Vorschüsse	2 Mrd.	
Summe:	5 Mrd.	

G = Geld; *N* = Nahrungsmittel; *R* = Rohstoffe; *M* = Manufakturwaren.

Erläuterungen:

a)—b): Die Grundherren kaufen für eine Milliarde ihres Renteneinkommens bei den Landwirten Nahrungsmittel.

a)—c): Die Grundherren kaufen für die zweite Milliarde ihres Renteneinkommens bei den Sterilen Manufakturwaren.

c)—d): Die aus der Hand der Grundherren erhaltene Milliarde verwenden die Sterilen zum Ankauf von Lebensmitteln bei den Landwirten, denen hierdurch die zweite Milliarde ihrer vorausgegangenen Rentenzahlung auf dem Umwege über die Sterilen wieder zufließt. Die beiden so in Geld zu den Landwirten zurückgewanderten Milliarden erscheinen wieder unter a'.

a')—b'): Die zweite Milliarde verwenden die Landwirte, um von den Sterilen Manufakturwaren zu kaufen. (Die erste Milliarde tritt nicht wieder in Zirkulation.)

a")—b"): Die Sterilen kaufen von den Landwirten für eine Milliarde Rohstoffe. So erhalten die Landwirte wiederum eine Milliarde in Geld.

Zu Beginn des Austauschs waren also Geld und Waren folgendermaßen über die drei Klassen verteilt:

Landwirte	*Grundherren*	*Sterile*
2 Milliarden *G*	—	1 Milliarde *G*
3 Milliarden *N*		2 Milliarden *M*
2 Milliarden *R*		

Bei Abschluß des Prozesses haben alle Klassen die Produkte erhalten, die sie benötigen und die sie entweder konsumtiv oder reproduktiv verwenden (letzteres gilt auch für das Geld):

Landwirte	*Grundherren*	*Sterile*
2 Milliarden *G*		
1 Milliarde *N*	1 Milliarde *N*	1 Milliarde *N*
1 Milliarde *R*		1 Milliarde *R*.
1 Milliarde *M*	1 Milliarde *M*	

Der Prozeß kann auch (im Anschluß an Shigeto *Tsuru*, Anhang zu Paul M. *Sweezy*, *Theorie der kapitalistischen Entwicklung*, a. d. Am. Köln 1959, S. 282 f.) so illustriert werden, wie umseitig zu sehen ist.

Jede Klasse hat also am Ende des Tauschzirkels das erhalten, was sie zu ihrem eigenen Unterhalt sowie, im Falle der „produktiven" und „sterilen"

[8] Die Bezeichnung mit kleinen lateinischen Buchstaben folgt der Analyse des *Tableau* durch *Marx*, *Theorien über den Mehrwert*, I. Band Berlin 1956, S. 272. Die Bezeichnungen *G* (= Geld), *N* (= Nahrungsmittel), *R* (= Rohstoffe), *M* (= Manufakturwaren) sind zum besseren Verständnis von mir hinzugefügt worden; W. H.

Klasse, zur Fortsetzung ihrer Tätigkeit braucht. Die produktive (agrarische) Klasse ist in die Lage versetzt, die ihr von den *propriétaires* (teils direkt, teils indirekt) zurückfließenden Geldmittel jährlich als Rentenleistung wieder neu an diese abzuführen; und zugleich bringt sie Jahr für Jahr das Äquivalent dieser Beträge, den *produit net*, in seiner physischen Form, neu hervor.

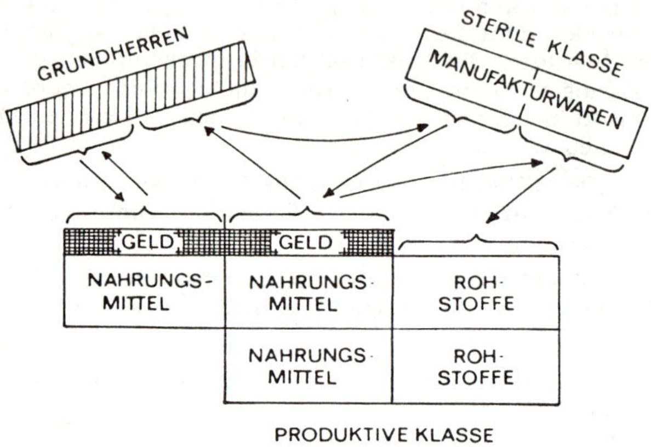

Abb. 1

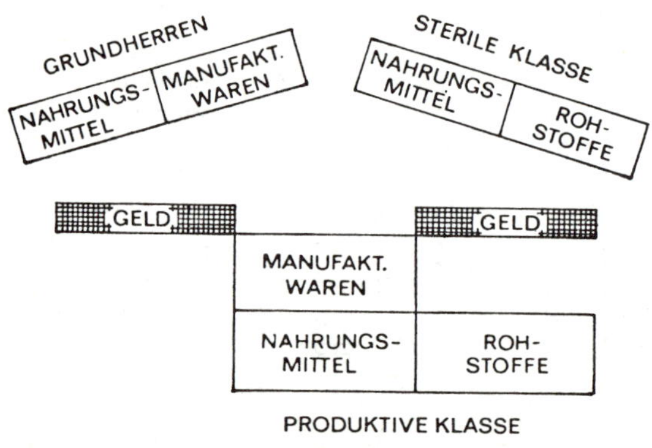

Abb. 2

4. Würdigung

Quesnays *Tableau* wurde von den französischen „*Economistes*“ begeistert aufgenommen; entsprach es doch nicht nur deren Vorstellung von der Alleinproduktivität der agrarischen Urproduktion, sondern auch dem allgemeinen Trachten der Zeitgenossen nach einer quasi naturwissenschaftlich-exakten *Physiologie* der Wirtschaftsgesellschaft. *Dupont de Nemours* pries die „geniale Entdeckung“, weil durch sie die Ökonomie zur „exakten Wissenschaft“

geworden sei, „die in allen Punkten ebenso strenger und unbestreitbarer Demonstration unterliegt wie die Geometrie und die Algebra". *Mirabeau d. Ä.* ging so weit, das *Tableau* als eine der drei größten Entdeckungen der Menschheit zu feiern, neben der Schrift und dem Gelde. Noch für *Marx* war das *Tableau* „ein höchst genialer Einfall, unstreitig der genialste, dessen sich die politische Ökonomie bisher schuldig gemacht hat". Und A. *Oncken* hat Quesnay das Verdienst zugesprochen, „das erste System der politischen Ökonomie im strengen Sinne aufgestellt zu haben".

Das *Tableau* bezeichnet eine Gesellschaft im Übergang von der spätfeudalen zur erwerbswirtschaftlichen Ordnung: Noch muß die einseitige Leistung von Geldrente durch die agrarischen Produzenten an die Grundherren den Kreislauf in Gang bringen; und doch erscheinen die Landwirte zugleich schon als *Markt*produzenten, die in ihren Einkünften eine Kapitalverzinsung erwarten. Denn nicht der eigenwirtschaftende Kleinbauer, der *paysan*, sondern der agrarische Unternehmer, der *fermier*, schwebt Quesnay, wie den französischen Physiokraten überhaupt, als Träger der künftigen Landwirtschaft vor; wobei England das geschichtliche Vorbild liefert. (Vgl. unten S. 43; sowie Band II der „Texte", S. 38.)

Die eigentlich nutznießende, die wirklich „sterile" Klasse stellen im Schema der Sache nach die Rente verzehrenden *Grundherren* dar, unter Einschluß der Krone und der Geistlichkeit, die unter den Voraussetzungen Quesnays zwei Fünftel des Reineinkommens der Nation an sich ziehen. Die beiden herrschenden Stände der Zeit empfanden die hierin verborgene gesellschaftliche Kritik der Physiokratie recht wohl.

Daß Quesnay und seine Anhänger die *Gewerbe* als unproduktiv betrachteten, wird aus den Zeitumständen verständlich. Waren doch die frühen Manufakturen sowie die Dienstleistungsgewerbe (voran die Tätigkeit der Geldleiher) so sehr mit dem Luxus- und Kriegsbedarf der Höfe verfilzt, der als eine allgemeine Last empfunden wurde, daß das ökonomische Urteil, welches eigentlich den tragenden Ständen des *ancien régime* gelten mußte, mit voller Wucht auf die ihnen dienenden Schichten fiel: „Die Manufakturen und der Handel, erhalten durch die Mißwirtschaft des Luxus, ziehen die Menschen und die Reichtümer in den großen Städten zusammen, behindern die Verbesserung der Landgüter, ruinieren das flache Land, nähren den Geist der Mißachtung gegenüber der Landarbeit, vermehren heillos die Ausgaben der einzelnen, schaden dem Unterhalt der Familien, hemmen die Volksvermehrung und schwächen den Staat. Einem blühenden Handel ist oft der Ruin eines Reiches dicht gefolgt. Wenn eine Nation im Luxus ausgibt, was sie im Handel gewinnt, so entsteht eine bloße Zirkulation von Geld ohne wirkliche Vermehrung der Reichtümer." (Quesnay, Art. *„Fermiers"* in der *„Encyclopédie"*, 1756; Ausgabe *Oncken* S. 189.) — Bedenkt man, daß die Gewerbe auch den Handel und das Kreditgeschäft einschließen, deren Wirksamkeit — beim Handel: überwiegend — in der Tat keine wert*schaffende*, sondern vielmehr eine wert*vermittelnde* ist, und daß viele Gewerbe zur Zeit der Physiokraten auf Grund fürstlicher Privilegien mehr oder minder monopolistisch betrieben wurden, daß ferner die Kette der Zwischenhändler sich verlängern kann, ohne daß dies offenbar die Wertschöpfung berührt, so wird man anerkennen, daß die Auffassung der Physiokraten keineswegs unmotiviert war. — Freilich haben die Physiokraten darin geirrt, die Landwirtschaft deshalb, weil sie als die einzige Erzeugerin eines *Mehr*produkts erscheint, auch als Erzeugerin des *Gesamt*produkts der Nation anzusehen. Daß auch die gewerbliche *Produktion* wertschaffend sei, haben schon Zeitgenossen Quesnays wie etwa *Verri, Condillac, Galiani* gegen diesen eingewandt.

Auf die unzutreffende Meinung, daß die Gewerbe samt und sonders unproduktiv seien, lassen sich einige Irrtümer des *Tableau* zurückführen, auf die *Marx* hingewiesen hat: a) Während bei den Produktiven ein Teil der „Vorschüsse" in Gestalt von fixem Kapital erscheint, fehlt ein solcher Posten gänzlich bei den Sterilen. — b) Unter der Voraussetzung von Quesnay selbst beträgt die jährliche Reproduktion nicht fünf, sondern sieben Milliarden: fünf bei den Produktiven und zwei bei den Sterilen. — c) Die Sterilen verkaufen gemäß dem *Tableau* ihr ganzes Produkt an die Produktiven und an die Grundherren. Ihnen selbst bleiben dabei keinerlei Manufakturwaren für den Eigenbedarf. Ebenso fehlen bei ihnen Zins und Profit, die bei den Landwirten erscheinen. (Vgl. *Marx, Theorien,* Bd. I, S. 343.)

Die *Beschränktheit* des *Tableau* liegt also, alles in allem, im folgenden:

1. Der Kreislauf wird als ein stationärer betrachtet. Die Kapitalbildung erscheint nur am Rande; sie hat keinen Einfluß auf den Wirtschaftsprozeß als ganzen.

2. Wie der *produit net* selbst als Überschuß an nutzbaren Dingen betrachtet wird, so beruht auch die Vorstellung von produktiver (d. h. einen *produit net* hervorbringender) und unproduktiver Arbeit auf einer unzulässigen Gleichsetzung von *Güter*produktivität mit *Wert*produktivität. Hieraus entspringen eine Reihe von Irrtümern hinsichtlich der Stellung der Gewerbe im Reproduktionsprozeß.

3. Unvollkommen ist auch die Vorstellung vom *Volkseinkommen.* Dieses erscheint vorläufig in Gestalt des *produit net,* als ein Überschuß über den Bedarf der Produzenten, so wie der private Profit als ein Überschuß über die Ausgaben. Zu einer entwickelten Auffassung vom Volkseinkommen als der Summe aller Renten, Gewinne und Löhne wird erst die Klassik gelangen.

Bei alledem bleibt das große *Verdienst* des *Tableau:*

1. Die ganze Gesellschaft wird erstmals in der Geschichte nach rein *ökonomischen Funktionen* geordnet. Alle ihre Glieder, bis hin zum Monarchen, werden ausschließlich nach ihrer Stellung im Wirtschaftskreislauf bestimmt und unterschieden.

2. Der Nationalreichtum wird auf die *Produktion,* nicht auf den Austausch zurückgeführt. Nicht der Handel, nicht die Zirkulation bringt die Elemente des Volkswohlstandes hervor. Darin besteht der Unterschied zu den Merkantilisten, die in diesem Punkte zumeist unklar geblieben waren; und hierin leitet die Physiokratie zur Klassik über.

3. Quesnay und die Physiokraten haben auch darin geschichtlich recht, daß allgemeine Voraussetzung für den Übergang eines Landes zur Industrie die *Mehrergiebigkeit der Landwirtschaft* ist; d. h. ihre Fähigkeit, eine wachsende nicht-agrarische Bevölkerung zu ernähren sowie den Gewerben die benötigten pflanzlichen und tierischen Rohstoffe zu liefern — Leistungen, auf welche die frühe Industrie allemal weit mehr angewiesen ist als die entwickelte. (Vgl. hierzu auch unten, 4. Teil.)

4. Quesnay hat streng unterschieden zwischen *originären* und *abgeleiteten* Einkommen. Einkommen *entstehen* nicht notwendigerweise da, wo sie den einzelnen *zufallen.* Es wird also hinter den Schein der Verhältnisse und auf den eigentlichen Sachverhalt zurückgegangen. Diese Unterscheidung von Erscheinung und Wesen der Sache wird immer ein Kennzeichen von wahrhafter *Theorie* bleiben.

5. Wirtschaftspolitische Folgerungen der Physiokraten

Das *Tableau Economique* sollte als ein „Kompaß für die Leitung der Staaten" dienen. Quesnay selbst hat ihm dreißig „*Maximes générales du gouvernement économique d'un royaume agricole*" beigefügt, worin die ökonomische Programmatik der Physiokraten entwickelt wird, wie sie aus dem *Tableau* selbst sich folgerichtig ergibt:

1. *Allgemeine Förderung der Landwirtschaft:* Im Sinne des Kreislaufschemas ist es notwendig, daß die Klasse der Eigentümer möglichst viele Ausgaben nicht gegenüber der sterilen, sondern gegenüber der produktiven Klasse macht:

„*Die wirtschaftliche Regierung befördere ausschließlich die produktiven Ausgaben und den Handel mit Rohprodukten und überlasse die sterilen Ausgaben sich selbst.*" (Achte Maxime; vgl. auch neunte Maxime.)

2. *Begünstigung des landwirtschaftlichen Unternehmertums:* Die Grundeigentümer sollen entweder selbst zur rationellen Großwirtschaft übergehen oder ihr Land leistungsfähigen Unternehmern verpachten. (Zwölfte und fünfzehnte Maxime.)

„Wir betrachten den reichen Landwirt *(fermier)* hier nicht als einen Arbeiter, der die Erde selbst bestellt. Er ist ein Unternehmer *(entrepreneur)*, der Befehle erteilt *(qui gouverne)* und der sein Unternehmen durch seine Klugheit und seine Geldmittel nutzbar macht." (Quesnay, Art. „*Grains*" in der „*Encyclopédie*", 1757; Ausgabe *Oncken* S. 219.)

Diesen agrarischen Unternehmern wird nahegelegt, die Bauern *(paysans)* zu ihren Lohnarbeitern *(manouvriers)* zu machen (Art. „*Fermiers*", a.a.O., S. 187) — also auch deren Boden an sich zu ziehen. Gleichzeitig aber darf das *unternehmerische* Eigentum am Grund und Boden unbedingten Schutz beanspruchen:

„*Das Eigentum an Liegenschaften und beweglichen Gütern werde deren rechtmäßigen Inhabern gewährleistet;* denn *die Sicherheit des Eigentums ist die eigentliche Grundlage der wirtschaftlichen Ordnung der Gesellschaft.* Ohne die Sicherheit des Eigentums bliebe der Boden unbebaut. Es gäbe weder Grundeigentümer noch Landwirte, welche die nötigen Aufwendungen für ihre Kultivierung und Nutzung machten, wenn denen, welche die Vorschüsse aufbringen, der aufgewandte Betrag und seine Früchte nicht gesichert wären." (Vierte Maxime.)

3. Freier Handel, insbesondere mit Agrarprodukten und insbesondere im Verkehr mit dem Ausland:

„*Man halte die vollständige Freiheit des Handels aufrecht. Denn die sicherste, die solideste und für Staat und Nation gewinnbringendste Politik des Binnen- und Außenhandels besteht in d e r v o l l e n F r e i h e i t d e r K o n k u r r e n z .*" (Fünfundzwanzigste Maxime; ebenso Art. *Grains,* a.a.O., S. 194; Art. *Fermiers,* a.a.O., S. 182 f.)

Gegenüber den alten Verfechtern der „aktiven Handelsbilanz" betont Quesnay: Der wirkliche Vorteil eines Landes im Außenverkehr ist nicht aus seiner Handelsbilanz abzulesen. Im Außenhandel sind vielmehr diejenigen Länder im Vorteil, welche das Lebensnotwendige im Austausch gegen Luxusgegenstände des Auslands anzubieten haben (Art. *Grains,* a.a.O., S. 238 ff.). Daher ist es vorteilhaft, im Auslande billig hergestellte Gewerbserzeugnisse zu kaufen und sich hierdurch den Absatz eigener Rohprodukte zu sichern. (Anmerkung Quesnays zur neunten Maxime.) — Monopole im Gewerbe dürfen nicht geduldet werden.

4. *Politik des hohen Getreidepreises:* „Nicht Überfluß und Unwert ist Reichtum. Mangel und Teuerung ist Elend. Überfluß und Teuerung ist Wohlstand." *(Abondance et cherté est opulence.* Achtzehnte Maxime. Vgl. auch Art. *Grains,* a.a.O., S. 246; *Fermiers,* a.a.O., S. 179.)

Ein einträglicher Getreidepreis wird Quesnay zufolge keineswegs die arbeitenden Schichten treffen; denn deren Lohn muß entsprechend erhöht werden. Wohl aber regt ein vorteilhafter Getreidepreis die Unternehmungslust der Landwirte an und vermehrt hierdurch den *produit net.* Im übrigen wird die freie Konkurrenz dafür sorgen, daß die Agrarpreise nicht in den Himmel wachsen (*Grains,* a.a.O., S. 248). Daß bei steigenden Agrarpreisen auch die Grundrente steigen müßte, schon infolge des vermehrten Wettbewerbs der landwirtschaftlichen Unternehmer (= Pächter) um den Boden, hat auch Quesnay gesehen. (*„Problème économique"*, 1766; Ausgabe *Oncken,* S. 508.) Seine stillschweigende Annahme war, daß hierbei immerhin nicht der ganze Zusatzgewinn an die Bezieher der Grundrente übergehen werde. Ganz anderer Auffassung waren demgegenüber die englischen Klassiker (vgl. Bd. II der „Texte").

5. *Besteuerung: „Die Steuer sei nicht ruinös oder dem Gesamteinkommen der Nation unangemessen. Ihre Steigerung folge der des Einkommens selbst. Sie werde unmittelbar vom Reinertrage der Güter* und nicht aus dem persönlichen Einkommen *(salaire des hommes)* oder aus dem Verkauf der Produkte erhoben, wo die Erhebungskosten sich vervielfachen würden und dem Wirtschaftsverkehr Schaden zugefügt sowie jährlich ein Teil des Volksreichtums hinweggenommen würde. Auch soll die Steuer nicht aus dem Vermögen der Landpächter *(fermiers des bienfonds)* genommen werden; denn *d i e i n d e r L a n d w i r t s c h a f t g e l e i s t e t e n V o r s c h ü s s e s o l l t e n a l s e i n G r u n d v e r m ö g e n (un immeuble) a n g e s e h e n w e r d e n , d a s m a n s o r g s a m h ü t e n m u ß , d a m i t d i e S t e u e r s e l b s t , d e r R e i n e r t r a g u n d d e r L e b e n s u n t e r h a l t a l l e r K l a s s e n v o n S t a a t s b ü r g e r n s t ä n d i g w i e d e r h e r v o r g e b r a c h t w e r d e n k ö n n e n .* Anderenfalls entartet die Steuer zum Raub *(spoliation)* und ruft einen Niedergang hervor, der den Staat alsbald zugrunderichtet." (Fünfte Maxime.)

Also: streng quellenorientierte Besteuerung, die bei geringem Erhebungsaufwand einen sicheren Ertrag liefert; Besteuerung des belastbaren Teils des Volkseinkommens, unter Schonung der Produktivvermögen und des Ertrags der Fleißigen (vgl. auch Art. *Fermiers*, a.a.O., S. 191). Dies sind durchaus moderne Steuergrundsätze. — Mit ihrem hieraus entspringenden Gedanken des *impôt unique*, der einzigen Steuer, erhoben auf die Grundrente der „*propriétaires*", mußte sich die Physiokratie freilich in strikten Gegensatz zu ihrer Zeit bringen, da gerade die beiden ersten Stände weithin von der Besteuerung ausgenommen waren. Die Frage hat Quesnay auf sich beruhen lassen, ob nicht die Grundherren in der Lage wären, eine Abgabe, die sie treffen würde, durch Erhöhung des Pachtzinses auf die *fermiers* abzuwälzen. Im Grunde drängten die Vorstellungen der Physiokraten zur Konsequenz des vollen kapitalistischen Eigentümer-Unternehmers in der Landwirtschaft hin, in dessen Person der Gegensatz von Grundherr und Pächter, von Pachtrente und agrarischem Kapitalgewinn aufgehoben sein würde.

Literatur

Weitere französische Physiokraten und ihre Hauptveröffentlichungen

Victor Riquetti de *Mirabeau* (1715—1789): L'ami des hommes, ou traité de la population, 2 Bde., Paris 1755; Théorie de l'impôt, Paris 1760; La philosophie rurale (gemeinsam mit F. *Quesnay*), 3 Bde., Amsterdam 1763. — Pierre Samuel *Dupont de Nemours* (1737—1817): De l'exportation et de l'importation des grains, Soissons 1764; De l'origine et des progrès d'une science nouvelle, Paris 1767. — Paul Pierre le *Mercier de la Rivière* (1720—1793): L'ordre naturel et essentiel des sociétés politiques, London 1767; L'intérêt général de l'Etat, ou la liberté du commerce des blés, Paris und Amsterdam 1770. — Guillaume François *le Trosne:* De l'intérêt social, Paris 1777.

Der Physiokratie nahestehend: Anne Robert Jacques *Turgot* (1727—1781): Réflexions sur la formation et la distribution des richesses, Paris 1769/70; Lettres sur la liberté du commerce des grains, Paris 1770.

Empfohlene Sekundärliteratur

Art. „Physiokratie" sowie „Quesnay", HWBSt., HWBSoz. — Wilhelm *Hasbach:* Die allgemeinen philosophischen Grundlagen der von François Quesnay und Adam Smith begründeten politischen Oekonomie, Leipzig 1890. — Georges *Weulersse:* Le mouvement physiocratique en France (de 1750 à 1770), 2 Bde., Paris 1910. — Charles *Gide* und Charles *Rist:* Geschichte der volkswirtschaftlichen Lehrmeinungen, a. d. Frz., Jena 1923[3]. — A. *Bilimovič:* Das allgemeine Schema des wirtschaftlichen Kreislaufs, ZN 1944, S. 199 ff. — Henri *Woog:* The Tableau Economique of François Quesnay, Bern 1950 (Diss.). — Ronald L. *Meek:* The Economics of Physiocracy. Essays and Translations, London 1962.

Zweiter Teil

Die Lehre vom entfalteten Kapitalismus der freien Konkurrenz und seinen Entwicklungstendenzen

Die große französische Revolution des ausgehenden achtzehnten Jahrhunderts hat, nicht nur für Frankreich selbst, eine neue Epoche der Sozialgeschichte eingeleitet: Das Bürgertum greift nun selbst nach dem Staat und ordnet ihn seinen Bedürfnissen ein. Die neue erwerbswirtschaftliche Ordnung soll ihren eigenen immanenten Gesetzen überlassen werden, der Staat wird aus der Rolle einer umfassenden Wirtschaftsleitung herausgedrängt. Gewerbefreiheit, Zunftfreiheit, Bauernbefreiung, Freizügigkeit, schließlich der Freihandel kennzeichnen die neue Epoche des ökonomischen Liberalismus. Ihm hat die klassische Nationalökonomie mit der Lehre von der allgemeinen Selbstordnung der Märkte die Begründung geliefert.

Nicht nur die Frage, in welcher Weise der Mechanismus der Märkte tätig werde, beschäftigt jedoch die Zeitgenossen. Schon die Klassik forscht weiter nach der geschichtlichen Tendenz, welche das freie Spiel der Kräfte im ganzen entfalte, nach den Gesetzen der Entwicklung, denen die neue Wirtschaftsgesellschaft unterliege. Ist der klassische *Liberalismus* hier im ganzen zuversichtlich, so gesellt sich ihm bald die *sozialkritische* Lehre bei, welche auf die Kräfte der Störung, ja schließlich einer Zerstörung der neuen Ordnung hinweist und die in der Theorie der kapitalistischen Akkumulation von *Marx* gipfelt.

In einem zweiten Abschnitt dieser Periode hingegen und noch danach, bis weit in unser Jahrhundert hinein, tritt die große Frage nach den allgemeinen Entwicklungstendenzen des erwerbswirtschaftlichen Systems zurück hinter der begrenzteren nach dem Inhalt — und schließlich nach den Möglichkeiten einer Milderung — jener *Konjunkturausschläge*, die schon beizeiten einen besonderen Anlaß der Sorge und der Kritik dargestellt haben.

Erster Abschnitt

Die Frage von Gleichgewicht und Ungleichgewicht der Märkte in der klassischen Ökonomie

Verglichen mit der Leistung der klassischen Ökonomie in der Wertlehre und in der Theorie der Einkommensverteilung ist der Beitrag der Klassik zur Lehre vom Wirtschaftsprozeß ein bescheidener geblieben. Im Mittelpunkt steht die Frage, in welcher Weise eine wachsende Produktion die ihr entsprechende wachsende Nachfrage finde. Und auch hier sind die theoretischen Vorstellungen noch vage und fehlerhaft; einmal infolge des rudimentären Standes der klassischen Theorie des Sozialprodukts, zum anderen infolge einer allgemeinen Unterschätzung der *Geld*seite des Einkommensprozesses.

A. Die Harmonie von Produktion und Verbrauch: Jean-Baptiste Say

1. Das Gesetz der Absatzwege

„Die Theorien der Wärme, des Hebels, der schiefen Ebene sind es gewesen, welche die ganze Natur dem Menschen in die Hand gegeben haben. Es ist die Theorie des Austauschs und der Absatzmärkte *(débouchés)*, welche die Weltpolitik verändern wird."

Mit solch schellenlauten Worten hat Jean-Baptiste Say (1767—1832), der wichtigste Promulgator des englischen klassischen Liberalismus in Frankreich, in der Vorrede zu seinem Hauptwerk *„Traité d'économie politique"* (S. 51) jene Lehre von der notwendigen Übereinstimmung von Produktion und Nachfrage angekündigt, die in der Folgezeit bis hin zu *Keynes' „Allgemeiner Theorie"* die Geister beschäftigen sollte.

a) Produkte kaufen Produkte

Schon in der ersten Auflage des *Traité* von 1803 hatte Say geschrieben:

Die Nation wird den Einzelwirtschaftern „um so größere Absatzmärkte bieten, je mehr Dinge sie bezahlen kann. Und sie kann im selben Verhältnis mehr Dinge bezahlen, wie sie davon mehr erzeugt. Das Geld erfüllt nur einen vorübergehenden Zweck in diesem doppelten Austausch. Ist dieser beendet, so zeigt es sich, daß man Produkte mit Produkten bezahlt hat" (Bd. I, S. 154).

Diesen Gedanken hat Say in den späteren Auflagen seines Werkes breiter ausgeführt[1]:

„Der Mann, der seinen Fleiß darauf wendet, den Dingen Wert zu verleihen, indem er sie für irgendeinen Gebrauch nützlich macht, kann diesen Wert nur zu veräußern hoffen, wenn andere über die Mittel verfügen, sie zu erwerben. Woraus bestehen diese Mittel? Aus anderen Werten, anderen Produkten, den Früchten ihres Fleißes, ihrer Kapitalien, ihrer Böden. So ergibt sich, was zunächst ein Paradoxon zu sein scheint: Es ist die Produktion selbst, die den Erzeugnissen Absatzmärkte eröffnet" (S. 138).

„Es ist zweckmäßig, zu bemerken, daß fertiggestellte Erzeugnisse *im gleichen Augenblick* in der vollen Höhe ihres Wertes einen Markt für andere Produkte bieten. Denn sobald der Letzterzeuger ein Produkt fertiggestellt hat, ist sein größtes Verlangen darauf gerichtet, es zu verkaufen, damit der Wert des Erzeugnisses nicht bei ihm ruhe. Aber nicht weniger eilig hat er es, sich des Geldes wieder zu entledigen, das ihm der Verkauf einbringt, damit auch der Wert des Geldes nicht bei ihm festliege. Nun kann man sein Geld nur dadurch umsetzen, daß man irgendein anderes Produkt zu erwerben trachtet. Man sieht also, daß der bloße Umstand der Herstellung eines Erzeugnisses im gleichen Augenblick einen Markt für andere Produkte eröffnet" (S. 141 f.).

b) Die Rolle des Geldes

Das Geld ist auf den Märkten nur ein „Vehikel des Warenwerts", eine „Zwischenware":

„Wenn man also sagt: *der Verkauf stockt, weil das Geld knapp ist,* so nimmt man das Hilfsmittel für die Ursache... Man sollte also nicht sagen: der Verkauf stockt, weil es an Geld fehlt, sondern vielmehr, weil es an anderen Erzeugnissen mangelt. Es gibt immer genug Geld für die Zirkulation und den wechselseitigen Austausch der übrigen Werte, sobald diese Werte tatsächlich vorhanden sind. Wenn das Geld für die Geschäftstätigkeit knapp wird, kann man es leicht ergänzen ... Es ist ein gutes Zeichen, wenn es den Transaktionen an Geld gebricht, ebenso wie es ein gutes Zeichen ist, wenn es an Magazinen für die Waren mangelt" (S. 139 f.).

c) Der begrenzte Umfang von Absatzstörungen

„Wenn dem so ist, wie kommt es dann — so wird man fragen —, daß zu bestimmten Zeiten eine Anzahl von Waren die Zirkulation verstopft,

[1] Wir folgen im weiteren der posthum durch seinen Sohn Horace *Say* herausgegebenen Auflage letzter Hand (der sechsten) von 1841. Der folgende Text ist in Ermangelung neuerer Übertragungen von mir übersetzt worden; W. H.

ohne Käufer zu finden? Warum kaufen diese Waren einander nicht wechselseitig?

Hierauf anworte ich, daß die Waren, die sich nicht oder nur mit Verlust absetzen lassen, über das Verlangen hinausgehen, das man nach diesen Waren trägt; sei es, weil man davon zuviel produziert hat, oder sei es — was eher der Fall ist —, weil andere Produktionsrichtungen vernachlässigt worden sind. Gewisse Produkte sind im Überfluß, weil andere knapp geworden sind" (S. 142).

Solche Verhältnisse werden sich allerdings schnell berichtigen, da die Beteiligten sich der Produktion der mangelnden Erzeugnisse zuwenden werden, so daß die Preise im einen Bereich sich wieder heben, im anderen sich senken werden. Voraussetzung ist, daß nicht der Staat störend in den Mechanismus des Ausgleichs eingreift:

„Ein Produktionszweig dürfte selten dem anderen vorauseilen, und seine Erzeugnisse dürften selten verfallen, wenn nur alle ihrer vollen Freiheit überlassen bleiben" (S. 143).

2. Folgerungen

Von seinem Gesetz der Absatzwege leitet Say die Lehre von der allgemeinen Harmonie der gesellschaftlichen Interessen ab:

„Die erste Konsequenz, die man aus dieser wichtigen Wahrheit ziehen kann, ist die, daß stets mit der Vermehrung der Zahl der Produzenten und mit der Vervielfachung der Erzeugnisse auch die Absatzmärkte immer flüssiger, mannigfaltiger und ausgedehnter werden" (S. 141).

„Eine zweite Konsequenz aus dem gleichen Prinzip ist, daß ein jeder am Gedeihen aller anderen interessiert ist, und daß die Wohlfahrt eines Gewerbszweiges die der anderen begünstigt. In der Tat, welches Gewerbe man auch immer betreiben, welches Geschick man betätigen mag, man findet um so leichter eine Anwendung dafür und macht es nutzbar, je mehr man von Leuten umgeben ist, die selbst auf Erwerb ausgehen. ... Was wollte ein unternehmungslustiger Manufakturist, ein gewandter Händler in einer gering bevölkerten und unzivilisierten Stadt ausrichten, wie man sie in manchen Gegenden Spaniens oder Polens antrifft? Obwohl er hier auf keinen Konkurrenten stoßen würde, so würde er doch wenig verkaufen, weil man dort wenig produziert. Dagegen wird er in Paris, in Amsterdam, in London trotz der Konkurrenz von hundert Händlern wie er selbst beträchtliche Geschäfte machen können. ...

Ebenso verhält es sich mit der Quelle des Gewinns, welche die Stadtleute bei den Landleuten und diese wieder bei jenen finden: Die einen wie die anderen haben umso mehr zu kaufen, je mehr sie selbst herstellen. Eine Stadt, die von reichen Ländereien umgeben ist, findet dort eine zahlreiche und leistungsfähige Käuferschaft vor, und in der Umgebung einer wohlhaben Stadt haben die Produkte des flachen Landes weit mehr Wert. Es ist unrichtig, die Länder in agrarische, Manufaktur- und Handelsnationen einzuteilen. Wenn ein Land seine Agrarwirtschaft voranbringt, so ist dies ein Grund für das Gedeihen von Manufakturen und Handel; und wenn seine Manufakturen und sein Handel blühen, so wird auch die Landwirtschaft sich besser befinden.

Eine Nation steht gegenüber dem Nachbarland in keinem anderen Verhältnis als eine Provinz in ihrem Verhältnis zu einer anderen oder eine Stadt in ihrer Beziehung zum flachen Lande: sie nimmt an ihrem Gedeihen teil und kann sicher sein, aus ihrer Wohlfahrt Nutzen zu ziehen. ... Es ist von unschätzbarem Wert für die Menschheit, daß eine Nation sich im Verkehr mit den anderen stets nach liberalen Prinzipien richte" (S. 144 f.).

„Eine dritte Konsequenz dieses fruchtbaren Gedankens ist, daß die Einfuhr auswärtiger Erzeugnisse die Ausfuhr der heimischen Produkte begünstigt. Denn wir können die Waren des Auslands nur mit den Erzeugnissen unseres eigenen Fleißes, unserer Böden und Kapitalien kaufen, denen dieser Handel infolgedessen Absatz verschafft" (S. 145 f.).

Viertens schließlich ergibt sich die Notwendigkeit, die Konsumtion der produktiven Schichten selbst anzuregen:

„Um den Gewerbefleiß zu ermuntern, bedarf es nicht des Verbrauchs schlechthin; man muß vielmehr diejenigen Wünsche und Bedürfnisse anregen, welche die Kauflust der Bevölkerung wecken; so wie man zur Förderung des Verkaufs den Konsumenten zu Einnahmen verhelfen muß, die sie instand setzen zu kaufen. Es sind die allgemeinen und stetigen Bedürfnisse eines Volkes, die es zu produktiver Tätigkeit ermuntern, damit es die Kaufkraft erwerbe, welche eine ständig erneuerte Konsumtion nach sich zieht und der Wohlfahrt der Familien dient" (S. 146 f.).

Allgemein „bleibt es wahr, daß die Produkte sich um so leichter verkaufen lassen, je entwickelter die Bedürfnisse der Nationen sind und je mehr diese im Tausch anzubieten haben; d. h. je allgemeiner sie zivilisiert sind" (S. 148).

3. Das Theorem in der Meinung der Zeitgenossen

Die Lehre von der Gleichgewichtstendenz und der grenzenlosen Ausdehnbarkeit der Märkte und der Produktion ist vorbehaltlos von David *Ricardo* (1772—1823) übernommen worden: „Produkte werden stets mit Produkten oder Diensten gekauft; Geld ist nur das Mittel, welches den Austausch besorgt. Von einer bestimmten Ware kann zuviel erzeugt worden sein; hier kann der Markt so überführt sein, daß sich das darauf verwandte Kapital nicht bezahlt macht. Bei allen Waren jedoch ist dies unmöglich der Fall." (*Principles of Political Economy and Taxation*, London 1817, Kapitel 21.) — Auch *Ricardos* Anhänger James *Mill* (1773—1836) hat frühzeitig gegenüber *Lord Lauderdale* (siehe unten) geltend gemacht, daß Ware nur gegen Ware verkauft werden könne und daher die Produktion sich stets auch die erforderliche Nachfrage schaffe (*Commerce Defended*, London 1808). Noch um die Jahrhundertmitte hat sein Sohn John Stuart *Mill* (1806—1873) aller bis dahin vorliegenden Konjunkturerfahrung zum Trotz die Möglichkeit einer *allgemeinen* Überproduktion verneint (*Principles of Political Economy*, London 1848, III/14). Wenn auch neben die zuversichtliche Lehre von der Möglichkeit eines unbegrenzten, in der Tendenz gleichgewichtigen „Wachstums" schon in klassischer Zeit die bedenkenvolle Auffassung von der Krisenempfindlichkeit des Wirtschaftsprozesses getreten ist *(Lauderdale, Malthus, Owen, Sismondi)*, so hat doch, vor allem im angelsächsischen Sprachraum, die Lehre vom immanenten Gleichgewicht der Volkswirtschaft so lange nachgewirkt, daß noch J. M. *Keynes* in seiner *„Allgemeinen Theorie"* von 1936 die Polemik gegen die auf A. *Marshall* sich berufende *„Cambridger Schule"* seiner Zeit mit der Abfertigung des Sayschen Theorems unmittelbar verbinden zu können glaubte.

4. Würdigung

Say hat die *allgemeine* historische Voraussetzung des entfalteten Kapitalismus zutreffend bezeichnet: es ist die allgemeine Entwicklung der inneren und äußeren Märkte, die Auflösung der sich selbst versorgenden Einheiten in Stadt und Land, die ständige Erweiterung des Tauschnetzes der Gesellschaft. Soweit finden sich Einsichten über den allseitigen Zusammenhang der volkswirtschaftlichen Teilglieder, die schon der Merkantilzeit eigen sind (vgl. J. J. *Becher*, oben), nun zur Lehre von der gesellschaftlichen Interessenharmonie fortgebildet.

Die Tatsache der neuen vielseitigen *Angewiesenheit*, in der nun alle Marktanwärter stehen, besagt jedoch nicht, daß der Tausch überhaupt oder unter Bedingungen gelingt, die eine geradlinige Entwicklung der Gesamtwirtschaft gewährleisten. Say hat hier von wichtigen Merkmalen der modernen Erwerbswirtschaft abgesehen und mit unzulässigen Vereinfachungen gearbeitet:

1. Es werden der Annahme nach nur Waren der *Konsumtion* hervorgebracht; die Erzeugung von Vorprodukten auf *ungewisse* Endmärkte hin, und daher die zeitliche *Abfolge* der Produktionsakte, bleibt unberücksichtigt. Alle Prozesse scheinen simultan zu verlaufen, so als habe der Markt nur das *Nebeneinander*, nicht auch ein *Hintereinander* der Produktion sowie der Einkommensbildung (Gesetz der „zeitlichen Einkommensfolge", O. v. *Zwiedineck-Südenhorst)* zu koordinieren.

2. So erscheint auch das *Geld* als bloßes Zwischenglied eines seinem Wesen nach *naturalen Zug-um-Zug-Tausches*. In Wahrheit erlaubt gerade die Zwischenkunft des Geldes, die einzelnen Akte von Verkauf und Kauf auch zwischenzeitlich voneinander zu *trennen*. Ein Umstand, den Say nur streift und der eine allgemeine Voraussetzung der *Störung* des Wirtschaftsablaufs, eines Abreißens der Marktkette darstellt.

3. Es wird ferner von der *Neubildung* von Kapital abgesehen, und daher auch von der ständigen Ausdehnung der *Vor*produktion.

4. Schließlich erscheint, wie auch im ganzen Konzept von der Wirtschaftsgesellschaft jedes Wirtschaftssubjekt als selbständiger Verkäufer von Produk-

ten oder Diensten. Die *unselbständige Arbeit* gegen *Lohn* findet hier keinen Platz, und mit ihr das besondere Problem der *Massenkaufkraft.*

Damit sind allerdings wesentliche Umstände, die unsere Wirtschaftsgesellschaft kennzeichnen, aus der Welt geschafft. Übrig bleibt eine abstrakte Allerweltswirtschaft, losgelöst von allen Gegebenheiten von Zeit und Raum, wie dies schon *Sismondi* gegen Say vermerkt hat. Und für diese unwirkliche Wirtschaft macht es natürlich keine Schwierigkeit, die Unmöglichkeit einer allgemeinen Absatzstockung, einer durchgehenden Disproportion zwischen Produktion und Markt zu postulieren.

B. Die Unsicherheit der Märkte im Konkurrenzsystem: Simonde de Sismondi

Schon im Jahre 1804 hatte Lord *Lauderdale* (1759—1839) in seiner Schrift *„An Inquiry into the Nature and Origin of Public Wealth, and into the Means and Causes of Its Increase“* (Edinburgh und London) Zweifel darüber geäußert, ob „jedes Mittel einer Vermehrung des individuellen Wohlstandes als ein Mittel zur Vermehrung der öffentlichen Wohlfahrt“ anzusehen sei (S. 208). Lauderdale hat auch die Möglichkeit einer Überakkumulation von Kapital theoretisch untersucht: „Stets muß es einen Punkt geben, der durch die gegebene Kenntnis in der Kunst gesetzt ist, Arbeit durch Kapital zu ersetzen . . ., jenseits dessen Kapital nicht profitabel vermehrt werden kann, und über den hinaus es natürlicherweise nicht wachsen wird. Denn wenn die [produzierte] Menge diesen Punkt überschreitet, so wächst sie mehr als die Nachfrage, und ihr Wert muß entsprechend sinken, so daß die Vermehrung aufgehoben ist“ (S. 228).

Was bei Lauderdale jedoch als eine bloße Möglichkeit erscheint, hat der Genfer Nationalökonom und Historiker Jean Charles Léonard Simonde de Sismondi (1773—1842) als eine unmittelbare Gefahr angesehen, die im Wirtschaftssystem als solchen angelegt sei. In seinem Hauptwerk *„Nouveaux principes d'économie politique, ou de la richesse dans ses rapports avec la population“*[2] führt er die allgemeine Gefährdung des Gleichgewichts, die der neuen Ordnung eigne, auf eine Wirtschaftsweise zurück, bei der gleichzeitig „die Produktion zunehmen und die Genüsse abnehmen“ können. (S. 19) Eine solche Ordnung bedarf nach Sismondi der gründlichen Korrektur auf dem Wege aktiver öffentlicher Sozialpolitik.

1. Die Bedingungen eines Gleichgewichts von Nationalprodukt und Nationaleinkommen

Das „Nationaleinkommen“ (*revenu national*) zerfällt Sismondi zufolge in zwei Teile: „Profit“ (d. h. Kapitalgewinn sowie Rente) und Lohn. Beide Einkommen müssen ein entsprechendes Produkt vorfinden, gegen das sie sich tauschen:

---

[2] 1. Ausgabe Paris 1819. Hier nach dem Neudruck der 2. Ausgabe (Paris 1827): Band I Genève-Paris 1951, Band II 1953. (Auf diese Ausgabe beziehen sich die Seitenverweise in eckiger Klammer.) Die wiedergegebenen Textproben wurden durch mich neu übersetzt, doch wird die Seitenzahl der zweibändigen (in vielem unzureichenden) deutschen Übertragung von R. *Prager*, Berlin 1901/2 (in runder Klammer) angegeben. Alle Seitenverweise beziehen sich, soweit nichts anderes vermerkt ist, auf den 1. Band.

„Es halten sich also das Nationaleinkommen und die jährliche Produktion gegenseitig die Waage und scheinen einander größengleich zu sein. Die ganze jährliche Produktion wird jährlich verzehrt; allerdings zu einem Teil durch Arbeiter, die im Austausch dafür ihre Arbeit hingeben und diesen Teil dadurch in Kapital verwandeln und reproduzieren; zum anderen Teil durch Kapitalisten, die, indem sie ihr Einkommen hingeben, diesen Teil aufbrauchen *(anéantissent)*. ... Aus dem Schwanken im Größenverhältnis dieser beiden Werte entspringt die Vermehrung oder die Verminderung des Nationalreichtums *(richesse nationale)*, die leidliche oder die elende Lage der produktiven Klasse, das Wachsen oder der Verfall *(destruction)* des Volkes.

Es gilt hierbei festzuhalten, daß das Nationaleinkommen sich aus zwei Größen zusammensetzt, von denen die eine der Vergangenheit, die andere der Gegenwart angehört; oder, wenn man will: die eine der Gegenwart und die andere der Zukunft. Die erste Größe, der Kapitalprofit *(le profit de la richesse)*, befindet sich gegenwärtig in den Händen derer, die konsumieren wollen, und sie entspringt der Arbeit des vorangegangenen Jahres. Die andere Größe, die Arbeitsbereitschaft und Arbeitsfähigkeit, verwandelt sich in reales Kapital *(richesse réelle)* nur nach Maßgabe der Arbeitsgelegenheit, die sich bietet, und nach Maßgabe ihres gleichzeitigen Austauschs gegen Konsumgüter.

Die Gesamtheit des jährlichen Einkommens ist zum Austausch gegen die Gesamtheit der jährlichen Produktion bestimmt. Durch diesen Austausch deckt jeder seinen Konsumbedarf und ersetzt jeder ein reproduktives Kapital *(capital reproducteur)*; ein jeder schafft Raum für eine neue Reproduktion, der er die Nachfrage bietet. Wenn das jährliche Einkommen nicht die Gesamtheit der jährlichen Produktion erwürbe, so bliebe ein Teil dieser Produktion unverkauft liegen; er würde die Lager der Produzenten verstopfen, ihre Kapitalien lahmlegen, und die Produktion käme zum Stillstand" (S. 82 [103]).

Das Einkommen der Arbeitenden hängt hierbei ganz von dem der Profitbezieher ab:

„Wenn diejenigen, deren Einkommen aus Kapitalprofit besteht, derartige Verluste erleiden, daß dieser Profit ihnen nicht zum Lebensunterhalt genügt, oder aber wenn sie in verschwenderische Gewohnheiten und unnützen Aufwand verfallen, die sie veranlassen, ihre Ausgaben zu erhöhen, ohne daß ihre Einnahmen gestiegen sind, oder wenn sie schließlich — aus welchen Gründen immer — mehr ausgeben als sie einnehmen, so können sie diesen Zusatz nur von ihrem Kapital nehmen. In diesem Falle aber werden sie zwar für ein Jahr das Einkommen der arbeitenden Klasse vermehrt haben, doch nur, um es für alle folgenden Jahre um ebensoviel zu vermindern. Denn alles, was sie [die Profitbezieher; W. H.] Kapital nennen, muß sich gegen Arbeit tauschen, die das Einkommen [gemeint: die Einkommensquelle] dieser Klasse darstellt. Der Reiche schreibt dem Armen das Gesetz vor. ... Sobald der Verschwender nach Erschöpfung seines Kapitals keine Einnahmen mehr hat, sinkt der Teil der jährlichen Produktion, welcher der arbeitenden Klasse im Austausch gegen ihre Gesamtarbeit angeboten wird, um ebensoviel; für ihre Arbeit erhält sie weniger Unterhaltsmittel.

Wenn hingegen der Reiche aus seinem Einkommen Ersparnisse macht, um sie seinem Kapital hinzuzufügen, so nimmt er für sich einen kleineren Teil des jährlichen Produkts des Gewerbefleißes in Anspruch, und er läßt daher einen um so größeren Teil übrig, der im Austausch gegen Arbeit hingegeben werden kann: So viel, wie er an seinem eigenen Einkommen erspart hat, fügt er dem Einkommen des Armen hinzu; nicht nur weil dieser einen größeren Teil der Unterhaltsmittel im Austausch für seine Arbeit erhält, sondern auch weil diese seine Arbeit größer geworden ist. Wenn die Volkszahl nicht ausreicht, um eine Vermehrung der Arbeit zu besorgen, so wächst die Bevölkerung rasch infolge der Erhöhung der Löhne. Denn es ist immer nur das Elend, das die Vermehrung der menschlichen Gattung aufhält. Sobald das Elend weicht, bleiben die Kinder, die sonst in zartem Alter gestorben wären, am Leben und nehmen an dem neuen Überfluß teil; die Junggesellen, die sonst keine Kinder gehabt hätten, heiraten, um Kinder zu bekommen und sie an der Nachfrage nach Arbeitskräften teilhaben zu lassen.

Der Reiche besorgt also das Heil des Armen, wenn er aus seinem Einkommen Ersparnisse bildet, um sie seinem Kapital hinzuzufügen. Denn indem er selbst die Teilung des jährlichen Produkts durchführt, behält er zur eigenen Konsumtion all das, was er Einkommen nennt, und überläßt er dem Armen alles als dessen Einkommen, was er Kapital nennt" (S. 82 ff. [104 f.]).

Also: das gesamte „jährliche Produkt" besteht, als Größe der „Wertschöpfung" (Nettoprodukt) verstanden, aus Konsumgütern (hinzu treten die Erzeugnisse zum Ersatz des Produktivkapitals, wozu auch die Rohstoffe und Vorprodukte aller Art zu rechnen wären). Ebenso besteht das gesamte Nationaleinkommen aus verbrauchsbestimmten Einkommen. Nur unter dieser Voraussetzung können die Ausgaben der „Reichen" und die der Arbeiter einander wechselweise vertreten, wie es Sismondi annimmt. Die Arbeit reproduziert hierbei ihren eigenen Lohn, das heißt das Kapital, das — in der *Netto*rechnung, also unter Abzug der Ersatzbeschaffungen — bei Sismondi ausschließlich als *Lohnkapital* erscheint. Die Reichen dürfen nur soviel für ihren eigenen Bedarf aufwenden, als ihnen möglich ist, ohne daß sie das Kapital, das heißt den Lohnfonds der Arbeitenden, antasten. Wenn sie an ihren eigenen persönlichen Ausgaben sparen, so vergrößern sie entsprechend den Anteil der Arbeitenden am Nationalprodukt. Daß durch solches „Sparen" und durch entsprechende Mehrbeschäftigung von Arbeitskräften das Produkt als ganzes *vergrößert* werden könnte, läßt Sismondi noch außer Betracht. — Es ist ersichtlich, daß Sismondi mit seiner Lohntheorie im ganzen der Klassik folgt; wobei er freilich den „Lohnfonds", im Gegensatz zu seinen englischen Zeitgenossen, als elastisch und gestaltbar ansieht (vgl. auch Bd. II der „Texte“, S. 57 ff.).

Hinter der Unterscheidung von Kapital (= Lohn) und *revenu* steht ein Konzept von produktivem, d. h. wertschaffendem, und unproduktivem, wertverzehrendem Aufwand. „Produktiv“ wirken nur diejenigen Ausgaben der Reichen, die als Lohnkapital den Arbeitenden zugutekommen. Dieser Gedanke wird im folgenden weiter ausgeführt:

„Wenn aber der Reiche diese Teilung [seines Einkommens in Eigenverbrauch und Lohnkapital] vornimmt, so soll er einen weiteren Gesichtspunkt vor Augen haben: nämlich niemals eine [Vermehrung der] Arbeitskraft zu ermutigen, für die es keine Nachfrage gibt. Denn das Arbeitsprodukt, dessen Erzeugung er ohne hinreichenden Grund verursacht haben wird, wird sich entweder überhaupt nicht oder nur schlecht verkaufen lassen. Dann werden die Gewinne, die er sich für das folgende Jahr versprach, entweder sinken oder gar in Verluste umschlagen. Und nachdem er eine tätige Bevölkerung ins Leben gerufen hat, die nichts als ihre Arme zum Einkommen [gemeint: zur Einkommensquelle] hat, wird er sie des Unterhaltes berauben, auf den er sie im Austausch für ihre Arbeit hoffen ließ.

Eine ganz ähnliche Wirkung hat der Reiche durch seine Verschwendung hervorrufen können. Solange er sein Kapital mitsamt seinem Einkommen verzehrt hat, sind von ihm mehr Arbeitskräfte in Anspruch genommen und ist mehr Lohn geboten worden. Nachdem er aber auf solche Weise eine Vermehrung der arbeitenden Klasse ermuntert hat, schmälert er ihr mit einem Schlage das Einkommen, sobald er sein Kapital vertan hat. Allerdings hat man kaum Gelegenheit, solche Schwankungen nach dem Ruin eines Verschwenders zu bemerken, da im allgemeinen die Sparsamkeit des einen die Verschwendung des anderen ausgleicht. Wenn aber der *Staat* seine Kapitalien aufzehrt, wie dies vor allem in Kriegszeiten geschieht, wenn beträchtliche Anleihen die laufenden Ausgaben decken sollen, so leitet er eine künstliche Prosperität ein, die anhält, solange er das geliehene Kapital ausgibt. Alsbald freilich wirft der Staat die Bevölkerung, die er hat entstehen lassen und die er mit diesem Kapital gespeist hat, in das härteste Elend zurück, wenn er seine Schulden zurückzuzahlen beginnt, statt neue aufzunehmen“ (S. 84 f. [105 f.]).

Während in unserem Jahrhundert die auf *Keynes* sich berufende Lehre von der *„Fiscal Policy“* es zur Maxime konjunkturfördernder Politik erklärt hat, daß der Staat über seine Verhältnisse leben solle, betrachtet Sismondi das Ausgabenmachen noch vom Standpunkt des soliden Hausvaters:

„Wer ausgibt, ohne die Bedingung zu erfüllen, die ihm einzig einen Anspruch auf Einkommen gibt, wer Aufwendungen macht, ohne Einkommen zu haben, oder wer über sein Einkommen hinaus verbraucht, ruiniert sich; und eine Nation, die aus solchen Verbrauchern besteht, ruiniert sich gleichfalls. Denn ... ein Land, welches mehr Reichtum vernutzt, als jährlich hinzukommt, ohne diesen zu reproduzieren, begibt sich der Mittel, denen es eine gleiche Reproduktion in den folgenden Jahren gedankt haben würde" (S. 87 [107]).

Gedacht ist hier an diejenigen, die mehr verbrauchen, als sie *hervorbringen*. Wie der Begriff der *richesse*, so ist auch der des *revenu* bei Sismondi mehrsinnig: er bezeichnet bald das Einkommen, bald die Einkommens*quelle* (die Arbeit), bald die Grundlage des Einkommens*bezugs* (Arbeit sowie Kapitaleigentum).

So mangelhaft der Gedankengang noch ist, Sismondi hat immerhin eine Ahnung von der besonderen Natur des Wiedereinsatzes von Einkommen als Kapital. — Von daher tastet er sich nun auch zu einer Vorstellung vom volkswirtschaftlichen Kreislaufprozeß vor, in welchem er als erster eine Zusammenfassung der individuellen Kapitalumschläge erblickt hat. Das starre klassische Bild der wechselseitigen Übereinstimmung von Produktion und Verbrauch löst sich nun auf in die Bewegungsvorgänge des ökonomischen Prozesses selbst. Und damit treten freilich auch die Ansatzpunkte möglicher Gleichgewichts*störung* hervor.

2. Die Gefährdung des Gleichgewichts bei wachsender Produktion

„Das Nationalprodukt *(richesse nationale)* vollzieht in seinem Fortschreiten eine Kreisbewegung. Jede Wirkung wird ihrerseits zur Ursache, jeder Schritt bestimmt sich durch den vorausgegangenen und bewirkt den folgenden; der letzte schließlich zieht den ersten wieder nach sich, und so fort. Das Nationaleinkommen *(revenu national)* muß die Gesamtausgaben des Landes bestimmen, und diese wieder müssen die Gesamtheit der Produktion in den Konsumtionsfonds überführen. Der vollständige Verbrauch *(consommation absolue)* zieht eine gleiche oder größere Reproduktion nach sich, und aus der Reproduktion entspringt wieder das Einkommen. Das Nationalprodukt nimmt beständig zu, und das Gemeinwesen gedeiht, wenn ein rascher und vollständiger Verbrauch eine stets größere Reproduktion bewirkt, und wenn die übrigen Bestandteile des Nationalprodukts, die miteinander in Zusammenhang stehen, diese Bewegung im Gleichschritt begleiten und beständig mitwachsen. Sobald aber in den Proportionen eine Störung eintritt, wird dies dem Gemeinwesen zum Verderben" (S. 87 f. [108]).

Es fällt auf: das Nationalprodukt wird als *wachsend* betrachtet, obwohl es sich vollständig in den *Konsumtions*fonds der Gesellschaft verwandeln soll, obwohl also keine Kapitalbildung angenommen wird.

„Das Nationaleinkommen muß die nationalen Ausgaben bestimmen" (S. 88 [108]).

Daher darf nicht mehr ausgegeben werden, als man eingenommen hat, da sonst das Kapital angegriffen würde.

Auf der anderen Seite dürfen die Ausgaben auch nicht hinter dem Nationalprodukt zurückbleiben, wenn Übererzeugung vermieden werden soll. Eine solche droht allerdings Sismondi zufolge, wenn die Gesamtproduktion *erweitert* wird:

„Die vollständige Konsumtion führt zu einer gleichen oder größeren Reproduktion. Hier kann der Kreislauf sich erweitern und sich in eine Spirale verwandeln. Das zurückliegende Jahr hatte zehn Einheiten hervorgebracht und verbraucht; man kann sich der Hoffnung hingeben, daß im folgenden Jahre, wenn elf Einheiten produziert werden, auch elf Einheiten ihren Verbrauch finden werden. ... Schon haben die Reichen einen Teil ihres Einkommens zurückgelegt, um ihn ihrem Kapital hinzuzufügen, das heißt den Löhnen, die sie den Armen bieten. Mehr Arbeit ist daher vollbracht worden. Wenn mehr Erzeugnisse sich verkauft haben — und gut verkauft haben —, so hat das neue Kapital also ein entsprechendes Einkommen hervorgebracht, und dieses Einkommen erfordert vermehrten Konsum. Die Ersparnis des Vorjahres wird im folgenden Jahre verteilt werden: Ein Teil wird als Einkommen die Genüsse des Reichen vergrößern, und ein Teil wird als Arbeitslohn die Genüsse des Armen mehren. Wird eine solche Handlung mit Vorsicht und Maß unternommen, so kann sie sich also wiederholen. Sie würde hingegen verderblich werden, wenn man sie überstürzte. Es ist das Einkommen des zurückliegenden Jahres, das die Produktion dieses Jahres zahlen soll; eine schon vorher bestimmte Größe wird zum Maßstab einer künftigen Arbeit von noch unbestimmter Größe. Der Irrtum derer, die zu einer schrankenlosen Produktion ermuntern, rührt daher, daß sie dieses vergangene Einkommen mit dem künftigen Einkommen verwechseln. Jedoch ... tauscht man stets das Gesamtprodukt des laufenden Jahres gegen das Gesamtprodukt des vorausgegangenen Jahres. Wenn daher die Produktion schrittweise zunimmt, so muß der Austausch eines jeden Jahres einen kleinen Verlust verursachen, während er gleichzeitig die künftigen Bedingungen verbessert. Ist dieser Verlust klein und gut verteilt, so trägt ihn ein jeder aus seinem Einkommen, ohne sich zu beklagen. Hierin gerade besteht die Sparsamkeit der Nation, und die Reihe dieser kleinen Verzichtleistungen vermehrt das Kapital und das Volksvermögen. Wenn aber ein großes Mißverhältnis zwischen der neuen und der vorausgegangenen Produktion besteht, so wird das Kapital angegriffen, es entsteht Not, und das Land erleidet einen Rückschlag, statt Fortschritte zu machen.

Die Reproduktion bringt zwar das Einkommen hervor. Aber die Produktion ist nicht selbst dieses Einkommen. Sie verwandelt sich hierein erst, nachdem sie realisiert worden ist, nachdem jedes Produkt den Konsumenten gefunden hat, der seiner bedurfte und der, indem er es aus dem Umlauf zieht, um es seinem Konsumtionsfonds einzufügen, den Gegenwert dafür gegeben hat. Dann macht der Produzent seine Rechnung; erst dann gewinnt er aus dem Austausch, den er vollzogen hat, sein Kapital als ganzes wieder zur freien Verfügung zurück; erst dann übersieht er den Profit, der ihm bleibt; erst dann deckt er seinerseits seine Bedürfnisse und beginnt er seine Tätigkeit aufs neue." (S. 93 ff. [112 f.])

Es ist leicht zu erkennen, daß die Schwierigkeit, die Sismondi für die fortschreitende Wirtschaft sieht, aus seiner privatwirtschaftlichen Analogie entspringt: Sismondi sagt zu Recht, daß im Umschlag der Einzelkapitalien die Produktion zu Einkommen (für den Kapitaleigner) erst dann wird, wenn dieser sich bezahlt gemacht, d. h. sein Warenkapital in Geldkapital zurückverwandelt hat. Und da Sismondi den volkswirtschaftlichen Prozeß wie einen einzigen großen Kapitalumschlag betrachtet, worin das Einkommen einer früheren Umschlagsperiode das vermehrte Produkt einer folgenden zahlen muß, so ergibt sich die von ihm betrachtete Diskrepanz. In Wahrheit verschlingen sich natürlich die vielen einzelnen Kapitalumschläge miteinander kontinuierlich, und werden in der Produktion selbst auch die vermehrten Lohn- und Gewinneinkommen hervorgebracht, welche die Produkte kaufen. Zu Recht hat später C. *Rodbertus-Jagetzow* die Simultaneität von Produktions- und Einkommensvermehrung hervorgehoben (*Das Kapital* [1884], Berlin 1913², S. 201 f., 209 f.).

Immerhin hat Sismondi gegenüber der in dieser Hinsicht recht sorglosen klassischen Ökonomie das richtige Gefühl, daß eine akkumulierende, „wachsende" Wirtschaft Gefahr läuft, Disproportionen zu entwickeln:

„Man ersieht aus dem oben Dargelegten, daß die Störung im Wechselverhältnis zwischen Produktion, Einkommen und Konsumtion dem Lande gleichermaßen zum Schaden gereicht, sei es nun daß die Produktion ein geringeres Einkommen als gewöhnlich abwirft, oder daß ein Teil des Kapitals in den Konsumtionsfonds übergeht, oder daß umgekehrt diese Konsumtion selbst abnimmt und keine neue Produktion verlangt. Es genügt, daß das Gleichgewicht verletzt worden ist, um Not im Lande hervorzurufen ... So laufen die Völker Gefahren, die einander entgegengesetzt zu sein scheinen. Sie können sich gleichermaßen zugrunderichten, indem sie zuviel ausgeben und indem sie zuwenig ausgeben. Ein Volk gibt zuviel aus, immer wenn es sein Einkommen überschreitet, denn dies kann es nur tun, indem es sein Kapital angreift und so seine künftige Produktion vermindert. ... Es gibt zuwenig aus, immer wenn es, bei fehlendem Außenhandel, seine Produktion nicht verbraucht oder wenn es im Falle von Außenhandel nicht den Überschuß seiner Produktion über die Ausfuhr verzehrt ... Glücklicherweise vollzieht sich, wenn das Volk sich nicht auf ein falsches System einläßt, wenn seine Regierung es nicht in eine Richtung drängt, die sich von seinen natürlichen Interessen entfernt, die Zunahme des Kapitals, des Einkommens und des Verbrauchs zumeist von selbst im Gleichschritt, ohne daß man einzugreifen braucht. Und wenn einmal einer dieser drei einander entsprechenden Teile des Reichtums vorübergehend die anderen übertrifft, so ist der auswärtige Handel fast stets bereit, das Gleichgewicht wiederherzustellen“ (S. 95 f. [114 f.]).

Den Ökonomen seiner Zeit hält Sismondi vor, daß sie über der Produktion die Rolle der Konsumtion vernachlässigt haben. Seine eigene Lehre faßt sich demgegenüber dahin zusammen,

„... daß die Zunahme der Konsumtion allein das Wachsen der Reproduktion zu bestimmen vermag, und daß die Konsumtion ihrerseits nur durch die Einkünfte der Verbraucher bestimmt werden kann“ (S. 99 [117]).

3. Würdigung

Es ist das Verdienst Sismondis, die Auffassung vom Gesamtzusammenhang der Wirtschaftsglieder aus dem kümmerlichen Zustand herausgeführt zu haben, in dem sie die klassische Ökonomie noch gelassen hatte. Seine Leistung darf vor allem im folgenden gesehen werden:

1. Sismondi hat einen genaueren Begriff vom *Umschlagsprozeß des Kapitals* geliefert. Schon in seinem frühen Werk *„De la richesse commerciale“* (1803, Bd. I, S. 225 ff., 493 ff.) hat er auch die „Zirkulationsgeschwindigkeit“ des Kapitals näher untersucht.

2. Aus dem Umschlag der Einzelkapitalien leitet Sismondi den *volkswirtschaftlichen Prozeß* als ganzen ab. Er vermittelt hierbei ein über *Say, Ricardo* und alle anderen Klassiker weit hinausgehendes differenziertes Bild von der *Entstehung, Verteilung und Verwendung des Nationalreichtums,* den er in seiner Doppelgestalt als Warenmasse und als Summe der Einkommen erfaßt. Auch unterscheidet Sismondi bereits (vor allem in seiner Schrift von 1803) zwischen *originären* und *abgeleiteten Einkommen* und, im Zusammenhang hiermit, zwischen produktiver und unproduktiver Tätigkeit in der Gesellschaft. (Vgl. dazu auch *Nouveaux principes,* II/9.)

3. Sismondi begreift die ökonomischen *Krisen* als Erscheinungen, die der modernen Wirtschaftsweise, dem Auseinanderfallen der Produktions- und Realisierungsbedingungen der Waren eigen sind. Er ist — wie vor allem H. *Grossmann* zu Recht hervorgehoben hat — nicht einfach ein früher Vertreter der „Unterkonsumtionstheorie“ der Krise gewesen, als der er immer wieder eingeschätzt worden ist; vielmehr hat er die Möglichkeit von Disproportionen sehr verschiedener Art zwischen Produktion und Nachfrage im neuen Wirtschaftssystem angelegt gesehen; die akute Unterkonsumtion der arbeitenden Massen ist ihm Ergebnis, nicht Ursache der Krise. — Mit der Einsicht, daß Produktion und Verkauf der Waren zwei verschiedene Vorgänge sind, die sich gegeneinander verselbständigen können, war auch ein Ansatz gegeben, über die klassische Vorstellung vom *„neutralen“ Geld* hinauszugehen. (Siehe dazu vor allem Sismondis Untersuchung über die Umschlagsgeschwindigkeit des Geldes sowie über den Kredit, in *„Richesse commerciale“* I/5, 6; sowie *Nouv. princ.,* V.)

Bei alledem hat Sismondi noch keine klare Vorstellung von Brutto- und Nettoprodukt, von Umsatzvolumen und Wertschöpfung, von der Notwendigkeit, nicht nur *Konsum*güter für die „Reichen“ und für die arbeitenden „Armen“, sondern auch *Produktions*güter zu erzeugen. Das ganze Nationalprodukt löst sich für ihn noch in Erzeugnisse der Konsumtion auf; so wie das

Gesamtkapital sich bei ihm ausschließlich als Lohnkapital darstellt. Auch vernachlässigt Sismondi die Kontinuität und Simultaneität der einzelnen Kapitalprozesse. Seine Theorie des Profits ist nur lose mit derjenigen der Kapitalakkumulation verbunden. Seine privatwirtschaftliche Analogie hindert ihn auch daran, in den Luxusausgaben der „Reichen" etwas anderes zu sehen als die unproduktive Vergeudung von Vermögen, während doch auch der Luxus — wie Sismondi selbst gelegentlich widerstrebend anerkennt — als ein Mittel erscheint, die Armen in Brot zu setzen.

Die widersprüchliche Gestalt Sismondis steht in einer Zeit des Übergangs zum entwickelten Konkurrenzkapitalismus. In der Sicht Sismondis vermischt sich das Bekenntnis zum Kapitaleigentum sowie die Hoffnung auf ein ständiges Fortschreiten der Produktivkräfte und des Volkswohlstandes mit der scharfen Kritik an den destruktiven Tendenzen des Konkurrenzsystems, an der blinden Ausdehnung der Produktion für unbekannte Märkte, am Pauperismus, am Widerspruch einer Ordnung, die selbst noch die Verschwendung der Reichen zu einem Mittel mache, das Los der Armen zu erleichtern. (Vgl. zu alledem *Nouv. princ.*, II/3, IV/7, VII/7; *Ec. pol.*, 1., 2., 13., 14. Essai; *Balance*, S. 288 ff.) Nachdrücklich verlangt Sismondi, dem auch „die politische Ökonomie nicht eine Wissenschaft der Berechnung, sondern der Moral" ist, das Eingreifen der öffentlichen Gewalt zugunsten der sozial Unterlegenen, und insbesondere die Entwicklung einer umfassenden Sozialgesetzgebung. (Vgl. besonders *Nouv. princ.*, IV/5, VII/8, 9.) Über die erst in der Entfaltung begriffene neue Ordnung als solche konnte und wollte Sismondi nicht hinausgreifen:

„Wir würden gerne die Ökonomen ebenso davon überzeugen, wie wir es selbst sind, daß ihre Wissenschaft einen falschen Weg eingeschlagen hat. Doch haben wir keineswegs das Zutrauen in uns selbst, ihnen zu zeigen, welches der richtige Weg wäre. Es wäre eine der größten Leistungen unseres Scharfsinns, die gegenwärtige Ordnung der Gesellschaft zu erfassen. Wer aber hätte die Kraft, eine Ordnung zu entwerfen, die noch nicht besteht, die Zukunft vorauszusehen, während wir schon so viel Mühe haben, die Gegenwart zu verstehen?" (*Balance*, S. 299).

Literatur

Hauptveröffentlichungen von Say und Sismondi zum Verhältnis von Produktion und Verbrauch

Say: Traité d'économie politique, ou simple exposition de la manière dont se forment, se distribuent et se consomment les richesses, Paris 1803 (1876[8]). — Catéchisme d'économie politique, ou instruction familière qui montre de quelle façon les richesses sont produites, distribuées et consommées dans la société, Paris 1815 (1881[6]). — Sur la balance des consommations avec les productions, Revue encyclopédique, Bd. XXIII; wiederabgedruckt in „Oeuvres diverses de Jean-Baptiste Say", Paris 1848, S. 250 ff. — Cours complet d'économie politique pratique, Paris 1828/29 (1852[3]).

Sismondi: De la richesse commerciale ou principes de l'économie politique appliqués à la législation du commerce, 2 Bde., Genf 1803 (Neuausgabe

Paris 1837). — Nouveaux principes d'économie politique ou de la richesse dans ses rapports avec la population, 2 Bde., Paris 1819 (1827²; 3. Aufl. Genf - Paris 1951/53). — Etudes sur les sciences sociales, Bd. II und III: Etudes sur l'économie politique, Paris 1837/38. — Balance des consommations avec les productions, Revue encyclopédique, Bd. XXIII, Paris 1824. (Wiedergegeben im Anhang zur 2. Aufl. der „Nouv. Princ."; hier nach deren 3. Auflage, Bd. II, S. 273 ff.)

Empfohlene Sekundärliteratur zur klassischen Akkumulationstheorie

Allgemein: Leslie *Stephen:* History of English Thought in the Eighteenth Century, 2 Bde., London 1876 (1927³/²). — E. *Cannan:* A History of the Theories of Production and Distribution in English Political Economy from 1776 to 1848, London 1893 (1920³/²). — G. S. L. *Tucker:* Progress and Profits in British Economic Thought 1650—1850, Cambridge 1960. — B. F. *Hoselitz* u. a.: Theories of Economic Growth, Glencoe / Ill. 1960. — Irma *Adelman:* Theories of Economic Growth and Development, Stanford 1961. — B. A. *Corry:* Money, Savings and Investment in English Economics 1800—1850, London 1962.

Zu Say und Sismondi: Art. „Say" HWBSt., HWBSoz. — Art. „Sismondi" HWBSt., HWBSoz. — Albert *Aftalion:* L'œuvre économique de Simonde de Sismondi, Paris 1899. — Henryk *Grossmann:* Simonde de Sismondi et ses théories économiques, Warschau 1924. — Alfred *Amonn:* Simonde de Sismondi als Nationalökonom, 2 Bde., Bern 1945 und 1949. — Wilhelm *Krelle:* Das Say'sche Theorem in der Nationalökonomie, Freiburg i. Br. 1947 (Diss.).

Zweiter Abschnitt

Die Entwicklungsgesetze der kapitalistischen Wirtschaft: Karl Marx

Im Vergleich zu anderen Zweigen der ökonomischen Theorie (Wertlehre, Einkommenslehre) ist die Theorie der Kapitalakkumulation und der hieraus entspringenden volkswirtschaftlichen Gesamtentwicklung nicht nur in klassischer Zeit, sondern fast das ganze neunzehnte Jahrhundert hindurch, bis zum Aufkommen einer systematischen Konjunkturtheorie, sehr vernachlässigt geblieben. Als um so bedeutungsvoller erscheint die Eigenleistung von Karl Marx (1818—1883). Dieser hat in seinem großen Hauptwerke „*Das Kapital*"[3] nicht nur ein „Modell" des kapitalistischen *Kreislauf-* und *Akkumulations*prozesses geliefert, sondern auch wichtige Ansätze einer *Konjunktur*theorie geboten und schließlich die allgemeine *historische Tendenz* der von ihm untersuchten und inkriminierten Wirtschaftsweise zu bestimmen unternommen.

A. Die Schemata der einfachen und erweiterten Reproduktion des Kapitals

Für Marx ist das Kapital ein „prozessierender Wert", der seinem Zweck, der ständigen Selbstvermehrung, nur im beständigen Kapital*umschlag,* daher auch im ständigen Wechsel seiner äußeren Formen, genügen kann. In diesem Kreislauf erscheinen Produktions- und Zirkulationssphäre in gegenseitiger („dialektischer") Wechselbeziehung: Nur in der Produktion, durch Betätigung menschlicher Arbeitskraft, wird zwar Marx zufolge jener „Mehrwert" erzeugt, um den alles Denken und Trachten der Unternehmer kreist und dessen Rückverwandlung in vergrößertes Einsatzkapital den Inhalt der Kapital*akkumulation* ausmacht. Aber hierzu bedarf es zugleich der Märkte, auf denen sich der in den Produkten eingeschlossene Mehrwert realisiert und auf denen die Elemente des „konstanten" und des „variablen" Kapitals (das heißt die notwendigen Produktionsmittel und die erforderlichen Arbeitskräfte) beschafft werden. Die Durchgangsphasen des umschlagenden Kapitals bezeichnet Marx mit folgender Formel:

$$G - W \left\langle \begin{matrix} A_k \\ P_m \end{matrix} \right\} \ldots P \ldots W' - G' \, .$$

[3] Band I 1867, Band II 1885, Band III 1894. Im folgenden zitiert nach „Karl Marx, Friedrich Engels, Werke", Berlin 1957 ff. (Band-, Kapitel- und Seitenangaben in runder Klammer) sowie nach der Karl-Marx-Studienausgabe, Stuttgart 1960 ff. (Band- und Seitenverweise in eckiger Klammer).

Geldkapital wird in die Elemente des Produktivkapitals (Sachmittel und entlohnte Arbeitskräfte) umgesetzt, die zum Zwecke der Produktion zusammengeführt werden. Die allein *wert*bildende Arbeit setzt den Produkten einen über den Wert des Ausgangskapitals hinausgehenden „Mehrwert" zu. Und dieser wird durch Verkauf der Waren in vergrößertes Geldkapital zurückverwandelt, das zur Ausgangsgröße eines neuen Umschlagsprozesses wird. — Hierbei erfahren nun die Einzelunternehmer das Verhältnis wechselseitiger Angewiesenheit, in dem sie stehen:

„In der Zirkulation *G—W . . . P . . . W'—G'* ist der erste Akt *G—W* des einen Kapitalisten der letzte *W'—G'* eines anderen . . ." (II/20, S. 416 [V, S. 479]).

Die Zusammenfassung der miteinander sich ständig verschlingenden individuellen Kapitalumschläge ergibt den volkswirtschaftlichen Gesamtprozeß, dessen Resultat sich in der Größe der periodischen Wertschöpfung der Gesamtwirtschaft niederschlägt. So steigt die Betrachtung von der Bewegung der Einzelkapitalien zum ökonomischen Lebensprozeß der Gesamtgesellschaft auf:

„Betrachten wir die jährliche Funktion des gesellschaftlichen Kapitals — also des Gesamtkapitals, wovon die individuellen Kapitale nur Bruchstücke bilden, deren Bewegung sowohl ihre individuelle Bewegung ist, wie gleichzeitig integrierendes Glied der Bewegung des Gesamtkapitals — in ihrem Resultat, d. h. betrachten wir das Warenprodukt, welches die Gesellschaft während des Jahrs liefert, so muß sich zeigen, wie der Reproduktionsprozeß des gesellschaftlichen Kapitals vonstatten geht, welche Charaktere diesen Reproduktionsprozeß vom Reproduktionsprozeß eines individuellen Kapitals unterscheiden und welche Charaktere beiden gemeinsam sind. Das Jahresprodukt umschließt sowohl die Teile des gesellschaftlichen Produkts, welche Kapital ersetzen, die gesellschaftliche Reproduktion, wie die Teile, welche dem Konsumtionsfonds anheimfallen, durch Arbeiter und Kapitalisten verzehrt werden, also sowohl die produktive wie die individuelle Konsumtion. Sie umschließt ebensowohl die Reproduktion (d. h. Erhaltung) der Kapitalistenklasse und der Arbeiterklasse, daher auch die Reproduktion des kapitalistischen Charakters des gesamten Produktionsprozesses" (II/20, S. 391 [V, S. 448]).

Das Periodenprodukt zerfällt also in Konsumtionsmittel und Produktionsmittel, das periodische Einkommen in Arbeitslohn und in Einkommen aus Kapitalverwertung — „Mehrwert", sei es in Gestalt von Profit oder von Rente —. Damit sind die Grundelemente jener *Theorie des Sozialprodukts* festgestellt, die Marx in die Volkswirtschaftslehre eingebracht hat.

Marx unterscheidet nun methodisch zwischen den Bedingungen eines gedachten stationären Kreislaufs mit bloßer (stofflicher und zugleich wertmäßiger) Wiederherstellung des verbrauchten Produktivkapitals („einfache Reproduktion") und der hierauf sich aufbauenden Neubildung ständig *vermehrten* Kapitals („erweiterte Reproduktion" oder „Akkumulation" des Kapitals).

1. Einfache Reproduktion

„Die Frage, wie sie unmittelbar vorliegt, ist die: Wie wird das in der Produktion verzehrte *Kapital* seinem Wert nach aus dem jährlichen Produkt ersetzt, und wie verschlingt sich die Bewegung dieses Ersatzes mit der Konsumtion des Mehrwerts durch die Kapitalisten, und des Arbeitslohns durch die Arbeiter? Es handelt sich also zunächst um die Reproduktion auf einfacher Stufenleiter. Ferner wird unterstellt nicht nur, daß die Produkte ihrem Wert nach sich austauschen, sondern auch, daß keine Wertrevolution in den Bestandteilen des produktiven Kapitals vorgehe" (II/20, S. 392 [V, S. 449 f.]).

„Die einfache Reproduktion auf gleichbleibender Stufenleiter erscheint insoweit als eine Abstraktion, als einerseits auf kapitalistischer Basis Abwesenheit aller Akkumulation oder Reproduktion auf erweiterter Stufenleiter eine befremdliche Annahme ist, andererseits die Verhältnisse, worin produziert wird, nicht absolut gleichbleiben (und dies ist vorausgesetzt) in verschiedenen Jahren. ... Indes, soweit Akkumulation stattfindet, bildet die einfache Reproduktion stets einen Teil derselben, kann also für sich betrachtet werden, und ist ein realer Faktor der Akkumulation" (S. 393 f. [451]).

Im weiteren wird zwischen zwei großen „Abteilungen" der gesellschaftlichen Gesamtproduktion unterschieden: Abteilung I erzeugt Produktionsmittel, Abteilung II Konsumtionsmittel. In jeder Abteilung wiederum zerfällt das Kapital in zwei Bestandteile: „variables" Kapital (= Lohnkapital; Symbol: v) und „konstantes" Kapital (= Wert der eingesetzten Produktionsmittel; Symbol: c). Das konstante Kapital wiederum besteht aus *zirkulierendem* Kapital, das stofflich und wertmäßig in einen einzigen Arbeitsprozeß zur Gänze eingeht (Rohstoffe, Hilfs- und Betriebsstoffe, Halbfabrikate), und aus *fixem* Kapital, das über mehrere Produktionsvorgänge wirksam bleibt und nur mit einem Teil seines Wertes in das Periodenprodukt eingeht. In der Produktion wird nun den Erzeugnissen ein weiterer Wert, über den der Elemente des Einsatzkapitals hinaus, hinzugefügt, der *Mehrwert;* so daß jede Einzelware und mithin auch das gesamte Jahresprodukt jeder der beiden großen Abteilungen in die Wertgrößen $c+v+m$ zerfällt (vgl. S. 394 f.).

Nur die Lohn- und Gewinneinkommen $(v+m)$ stellen die volkswirtschaftliche Neuwertschöpfung (das „Wertprodukt") der Periode dar. Hiervon ist der Wert der periodischen Bruttoproduktion (der „Produktenwert") zu unterscheiden, der auch den Wert des vernutzten Sachkapitals (c) enthält. Dieses Sachkapital gehört der Produktion einer früheren Periode an; sein Wert wird auf den Wert der gegenwärtigen Erzeugnisse nur übertragen:

„Die ganze jährliche Reproduktion, das ganze Produkt dieses Jahres ist Produkt der diesjährigen nützlichen Arbeit. Aber der Wert dieses Gesamtprodukts ist größer als der Wertteil desselben, worin sich die Jahresarbeit, als während dieses Jahres verausgabte Arbeitskraft, verkörpert. Das *Wertprodukt* dieses Jahres, der während desselben in Warenform neugeschaffene Wert, ist kleiner als der *Produktenwert,* der

Gesamtwert der während des ganzen Jahres hergestellten Warenmasse. Die Differenz, die wir erhalten, wenn wir vom Gesamtwert des jährlichen Produkts den Wert abziehen, der ihm durch die laufende Jahresarbeit zugesetzt wurde, ist nicht wirklich reproduzierter Wert, sondern nur in neuer Daseinsform wiedererscheinender Wert; Wert, auf das Jahresprodukt übertragen von vor ihm existierendem Wert, der je nach der Dauer der konstanten Kapitalbestandteile, die im diesjährigen gesellschaftlichen Arbeitsprozeß mitgewirkt, von früherem oder späterem Datum sein kann, der von dem Wert eines Produktionsmittels herrühren kann, welches im vorigen Jahr oder in einer Reihe früherer Jahre zur Welt kam. Es ist unter allen Umständen Wert, übertragen von vorjährigen Produktionsmitteln auf das Produkt des laufenden Jahres. ...Während des Jahres neuproduzierter Wert steckt nur in den v und m" (S. 435 f. [503 f.]).

Damit sind die allgemeinen Voraussetzungen des Schemas der „einfachen Reproduktion" geklärt. Diesem wenden wir uns nun zu:

„Für unsere Untersuchung der einfachen Reproduktion wollen wir folgendes Schema zugrunde legen, worin c = konstantes Kapital, v = variables Kapital, m = Mehrwert ist und das Verwertungsverhältnis $\left(\frac{m}{v}\right)$ zu 100 % angenommen wird. Die Zahlen mögen Millionen Mark, Franken oder Pfund Sterling bedeuten.

I. Produktion von Produktionsmitteln:

Kapital . . . $4000_c + 1000_v = 5000$,
Warenprodukt $4000_c + 1000_v + 1000_m = 6000$,

existierend in Produktionsmitteln.

II. Produktion von Konsumtionsmitteln:

Kapital . . . $2000_c + 500_v = 2500$,
Warenprodukt $2000_c + 500_v + 500_m = 3000$,

existierend in Konsumtionsmitteln.

Rekapituliert, jährliches Gesamtwarenprodukt:

I. $4000_c + 1000_v + 1000_m = 6000$ Produktionsmittel,

II. $2000_c + 500_v + 500_m = 3000$ Konsumtionsmittel.

Gesamtwert = 9000, wovon das in seiner Naturalform fortfungierende fixe Kapital nach der Voraussetzung ausgeschlossen ist.

Wenn wir nun die auf Grundlage einfacher Reproduktion, wo also der ganze Mehrwert unproduktiv konsumiert wird, notwendigen Umsätze untersuchen und dabei zunächst die sie vermittelnde Geldzirkulation unbeachtet lassen, so ergeben sich uns von vornherein drei große Anhaltspunkte.

1. Die 500_v, Arbeitslohn der Arbeiter, und die 500_m, Mehrwert der Kapitalisten der Abteilung II, müssen in Konsumtionsmitteln verausgabt werden. Aber ihr Wert existiert in den Konsumtionsmitteln zum Werte von 1000, die in den Händen der Kapitalisten, Abteilung II, die vorgeschossenen 500_v ersetzen und die 500_m repräsentieren. Arbeitslohn und Mehrwert der Abteilung II werden also innerhalb Abteilung II gegen Produkt von II umgesetzt. Damit verschwinden aus dem Gesamtprodukt $(500_v + 500_m)\ II = 1000$ in Konsumtionsmitteln.

2. Die $1000_v + 1000_m$ der Abteilung I müssen ebenfalls in Konsumtionsmitteln verausgabt werden, also in Produkt von Abteilung II. Sie müssen sich also austauschen gegen den von diesem Produkt noch übrigen, dem Belauf nach gleichen, konstanten Kapitalteil 2000_c. Dafür erhält Abteilung II einen gleichen Betrag von Produktionsmitteln, Produkt von I, worin der Wert der $1000_v + 1000_m$ von I verkörpert. Damit verschwinden aus der Rechnung $2000\ II_c$ und $(1000_v + 1000_m)$ I.

3. Es bleiben noch $4000\ I_c$. Diese bestehen in Produktionsmitteln, die nur in Abteilung I vernutzt werden können, zum Ersatz ihres verzehrten konstanten Kapitals dienen, und daher durch gegenseitigen Austausch zwischen den einzelnen Kapitalisten von I ebenso ihre Erledigung finden, wie die $(500_v + 500_m)$ II durch Austausch zwischen den Arbeitern und Kapitalisten, respektive zwischen den einzelnen Kapitalisten von II" (S. 396 f. [454 f.]).

Es finden also dreierlei Umsätze statt: Ein Teil der Produktionsmittel dient dem Bedarf der Produktionsmittel erzeugenden Abteilung I selbst. Ebenso deckt ein Teil der in Abteilung II hergestellten Verbrauchsmittel den Bedarf der Arbeiter und Kapitalisten von II. Schließlich liefert Abteilung I Produktionsmittel für den Bedarf der Abteilung II und bezieht dafür von II Konsumtionsmittel für seine eigenen Arbeiter und Unternehmer:

„In dem Umsatz von $1000\ I_v + 1000\ I_m$ gegen $2000\ II_c$ wird also das, was konstantes Kapital für die einen $(2000\ II_c)$, variables Kapital und Mehrwert, also überhaupt Revenue, für die andren; und das, was variables Kapital und Mehrwert $(2000\ I_{(v+m)})$, also überhaupt Revenue für die einen, wird konstantes Kapital für die andren" (S. 438 [507]).

Der Tausch $I\ (v+m)$ gegen IIc bezeichnet die ökonomische Klammer, die beide Abteilungen zusammenhält.

Alle diese Umsätze spielen sich natürlich nicht in Form von naturalem Zug-um-Zug-Tausch ab, sondern werden durch die Geldzirkulation vermittelt.

Bei der „einfachen Reproduktion" des Kapitals wird der Voraussetzung nach der ganze „Mehrwert" verzehrt; es geschieht keine Kapitalerweiterung. Daher ist hier der jährlich produzierte Neuwert (das Volkseinkommen, $v+m$) gleich dem Werte der Konsumtionsmittel:

„Unter Voraussetzung einfacher Reproduktion ist also der Gesamtwert der jährlich produzierten Konsumtionsmittel gleich dem jährlichen

Wertprodukt, d. h. gleich dem ganzen durch die gesellschaftliche Arbeit während des Jahrs produzierten Wert, und muß es sein, da bei einfacher Reproduktion dieser ganze Wert verzehrt wird“ (S. 423 [488 f.]).

2. Erweiterte Reproduktion

Ist bei der einfachen Reproduktion der Mehrwert als reines Verzehrseinkommen *(Revenue)* der Kapitaleigner betrachtet worden, so wird nun davon ausgegangen, daß ein Teil des Mehrwerts in neues, vergrößertes Kapital verwandelt wird.

„Anwendung von Mehrwert als Kapital oder Rückverwandlung von Mehrwert in Kapital heißt Akkumulation des Kapitals“ (Bd. I, S. 605 [IV, S. 687]).

„Zunächst muß die Jahresproduktion alle die Gegenstände (Gebrauchswerte) liefern, aus denen die im Laufe des Jahres verbrauchten sachlichen Bestandteile des Kapitals zu ersetzen sind. Nach Abzug dieser bleibt das Netto- oder Mehrprodukt, worin der Mehrwert steckt. Und woraus besteht dieses Mehrprodukt? Vielleicht in Dingen, bestimmt zur Befriedigung der Bedürfnisse und Gelüste der Kapitalistenklasse, die also in ihren Konsumtionsfonds eingehen? Wäre das alles, so würde der Mehrwert verjubelt bis auf die Hefen, und es fände bloß einfache Reproduktion statt.

Um zu akkumulieren, muß man einen Teil des Mehrprodukts in Kapital verwandeln. Aber, ohne Wunder zu tun, kann man nur solche Dinge in Kapital verwandeln, die im Arbeitsprozeß verwendbar sind, d. h. Produktionsmittel, und des ferneren Dinge, von denen der Arbeiter sich erhalten kann, d. h. Lebensmittel. Folglich muß ein Teil der jährlichen Mehrarbeit verwandt worden sein zur Herstellung zusätzlicher Produktions- und Lebensmittel, im Überschuß über das Quantum, das zum Ersatz des vorgeschossenen Kapitals erforderlich war. Mit einem Wort: der Mehrwert ist nur deshalb in Kapital verwandelbar, weil das Mehrprodukt, dessen Wert er ist, bereits die sachlichen Bestandteile eines neuen Kapitals enthält.

Um nun diese Bestandteile tatsächlich als Kapital fungieren zu lassen, bedarf die Kapitalistenklasse eines Zuschusses von Arbeit. Soll nicht die Ausbeutung der schon beschäftigten Arbeiter extensiv oder intensiv wachsen, so müssen zusätzliche Arbeitskräfte eingestellt werden. Dafür hat der Mechanismus der kapitalistischen Produktion ebenfalls schon gesorgt, indem er die Arbeiterklasse reproduziert als vom Arbeitslohn abhängige Klasse, deren gewöhnlicher Lohn hinreicht, nicht nur ihre Erhaltung zu sichern, sondern auch ihre Vermehrung. Diese, ihm durch die Arbeiterklasse auf verschiedenen Altersstufen jährlich gelieferten, zuschüssigen Arbeitskräfte braucht das Kapital nur noch den in der

Jahresproduktion schon enthaltenen zuschüssigen Produktionsmitteln einzuverleiben, und die Verwandlung des Mehrwerts in Kapital ist fertig. Konkret betrachtet, löst sich die Akkumulation auf in Reproduktion des Kapitals auf progressiver Stufenleiter. Der Kreislauf der einfachen Reproduktion verändert sich und verwandelt sich, nach Sismondis Ausdruck, in eine Spirale“ (Bd. I, S. 606 f. [IV, S. 689 f.]).

Es ändert sich also die Verwendung des Mehrwerts: Ein Teil dient nach wie vor als „Revenue“ der persönlichen Konsumtion der Kapitaleigner (wir wollen hierfür das bei Marx selbst nicht anzutreffende Symbol m_r wählen); ein anderer Teil wird akkumuliert (unser Symbol: m_a) und zerfällt hierbei wieder in zusätzliches konstantes Kapital (m_{ac}) und zusätzliches variables Kapital (m_{av}). Die Wertzusammensetzung des Jahresprodukts kann dann so dargestellt werden:

$$I.\ c_1 + v_1 + m_{r1} + m_{ac1} + m_{av1} = Pm.$$
$$II.\ c_2 + v_2 + m_{r2} + m_{ac_2} + m_{av_2} = Km.$$

Auch hier sind, wie schon bei der „einfachen Reproduktion“ des Kapitals, dreierlei Umsätze zu unterscheiden :

1. Abteilung I produziert für den eigenen Bedarf Produktionsmittel, deren Wert den Größen $c_1 + m_{ac1}$ entspricht.

2. Abteilung II produziert für den Bedarf der Arbeiter und Kapitaleigner der gleichen Abteilung Konsumtionsmittel, deren Wert den Größen $v_2 + m_{r2} + m_{av2}$ entspricht.

3. Abteilung II bezieht von Abteilung I für ihre eigene Reproduktion Produktionsmittel im Werte von $c_2 + m_{ac2}$ und liefert an die Arbeiter und Kapitalisten von I Konsumtionsmittel im Werte von $v_1 + m_{r1} + m_{av1}$.

Die Grundgleichung des Austauschs zwischen beiden Abteilungen (bei einfacher Reproduktion: $v_1 + m_1 = c_2$) erweitert sich dementsprechend:

$$v_1 + m_{r1} + m_{av1} = c_2 + m_{ac2}.$$

„Wie also I das zusätzliche konstante Kapital von II aus seinem Mehrprodukt zu liefern hat, so liefert II in diesem Sinn das zuschüssige variable Kapital für I. II akkumuliert für I und für sich selbst, soweit das variable Kapital in Betracht kommt, indem es einen größern Teil seiner Gesamtproduktion, also auch namentlich seines Mehrprodukts, in Form von notwendigen Konsumtionsmitteln reproduziert.

$I_{(v+m)}$ muß bei Produktion auf wachsender Kapitalbasis sein $= II_c$ plus dem Teil des Mehrprodukts, der als Kapital wieder inkorporiert wird, plus dem zuschüssigen Teil von konstantem Kapital, nötig zur Erweiterung der Produktion in II; und das Minimum dieser Erweiterung ist das, ohne welches die wirkliche Akkumulation, d. h. die wirkliche Produktionsausdehnung in I selbst nicht ausführbar ist“ (II/21, S. 512 [V, S. 600]).

Sowohl die Erzeugung von Produktionsmitteln als auch die Erzeugung von Konsumtionsmitteln muß also zunehmen. Damit aus dem „Kreislauf“ der einfachen Reproduktion die „Spirale" der Kapitalerweiterung wird, bedarf es aber vor allem einer vermehrten Erzeugung von Produktionsmitteln für den Bedarf der Abteilung I selbst:

„Der Unterschied liegt hier ... in der Form der angewandten Mehrarbeit, der konkreten Natur ihrer besondren nützlichen Weise. Sie ist verausgabt worden in Produktionsmitteln für I_c statt für II_c, in Produktionsmitteln für Produktionsmittel statt in Produktionsmitteln für Konsumtionsmittel. Bei der einfachen Reproduktion wurde vorausgesetzt, daß der ganze Mehrwert I verausgabt wird als Revenue, also in Waren II; er bestand also nur aus solchen Produktionsmitteln, die das konstante Kapital II_c in seiner Naturalform wieder zu ersetzen haben. Damit also der Übergang von der einfachen zur erweiterten Reproduktion vor sich gehe, muß die Produktion in Abteilung I im Stand sein, weniger Elemente des konstanten Kapitals für II, aber um ebensoviel mehr für I herzustellen" (S. 492 [575 f.]).

Die Akkumulation muß daher in Abteilung I rascher vor sich gehen als in Abteilung II; der Anteil von I an der Bruttoproduktion der Volkswirtschaft muß wachsen (während der Anteil der Kapitalbildung am *Volkseinkommen*, an der Nettowertschöpfung, konstant bleiben kann). Auf die prinzipielle Bedeutung dieses allgemeinen Sachverhalts, auch für eine Wirtschaft des sowjetischen sowie des Entwicklungstypus, sei hier nur hingewiesen.

Marx demonstriert nun an seinen — wiederum mit fingierten Zahlenwerten gefüllten — Schemata der erweiterten Reproduktion des Kapitals das, was heute etwa als „Gleichgewichtspfad einer wachsenden Wirtschaft" bezeichnet werden würde. Ausgangspunkt ist das — von Marx leicht abgewandelte — Ziffernwerk der einfachen Reproduktion:

1. Beispiel

A) Schema einfacher Reproduktion:

$$\left.\begin{array}{ll} \text{I.} & 4000_c + 1000_v + 1000_m = 6000 \\ \text{II.} & 2000_c + 500_v + 500_m = 3000 \end{array}\right\} \text{Summa} = 9000$$

B) Ausgangsschema für Reproduktion auf erweiterter Stufenleiter:

$$\left.\begin{array}{ll} \text{I.} & 4000_c + 1000_v + 1000_m = 6000 \\ \text{II.} & 1500_c + 750_v + 750_m = 3000 \end{array}\right\} \text{Summa} = 9000$$

Angenommen, daß in Schema B die Hälfte des Mehrwerts von I akkumuliert wird, also 500, so erhalten wir zunächst ($1000_v + 500_m$) I oder 1500 $I_{(v+m)}$ zu ersetzen durch 1500 II_c; es bleibt dann in I: $4000_c + 500_m$, welche letztre zu akkumulieren. Die Ersetzung von ($1000_v + 500_m$) I durch 1500 II_c ist ein Prozeß der einfachen Reproduktion und schon bei letztrer erläutert.

Nehmen wir an, daß von den 500 I_m 400 in konstantes Kapital zu verwandeln, 100 in variables. Der Umsatz innerhalb I der 400_m, die so kapitalisiert werden sollen, ist bereits erörtert; sie können also ohne weiteres annexiert werden an I_c, und wir erhalten dann für I:

$$4400_c + 1000_v + 100_m \text{ (die in } 100_v \text{ umzusetzen sind).}$$

Seinerseits kauft II zum Zweck der Akkumulation von I die 100 I_m (in Produktionsmitteln existierend), die nun zuschüssiges konstantes Kapital von II bilden, während die 100 Geld, die es dafür zahlt, in Geldform des zuschüssigen variablen Kapitals von I verwandelt werden. Wir haben dann für I ein Kapital von $4400_c + 1100_v$ (die letztren in Geld) = 5500.

II hat jetzt für konstantes Kapital 1600_c; es muß zu deren Bearbeitung weitre 50_v in Geld für Ankauf neuer Arbeitskraft zuschießen, so daß sein variables Kapital von 750 auf 800 wächst. Diese Ausdehnung des konstanten wie variablen Kapitals von II um zusammen 150 wird bestritten aus seinem Mehrwert; von den 750 II_m bleiben also nur 600_m als Konsumtionsfonds der Kapitalisten II, deren Jahresprodukt sich nun verteilt wie folgt:

$$\text{II. } 1600_c + 800_v + 600_m \text{ (Konsumtionsfonds)} = 3000$$

Die in Konsumtionsmitteln produzierten 150_m, die hier in $(100_c + 50_v)$ II umgesetzt, gehn in ihrer Naturalform ganz in die Konsumtion der Arbeiter ein: 100 werden verzehrt von den Arbeitern I (100 I_v) und 50 von den Arbeitern II (50 II_v), wie oben auseinandergesetzt. In der Tat muß in II, wo sein Gesamtprodukt in einer für die Akkumulation nötigen Form zubereitet wird, ein um 100 größrer Teil des Mehrwerts in Form von *notwendigen* Konsumtionsmitteln reproduziert werden. Beginnt wirklich die Reproduktion auf erweiterter Stufenleiter, so fließen die 100 variables Geldkapital von I durch die Hände seiner Arbeiterklasse zurück an II; welches dagegen 100_m in Warenvorrat an I überträgt und zugleich 50 in Warenvorrat an seine eigne Arbeiterklasse.

Das zum Zweck der Akkumulation veränderte Arrangement steht nun wie folgt:

$$\begin{aligned} &\text{I. } 4400_c + 1100_v + 500 \text{ Konsumtionsfonds} = 6000 \\ &\text{II. } 1600_c + 800_v + 600 \text{ Konsumtionsfonds} = \underline{3000} \\ &\hspace{14em}\text{Summa } 9000 \end{aligned}$$

wie oben.

Davon sind Kapital:

$$\left.\begin{aligned} &\text{I. } 4400_c + 1100_v \text{ (Geld)} = 5500 \\ &\text{II. } 1600_c + 800_v \text{ (Geld)} = 2400 \end{aligned}\right\} = 7900,$$

während die Produktion begann mit:

$$\left.\begin{array}{l} \text{I. } 4000_c + 1000_v = 5000 \\ \text{II .} 1500_c + \ \ 750_v = 2250 \end{array}\right\} = 7250.$$

Geht die wirkliche Akkumulation nun auf dieser Basis vor sich, d. h., wird mit diesem vermehrten Kapital nun wirklich produziert, so erhalten wir am Ende des nächsten Jahres:

$$\left.\begin{array}{l} \text{I. } 4400_c + 1100_v + 1100_m = 6600 \\ \text{II. } 1600_c + \ \ 800_v + \ \ 800_m = 3200 \end{array}\right\} = 9800.$$

(S. 505 ff. [592 ff.]).

So geht es fort. Für den Schluß der weiteren Jahre ergeben sich jeweils die folgenden rechnerischen Größen:

$$\left.\begin{array}{l} \text{I. } 4840_c + 1210_v + 1210_m = 7260 \\ \text{II. } 1760_c + \ \ 880_v + \ \ 880_m = 3520 \end{array}\right\} = 10\,780.$$

$$\left.\begin{array}{l} \text{I. } 5324_c + 1331_v + 1331_m = 7986 \\ \text{II. } 1936_c + \ \ 968_v + \ \ 968_m = 3872 \end{array}\right\} = 11\,858.$$

$$\left.\begin{array}{l} \text{I. } 5856_c + 1464_v + 1464_m = 8784 \\ \text{II. } 2129_c + 1065_v + 1065_m = 4259 \end{array}\right\} = 13\,043.$$

$$\left.\begin{array}{l} \text{I. } 6442_c + 1610_v + 1610_m = 9662 \\ \text{II. } 2342_c + 1172_v + 1172_m = 4686 \end{array}\right\} = 14\,348.$$

Das Zahlenschema geht dabei von folgenden Annahmen aus:

1) Die „organische Zusammensetzung des Kapitals" (das technisch-wertmäßige Verhältnis von konstantem und variablem Kapital) ist durch alle Perioden hindurch — mit minimalen Abweichungen — unverändert in Abteilung I vier zu eins, in Abteilung II zwei zu eins.

2) Die Profitrate ist in Abteilung I (wiederum gleichbleibend) 20 %, in Abteilung II 33,3 %. Der notwendige „Ausgleich der Profitraten" (vgl. Band I der „Texte", S. 92 ff.) ist also noch nicht geschehen.

In einem zweiten Beispiel nun nimmt Marx für beide Abteilungen ein (zwischenzeitlich unverändertes) Verhältnis von 5 : 1 zwischen konstantem und variablem Kapital und eine in beiden Abteilungen einheitliche und unveränderte Profitrate von 16,66 % an. Die Rechnung nimmt ihren Ausgang von der folgenden Gleichung:

$$\left.\begin{array}{l} \text{I. } 5000_c + 1000_v + 1000_m = 7000 \\ \text{II. } 1430_c + \ \ 285_v + \ \ 285_m = 2000 \end{array}\right\} = 9000.$$

„Das Produkt von 9000 im zweiten Beispiel muß zum Zwecke der Reproduktion folgende Verteilung annehmen, wenn 500 I_m kapitalisiert werden sollen. Wir ziehen dabei bloß die Waren in Betracht und vernachlässigen die Geldzirkulation.

I. $5000_c + 500_m$ (zu kapitalisieren) $+ 1500_{(v+m)}$ Konsumtionsfonds = 7000 in Waren.

II. $1500_c + 299_v + 201_m = 2000$ in Waren. Gesamtsumme 9000 in Warenprodukt.

Die Kapitalisation geht nun vor sich wie folgt:

In I teilen sich die 500_m, die kapitalisiert werden, in $^5/_6 = 417_c + {^1/_6} = 83_v$. Die 83_v entziehen einen gleichen Betrag von II_m, der Elemente des konstanten Kapitals kauft, also zu II_c geschlagen wird. Eine Vermehrung von II_c um 83 bedingt eine Vermehrung von II_v um $^1/_5$ von 83 = 17. Wir haben also nach dem Umsatz:

I. $(5000_c + 417_m)_c + (1000_v + 83_m)_v = 5417_c + 1083_v = 6500$
II. $(1500_c + 83_m)_c + (299_v + 17_m)_v = 1583_c + 316_v = 1899$

Zusammen = 8399.

Das Kapital in I ist gewachsen von 6000 auf 6500, also um $^1/_{12}$. In II von 1715 auf 1899, also um nicht ganz $^1/_9$.

Die Reproduktion auf dieser Grundlage im zweiten Jahr ergibt am Jahresschluß an Kapital:

I. $(5417_c + 452_m)_c + (1083_v + 90_m)_v = 5869_c + 1173_v = 7042.$
II. $(1583_c + 42_m + 90_m)_c + (316_v + 8_m + 18_m)_v = 1715_c + 342_v = 2057$

und am Ende des dritten Jahres an Produkt:

I. $5869_c + 1173_v + 1173_m$.
II. $1715_c + 342_v + 342_m$.

Akkumuliert hier I wie bisher die Hälfte des Mehrwerts, so ergibt $I_{(c+{^1/_2}m)}\ 1173_v + 587_{({^1/_2}m)} = 1760$, ist also größer als das gesamte 1715 II_c, und zwar um 45. Diese müssen also wieder durch Übernahme eines gleichen Betrages von Produktionsmitteln auf II_c ausgeglichen werden. II_c wächst also um 45, was einen Zuwachs von $^1/_5 = 9$ in II_v bedingt. Ferner teilen sich die kapitalisierten 587 I_m zu $^5/_6$ und $^1/_6$ in 489_c und 98_v; diese 98 bedingen in II einen neuen Zuschlag zum konstanten Kapital von 98 und dieser wieder eine Vermehrung des variablen Kapitals von II um $^1/_5 = 20$. Wir haben dann:

I. $(5869_c + 489_m)_c + (1173_v + 98_m)_v = 6358_c + 1271_v = 7629$
II. $(1715_c + 45_m + 98_m)_c + (342_v + 9_m + 20_m)_v = 1858_c + 371_v = 2229$

Total Kapital = 9858.

In drei Jahren wachsender Reproduktion ist also das Gesamtkapital von I gewachsen von 6000 auf 7629, das von II von 1715 auf 2229, das gesellschaftliche Gesamtkapital von 7715 auf 9858" (S. 513 f. [602 f.]).

3. Würdigung

Die spröde Gestalt, in der das Modell der kapitalistischen Akkumulation sich in dem aus dem Manuskript posthum herausgegebenen II. Bande des „Kapital" darstellt, erklärt wohl, daß in der Folgezeit — jedenfalls außerhalb der marxistischen Denkwelt — die große Bedeutung verkannt worden ist, die den Marxschen Schemata der einfachen und erweiterten Reproduktion des Kapitals zukommt:

1. Marx hat ein erstes entwickeltes und differenziertes Bild der „wachsenden Wirtschaft" geliefert. Hierbei werden stoffliche und wertmäßige Reproduktion, einzelwirtschaftlicher und gesamtwirtschaftlicher Prozeß sowie die Vorgänge von „Kreislauf" und „Entwicklung" miteinander verbunden und wird erstmals das „Gleichgewicht" einer fortschreitenden kapitalistischen Wirtschaft bestimmt. Der Fortschritt gegenüber der Klassik ist besonders in der Theorie der Wertschöpfung bemerkenswert:

a) Während für *Smith, Say, Sismondi,* ja selbst noch für *Rodbertus* das ganze Sozialprodukt einer Periode stofflich nur aus Konsumgütern besteht, zeigt Marx, daß in das Sozialprodukt auch die neu hervorgebrachten Sachmittel der Produktion eingehen.

b) Während für die Klassiker von *Smith* bis zu J. St. *Mill* der Gesamtwert der Waren sich auflöst in Lohn, Profit und Rente, also in die Größen des Volkseinkommens, der periodischen Neuwertschöpfung, weist Marx auch dem Wert der vernutzten Elemente des Sachkapitals seinen Platz in der Wertzusammensetzung des Produktes zu. So gelangt er, wie oben gezeigt, zur Unterscheidung von Bruttoproduktionswert („Produktenwert", c+v+m) und Neuwertschöpfung („Wertprodukt", v+m).

2. Erst unter dieser Voraussetzung war es möglich, die Lehre von den Gleichgewichtsbedingungen der Reproduktion aus der blassen allgemeinen Harmoniefiktion der Klassik herauszuführen. Die Marxschen Schemata zeigen hierbei, unter welchen Bedingungen eine *ausgeglichene,* proportionierte Entwicklung der Gesamtwirtschaft *möglich* ist. Selbst eine Reihe von späteren marxistischen Denkern haben hierin Marx gründlich mißverstanden und in seine Schemata die Tendenz zu struktureller Disproportion der kapitalistischen Entwicklung, zu einem „unabsetzbaren Rest" oder zu einem mechanischen „Zusammenbruch" infolge objektiver Begrenztheit der Akkumulationsmöglichkeit hineingedeutet. (Vgl. unten.) Solche Auffassungen finden im Marxschen Modell der erweiterten Reproduktion keine Grundlage.

3. Wenngleich aber die Kapitalerweiterung proportioniert vonstatten gehen *kann,* so sieht Marx doch in der blinden, planlosen Akkumulation aller einzelnen, in der Anarchie der Konkurrenz, worin auch der allseitige Zusammenhang der Wirtschaftsbeteiligten sich diesen selbst immer wieder gewaltsam und überraschend aufdringe, tausendfache Ansätze für partielle und vollends für allgemeine Störungen, die sich periodisch in *Krisen* entladen. „Die Kompliziertheit des Prozesses selbst bietet ebensoviel Anlässe zu anormalem Verlauf" (Bd. II, S. 491). Die bestehende Wirtschaftsweise zeigt, daß „das Gleichgewicht ... selbst ein Zufall ist" (ebd).

4. Man wird sich allerdings des modellhaften, typisierenden Charakters der Schemata bewußt bleiben müssen. Sie enthalten außerordentlich vereinfachende Voraussetzungen: Es besteht rein kapitalistisch betriebene Wirtschaft, ohne vorkapitalistische Rückstände; in das zugrundeliegende einfache soziale Zwei-Klassen-Schema ausschließlich kapitalistischer Produktion sind

also auch die Landwirtschaft, das Handwerk, der Kleinhandel gedanklich einzufügen. Beiseite bleibt der Außenhandel, die Zwischenkunft des Staates, etwa in die Einkommensverteilung. Es herrscht vollkommene Konkurrenz. Der Austausch geschieht zu Preisen, die stets den Warenwerten entsprechen; die Werte selbst bleiben unverändert. Zwischen den beiden Produktionsabteilungen findet keine Kapitalübertragung statt. Die Kapitalbildung geschieht ausschließlich aus den Gewinnen; ein Konsumentensparen fehlt. Die Akkumulation vollzieht sich friktionslos; insbesondere findet auch das wachsende Lohnkapital stets die notwendigen Arbeitskraftreserven vor. Als unverändert werden angenommen die Kapitalumschlagsperiode, die Dauer der Nutzung der Produktionsinstrumente, die „organische Zusammensetzung" des Kapitals $\left(\frac{c}{v}\right)$, die Höhe der „Mehrwertrate" $\left(\frac{m}{v}\right)$, die Höhe der „Profitrate" $\left(\frac{m}{c+v}\right)$. Es wird also abgesehen vom technischen Fortschritt, von der hierdurch mitbedingten Änderung der Warenwerte und ihrer Relationen, vom „relativen Mehrwert", von der — sogleich zu erörternden — sinkenden Tendenz der Profitrate. — Vereinfachende Annahmen solcher Art muß jedes Entwicklungsmodell treffen. Sie sind legitim, soweit ihr Wegfall die Darstellung des Grundsachverhalts nicht verletzen, sondern nur komplizieren würde. Doch zeigen sie hier immerhin den hohen Abstraktionsgrad des Schemas an.

So haben denn auch die Versuche, das Modell weiterzuentwickeln, es hierbei näher an die Wirklichkeit der *Preis*welt heranzuführen und es mit anderen Seiten der Lehre von Marx in Verbindung zu bringen (Transformation der Werte in Produktionspreise und Ausgleich der Profitraten — vgl. Bd. III/9, 10 des *„Kapital"* sowie Bd. I, S. 92 unserer „Texte" —; Tendenz zur höheren organischen Zusammensetzung des Kapitals, zum Profitratenfall etc.), sowohl auf marxistischer Seite (vgl. vor allem R. *Luxemburg*, F. *Sternberg*, O. *Bauer*, H. *Grossmann*, M. *Tugan-Baranowskij*, W. I. *Lenin;* Literatur unten) als auch auf nichtmarxistischer Seite (vgl. vor allem L. *v. Bortkiewicz*, Literaturanhang zu diesem Kapitel) sehr unterschiedliche Ergebnisse gezeigt.

Eine unmittelbare Verifizierung der Marxschen Akkumulationsschemata ist nicht möglich. Dadurch ist ihre theoretische Bedeutung keineswegs herabgesetzt. Nur allgemeine Zusammenhänge, nicht bestimmte Größenverhältnisse sollen durch sie veranschaulicht werden. Daher ist das Marxsche Modell auch da überfordert, wo es unmittelbar für die praktische Planung einer sozialistischen Wirtschaft — unter Abwandlung der von Marx auf die erwerbswirtschaftliche Ordnung bezogenen Begriffe — nutzbar gemacht werden soll. Mit empirischen oder Planziffern kann das Schema nicht gefüllt werden, so sehr es vermöge seines theoretischen Gehaltes die notwendigen *allgemeinen* Proportionen zwischen den volkswirtschaftlichen Beziehungsgrößen erkennen hilft.

B. Das „Gesetz des tendenziellen Falls der Profitrate" und die Wirtschaftskrisen

Daß der *Zinssatz* mit zunehmender Kapitalversorgung der Volkswirtschaft langfristig zu sinken neige, haben schon in der Merkantilzeit zahlreiche englische Denker ausgesprochen (J. *Child*, D. *North*, Ch. *Davenant*, W. *Petty*, J. *Locke;* vgl. auch Bd. II der „Texte", S. 23). Bei den Klassikern, von D. *Hume* bis zu J. St. *Mill*, weitet sich der Gedanke zu dem eines allgemeinen Sinkens der *gewerblichen Profite. Smith* hat dies mit dem Wirken der Konkurrenz begründet, *Ricardo* mit dem tendenziellen Steigen der Kornpreise — und daher der Arbeiterlöhne — sowie der den Profit drückenden Grundrente. Während des ganzen neunzehnten Jahrhunderts ist das Theorem vom langfristigen Sinken der Gewinne — das auch durch das allmähliche Fallen der Zinssätze bestätigt zu werden schien — in der theoretischen Ökonomie, bis hin zu W. St. *Jevons* und L. *Walras*, nahezu unbestritten geblieben. (Frühe Ausnahmen stellen J. L. *Shadwell* und T. E. *Cliffe Leslie* in England dar.) — Marx hat die allgemeine Überzeugung seiner Zeit geteilt; doch hat er dem Gedanken der sinkenden Profitrate eine neue Begründung gegeben. Ferner hat Marx die Theorie des Profitratenfalles mit dem Phänomen der *Wirtschaftskrisen* in Beziehung gebracht und diese aus einem periodisch beschleunigten Verfall der Profitrate gedeutet.

1. Das Gesetz als solches

Die Profitrate bezeichnet nach Marx das Größenverhältnis zwischen dem in einem bestimmten Zeitraum realisierten Mehrwert und dem in diesem Zeitraum aufgewandten Gesamtkapital $c+v$. Geht man zunächst von einer gleichbleibenden „Mehrwertrate“ $\left(\frac{m}{v}\right)$, also einem unverändertem „Exploitationsgrad der Arbeit“ aus, so läßt sich ein und die gleiche Mehrwertrate „in sehr verschiedenen Profitraten ausdrücken, je nach dem verschiedenen Umfang des konstanten Kapitals c und damit des Gesamtkapitals C“ (III/13, S. 221).

Nun ist es aber Marx zufolge ein allgemeines Gesetz der kapitalistischen Akkumulation, daß das Sachkapital c — infolge wachsender „Anlageintensität“ der Produktion, wie wir heute sagen würden — sowohl physisch als auch wertmäßig betrachtet rascher wächst als das variable Kapital. Es „drückt sich der *gesellschaftliche Produktivgrad der Arbeit* aus im *relativen Größenumfang der Produktionsmittel*“ (I/23, S. 650 [Bd. I, S. 745]).

Die kapitalistische Produktion „erzeugt mit der fortschreitenden relativen Abnahme des variablen Kapitals gegen das konstante eine steigend höhere organische Zusammensetzung des Gesamtkapitals, deren unmittelbare Folge ist, daß die Rate des Mehrwerts bei gleichbleibendem und selbst bei steigendem Exploitationsgrad der Arbeit sich in einer beständig sinkenden allgemeinen [gemeint: durchschnittlichen; W. H.] Profitrate ausdrückt. ... Die progressive Tendenz der allgemeinen Profitrate zum Sinken ist also nur *ein der kapitalistischen Produktionsweise eigentümlicher Ausdruck* für die fortschreitende Entwicklung der gesellschaftlichen Produktivkraft der Arbeit. Es ist damit nicht gesagt, daß die Profitrate nicht auch aus anderen Gründen vorübergehend fallen kann, aber es ist damit aus dem Wesen der kapitalistischen Produktionsweise als eine selbstverständliche Notwendigkeit bewiesen, daß in ihrem Fortschritt die allgemeine Durchschnittsrate des Mehrwerts sich in einer fallenden allgemeinen Profitrate ausdrücken muß. Da die Masse der angewandten lebendigen Arbeit stets abnimmt im Verhältnis zu der Masse der von ihr in Bewegung gesetzten vergegenständlichten Arbeit, der produktiv konsumierten Produktionsmittel, so muß auch der Teil dieser lebendigen Arbeit, der unbezahlt ist und sich in Mehrwert vergegenständlicht, in einem stets abnehmenden Verhältnis stehen zum Wertumfang des angewandten Gesamtkapitals. Dies Verhältnis der Mehrwertsmasse zum Wert des angewandten Gesamtkapitals bildet aber die Profitrate, die daher beständig fallen muß" (III/13, S. 223 [Bd. II, S. 841]).

„Das Gesetz des fortschreitenden Falls der Profitrate oder der relativen Abnahme der angeeigneten Mehrarbeit im Vergleich mit der von der lebendigen Arbeit in Bewegung gesetzten Masse vergegenständlichter Arbeit, schließt in keiner Weise aus, daß die absolute Masse der vom gesellschaftlichen Kapital in Bewegung gesetzten und exploitierten Arbeit, daher auch die absolute Masse der von ihm angeeigneten Mehrarbeit wächst; ebensowenig, daß die unter dem Kommando der einzelnen Kapitalisten stehenden Kapitale eine wachsende Masse von Arbeit und daher von Mehrarbeit kommandieren, letztere selbst, wenn die Anzahl der von ihnen kommandierten Arbeiter nicht wächst. ... Der Fall der Profitrate entsteht nicht aus einer absoluten, sondern aus einer nur relativen Abnahme des variablen Bestandteils des Gesamtkapitals, aus ihrer Abnahme, verglichen mit dem konstanten Bestandteil" (S. 226 f. [845 f.]).

„Also dieselbe Entwicklung der gesellschaftlichen Produktivkraft der Arbeit drückt sich im Fortschritt der kapitalistischen Produktionsweise aus einerseits in einer Tendenz zu fortschreitendem Fall der Profitrate, und andererseits in beständigem Wachstum der absoluten Masse des angeeigneten Mehrwerts oder Profits; so daß im ganzen der relativen Abnahme des variablen Kapitals und Profits eine absolute Zunahme beider entspricht. Diese doppelseitige Wirkung kann sich nur darstellen in einem Wachstum des Gesamtkapitals in rascherer Progression als die, worin die Profitrate fällt. Um ein absolut angewachsenes variables Kapital bei höherer Zusammensetzung oder relativ stärkerer Zunahme des konstanten Kapitals anzuwenden, muß das Gesamtkapital nicht nur im Verhältnis der höheren Komposition wachsen, sondern noch rascher. Es folgt hieraus, daß, je mehr die kapitalistische Produktionsweise sich entwickelt, eine immer größere Kapitalmenge nötig ist, um dieselbe und mehr noch eine wachsende Arbeitskraft zu beschäftigen" (S. 233 [854]).

2. Entgegenwirkende Umstände

Marx nennt sechs Faktoren, die den Fall der Profitrate hemmen, ohne daß sie allerdings die Tendenz als solche aufheben:

1. *„Erhöhung des Exploitationsgrades der Arbeit"*: Hierunter fällt Verlängerung des Arbeitstages (also Steigerung des „absoluten" Mehrwerts), Intensivierung der Arbeit und Erhöhung des „relativen" Mehrwerts (Lohnein-

sparung infolge eines Sinkens der Preise für Waren des Arbeiterkonsums, als Ergebnis einer Steigerung der Arbeitsproduktivität); ferner kommt in Betracht der Vorzugsgewinn derjenigen, die Erfindungen etc. nutzen, bevor diese sich verallgemeinern (S. 242 ff. [865 ff.]).

„Das Steigen der Mehrwertsrate ... ist ein Faktor, wodurch die Masse des Mehrwerts, und daher auch die Profitrate mit bestimmt wird. Er hebt nicht das allgemeine Gesetz auf. Aber er macht, daß es mehr als Tendenz wirkt, d. h. als ein Gesetz, dessen absolute Durchführung durch gegenwirkende Umstände aufgehalten, verlangsamt, abgeschwächt wird. Da aber dieselben Ursachen, die die Rate des Mehrwerts erhöhen (selbst die Verlängerung der Arbeitszeit ist ein Resultat der großen Industrie), dahin streben, die von einem gegebenen Kapital angewandte Arbeitskraft zu vermindern, so streben dieselben Ursachen zur Verminderung der Profitrate und zur verlangsamten Bewegung dieser Verminderung" (III/14, S. 244 f. [868]).

2. *Senkung des Arbeitslohnes unter den Wert der Arbeitskraft* (S. 245 [869]).
3. *Verbilligung der Elemente des Sachkapitals:*

„Dieselbe Entwicklung, die die Masse des konstanten Kapitals steigert im Verhältnis zum variablen, vermindert, infolge der gesteigerten Produktivkraft der Arbeit, den Wert seiner Elemente, und verhindert daher, daß der Wert des konstanten Kapitals, obgleich beständig wachsend, im selben Verhältnis wachse wie sein materieller Umfang, d. h. der materielle Umfang der Produktionsmittel, die von derselben Menge Arbeitskraft in Bewegung gesetzt werden. In einzelnen Fällen kann sogar die Masse der Elemente des konstanten Kapitals zunehmen, während sein Wert gleich bleibt oder gar fällt" (S. 246 [869 f.]).

4. *Die „relative Übervölkerung"*, die wiederum den Lohn drückt (siehe 2).
5. *Der auswärtige Handel:*

„Soweit der auswärtige Handel teils die Elemente des konstanten Kapitals, teils die notwendigen Lebensmittel, worin das variable Kapital sich umsetzt, verwohlfeilert, wirkt er steigernd auf die Profitrate, indem er die Rate des Mehrwerts hebt und den Wert des konstanten Kapitals senkt. Er wirkt überhaupt in diesem Sinn, indem er erlaubt, die Stufenleiter der Produktion zu erweitern. Damit beschleunigt er einerseits die Akkumulation, andererseits aber auch das Sinken des variablen Kapitals gegen das konstante, und damit den Fall der Profitrate" (S. 247 [871]).

6. *Die Zunahme des Aktienkapitals:* Auf einer allerdings anderen Ebene liegt schließlich das folgende Moment:

„Ein Teil des Kapitals wird im Fortschritt der kapitalistischen Produktion, der mit beschleunigter Akkumulation Hand in Hand geht, nur als zinstragendes Kapital berechnet und angewandt." Das gilt „in dem Sinn, daß diese Kapitale, obgleich in große produktive Unternehmungen gesteckt, nach Abzug aller Kosten nur große oder kleine Zinsen, sogenannte Dividenden abwerfen" (S. 250 [875]).

„Da der Profit hier rein die Form des Zinses annimmt, sind solche Unternehmungen noch möglich, wenn sie bloßen Zins abwerfen, und es ist dies einer der Gründe, die das Fallen der allgemeinen Profitrate aufhalten, indem diese Unternehmungen, wo das konstante Kapital in so ungeheurem Verhältnis zum variablen steht, nicht notwendig in die Ausgleichung der allgemeinen Profitrate eingehen" (III/27, S. 453 [Bd. III, S. 215 f.]).

„So hat sich denn im allgemeinen gezeigt, daß dieselben Ursachen, die das Fallen der allgemeinen Profitrate hervorbringen, Gegenwirkungen hervorrufen, die diesen Fall hemmen, verlangsamen und teilweise paralysieren. Sie heben das Gesetz nicht auf, schwächen aber seine Wirkung ab. Ohne das wäre nicht das Fallen der allgemeinen Profitrate unbegreiflich, sondern umgekehrt die relative Langsamkeit dieses Falls. So wirkt das Gesetz nur als Tendenz, dessen Wirkung nur unter bestimmten Umständen und im Verlauf langer Perioden schlagend hervortritt" (III/14, S. 249 [Bd. II, S. 873]).

Insbesondere ist die Voraussetzung einer konstanten Mehrwertrate, aus der zunächst das hypothetische Gesetz als solches abgeleitet wurde, nun aufzugeben:

„Dieselbe Produktionsweise, die die Gesamtmasse der zusätzlichen lebendigen Arbeit in einer Ware vermindert, ist begleitet vom Steigen des absoluten und relativen Mehrwerts. Das tendenzielle Sinken der Profitrate ist verbunden mit einem tendenziellen Steigen in der Rate des Mehrwerts, also im Exploitationsgrad der Arbeit. ... Die Profitrate fällt nicht, weil die Arbeit unproduktiver, sondern weil sie produktiver wird. Beides, Steigen der Rate des Mehrwerts und Fallen der Rate des Profits, sind nur besondere Formen, worin sich wachsende Produktivität der Arbeit kapitalistisch ausdrückt" (S. 250 [874 f.]).

3. Profitratenfall und Wirtschaftskrisen

„Gleichzeitig mit dem Fall der Profitrate wächst die Masse der Kapitale, und geht Hand in Hand mit ihr eine Entwertung des vorhandenen Kapitals, welche diesen Fall aufhält, und der Akkumulation von Kapitalwert einen beschleunigten Antrieb gibt. ... Diese verschiednen Einflüsse machen sich bald mehr nebeneinander im Raum, bald mehr nacheinander in der Zeit geltend; periodisch macht sich der Konflikt der widerstreitenden Agentien in Krisen Luft. Die Krisen sind immer nur momentane gewaltsame Lösungen der vorhandenen Widersprüche, gewaltsame Eruptionen, die das gestörte Gleichgewicht für den Augenblick wiederherstellen.

Der Widerspruch, ganz allgemein ausgedrückt, besteht darin, daß die kapitalistische Produktionsweise eine Tendenz einschließt nach absoluter Entwicklung der Produktivkräfte ... [mit entsprechender *Entwertung* der Kapitalelemente; W. H.]; während sie andrerseits die Erhaltung des existierenden Kapitalwerts und seine Verwertung im höchsten Maß (d. h. stets beschleunigten Anwachs dieses Werts) zum Ziel hat. Ihr spezifischer Charakter ist auf den vorhandenen Kapitalwert als Mittel zur größtmöglichen Verwertung dieses Wertes gerichtet. Die Methoden, wodurch sie dies erreicht, schließen ein: Abnahme der Profitrate, Entwertung des vorhandenen Kapitals und Entwicklung der Produktivkräfte der Arbeit auf Kosten der schon produzierten Produktivkräfte.

Die periodische Entwertung des vorhandnen Kapitals, die ein der kapitalistischen Produktionsweise immanentes Mittel ist, den Fall der Profitrate aufzuhalten und die Akkumulation von Kapitalwert durch Bildung von Neukapital zu beschleunigen, stört die gegebnen Verhältnisse, worin sich der Zirkulations- und Reproduktionsprozeß des Kapitals vollzieht, und ist daher begleitet von plötzlichen Stockungen und Krisen des Produktionsprozesses" (III/15, S. 259 f. [Bd. II, S. 886 f.]).

Die Krise stellt sich also dar als ein Vorgang massenhafter und unter Umständen heftiger *Entwertung von Kapital,* worin die vorausgegangene Überakkumulation, das heißt die „Überproduktion von Produktionsmitteln" (S. 266) — verbunden mit einem entsprechenden Sinken der Profitrate — zugleich ihren *Ausdruck* und ihre *Bereinigung* findet. Die Entwertung des Kapitals ergreift vor allem die Elemente des konstanten Kapitals. Sie senkt hierdurch vorübergehend die „organische Zusammensetzung des Kapitals" und führt zu einer entsprechenden Wiedererhöhung der Profitrate, wodurch ein neuer Konjunkturaufschwung eingeleitet wird.

Es ist ersichtlich: So wenig wie die Reproduktionstheorie weist auch die Krisenlehre von Marx auf eine absolute, vermeintlich unübersteigliche Schranke des kapitalistischen Akkumulationsprozesses hin. Wohl aber lassen die Wirtschaftskrisen nach Marx die *historisch* beschränkte Natur der ökonomischen Ordnung als solcher erkennen. Sie zeigen,

„... daß die kapitalistische Produktionsweise an der Entwicklung der Produktivkräfte eine Schranke findet, die nichts mit der Produktion des Reichtums als solcher zu tun hat; und diese eigentümliche Schranke bezeugt die Beschränktheit und den nur historischen, vorübergehenden Charakter der kapitalistischen Produktionsweise; bezeugt, daß sie keine für die Produktion des Reichtums absolute Produktionsweise ist, vielmehr mit seiner Fortentwicklung auf gewisser Stufe in Konflikt tritt" (S. 252 [877]).

„Die kapitalistische Produktion strebt beständig, diese ihr immanenten Schranken zu überwinden, aber sie überwindet sie nur durch Mittel, die ihr diese Schranken aufs neue und auf gewaltigerm Maßstab entgegenstellen.

Die *wahre Schranke* der kapitalistischen Produktion ist *das Kapital selbst*, ist dies: daß das Kapital und seine Selbstverwertung als Ausgangspunkt und Endpunkt, als Motiv und Zweck der Produktion erscheint; daß die Produktion nur Produktion für das *Kapital* ist und nicht umgekehrt die Produktionsmittel bloße Mittel für eine stets sich erweiternde Gestaltung des Lebensprozesses für die *Gesellschaft* der Produzenten sind. Die Schranken, in denen sich die Erhaltung und Verwertung des Kapitalwerts, die auf der Enteignung und Verarmung der großen Masse der Produzenten beruht, allein bewegen kann, diese Schranken treten daher beständig in Widerspruch mit den Produktionsmethoden, die das Kapital zu seinem Zweck anwenden muß, und die auf unbeschränkte Vermehrung der Produktion, auf die Produktion als Selbstzweck, auf unbedingte Entwicklung der gesellschaftlichen Produktivkräfte der Arbeit lossteuern. Das Mittel — unbedingte Entwicklung der gesellschaftlichen Produktivkräfte — gerät in fortwährenden Konflikt mit dem beschränkten Zweck, der Verwertung des vorhandenen Kapitals. Wenn daher die kapitalistische Produktionsweise ein historisches Mittel ist, um die materielle Produktivkraft zu entwickeln und den ihr entsprechenden Weltmarkt zu schaffen, ist sie zugleich der beständige Widerspruch zwischen dieser ihrer historischen Aufgabe und den ihr entsprechenden gesellschaftlichen Produktionsverhältnissen" (S. 260 [887 f.]).

4. Würdigung

1. *Der tendenzielle Fall der Profitrate:* Die Beweisführung von Marx hat zu Mißverständnissen Anlaß gegeben: Marx formuliert zunächst die beiden Voraussetzungen: steigende „organische Zusammensetzung" des Kapitals $\left(\frac{c}{v}\right)$ bei gleichzeitiger Konstanz der „Mehrwertrate" $\left(\frac{m}{v}\right)$, und kommt so natürlich zu dem „Gesetz" einer sinkenden „Profitrate" $\left(\frac{m}{c+v}\right)$. Eilfertige Kritiker haben sich an diese beiden — auch von den Marxisten O. *Bauer* sowie H. *Grossmann* (Literaturanhang) später übernommenen und weitergeführten — starren Voraussetzungen gehalten und gezeigt, daß a) infolge von produktivitätsbedingter Entwertung auch des konstanten Kapitals die Tendenz zur wachsenden „Anlageintensität" der Produktion mindestens aufgehalten werde, und daß b) die Voraussetzung einer unveränderten Mehrwertrate eine willkürliche Annahme sei. Nun hat freilich Marx selbst, nachdem er das „Gesetz" als solches aufgestellt hat, die Voraussetzung einer konstanten Mehrwertrate fallen lassen und ferner „entgegenwirkende Umstände" in Rechnung gestellt, darunter auch die Entwertung der Elemente des konstanten Kapitals. — Allerdings:

a) Es setzt sich das von Marx zunächst als eine „selbstverständliche Notwendigkeit" bewiesene Gesetz nun als bloße „Tendenz" durch. Doch ist auch diese Tendenz durch Marx nicht überzeugend begründet worden: Wenn einerseits der höheren „organischen Zusammensetzung" des Kapitals gewisse verzögernde Momente begegnen und andererseits die „Mehrwertrate" tendenziell *steigt* — was sich schon aus Marx' Theorie des zunehmenden „relativen Mehrwerts" ergibt —, „dann wird die Richtung, in der die Profitrate sich verändern wird, unbestimmt" (P. M. *Sweezy, Theorie der kapitalistischen Entwicklung,* S. 78 [siehe Literaturanhang]). Die Tendenz der Profitrate ist unter solchen Umständen abhängig von dem konkurrierenden Verhältnis des konstanten Kapitals und der „Mehrwertmasse" zu ihrer gemeinsamen Bezugsgröße: dem variablen Kapital. Und es ist nicht einzusehen, warum die Bewegungen von c und m einander nicht mehr oder minder kompensieren sollten, so daß die Profitrate langfristig einigermaßen konstant bliebe. Man braucht hierbei nicht so weit zu gehen, mit M. *Tugan-Baranowskij* und N. *Moszkowska* (Literaturanhang) ein tendenzielles *Steigen* der Profitrate anzunehmen. Das Verhältnis bleibt vielmehr im wesentlichen offen. Die Bewegung der *Rendite* (der *Gewinn*rate, als Ergebnis von *Preis-,* nicht von *Wert*verhältnissen betrachtet) unterliegt im übrigen den wechselnden Bedingungen der *Konjunktur.*

b) Die Konsequenz eines tendenziellen Sinkens der Profitrate ist — wie Marx selbst freilich nur angedeutet hat — eine gleichfalls tendenziell *abnehmende Rate der Kapitalakkumulation,* mit der fernen Aussicht eines Zustandes der *Stagnation,* wie ihn schon J. St. *Mill* als Resultat dauernd sinkender Profitraten prognostiziert hat. Eine ständige Verminderung der Expansionskraft des Systems widerspricht freilich dem Inhalt der erwerbswirtschaftlichen Konkurrenzordnung. Auch würde sie ihrerseits den Fall der Profitrate, der sich nach Marx aus der Kapitalakkumulation ergibt, zunehmend verlangsamen.

c) Was die von Marx genannten entgegenwirkenden Umstände angeht, so ist ihre Aufzählung „weder systematisch noch erschöpfend" *(Sweezy).* Die verzögernden Momente bewirken entweder eine Erhöhung der Mehrwertrate (Punkt 1) oder eine Verlangsamung in der höheren Komposition des Kapitals (Punkt 3). Da im übrigen die Profitrate für Marx der auf den *Wert* der Kapitalelemente bezogene Mehr*wert* ist, so ist es methodisch nicht gerechtfertigt, Umstände, die auf der Ebene der *Marktpreise* wirken, als Faktoren der Veränderung einer *Wert*relation aufzuführen, wie sie die Profitrate darstellt. Das gilt für Punkt 2, für Punkt 4 — der überhaupt nur als Ursache für 2 in Betracht kommt —, auch für Nummer 5. Vollends berührt die Frage der internen Profit*verteilung* zwischen den Anwärtern (Nummer 6) nicht die Profit*entstehung.*

d) Empirisch ist weder für die Zeit der relativ ungehinderten Konkurrenz noch für unser Jahrhundert der organisierten Konkurrenz eine durchgehende Tendenz zu abnehmenden Wachstumsraten oder gar zu der — nach der Weltwirtschaftskrise von A. H. *Hansen* und anderen befürchteten „säkularen Stagnation" — nachzuweisen. Dies macht es auch unwahrscheinlich, daß die „Profitrate" kontinuierlich gesunken sei (so wenig freilich das, was Marx darunter verstanden hat, aus dem Rechenwerk der Unternehmungen einfach herauszulesen ist). Dies gilt vollends für unsere Verhältnisse der monopolistischen Konkurrenz und der schleichenden Inflation. Auch der Zinssatz, dessen Bewegung lange Zeit als Indiz gegolten hat, versagt in neuerer Zeit die Auskunft.

2. *Profitrate und Konjunkturbewegung:* Ist also die Lehre vom tendenziellen Fall der Profitrate als theoretisch ungenügend begründet und als empirisch nicht nachweisbar abzulehnen, so ist von um so größerer Bedeutung, was Marx über den Zusammenhang von Profitrate und Konjunktur entwickelt. Über die gänzlich rudimentäre Konjunkturtheorie seiner Zeit ist Marx hier beträchtlich hinausgelangt. Allerdings sollte man das, was Marx auf der Ebene der *Wert*beziehungen abhandelt, in *Markt*größen übersetzen, da sich die wirklichen Konjunkturbewegungen aus den Relationen der laufenden Preise, der Erlöse, Kosten und Gewinne ergeben. (Erst dann ist es zulässig, auch die von Marx im Zusammenhang mit dem Profitratenfall betrachteten entgegenwirkenden Markteinflüsse einzubeziehen.)

An der Konjunkturtheorie von Marx darf heute als gesicherte Einsicht angesehen werden:

a) Wie der Inhalt und Zweck aller Verwertung von Kapital der *Gewinn* ist, so beruhen auch die Schwankungen der Kapitalerweiterung und damit der Konjunktur auf einer *periodischen Entwertung und Wiederaufwertung der Rendite.*

b) Die Bewegungen der Rendite sind, von allen anderen Umständen abgesehen, abhängig von den Preisrelationen auf der Erlös- und Kostenseite der Unternehmungen. Es ist hierbei wichtig, daß der offenen *Krise,* wie Marx ausführt, eine Senkung der Gewinnrate schon *vorausgegangen* ist, als Folge einer relativ stärkeren Steigerung wichtiger Marktpreise, die in die *Kosten* der Unternehmungen eingehen. In der Krise werden diese Verhältnisse *bereinigt:* Die Entwertung von Elementen des Sachkapitals — vor allem des fixen, wie man hinzufügen darf — ermöglicht einen neuen Aufschwung. So ist sowohl der obere als auch der untere Wendepunkt der Konjunktur aus ein und dem gleichen Prinzip erklärt.

c) Marx ist auch der erste gewesen, der die *Zyklizität* der Konjunkturen des neunzehnten Jahrhunderts auf die Dauer der (mittleren) *Investitionsperiode* zurückgeführt hat: Die im konjunkturellen Aufschwung beschleunigte Kapitalausdehnung wirkt sich erst zu einem späteren Zeitpunkt in Form eines „Überangebots“ an Erzeugnissen aus, was auf vorausgegangene „Überakkumulation“ hinweist und einen entsprechenden Verfall der Verkaufspreise bewirkt, verglichen mit den — zum Teil in der zurückliegenden Zeit der flotten Konjunktur gezahlten — Preisen der Elemente des Sachkapitals.

Mit alledem sind freilich nur Grundgedanken einer Konjunkturtheorie entwickelt, die Marx im einzelnen nicht ausgebaut hat. Ihm sind die *Krisen* vor allem Ausdruck eines allgemeinen *gesellschaftlichen* Sachverhalts: Sie bekunden den elementaren Widerspruch einer Produktionsweise, worin alle Einzelwirtschafter, indem sie ihren eigenen begrenzten Zweck der Gewinnsteigerung und der beschleunigten Kapitalvermehrung verfolgen, gerade die Kräfte zur Reife bringen, die Marx zufolge über das kapitalistische System als solches hinausweisen.

C. Die historische Tendenz der kapitalistischen Produktionsweise

Die Bedingungen eines Wirtschaftssystems, worin für alle einzelnen die Kapitalakkumulation „Moses und die Propheten“ ist, bezeichnen und verbürgen für Marx zugleich die geschichtliche Richtung, welche die erwerbswirtschaftliche Ordnung als ganze nehmen wird. Eine Reihe von Momenten drängen hierbei zur Entfaltung, die untereinander in innerem Zusammenhang stehen.

1. Die „höhere organische Zusammensetzung des Kapitals“ und ihre Konsequenzen

Kapitalakkumulation bedeutet nicht nur *Ausdehnung*, sondern auch *Intensivierung* der Produktion, rationellere Nutzung der vorhandenen Möglichkeiten, Erschließung neuer Produktivkräfte. Der quantitative Prozeß verschlingt sich mit dem qualitativen, die ökonomische Entwicklung bedarf der technischen.

Dabei findet das Streben nach ständiger Vergrößerung der Arbeitsergiebigkeit seinen Niederschlag im wachsenden relativen Größenumfang der Hilfsmittel, mit denen die Arbeitenden ausgestattet werden; in der Sprache von Marx: es steigt in der Tendenz, wie schon vermerkt, die „organische“ — das heißt die sowohl physische als auch wertmäßige — Zusammensetzung des Kapitals.

Einige Konsequenzen dieses Zuges zur größeren „Anlageintensität“ der Produktion haben wir kennengelernt:

a) Es fällt nach Marx die Profitrate; womit sich das Streben aller einzelnen nach möglichster Steigerung *ihres* Kapitalertrags für die *Gesamtheit* der Kapitalisten immer wieder vereitelt.

b) Infolge *relativen* Zurückbleibens der Nachfrage nach Arbeitskräften wächst, wie Marx meint, die „industrielle Reservearmee“ der beschäftigungslosen Arbeitsbevölkerung (vgl. Bd. II der „Texte“, S. 150 ff.).

c) Unter dem Druck einer wachsenden Zahl von Beschäftigung heischenden Ersatzmännern, Frauen und Kindern finden sich auch die, welche in Brot stehen, der „Despotie des Kapitals“ gänzlich unterworfen; sie müssen die gebotenen Arbeitsbedingungen hinnehmen und unterliegen nach Marx einer fortgesetzten materiellen, geistigen und moralischen *Verelendung* (Bd. II der „Texte“, S. 152 ff.).

Mit dem unaufhörlichen Wandel der technischen Bedingungen der Produktion ist eine weitere Tendenz verbunden, auf die hier einzugehen ist: die Tendenz zur Produktion im Großen sowie zur Konzentration des Kapitaleigentums.

2. Die „Konzentration“ und „Zentralisation“ des Kapitals

Im Unterschiede zu allen früheren Erzeugungsweisen verlangt und ermöglicht erst der moderne Kapitalismus nach Marx den Großbetrieb:

„Die kapitalistische Produktion beginnt ... erst, wo *dasselbe* individuelle Kapital eine größere Anzahl Arbeiter gleichzeitig beschäftigt, der Arbeitsprozeß also seinen Umfang erweitert und Produkt auf größrer *quantitativer* Stufenleiter liefert. Das Wirken einer größern Arbeiteranzahl zur selben Zeit, in demselben Raum ..., zur Produktion derselben Warensorte, unter dem Kommando desselben Kapitalisten, bildet historisch und begrifflich den *Ausgangspunkt der kapitalistischen Produktion*“ (I/11, S. 341 [I, S. 362]).

In mehereren Kapiteln seines Hauptwerkes (I/11—13) zeigt Marx,

„... wie die Entwicklung der gesellschaftlichen Produktivkraft der

Arbeit Kooperation auf großer Stufenleiter voraussetzt, wie nur unter dieser Voraussetzung Teilung und Kombination der Arbeit organisiert, Produktionsmittel durch massenhafte Konzentration ökonomisiert, schon stofflich nur gemeinsam anwendbare Arbeitsmittel, z. B. System der Maschinerie usw., ins Leben gerufen, ungeheure Naturkräfte in den Dienst der Produktion gepreßt und die Verwandlung des Produktionsprozesses in technologische Anwendung der Wissenschaft vollzogen werden können. *Auf Grundlage der Warenproduktion,* wo die Produktionsmittel Eigentum von Privatpersonen sind, wo der Handarbeiter daher entweder isoliert und selbständig Waren produziert oder seine Arbeitskraft als Ware verkauft, weil ihm die Mittel zum Selbstbetrieb fehlen, realisiert sich jene Voraussetzung nur durch das *Wachstum der individuellen Kapitale,* oder *im Maße, worin die gesellschaftlichen Produktions- und Lebensmittel in das Privateigentum von Kapitalisten verwandelt werden.* Der Boden der Warenproduktion kann die Produktion auf großer Stufenleiter *nur in kapitalistischer Form* tragen. Eine gewisse Akkumulation von Kapital in den Händen individueller Warenproduzenten bildet daher die Voraussetzung der spezifisch kapitalistischen Produktionsweise. ... Sie mag *die ursprüngliche Akkumulation* heißen, weil sie statt historisches Resultat historische Grundlage der spezifisch kapitalistischen Produktion ist" (I/23, S. 652 [I, S. 749 f.]).

„Der Entwicklungsgang der kapitalistischen Produktion und Akkumulation bedingt Arbeitsprozesse auf steigend größrer Stufenleiter und damit steigend größern Dimensionen, und dementsprechend steigende Kapitalvorschüsse für jedes einzelne Etablissement. Wachsende Konzentration der Kapitale (begleitet zugleich, doch in geringrem Maß, von wachsender Zahl der Kapitalisten) ist daher sowohl eine ihrer materiellen Bedingungen wie eins der von ihr selbst produzierten Resultate. Hand in Hand, in Wechselwirkung damit, geht fortschreitende Expropriation der mehr oder minder unmittelbaren Produzenten" (III/13, S. 229 [II, S. 849]).

Die *physische* Konzentration der Kapitalelemente in immer größeren Produktionseinheiten — ein Vorgang, der mit der Akkumulation des Kapitals unmittelbar zusammenfällt — wird noch übertroffen durch eine fortschreitende *gesellschaftliche* Konzentration des Kapital*eigentums* („Zentralisation" des Kapitals):

Es ist dies „nicht mehr einfache, mit der Akkumulation identische Konzentration von Produktionsmitteln und Kommando über Arbeit. Es ist *Konzentration bereits gebildeter Kapitale,* Aufhebung ihrer individuellen Selbständigkeit, Expropriation von Kapitalist durch Kapitalist, Verwandlung vieler kleineren in weniger größere Kapitale. Dieser Prozeß unterscheidet sich von dem ersten dadurch, daß er *nur veränderte Verteilung der bereits vorhandnen und funktionierenden Kapitale vor-*

aussetzt, sein Spielraum also durch das absolute Wachstum des gesellschaftlichen Reichtums oder die absoluten Grenzen der Akkumulation nicht beschränkt ist. Das Kapital schwillt hier in einer Hand zu großen Massen, weil es dort in vielen Händen verlorengeht. Es ist die *eigentliche Zentralisation* im Unterschied zur *Akkumulation* und Konzentration" (I/23, S. 654 [I, S. 752]).

„Der Konkurrenzkampf wird durch Verwohlfeilerung der Waren geführt. Die Wohlfeilheit der Waren hängt, caeteris paribus, von der Produktivität der Arbeit, diese aber von der Stufenleiter der Produktion ab. Die größeren Kapitale schlagen daher die kleineren. Man erinnert sich ferner, daß mit der Entwicklung der kapitalistischen Produktionsweise der *Minimalumfang des individuellen Kapitals wächst,* das erheischt ist, um ein Geschäft unter seinen normalen Bedingungen zu betreiben. Die kleineren Kapitale drängen sich daher in Produktionssphären, deren sich die große Industrie nur noch sporadisch oder unvollkommen bemächtigt hat. Die Konkurrenz rast hier im direkten Verhältnis zur Anzahl und im umgekehrten Verhältnis zur Größe der rivalisierenden Kapitale. Sie endet stets mit Untergang vieler kleineren Kapitalisten, deren Kapitale teils in die Hand des Siegers übergehn, teils untergehn. Abgesehn hiervon bildet sich mit der kapitalistischen Produktion eine ganz neue Macht, das *Kreditwesen,* das in seinen Anfängen verstohlen, als bescheidne Beihilfe der Akkumulation, sich einschleicht, durch unsichtbare Fäden die über die Oberfläche der Gesellschaft in größern oder kleinern Massen zersplitterten Geldmittel in die Hände individueller oder assoziierter Kapitalisten zieht, aber bald eine neue und furchtbare Waffe im Konkurrenzkampf wird, und sich schließlich in einen ungeheuren sozialen Mechanismus zur Zentralisation der Kapitale verwandelt" (S. 654 f. [753]).

„Die Zentralisation ergänzt das Werk der Akkumulation, indem sie die industriellen Kapitalisten instand setzt, die Stufenleiter ihrer Operationen auszudehnen. ... Und während die Zentralisation so die Wirkungen der Akkumulation steigert und beschleunigt, erweitert und beschleunigt sie gleichzeitig die Umwälzungen in der technischen Zusammensetzung des Kapitals, die dessen konstanten Teil vermehren auf Kosten seines variablen Teils, und damit die relative Nachfrage nach Arbeit vermindern" (S. 656 [754 f.]).

Auch ein Sinken der Profitrate beschleunigt Marx zufolge die Ballung des Kapitaleigentums:

„Mit dem Fall der Profitrate wächst das Kapitalminimum, das in der Hand des einzelnen Kapitalisten zur produktiven Anwendung der Arbeit erheischt ist... Und gleichzeitig wächst die Konzentration, weil jenseits gewisser Grenzen großes Kapital mit kleiner Profitrate rascher akkumuliert als kleines mit großer" (III/15, S. 261 [II, S. 888]).

„Fall der Profitrate und beschleunigte Akkumulation sind insofern nur verschiedne Ausdrücke desselben Prozesses, als beide die Entwicklung der Produktivkraft ausdrücken. Die Akkumulation ihrerseits beschleunigt den Fall der Profitrate, sofern mit ihr die Konzentration der Arbeiten auf großer Stufenleiter, und damit eine höhere Zusammensetzung des Kapitals gegeben ist. Andrerseits beschleunigt der Fall der Profitrate wieder die Konzentration des Kapitals und seine Zentralisation durch die Enteignung der kleinern Kapitalisten, durch die Expropriation des letzten Rests der unmittelbaren Produzenten, bei denen noch etwas zu expropriieren ist. Dadurch wird andrerseits die Akkumulation, der Masse nach, beschleunigt, obgleich mit der Profitrate die Rate der Akkumulation fällt" (S. 251 [876]).

Die Zentralisation des Kapitals wird sinnfällig im Auftreten der *Aktiengesellschaften*. Deren Bedeutung sieht Marx in folgendem:

„1. Ungeheure Ausdehnung der Stufenleiter der Produktion und Unternehmungen, die für Einzelkapitale unmöglich waren....

2. Das Kapital, das an sich auf gesellschaftlicher Produktionsweise beruht und eine gesellschaftliche Konzentration von Produktionsmitteln und Arbeitskräften voraussetzt, erhält hier direkt die Form von Gesellschaftskapital.... Es ist die Aufhebung des Kapitals als Privateigentum innerhalb der Grenzen der kapitalistischen Produktionsweise selbst.

3. Verwandlung des wirklich fungierenden Kapitalisten in einen bloßen Dirigenten, Verwalter fremden Kapitals, und der Kapitaleigentümer in bloße Eigentümer, bloße Geldkapitalisten" (III/27, S. 452 [III, S. 214 f.]).

In dieser zunehmenden „Konzentration" und „Zentralisation" des Kapitals — eine Tendenz, welche die Entwicklung mittlerweile in überwältigendem Maße bestätigt hat — verwirklicht sich nun Marx zufolge die „geschichtliche Tendenz der kapitalistischen Akkumulation", die schließlich über die bestehende Sozialordnung selbst hinausweist.

3. Von der Expropriation der unmittelbaren Produzenten zur „Expropriation der Expropriateure"

„Die Entwicklung der Produktivkräfte der gesellschaftlichen Arbeit ist die historische Aufgabe und Berechtigung des Kapitals. Eben damit schafft es unbewußt die materiellen Bedingungen einer höhern Produktionsform." (III/15, S. 269 [II, S. 899])

Die „ursprüngliche Akkumulation des Kapitals", durch welche das neue Produktionssystem historisch eingeleitet worden ist, bedeutet (soweit sie nicht unmittelbare Verwandlung von Sklaven und Leibeigenen in Lohnarbeiter gewesen ist)...

„... *die Expropriation der unmittelbaren Produzenten, das heißt die Auflösung des auf eigner Arbeit beruhenden Privateigentums*" (I/24, S. 789 [I, S. 924]).

„Das Privateigentum des Arbeiters an seinen Produktionsmitteln ist die Grundlage des Kleinbetriebes . . . Diese Produktionsweise unterstellt Zersplitterung des Bodens und der übrigen Produktionsmittel. Wie die Konzentration der letzteren, so schließt sie auch die Kooperation, Teilung der Arbeit innerhalb derselben Produktionsprozesse, gesellschaftliche Beherrschung und Regelung der Natur, freie Entwicklung der *gesellschaftlichen* Produktivkräfte aus. Sie ist nur verträglich mit engen naturwüchsigen Schranken der Produktion und der Gesellschaft. ... Auf einem gewissen Höhegrad bringt sie die materiellen Mittel ihrer eigenen Vernichtung zur Welt. Von diesem Augenblick regen sich Kräfte und Leidenschaften im Gesellschaftsschoße, welche sich von ihr gefesselt fühlen. Sie muß vernichtet werden, sie wird vernichtet. Ihre Vernichtung, die *Verwandlung der individuellen und zersplitterten Produktionsmittel in gesellschaftlich konzentrierte,* daher des zwerghaften Eigentums vieler in das massenhafte Eigentum weniger, daher die *Expropriation der großen Volksmasse von Grund und Boden und Lebensmitteln und Arbeitsinstrumenten,* diese furchtbare und schwierige *Expropriation der Volksmasse* bildet die Vorgeschichte des Kapitals. ... Das *selbsterarbeitete,* sozusagen auf Verwachsung des einzelnen, unabhängigen *Arbeitsindividuums mit seinen Arbeitsbedingungen beruhende Privateigentum* wird verdrängt durch das *kapitalistische Privateigentum,* welches auf Exploitation fremder, aber formell freier Arbeit beruht.

Sobald dieser *Umwandlungsprozeß* nach Tiefe und Umfang die alte Gesellschaft hinreichend zersetzt hat, sobald die Arbeiter in Proletarier, ihre *Arbeitsbedingungen* in *Kapital* verwandelt sind, sobald die kapitalistische Produktionsweise auf eigenen Füßen steht, gewinnt die weitere Vergesellschaftung der Arbeit und weitere Verwandlung der Erde und anderer Produktionsmittel in gesellschaftlich ausgebeutete, also *gemeinschaftliche Produktionsmittel,* daher die weitere *Expropriation der Privateigentümer, eine neue Form.* Was jetzt zu expropriieren, ist nicht länger der selbstwirtschaftende Arbeiter, sondern der viele Arbeiter exploitierende Kapitalist.

Diese *Expropriation* vollzieht sich durch das Spiel der immanenten Gesetze der *kapitalistischen Produktion selbst,* durch die *Zentralisation der Kapitale.* Je ein Kapitalist schlägt viele tot. Hand in Hand mit dieser Zentralisation oder der *Expropriation vieler Kapitalisten durch wenige* entwickelt sich die kooperative Form des Arbeitsprozesses auf stets wachsender Stufenleiter, die bewußte technische Anwendung der Wissenschaft, die planmäßige Ausbeutung der Erde, die Verwandlung der Arbeitsmittel in nur gemeinsam verwendbare Arbeitsmittel, die Ökonomisierung aller Produktionsmittel durch ihren Gebrauch als Produktionsmittel kombinierter, gesellschaftlicher Arbeit, die Verschlingung aller Völker in das Netz des Weltmarkts, und damit der internationale Charakter des kapitalistischen Regimes. Mit der beständig abnehmenden Zahl der Kapitalmagnaten, welche alle Vorteile dieses Umwandlungsprozesses usurpieren und monopolisieren, wächst die Masse des Elends, des Drucks, der Knechtschaft, der Entartung, der Ausbeutung, aber auch die Empörung der stets anschwellenden und durch den Mechanismus des kapitalistischen Produktionsprozesses selbst geschulten, vereinten und organisierten Arbeiterklasse. Das *Kapitalmonopol wird zur Fessel der Produktionsweise,* die mit und unter ihm aufgeblüht ist. Die Zentralisation der Produktionsmittel und die Vergesellschaftung der Arbeit erreichen einen Punkt, wo sie unverträglich werden mit ihrer kapitalistischen Hülle. Sie wird gesprengt. *Die Stunde des kapitalistischen Privateigentums schlägt. Die Expropriateurs werden expropriiert"* (S. 789 ff. [924 ff.]).

Seine vom Feueratem der Revolution beseelte Zukunftssicht beschließt Marx so:

„Die aus der kapitalistischen Produktionsweise hervorgehende kapitalistische Aneignungsweise, daher das *kapitalistische Privateigentum,* ist die *erste Negation des individuellen, auf eigene Arbeit gegründeten Privateigentums.* Aber die kapitalistische Produktion erzeugt mit der Notwendigkeit eines Naturprozesses ihre eigene Negation. Es ist *Negation der Negation.* Diese stellt nicht das Privateigentum wieder her, wohl aber das *individuelle Eigentum* auf Grundlage der Errungenschaft der kapitalistischen Ära: der *Kooperation und des Gemeinbesitzes der Erde und der durch die Arbeit selbst produzierten Produktionsmittel.*

Die Verwandlung des auf eigener Arbeit der Individuen beruhenden, zersplitterten Privateigentums in *kapitalistisches* ist natürlich ein Prozeß, ungleich mehr langwierig, hart und schwierig als die Verwandlung des tatsächlich bereits auf gesellschaftlichem Produktionsbetrieb beruhenden kapitalistischen Eigentums in *gesellschaftliches.* Dort handelte es sich um die Expropriation der Volksmasse durch wenige Usurpatoren, hier handelt es sich um die Expropriation weniger Usurpatoren durch die Volksmasse" (S. 791 [927]).

Literatur

Weitere Schriften von Marx zur Reproduktionstheorie

Theorien über den Mehrwert (posthum herausgegeben von K. *Kautsky,* Bd. I und II Stuttgart 1905, Bd. III Stuttgart 1910. Neu herausgegeben Berlin I 1956, II 1959, III 1962; ferner „Werke", Bd. XXVI). — Karl *Marx,* Friedrich *Engels:* Briefe über „Das Kapital", Berlin 1954.

Empfohlene Sekundärliteratur

Art. „Marx" HWBSt., HWBSoz. — Karl *Kautsky:* Karl Marx' ökonomische Lehren, Stuttgart 1887 (1930[25]). — Michael I. *v. Tugan-Baranowskij:* Studien zur Theorie und Geschichte der Handelskrisen in England, a. d. Russ., Jena 1901. Ders.: Theoretische Grundlagen des Marxismus, a. d. Russ., Leipzig 1905. — Ladislaus *v. Bortkiewicz:* Wertrechnung und Preisrechnung im Marxschen System, ASS 1907. Ders.: Zur Berichtigung der grundlegenden theoretischen Konstruktion von Marx im dritten Band des „Kapital", JNSt. 1907, S. 319 ff.— Otto *Bauer:* Die Akkumulation des Kapitals, „Die Neue Zeit", Bd. 31, Teil I (1912/13), S. 831 ff., 862 ff. — Natalie *Moszkowska:* Das Marxsche System, Berlin 1929. — Henryk *Grossmann:* Das Akkumulations- und Zusammenbruchsgesetz des kapitalistischen Systems. Zugleich eine Krisentheorie, Leipzig 1929. — Hans *Neißer:* Das Gesetz der fallenden Profitrate als Krisen- und Zusammenbruchsgesetz, „Die Gesellschaft", 1931, S. 72 ff. — Joan *Robinson:* An Essay on Marxian Economics, London 1942 (1947[2]). — Karl W. *Völk:* Die Umkehrung des Gesetzes der fallenden Profitrate von Karl Marx, SchZ 1952. — Karl *Kühne:* Marx und die moderne Nationalökonomie, „Die neue Gesellschaft" 1955, Heft 1, S. 61 ff., Heft 2, S. 63 ff., Heft 3, S. 62 ff., Heft 4, S. 61 ff. — R. *Rosdolsky:* Zur neueren Kritik des Marxschen Gesetzes der fallenden Profitrate, Kyklos 1956, S. 208 ff. — E. *Mossé:* Marx et le problème de la croissance dans une économie capitaliste, Paris 1956. — J. W. *Gillman:* The Falling Rate of Profit. Marx' Law and its Significance to Twentieth-Century Capitalism, London 1957. — Paul M. *Sweezy:* Theorie der kapitalistischen Entwicklung. Eine analytische Studie über die Prinzipien der Marxschen Sozialökonomie, a. d. Am., Köln 1959. — Hans-Hermann *Höhmann:* Die Produktionsabteilungen I und II bei Karl Marx und in der „Politischen Oekonomie", Osteuropawirtschaft 1961, S. 92 ff. — Oskar *Lange:* Teoria reprodukcji i akumulacji, Warszawa 1961. — Werner *Hofmann:* Ideengeschichte der sozialen Bewegung des 19. und 20. Jahrhunderts, Berlin 1962. — Studies on the Theory of Reproduction and Prices, Warszawa 1964. (Siehe auch Literatur S. 174 f.)

Dritter Abschnitt

Die Lehre von den Wirtschaftsschwankungen: Konjunkturtheorie

Schon in den ersten Jahrzehnten des 19. Jahrhunderts hat eine Erscheinung eingesetzt, die für den Kapitalismus der freien Konkurrenz kennzeichnend geblieben ist: Es waren die mit gewisser Regelmäßigkeit wiederkehrenden Wirtschaftsstockungen. Was die Zeitgenossen hierbei in besondere Unruhe versetzen mußte, war die eigenartige Natur solcher Störungen:

1. Die Wirtschaftskrisen der vergangenen Zeit waren Krisen infolge eines *Mangels* gewesen; die neuen Störungen hingegen zeigten *Überfluß* an unverkauften Waren.

2. Frühere Wirtschaftsschwankungen entsprangen greifbaren äußeren Ursachen: Kriegen, Mißernten, finanzieller Zerrüttung der Krone. Die Krisen der neueren Zeit dagegen sind offenbar auf geheimnisvolle *wirtschaftsimmanente* Gründe zurückzuführen.

3. Mangelkrisen der früheren Zeiten waren in ihrem Umfang je nach den äußeren Ursachen ziemlich genau begrenzt. Sie wurden vertieft durch die Schwierigkeiten, die dem interlokalen Warenausgleich entgegenstanden. Die Überschußkrisen der neueren Zeit dagegen haben sich gerade mit der Entfaltung der nationalen Binnen- und schließlich der Weltmärkte entwickelt. Sie zeigen die Neigung, sich über die verschiedenen Wirtschaftsbereiche und Länder auszudehnen wie eine ansteckende Krankheit.

Nimmt man hinzu, daß auch ein Ende der allgemeinen Geschäftsstockung, die Wende zu einem neuerlichen Aufschwung als ebenso geheimnisvoll und überraschend erschien — wenn man von äußeren Erklärungsmomenten absieht — wie der vorausgegangene Umschlag nach unten, und daß dabei doch eine gewisse Regelmäßigkeit, eine zyklische Folge von Depression, Wiedererholung, Hochschwung und Stockung (Krise) zu beobachten ist (vgl. Tabelle), so mußte sich die Frage eigentlich aufdrängen, wie das Bild der Konjunkturschwankungen sich mit der langgehegten klassischen Vorstellung von der Selbstordnung der Märkte vertrage.

Um so erstaunlicher ist es, daß die Erforschung und theoretische Deutung der Konjunkturphänomene der Entwicklung mit großer Verspätung gefolgt ist; die wichtigsten Konjunkturtheorien sind überhaupt erst in unserem Jahrhundert entwickelt worden, als bereits neue, strukturelle Probleme das Bild der zyklischen Konjunkturen zu überdecken begannen. Die Erklärung für den großen zeitlichen Verzug der Konjunkturtheorie darf gesehen werden im unbefriedigenden Stand der Lehre vom volkswirtschaftlichen Gesamtprozeß, wie sie die Klassik hinterlassen hatte, in der geringen Entwicklung der empirischen, vor allem der statistischen Forschung, und nicht zuletzt in der Hartnäckigkeit, mit der die meisten Ökonomen des 19. Jahrhunderts allem äußeren Augenschein zum Trotz am klassischen Bild der Marktharmonie, wie es vor

Tiefpunkte der zyklischen Konjunkturschwankungen in drei Ländern im Ablauf eines Jahrhunderts[a)]

(Jahreszahlen in Klammern bezeichnen schwach ausgeprägte Krisen)

England	1815	1819	1825	1836	1847	1857	(1864–) 1866	1873	(1882)	1890	(1900)	(1907)
Frankreich			1825	1836	1847	1857	1864	1873	1881/82	1890/91	1900	1907
USA	1814	1818/19	(1826)	1837/39	(1848)	1857	(1867)	1873	1884 (1882–85)	1893/94	(1903)	1907

a) Nach Bouniatian, *Les crises économiques*, S. 43 f.

allem *Say* entrollt hatte, festhielten. So haben sich der Frage nach den Wirtschaftskrisen zunächst diejenigen angenommen, welche dem obwaltenden ökonomischen Liberalismus skeptisch oder kritisch gegenüberstanden. — Die Problemstellung hat sich dabei im Laufe der Zeit schrittweise erweitert:

1. Zunächst fragt man nach der Verursachung jenes Phänomens, das am meisten beunruhigte, nämlich der akuten Krise. Die nach den Zeitverhältnissen nächstliegende Antwort bot dabei die *„Unterkonsumtionstheorie"*; genauer: die Rückführung der wiederkehrenden Absatzkrisen auf die mangelnde Kaufkraft der arbeitenden Massen. Von *Lauderdales* Überlegung, daß unter bestimmten Umständen das „Sparen" aufhöre, von Nutzen zu sein, und vermehrte Konsumtion vonnöten sei (s. oben, S. 53), bis hin zu *Rodbertus*' (1805 bis 1875) *Gesetz der sinkenden Lohnquote* (vgl. Bd. II der „Texte", S. 118 ff.) ist diese Auffassung immer wieder geäußert worden; sie schien angesichts des massenhaften Elends der Arbeitenden nur allzu begründet zu sein. Die Folgerung, die alle Sozialkritiker der ersten Hälfte des 19. Jahrhunderts, von Robert *Owen* (1771—1858) über William *Thompson* (1785—1833), John *Gray* (1799—1850), John F. *Bray* (1809—1895) in England bis hin zu Pierre Jos. *Proudhon* (1809—1865) in Frankreich und Ferdinand *Lassalle* (1825—1864) in Deutschland, hieraus gezogen haben, war der Ruf nach dem *„vollen Arbeitsertrag"* für die Unselbständigen. (Zur Unterkonsumtionstheorie vgl. auch unten, S. 119.)

2. Von der Frage nach den *Krisen* hat sich die Theorie weitergetastet zur Deutung des *Konjunkturzyklus* als ganzen. Es war eine bedeutende Leistung, als in Frankreich Clément *Juglar* (1819—1905) sich an ein systematisches empirisches Studium der Erscheinungen machte und in seinem konjunkturtheoretischen Hauptwerk *„Des crises commerciales et de leur retour périodique en France, en Angleterre et aux Etats Unis"* (Paris 1862) für mehrere Länder eine übereinstimmend zyklische Bewegung des Prozesses nachwies; wobei er die Stockung der Produktenmärkte sowie des Kredits auf die überspannten Erwartungen zurückführte, welche die Unternehmer in der Zeit des vorausgegangenen Hochschwungs gehegt haben: „Die Ursache der Depression liegt in der Prosperität." Damit waren die Bedingungen der Wirtschaftskrisen eindeutig in prozeßimmanenten Umständen aufgesucht. Juglar kommt auch das Verdienst zu, gegenüber der zeitgenössischen währungspolitischen Schule der *„Currency-Theorie"* gezeigt zu haben, daß die Schwankungen des Geld- und Kreditbedarfs *Ergebnis*, nicht etwa Ursache der Vorgänge auf den Produktenmärkten sind. — Bei alledem bleibt Juglars Darstellung allerdings noch überwiegend beschreibend. Die einzige konjunktur*theoretische* Leistung der Zeit bietet *Marx* in seinem *„Kapital"*, ohne hierbei freilich eine *systematische* Konjunkturerklärung zu entwickeln.

Erst nach der Jahrhundertwende setzt eine breitere Erforschung der Konjunkturphänomene ein, der nun auch eine ausgebaute und methodisch verfeinerte Wirtschaftsstatistik helfend zur Seite tritt. Vor allem das *historische* Material haben hierbei — nach dem Vorgang von M. *Wirth* (*Geschichte der Handelskrisen*, Frankfurt 1858) — Forscher sprechen lassen wie M. *Tugan-Baranowskij* (*Studien zur Theorie und Geschichte der Handelskrisen in England*, Jena 1901), M. *Bouniatian* (*Studien zur Theorie und Geschichte der Wirtschaftskrisen*, 2 Bde., München 1908), J. *Lescure* (*Des crises générales et périodiques de surproduction*, Paris 1932). *Statistisch* haben u. a. gearbeitet W. M. *Persons* (der verschiedene „Konjunkturbarometer" entwickelt hat), W. C. *Mitchell* (*Business Cycles*, New York 1913), A. *Spiethoff* (Art. *„Krisen"*, HWBSt. 1925[4]; erweiterte Buchfassung: *Die wirtschaftlichen Wechsellagen,*

Tübingen-Zürich 1955) und seine Schüler; ferner E. *Wagemann* (*Konjunkturlehre*, 1928). Nur auf solcher Grundlage konnten empirisch gesättigte Theorien reifen, wie sie neben den eben genannten Forschern viele weitere Denker vorgelegt haben, von denen die wichtigsten im folgenden zu Worte kommen sollen.

3. Die Frage nach den konjunkturellen Zyklen zog die weitere nach sich: Wie kann man auf das Konjunkturgeschehen aktiv Einfluß nehmen; wie kann man die Ausschläge nach unten und — vorbeugend — nach oben mildern? Hier haben jene Theorien ihren Ort, die den Konjunkturzyklus vor allem auf *monetäre* Umstände (Geld- und Kreditversorgung) zurückgeführt und die daher dem Bankensystem — sowohl den Geschäftsbanken als auch der Notenbank — eine besondere Verantwortung zugewiesen haben. (*Wicksell, Cassel, Hawtrey, Mises, Hayek* u. a.; s. unten, S. 133 ff., 141 ff.)

4. Mit *Keynes* schließlich und seinen Folgern vollzieht sich die *Auflösung* der Konjunkturtheorie überhaupt in eine allgemeine Theorie der wirtschaftlichen Entwicklung hinein; so gründlich, daß auch in neueren Lehrbüchern vielfach der Konjunkturtheorie als solcher kein besonderer Raum mehr zugewiesen wird.

So läßt sich die Konjunkturtheorie zunächst in ihrer *lehrgeschichtlichen Entwicklung* ordnen. Sucht man in die verwirrende Fülle von Konjunkturerklärungen nun auch eine *systematische* Ordnung zu bringen, so wird man zunächst unterscheiden dürfen zwischen solchen Deutungsversuchen, die das Konjunkturgeschehen von Ursachen ableiten, die *nicht* im Wirtschaftsprozeß selbst angelegt sind, und solchen, die auf prozeßimmanente Umstände zurückgreifen. — Hierbei stehen die einzelnen Erklärungsversuche vielfach nicht so sehr im Verhältnis wechselseitiger Ausschließung als vielmehr in dem der Ergänzung zueinander. So kommt es, daß manche sachlich zu unterscheidenden Theorien bisweilen doch bei ein und dem gleichen Denker, wenn auch mit unterschiedlicher Gewichtung, anzutreffen sind.

A. Erklärung der Konjunktur aus prozeßfremden Umständen

Die Theorien, welche das Konjunkturgeschehen auf Bedingungen zurückführen, die außerhalb des Wirtschaftsprozesses selbst liegen, lassen sich in folgender Weise gliedern:

1. Erklärung aus *kosmischen* Ursachen (Ernteschwankungen; vgl. William St. *Jevons, Investigations in Currency and Finance*, London 1884; Henry L. *Moore, Economic Cycles: their Law and Cause*, New York 1914): Die regelmäßige Häufung von Sonnenflecken (Jevons) bzw. eine wiederkehrende Konstellation von Erde, Sonne und Venus (Moore) wirken über die Ausschläge der Ernten auf das Konjunkturgeschick der Gesamtwirtschaft ein; eine sachlich nicht zu haltende Deutung, die das Konjunkturphänomen denkbar weit dem gesellschaftlichen Bereich entrückt.

2. Erklärung aus *politischen* Umständen: Kriege, Revolutionen, Regierungswechsel, äußere Verwicklungen aller Art wirken auf die Kapitalbewegungen, die Ein- und Auswanderung, die Preise und damit auf die Gesamtkonjunktur ein. (Vgl. neuerdings Johan *Åkerman, Theory of Industrialism*, Lund 1960.)

3. *Psychologische* Erklärung: Die „Erwartungen" der Wirtschaftsbeteiligten, die Schwankungen von Optimismus und Pessimismus lassen aus vielleicht geringfügigen Anlässen größere Konjunkturbewegungen entstehen. (Ver-

gleiche hierzu, neben vielen Eklektikern, vor allem Arthur C. *Pigou, Industrial Fluctuations,* London 1927; W. A. *Jöhr,* unten.)

4. Erklärung aus *allgemein-gesellschaftlichen* Ursachen: die Rolle der *„Innovationen“* und ihre Träger (Joseph A. *Schumpeter*).

Die unmittelbar folgenden Textauszüge sollen sich auf Vertreter der beiden letztgenannten Arten von Konjunkturerklärung beschränken.

1. Konjunkturen als Ergebnis psychischer „Kernprozesse“: Walter Adolf Jöhr

Zum Vorrang einer sozialpsychologischen Erklärung des Konjunkturgeschehens hat sich in neuerer Zeit der St. Gallener Ökonom Walter Adolf Jöhr (geb. 1910) in seinem umfangreichen Buch *„Die Konjunkturschwankungen“* bekannt[4].

a) Die Lehre

Die mannigfachen Umstände, die offenbar von Einfluß auf die Wirtschaftsschwankungen sind, lassen sich nach Jöhr in allgemeine Bedingungen („strukturelle Faktoren“) und in Anstöße („Impulse“) unterteilen:

„Zu den *strukturellen Faktoren* zählt man jene, die — obwohl sie nicht unveränderlich zu sein brauchen — sich doch während des Ablaufs der zu erklärenden konjunkturellen Bewegung nicht ändern oder nur so allmählich ändern, daß die Änderung als solche ohne Einfluß auf die Konjunktur ist. Als *Impulse* betrachten wir dagegen jene Faktoren, welche durch ihre Veränderung wirksam werden“ (S. 141).

„Strukturfaktoren“ und „Impulse“ können dabei in recht verschiedener Weise zusammenwirken. Auch haben die Hauptimpulse im Laufe der Geschichte gewechselt (vor dem ersten Weltkrieg: technische Erfindungen, Entdeckung neuer Goldvorkommen, Erschließung neuer Wirtschaftsgebiete; nach dem ersten Weltkrieg: „soziale Umwälzungen und Furcht vor solchen Umwälzungen, Arbeitskonflikte, offensive Gewerkschaftspolitik“; ferner „Krieg und Furcht vor einem Krieg, durch Defizite des Staatshaushalts bedingte Inflationen“; S. 622). — Ebenso können die „Strukturfaktoren“ in sehr verschiedener Weise wirksam werden:

Sie können „eine bereits bestehende konjunkturelle Bewegung *begünstigen* oder *erschweren.* Hierbei kann die Begünstigung die Form der Selbsternährung oder gar der Selbstverstärkung, die Erschwerung die Form der Selbstdrosselung oder der Schaffung eines unteren und oberen Plafonds aufweisen. Auch können strukturelle Faktoren die *Umschlagsreife* eines bestimmten Prozesses befördern oder verzögern. Die Konjunkturerklärung erfordert aber auch noch die Ableitung einer primären Bewegung, damit eine Begünstigung oder Benachteiligung, eine

[4] Theoretische Grundlagen der Wirtschaftspolitik, Bd. II: Die Konjunkturschwankungen, Tübingen und Zürich 1952.

Selbstverstärkung oder Selbstdrosselung möglich wird. Diese primäre Bewegung soll als *'Kernprozeß'* bezeichnet werden" (S. 273).

Zur letzten Erklärung einer solchen „Urbewegung" nun reichen die bisher von der Theorie entworfenen überwiegend „mechanistischen" Konjunkturmodelle Jöhr zufolge nicht hin, so nützlich sie zur Beschreibung der Verläufe selbst sein mögen:

„Ein solches mechanistisch konzipiertes Oszillationsmodell arbeitet mit starren Verhaltenshypothesen: die Lagerhaltung muß so und so viele Prozente des Absatzes umfassen, die Preisänderung bestimmter Größe muß eine so und so große Änderung der geplanten Produktion bewirken usf. . . . Aber je mehr Variable nun in das Oszillationsmodell einbezogen werden, desto mehr verringert sich der Geltungsbereich dessen, was wir als die *'epidemische Ausbreitung'* der Konjunktur bezeichnen können und was offenbar eine Eigentümlichkeit aller bisher beobachteter Konjunkturzyklen war . . ., lassen sich doch die Wirtschaftssubjekte heterogenster Gruppen voneinander anstecken oder durch ihnen ganz fernliegende Ereignisse beeinflussen. Zudem zeigt aber auch die Art der Ansteckung nichts von dieser mechanistischen Art der konstanten Verhaltenshypothese. Vielmehr weist die Virulenz des Aufschwungs- wie des Niedergangsbazillus sprunghafte und nicht voraussehbare Schwankungen auf" (S. 584).

Der „Reaktions-Automat" des Modells „darf nicht zu lange beibehalten werden; er sollte schon für die Erklärung des Kernprozesses durch ein Wesen von Fleisch und Blut, durch ein erregbares und suggestibles Geschöpf, durch einen Menschen voll Hoffnung und Angst ersetzt werden" (S. 585).

Die eigentliche „Prädisposition für den Kernprozeß" und damit der wichtigste „Strukturfaktor" der Konjunkturen ist nach Jöhr auf der Ebene der Sozialpsychologie, genauer: der *Massenpsychologie* zu suchen: Auch zwischen den Wirtschaftssubjekten besteht die „Beziehung der Masse"; so daß . . .

„. . . Wirkungen der psychischen Interdependenz sich in der Wirtschaft geltend machen" (S. 605).

Die „beschränkte Transparenz" der Märkte bewirkt eine bisweilen erhebliche *Unsicherheit* der Einzelwirtschafter und macht sie empfänglich für Stimmungsschwankungen, die sich durch *„Ansteckung"* übertragen und einen *„kumulativen Prozeß" „gleichgerichteten Handelns"* hervorbringen. In diesem psychischen Geschehen findet Jöhr den letzten, irreduktiblen Kausalfaktor des Konjunkturvorgangs, den eigentlichen „Kernprozeß", auf den alle Einzelerscheinungen der Konjunktur zurückzuführen sind. Zum „Wesen" dieses Prozesses gehört es,

„. . . daß er aus sich selbst heraus zu entstehen vermag. Zwar bedarf es natürlich auch hier eines gewissen Anlasses, um ihn zum Anlaufen zu bringen: aber dieser Anlaß kann sehr unbedeutend sein: ein schlechter

Traum, eine im Familienkreise entstandene Verstimmung, eine durch Krankheit bedingte Ermattung können einen Unternehmer dazu veranlassen, eine geplante und auch von dritten erwartete Investition nicht vorzunehmen, wodurch sich andere zu einer analogen Reaktion bestimmen lassen. Da es sich also gewissermaßen um infinitesimale Anlässe handeln kann, sind wir zur Feststellung berechtigt, daß diese kumulativen Prozesse weder der Zündung durch konjunkturelle Impulse noch der Auslösung durch eine bereits bestehende Konjunkturbewegung bedürfen, daß sie sich vielmehr aus sich selbst heraus zu entwickeln vermögen, womit die Anwendung des Begriffes Kernprozeß gerechtfertigt ist" (S. 613).

Allerdings soll damit „nicht ausgeschlossen werden, daß der Kernprozeß auch durch eigentliche konjunkturelle Impulse in Bewegung versetzt werden kann; ja, man könnte das sogar als den empirisch häufigeren Fall betrachten. Trotzdem liegt die Bedeutung der Lehre vom Kernprozeß . . . durchaus nicht nur in dem Nachweis, daß die Impulse keine notwendige Bedingung der Konjunkturerzeugung sind" (S. 613).

Zwar wird der „sozialpsychologische Faktor . . . auch von der Konjunkturbewegung gesteuert. Aber zugleich prägt er ihr die zu seinem Wesen gehörende *Labilität auf:* jederzeit können von einer bestimmten Grundlage aus aufwärts- oder abwärtsgerichtete Kernprozesse aufflackern und sich zu einer stärkeren Bewegung ausweiten oder nach kurzer Zeit wieder erlöschen" (S. 613 f).

Die sozialpsychologische Deutung der Konjunkturen muß sich allerdings noch gegenüber zwei wichtigen Fragen der Konjunkturtheorie bewähren:

1. Wie erklärt sich der obere und der untere Wendepunkt der Konjunktur?
2. Wie erklärt sich die längere Dauer von Aufschwungs- und Niedergangsprozessen?

„Die Erklärung des oberen und des unteren *Wendepunktes* bietet keinerlei Schwierigkeiten. Die sich aus der sozialpsychologischen Interdependenz ergebende Labilität schließt zwar aus, daß die Umkehr, wie das die mechanistischen Oszillationstheorien ableiten, in einem bestimmten Zeitpunkt mit Notwendigkeit erfolgen müsse, sie macht vielmehr jederzeit einen kumulativen Prozeß möglich, der eine Umkehr der Bewegungsrichtung einleiten kann. Die Chancen, daß ein solcher konträr gerichteter kumulativer Prozeß sich durchsetzt und die Konjunkturbewegung zu wenden vermag, sind aber nicht durchwegs dieselben; sie werden um so größer, je länger eine bestimmte Bewegungsrichtung eingehalten wurde. Dies sei am Beispiel des Expansionsprozesses gezeigt. Je länger der Aufschwung dauert, desto mehr macht sich die in gewissen Industriezweigen aus der beschränkten Transparenz resultierende Überdimensionierung des Produktionsapparates spürbar.

Nach einer bestimmten Zeit ist die Entstauung der früheren Ersparnisse abgeschlossen, und bald beginnt auch die Bereitschaft der Banken zur Kreditgewährung nachzulassen. Nähert sich der Aufschwung dem Zustand der Vollbeschäftigung, so läßt die Zunahme der Nachfrage nach Konsumgütern nach, was ... zu einer Verminderung der Nachfrage nach gewissen Kapitalgütern führen kann. An dritter Stelle soll noch ein weiterer Faktor angeführt werden, der darauf beruht, daß sich die Unternehmer an frühere Konjunkturschwankungen erinnern. Sie wissen oder ahnen, daß die Aufwärts- oder Abwärtsbewegung sich nicht ewig fortsetzen kann; der Glaube, daß eine kleine konträr gerichtete kumulative Bewegung, etwa auf dem Effekten- oder dem Rohstoffmarkt, den endgültigen Umschwung herbeiführen werde, wird deshalb um so stärker und um so weiter verbreitet, je länger die Bewegung in gleicher Richtung anhält.

Mit diesen Ausführungen ist aber auch schon die Beantwortung der Frage nach der Erklärung der *Mehrjährigkeit der Aufschwungsbewegung* vorbereitet. Jene Faktoren, welche die Chancen, daß ein kumulativer Prozeß zu einer Umkehr der Bewegung führt, erhöhen, beruhen — mit Ausnahme des zuletzt genannten — auf der Investition. Dieser ist aber eine beträchtliche Reifezeit eigen: bei den größeren Investitionen vergeht vom Moment des Investitionsentschlusses, bis die mit dem erweiterten Produktionsapparat hergestellten Güter auf dem Markt erscheinen, leicht eine Zeitspanne von einem Jahr oder gar von zwei Jahren. Stellt man weiter in Rechnung, daß es auch einige Monate dauern kann, bis der Konjunkturaufschwung zum Investitionsentschluß führt und daß sich die Früchte einer Reihe von Investitionen auf die Märkte ergießen müssen, bis die Wahrscheinlichkeit eines Konjunkturumschwunges groß ist, so erkennt man bereits, daß die Aufschwungsbewegungen in der Regel mehrjährig sein müssen" (S. 614 f.).

Was die Mehrjährigkeit des *Abschwungs* betrifft, so verweist Jöhr auf den Umstand,

„. . . daß die Investitionen auch nach einem Konjunkturumbruch nicht von heute auf morgen abgebrochen werden können: begonnene Bauten müssen fertiggestellt, Bestellungen für Maschinen können nicht annulliert werden. Aus diesem Grunde vergeht bereits einige Zeit, bis sich die Investitionsdrosselung und die sich aus ihr ergebende Einkommens- und Nachfrageschrumpfung geltend macht. Ebenso vergeht einige Zeit, bis es zur Einschränkung der laufenden Produktion kommt und diese sich als Einkommensminderung auf den Märkten fühlbar macht" (S. 615).

Die Entscheidung darüber nun, ob einer „mechanistischen" oder einer „sozialpsychologischen" Erklärung der Konjunktur der Vorzug zu geben sei, kann nach Jöhr nicht „abgeleitet" werden (S. 629). Doch ist es ihm selbst „nicht zweifelhaft", daß die letztere der besonderen Natur der wirklichen Vorgänge besser gerecht wird:

„Die *sozialpsychologische Theorie* des Kernprozesses erklärt in einfachster Weise" die „Unregelmäßigkeit des Konjunkturverlaufes ... Sie macht ohne weiteres das *Flackernde* des Konjunkturprozesses verständlich; sie zeigt, weshalb die Konjunkturbewegung nicht einen zum voraus bestimmten oder wenigstens zum voraus erkennbaren Weg einschlägt, sondern weshalb der Bazillus des Aufschwunges wie der des Niederganges bald diesem, bald jenem Pfad folgt. Damit wird es auch klar, weshalb die Konjunkturprognose so schwierig ist und so häufig scheitern mußte.... Andere Momente weisen in dieselbe Richtung. Wohl ist es erforderlich, das Wirtschaftssubjekt im Ausgangsmodell als ein mechanich reagierendes Wesen zu betrachten. Aber wir sollten diese Konzeption nicht unnötig lange beibehalten, ist es doch offensichtlich, daß sie *wesentlichen Eigenschaften des Menschen* nicht gerecht wird. ... Die Irrationalität und Unberechenbarkeit der menschlichen Entscheidungen und die nicht genau präzisierbare Beeinflußbarkeit dieser Entschlüsse durch gesellschaftliche Ansteckung sind Tatbestände von entscheidender Bedeutung. Immer mehr setzt sich die Erkenntnis durch, daß diese unserem Zeitalter der Massen — trotz aller technischen, hygienischen und wirtschaftlichen Sicherung des individuellen Daseins — eine Labilität aufprägen, die zu gefährlichen Eruptionen führen kann. Die wirtschaftliche Auswirkung dieser Labilität der modernen Massen-Gesellschaft ist vor allem in den konjunkturellen Schwankungen zu erblicken. Die sozialpsychologische Theorie des Kernprozesses bietet nun die Möglichkeit, dem Faktor Mensch jene Stellung in der Erklärung der Konjunkturschwankungen einzuräumen, die vom anthropologischen und soziologischen Gesichtspunkte aus die natürliche erscheint" (S. 630).

b) Konsequenzen

Aus Jöhrs sozialpsychologischer Deutung der Konjunktur folgt:

1. Es entfällt der Anlaß zur Erklärung einer Zyklizität der Konjunktur (vgl. S. 632).

2. Nicht nur aus dem Zustand der Unterbeschäftigung, sondern auch aus dem der Vollbeschäftigung kann ein Konjunkturaufschwung — mit entsprechenden Spannungserscheinungen — hervorgehen (S. 632 f.).

3. Besondere „Impulse" sind nicht unbedingt erforderlich, um die konjunkturelle Bewegung erst in Gang zu bringen, da schon ein „infinitesimaler Anlaß" eine solche hervorzurufen vermag (S. 633).

4. Der *Staat* als berufener Träger von Konjunkturpolitik kann zwar die in der „freien Marktwirtschaft" als solcher angelegte psychische Prädisposition der Wirtschaftssubjekte zum „Kernprozeß" nicht *ausschalten,* ohne sich „tiefgreifender Veränderungen der Wirtschaftsstruktur" schuldig zu machen; er kann aber *einige* der Impulse und Verstärkerwirkungen beeinflussen

(S. 650 ff.). Vor allem ist eine „Stabilisierung des Einkommensstromes und damit der Gesamtnachfrage“ möglich und anzustreben; und zwar am besten dadurch, daß der Staat selbst sich in den Einkommenskreislauf einschaltet (S. 654 ff.). Allerdings bleibt dabei der konjunkturelle Effekt der staatlichen Maßnahmen nach Jöhr im Prinzip ebenso unbestimmt, wie es der Konjunkturverlauf selbst ist (S. 658). Dennoch will Jöhr einer an den staatlichen Maßnahmen selbst orientierten langfristigen Konjunkturprognose einen gewissen Orientierungswert nicht absprechen (S. 659).

c) *Würdigung*

Bei allen Konjunkturphänomenen wirken in der Tat gehäufte und einander wechselseitig beeinflussende Erwartungen, positive und negative Antizipationen, mit, von denen die „Wirtschaftssubjekte“ — genauer: die Unternehmensleiter — sich in ihren Entschlüssen leiten lassen. Insofern scheinen die Konjunkturen von der Neigung zu einer gewissen unternehmerischen *Massenpsychose* zu zeugen. Allerdings bedarf die massenhafte „Gleichrichtung des Handelns“ in der Welt der streng kalkulierenden und wägenden Unternehmungen der äußeren *Umstände* und *Anlässe*, an die man sich hält. Die Entschlüsse der Unternehmensleitungen mögen sich als *verfehlt* erweisen, „irrational“ sind sie nicht. Damit aber gewinnen die *Bedingungen*, unter denen die Beteiligten sich entscheiden, ihre überragende Bedeutung zurück. Jöhrs Konzept selbst kann von diesen Bedingungen nicht absehen: so etwa bei der Frage der praktischen staatlichen Konjunkturmaßnahmen. Der psychische „Kernprozeß“ verliert mithin den Charakter einer letzten, irreduktiblen Ursache. Das Bekenntnis zur „sozialpsychologischen“ Erklärung beruht auf einer weder „ableitbaren“ noch sachlich begründeten Entscheidung.

Verwahrung ist auch einzulegen gegen den — hier wie auch sonst in der ökonomischen Theorie grassierenden — *dilettantischen Psychologismus*, der zu „anthropologischen“ Grundtatsachen verflüchtigt, was im wirklichen sozialen Leben seinen ganz bestimmten *Ort* — nämlich in der *Unternehmenswelt*, nicht bei den Unselbständigen, selten bei den Konsumenten — hat, und der die Entscheidungen der Spitzengremien von Aktiengesellschaften, Konzernen und Verbänden mit den Mitteln einer ins Kollektive gesteigerten *Individualpsychologie* erklären will.

Schon gar nicht kann die Rückführung von Konjunkturverläufen auf „infinitesimale Anlässe“, an denen der Prozeß „sich praktisch selbst zu entzünden vermag“ (S. 633), befriedigen. Die Verkleinerung der Anstöße ins Mikroskopische erledigt die Kausalfrage nicht. Und die Berufung auf das „Dunkel der Ungewißheit“ (S. 626) wird zur Formel eines konjunkturtheoretischen *Agnostizismus*, der nichts erklärt, aber alle Möglichkeiten sich offen hält.

Mit alledem ist Jöhrs psychologischer Versuch nicht weniger einseitig als jene „mechanistischen“ Konjunkturmodelle, gegen die er sich kehrt. Daß es im übrigen keineswegs nur „mechanistische“ Erklärungen des Konjunkturprozesses gibt, wird sich im weiteren zeigen.

2. Konjunkturen als Ergebnis periodisch gehäufter „Innovationen“: Joseph Alois Schumpeter

*Prozeß*fremd, wenn auch der Ordnung des modernen *Unternehmertums* inhärent ist der Umstand, auf den Joseph Alois Schumpeter (1883—1950) das Auf und Ab des Wirtschaftsprozesses in letzter Instanz zurückgeführt hat. Schumpeters ganzes Lebenswerk kreist um den großen zugleich ökonomischen und soziologischen Gedankengang, der schon in der „*Theorie der wirtschaftlichen Entwicklung*“ von 1912 niedergelegt worden ist und in späteren Werken — vor allem: „*Business Cycles*“ (1939)[5] und „*Capitalism, Socialism, and Democracy*“ (1942)[6] — seine Abrundung und Weiterführung erfahren hat. Wir folgen im weiteren Schumpeters Theorie der wirtschaftlichen Entwicklung — die weit mehr ist als eine spezifische Konjunkturauffassung — im Anschluß an sein Werk von 1912[7], ziehen aber auch weitere Veröffentlichungen heran[8], die uns Schumpeters Lehre aus der Perspektive des Gesamtwerkes faßbar machen.

a) Die „wirtschaftliche Statik“

Schumpeter geht aus von einer „verkehrswirtschaftlich organisierten Volkswirtschaft“, in der „Privateigentum, Arbeitsteilung und freie Konkurrenz“ (S. 4), gleichzeitig aber ein rein traditionalistisches Wirtschaften ohne jedenfalls sprunghafte Ausdehnung der Produktion herrschen.

„Das Wirtschaftssubjekt handelt . . . nach erfahrungsgemäß gegebenen Daten und in einer ebenso erfahrungsgemäß gegebenen Art und Weise“ (S. 7).

Das bedeutet, „daß der Kreislauf der Wirtschaftsperioden soweit nichts enthält, was auf die Möglichkeit einer Entwicklung aus sich selbst heraus hindeuten würde. Er ist beherrscht von gewissen Notwendigkeiten und bleibt so lange sich selber gleich, als diese Notwendigkeiten sich nicht verändern. . . . So bleibt das Bild der Wirtschaft, soweit die bisher behandelten Momente deren treibenden Kräfte sind, jahraus jahrein so wie es ist. Stets gleiches wirtschaftliches Handeln zu größtmöglicher Bedürfnisbefriedigung auf Grund gegebener Verhältnisse — das schildert dann unser Bild. Deshalb sprechen wir von einer ruhenden,

---

[5] Hier zitiert nach der deutschen Ausgabe: *Konjunkturzyklen.* Eine theoretische, historische und statistische Analyse des kapitalistischen Prozesses, 2 Bde., Göttingen 1961.

[6] Im weiteren zitiert nach der 2. Auflage der deutschen Ausgabe: *Kapitalismus, Sozialismus und Demokratie,* Bern u. München 1950 (siehe auch Fußnote unten, S. 116).

[7] Erscheinungsort Leipzig. Von der 2. Auflage (München und Leipzig 1926) an mit dem Untertitel: Eine Untersuchung über Unternehmergewinn, Kapital, Zins und den Konjunkturzyklus. Im folgenden zitiert nach der 6. Auflage, Berlin 1964.

[8] Die hierbei verwandten Kennworte verweisen auf den Literaturanhang, Seite 146.

passiven, von den Umständen bedingten, stationären, von einer *statischen* Wirtschaft" (S. 75).

Es ist das Bild des später von Schumpeter so bezeichneten „stationären Kreislaufs" *(stationary flow)*, „des Modells eines sich nicht verändernden Wirtschaftsprozesses, der mit konstanter Geschwindigkeit abläuft und lediglich sich selbst reproduziert" (*Konjunkturzyklen*, S. 42 [35 f.]).

Bei aller Realitätsnähe, die Schumpeter seinem — von J. B. *Clark* entlehnten — Konzept des stationären Gleichgewichts zuspricht, erscheint dieses doch zunächst als...

„... so wirklichkeitsfremd mit seiner starren Konstanz, seiner Friktionslosigkeit, seinen Menschen, die sich stets gleichbleiben, und seinen Gütermengen, die sich in stets gleicher Weise erneuern. ... Es fehlt vor allem der Unternehmer" sowie auch der „Kapitalist". Dieser „würde in einer Wirtschaft, die unserem Bilde so wie es ist entspräche, nicht existieren. Sodann aber vermissen wir noch anderes. Zunächst gemäß dem Fehlen jener beiden Typen von Wirtschaftssubjekten auch deren charakteristische Einkommenszweige, nämlich Unternehmergewinn und Zins. Der Unternehmer wäre, wie gesagt — wir setzen fest, daß wir den Begriff auf unseren statischen Betriebsleiter nicht anwenden wollen —, ein entrepreneur faisant ni bénéfice ni perte, sein Einkommen wäre nur Arbeitslohn, er würde nur ‚seine Kosten decken', im übrigen höchstens Zufallsgewinne machen. Für den Zins aber fehlt, wie ich mich nachzuweisen bemühte, schlechthin jede Grundlage. ... Endlich aber kann es in einer so gestalteten Volkswirtschaft keine Krisen geben. Denn jeder Schritt geschieht auf erfahrungsgemäß bekanntem Grunde" (*Theorie* S. 77 f.).

Einen solcherart stationären Gleichgewichtszustand haben Schumpeter zufolge sowohl die Klassiker der Ökonomie als auch die neuere Grenznutzen- und Grenzproduktivitätstheorie zur Grundlage gehabt. Von *Marx* abgesehen ist die ganze bisherige Theorie statisch orientiert gewesen, was nach Schumpeter auf die große Bedeutung hinweist, welche der von ihm angenommene wirtschaftliche Ausgangszustand für die ökonomische Theorie besitzt (S. 79 ff.).

Kritisch ist zu bemerken: Eine „verkehrswirtschaftlich organisierte Volkswirtschaft" mit freier Konkurrenz ist ohne Kapitalbildung, und daher ohne „Entwicklung", nicht vorstellbar. Schumpeter selbst hat später geschrieben: „Der Kapitalismus ist nicht nur nie stationär, sondern kann es auch nie sein" (*Kapitalismus*, S. 136). Im übrigen bleibt schon der Begriff der stationären Wirtschaft — wie viele andere wichtige Punkte der Lehre — im Unbestimmten: Hat Schumpeter in der „*Theorie*" einen völlig entwicklungslosen Zustand vor Augen, so läßt er in „*Explanation*" (1927, S. 290) mit sich reden und nimmt ein *gleichmäßiges*, störungsfreies Wachstum in das Konzept der stationären Wirtschaft mit auf. Selbstverständlich muß es in einer so verstandenen „statischen" Wirtschaft schon Gewinn und Zins geben.

b) Entwicklung und Konjunkturprozeß

aa) Die „Innovationen"

Das Grundverhältnis von einfachem „Kreislauf" und „Gleichgewicht" wird nun freilich immer wieder durch kräftige Entwicklungsstöße durchbrochen. Hauptsächlich geschieht dies in der neueren, „kapitalistischen" Epoche der Wirtschaftsgeschichte, und zwar nicht nur infolge einer Änderung gewisser sozialer „Daten", wie etwa der Volkszahl, der Bedürfnisse etc., sondern allem voran als Ergebnis eines Wechsels der Wirtschaftsmethoden. Diesen Vorgang bezeichnet Schumpeter mit dem umfassenden Begriff der *„Durchsetzung neuer Kombinationen"* oder — in späteren Veröffentlichungen — der *„Innovation"*:

„Produzieren heißt die in unserem Bereiche vorhandenen Dinge und Kräfte kombinieren. Anderes oder anders produzieren heißt diese Dinge und Kräfte anders kombinieren. . . . Form und Inhalt der Entwicklung in unserem Sinn ist dann gegeben durch die Definition: Durchsetzung neuer Kombinationen.

Dieser Begriff deckt folgende fünf Fälle:

1. Herstellung eines neuen, d. h. dem Konsumentenkreise noch nicht vertrauten Gutes oder einer neuen Qualität eines Gutes.

2. Einführung einer neuen, d. h. dem betreffenden Industriezweig noch nicht praktisch bekannten Produktionsmethode, die keineswegs auf einer wissenschaftlich neuen Entdeckung zu beruhen braucht und auch in einer neuartigen Weise bestehen kann mit einer Ware kommerziell zu verfahren.

3. Erschließung eines neuen Absatzmarktes, d. h. eines Marktes, auf dem der betreffende Industriezweig des betreffenden Landes bisher noch nicht eingeführt war, mag dieser Markt schon vorher existiert haben oder nicht.

4. Eroberung einer neuen Bezugsquelle von Rohstoffen oder Halbfabrikaten, wiederum: gleichgültig, ob diese Bezugsquelle schon vorher existierte — und bloß sei es nicht beachtet wurde sei es für unzulänglich galt — oder ob sie erst geschaffen werden muß.

5. Durchführung einer Neuorganisation, wie Schaffung einer Monopolstellung (z. B. durch Vertrustung) oder Durchbrechen eines Monopols" (*Theorie,* S. 100 f; im gleichen Sinne in *Instability,* 1928, S. 376 ff.).

Allerdings zählen hierbei für Schumpeter nicht die mit gewisser Regelmäßigkeit *ständig* stattfindenden, sondern vielmehr die periodisch sich häufenden, die *diskontinuierlichen* Neuerungen: Nur sie lösen *Störungen* des (im weiteren nur noch als *relativ* entwicklungslos betrachteten) „Gleichgewichts"-Zustandes aus. Diese Störungen nehmen die Form länger anhaltender Konjunkturstöße an. — In diesem Sinne verstanden ist . . .

„. . . Innovation die überragende Tatsache in der Wirtschaftsgeschichte der kapitalistischen Gesellschaft." (*Konjunkturzyklen,* S. 93 [86])

„Die Veränderungen im wirtschaftlichen Prozeß, die durch die Innovation hervorgerufen werden, zusammen mit allen ihren Wirkungen und der Reaktion des ökonomischen Systems auf diese Veränderungen, werden wir mit dem Ausdruck wirtschaftliche Entwicklung bezeichnen" (*Konjunkturzyklen*, S. 94 [86]).

Bemerkungen: Wie schon der Begriff der ökonomischen „Statik", so wird auch der für den ganzen Gedankengang bedeutungsvolle Begriff der „Innovation", der „Durchsetzung neuer Kombinationen" so dehnbar gehalten, daß alles mögliche darunter verstanden werden kann. „Die bloße Errichtung eines Unternehmens stellt eine Innovation dar, und in diesem Sinne ist Kapitalismus ohne Innovation ein logischer Widerspruch" (M. *Gottlieb*, *The Ideological Influence* etc., S. 9. Vgl. ferner *Clemence* und *Doody*, *The Schumpeterian System*, S. 36 ff.; C. S. *Solo*, *Innovation* etc.). Schumpeter selbst hat auch die bloße Herstellung eines Monopols als „Innovation" bezeichnet. Dann aber meint der Begriff im Grunde nichts weiter als die Nutzung einer *jeden* sich bietenden *Gewinngelegenheit*. Der Begriff teilt hierbei mit den Anlässen des Profits die *inhaltliche Indifferenz*. Er ist im Grunde von vornherein auf den Gewinn hin entworfen. Und dieser ist tatsächlich nicht *Ergebnis* von Innovationen, sondern vielmehr deren stillschweigend anerkannte *Voraussetzung*.

In jedem anderen Sinne verstanden wäre übrigens das Konzept der „Durchsetzung neuer Kombinationen" mißleitend. Wollte man darunter etwa *Rationalisierungsinvestitionen* verstehen — wie dies immer wieder geschieht —, so wäre zu sagen, daß der nachhaltigste Konjunkturimpuls auf *weitere* Wirtschaftszweige gerade von den einfachen *Erweiterungs*investitionen ausgeht, welche *keine* „neue Kombination" der „Faktoren" darstellen. Und umgekehrt können monopolartige Unternehmungen „neue Kombinationen" im Sinne von Rationalisierungsinvestitionen durchführen, die zwar der Kostenersparung dienen, aber nur von geringer Wirkung auf die Gesamtproduktion und damit auf die „Entwicklung" sind. Dies ist dann der Fall, wenn gleichzeitig eine *Ausdehnung* der Produktion — und damit die Nachfrage nach Vorprodukten, nach Arbeitskräften etc. — hintangehalten wird.

bb) Die Unternehmer als Träger der Innovationen; der Unternehmergewinn

Mit der ökonomischen Sicht verbindet sich die soziologische: Schumpeter fragt nach den Trägern und den Bedingungen der Wirtschaftsentwicklung und kommt zu zwei Aussagen:

1. Es sind in der Regel nicht die bereits arrivierten Unternehmer, welche neue Kombinationen durchsetzen:

„Vielmehr treten der Idee und auch der Regel nach die neuen Kombinationen, bzw. die sie verkörpernden Firmen, Produktionsstätten usw., nicht einfach an die Stelle, sondern zunächst *neben* die alten, die aus sich heraus meist gar nicht in der Lage wären, den großen neuen Schritt zu tun: es waren . . . im allgemeinen nicht die Postmeister, welche die Eisenbahnen gründeten. Dieser Umstand stellt nicht nur die Diskontinuität, welche unsern Grundvorgang kennzeichnet, in ein besonderes Licht, schafft sozusagen zur ersten früher dargelegten noch eine zweite Art von Diskontinuität, sondern er beherrscht auch den Verlauf der Begleiterscheinungen. Insbesondere in der Konkurrenzwirtschaft, in der sich die neuen Kombinationen durch das Niederkonkurrieren der alten durchsetzen, wird dadurch der ihr eigentümliche, viel zu wenig beachtete Prozeß des sozialen Auftriebs einerseits und der sozialen Deklassierung andererseits und eine ganze Reihe von Einzelerscheinungen — sehr viel insbesondere am Zyklus der Konjunkturen und am Mechanismus der Vermögensbildung — erklärt" (*Theorie*, S. 101 f.).

2. Bei den „neuen Kombinationen" kann zumeist nicht von brachliegenden, bis dahin ungenutzten Produktionsreserven Gebrauch gemacht werden:

„In der Regel muß die neue Kombination die Produktionsmittel, die sie braucht, irgendwelchen alten Kombinationen entziehen. . . . Auch das löst, wie wir sehen werden, insbesondere für den Konjunkturverlauf wichtige Folgen aus, und ist eine zweite Form des Niederkonkurrierens alter Betriebe. Die Durchsetzung neuer Kombinationen bedeutet also — was eine zweite Definition von Form und Inhalt der Entwicklung in unserem Sinn abgeben könnte — Andersverwendung des Produktionsmittelvorrates der Volkswirtschaft" (S. 102 f.).

Im subjektiven wie im objektiven Sinne werden also neue Kombinationen in einem Prozeß „*schöpferischer Zerstörung*" durchgesetzt.

Die Träger solcher Neuerungen nun sind die *Unternehmer*. Schumpeter bezeichnet als Unternehmer...

„. . . die Wirtschaftssubjekte, deren Funktion die Durchsetzung neuer Kombinationen ist und die dabei das aktive Element sind. Diese Begriffe sind zugleich weiter und enger als die üblichen. Weiter: Denn wir nennen Unternehmer erstens nicht bloß jene ‚*selbständigen*' Wirtschaftssubjekte der Verkehrswirtschaft, die man so zu nennen pflegt, sondern alle, welche die für den Begriff konstitutive Funktion tatsächlich erfüllen, auch wenn sie, wie gegenwärtig immer häufiger, ‚*unselbständige*' Angestellte einer Aktiengesellschaft . . . wie Direktoren, Vorstandsmitglieder usw. sind. . . . Wir sprechen zweitens von Unternehmern nicht bloß für jene historische Epochen, in denen es Unternehmer als besondere soziale Erscheinung gibt, sondern wir knüpfen Begriff und Namen an die Funktion und an alle Individuen, die diese in irgendeiner Gesellschaftsform tatsächlich ausfüllen, seien sie auch Organe einer sozialistischen Gemeinschaft oder Herren eines Fronhofes oder Häuptlinge eines primitiven Stammes. Enger: Unter unseren Begriff fallen nicht alle selbständigen, für eigene Rechnung handelnden Wirtschaftssubjekte, wie das üblich ist. Eigentum am Betrieb — oder überhaupt irgendwelches ‚Vermögen' — ist für uns kein wesentliches Merkmal; aber auch abgesehen davon schließt Selbständigkeit in diesem Sinne nicht schon von selbst die Erfüllung der für unseren Begriff konstitutiven Funktion ein. Nicht nur Bauern, Handwerker, Angehörige freier Berufe — die man *mitunter* einschließt —, sondern auch ‚Fabrikherren' oder ‚Industrielle' oder ‚Kaufleute' — die man *immer* einschließt — brauchen nicht notwendig ‚Unternehmer' zu sein" (S. 111 f.).

Es ist daran festzuhalten, „daß jemand grundsätzlich nur dann Unternehmer ist, wenn er eine ‚neue Kombination durchsetzt' " (S. 116).

Ein Unternehmer kann seiner Rolle daher auch im Laufe der Zeit wieder verlustig gehen. — Während die „Wirte" sich in den überkommenen Bahnen des Wirtschaftens halten, setzen die Unternehmer ihren schöpferischen Willen auch gegenüber der Beharrungskraft der Umwelt durch. In diesem *Durchsetzen* neuer Kombinationen — nicht etwa in deren *Auffindung,* Erschließung, die vielmehr Sache der Forscher, der Techniker ist — erblickt Schumpeter die eigentliche „Führerfunktion" des Unternehmers. (Vgl. S. 127 ff. — Schon bei A. *Marshall* findet sich die Zweiteilung der Unternehmer in „solche, die neue und verbesserte Geschäftsmethoden einführen, und solche, die in ausgefahrenen Geleisen wandeln". *Principles of Economics,* London 1890; hier nach der deutschen Ausgabe: *Handbuch der Volkswirtschaftslehre,* Bd. I, Stuttgart u. Berlin 1905, S. 583. Vgl. auch V. *Paretos* Unterscheidung von „Spekulanten" und „Rentnern", *Trattato di sociologia generale,* Firenze 1916, § 2233 ff.)

Dem Unternehmer fällt als Prämie für seine Neuerung ein ausschließlich ihm zuzurechender *Unternehmergewinn* zu:

„Im Kreislauf [d. h. im statischen Zustand; W. H.] ist der Gesamterlös eines Betriebs — von Monopolgewinn abgesehen — gerade groß genug, um die . . . Ausgänge zu decken. Es gibt da nur Produzenten, die weder Gewinn machen noch Verlust erleiden . . ." Da hingegen „die neuen Kombinationen, die in der Entwicklung durchgesetzt werden, notwendig vorteilhafter sind als die alten, so ist bei ihnen der Gesamterlös größer als in der statischen Wirtschaft, mithin größer als jene Ausgänge" (S. 208).

„Der Unternehmergewinn als besondere und selbständige Werterscheinung ist im innersten Kern an die Führerrolle in der Wirtschaft geknüpft" (S. 228).

Er entspringt aus dem Umstand, daß die wirtschaftliche Entwicklung der „Führung" und des „Zwanges" bedarf (S. 228).

Allerdings wird der Unternehmergewinn nach Schumpeter durch die Konkurrenz anderer Unternehmungen in aller Regel wieder hinweggenommen. Solange er vorhanden ist, trägt er als Differentialgewinn — wie wir ihn benennen dürfen — zugleich die Züge einer Monopolrente, da er das Resultat einer vorübergehenden Vorzugsstellung des resp. Unternehmers auf dem Markte ist (vgl. S. 234).

Das Auftreten und Verschwinden von Unternehmern und Unternehmergewinnen bezeichnet jenen Prozeß, den V. *Pareto* als „Zirkulation" — besser: als Selbsterneuerung — der sozialen Elite bezeichnet haben würde:

Es „ist die Unternehmerfunktion nicht nur das Vehikel fortwährender Umorganisierung der Wirtschaft, sondern auch das Vehikel fortwährender Veränderung der Elemente, aus denen die obern Schichten der Gesellschaft bestehen. Der erfolgreiche Unternehmer steigt sozial, mit ihm die Seinen, denen die Resultate seines Erfolgs eine von persönlichem Tun nicht unmittelbar abhängige Basis geben. Dieses Steigen stellt den wichtigsten Auftrieb in der kapitalistischen Welt dar. Weil es im Weg des Niederkonkurrierens alter Betriebe vor sich geht und damit auch der mit diesen verknüpften Existenzen, so entspricht ihm immer ein Prozeß des Sinkens, der Deklassierung, der Eliminierung. Dieses Schicksal steht auch dem Unternehmer bevor, dessen Kraft erlahmt ist, oder doch seinen Erben, die mit der Beute nicht auch die Klaue geerbt haben. Nicht nur deshalb also, weil jeder individuelle Unternehmergewinn versiegt und der Mechanismus der Konkurrenzwirtschaft keine dauernden Mehrwerte duldet, vielmehr durch eben jenen Stimulus des Gewinnstrebens vernichtet, der seine treibende Kraft ist; sondern schon deshalb, weil im Normalfall die Dinge so vor sich gehen, daß sich der Erfolg des Unternehmers im Besitz eines Betriebs konkretisiert und dieser Betrieb von den Erben kreislaufmäßig weitergeführt zu werden pflegt, bis ihn neue Unternehmer verdrängen. ... Die Oberschichten der Gesellschaft gleichen Gasthöfen, die zwar immer voll von Leuten sind, aber von immer andern — von Leuten, die sich in viel höherm Maß aus den Tiefen rekrutieren als viele unter uns wahrhaben wollen" (S. 238 f.).

Da Schumpeter von Anfang an die Unternehmerqualität abgetrennt hat von dem Eigentum an Wirtschaftsmitteln, so fällt es ihm nicht schwer, unternehmerische Figuren der von ihm bezeichneten Art auch in ganz anderen Wirtschaftsordnungen aufzusuchen. Vollends fehlt natürlich die Unternehmerfunktion in der zeitgenössischen vertrusteten Wirtschaft mit besoldeten Direktoren nicht. Im Großkonzern trennen sich lediglich „Erfolg des Mannes und Erfolg der Unternehmung". (Vgl. schon *Der Unternehmer,* 1928, hier S. 310; siehe ferner unten, S. 116 f.)

Bemerkungen: 1. Der *„Unternehmer":* a) Auch hier ist der Begriff auf das gewollte Ergebnis hin entworfen: Unternehmer ist nach Schumpeter, wer „neue Kombinationen" durchsetzt. Da die „neuen Kombinationen" selbst alles mögliche darstellen können, so finden sich dementsprechend die Merkmale des Unternehmerischen, auch sozialgeschichtlich, außerordentlich gedehnt.

Es ist kaum zu verkennen, daß Schumpeters Bild des schöpferischen Unternehmers, dessen Verselbständigung gegenüber der Eigentumsordnung und gegenüber dem Kapitalgeber, dem „Kapitalisten", die Personalisierung des Kapitalverhältnisses sowie die aus alledem entspringende Rechtfertigung von Entwicklungsstörungen, die nun als Ausfluß eines positiven Vorgangs schöpferischer Tätigkeit der Wirtschaftsführer erscheint, so recht geeignet war, mit der Person des „Unternehmers" die unternehmerische Ordnung als solche gegenüber der zeitgenössischen Kritik zu salvieren. Dem entspricht es auch, wenn Schumpeter hervorhebt: Die Unternehmer sind „keine Klasse im Sinne der sozialen Erscheinung, die man im Zusammenhang mit ‚Klassenbildung', ‚Klassenkampf' usw. meint" (*Theorie,* S. 116).

b) Die Vorstellung, daß „neue Kombinationen“ von *neuen* Unternehmern durchgesetzt werden, greift auf Verhältnisse des 19. Jahrhunderts zurück. In unserer Zeit haben sich — wie Schumpeter selbst vor allem in „*Kapitalismus*“ ausgeführt hat — gerade die etablierten Großunternehmungen zu den eigentlichen Trägern der Entwicklung aufgeschwungen. So ist es möglich geworden, daß innerhalb der Großgesellschaften eigentlich „immer neu gegründet wird“ (*Theorie*, S. 313). Selbstverständlich verfügen, wie hinzugefügt werden soll, Unternehmungen dieser Art von vornherein über erhebliche Akkumulationsmittel, so daß die von Schumpeter im weiteren postulierte *Fremdfinanzierung* der „Innovationen“ für sie vielfach nur eine ergänzende Rolle spielt. (Vgl. dazu wiederum Schumpeter selbst: *Theorie*, S. 303).

2. Der *Unternehmergewinn:* a) Die Meinung, daß erst in einer „wachsenden“ Wirtschaft Gewinne entstehen, entspringt aus der wirklichkeitsfremden Grundannahme einer stationären Verkehrs- und Konkurrenzwirtschaft ohne Kapitalbildung.

b) Der Kunstgriff besteht bei Schumpeter — wie auch bei allen anderen neueren Autoren, die von einem gewinnlosen Gleichgewichtszustand ausgehen — darin, daß alles, was den konkurrenzüblichen *Normal*gewinn darstellt, einfach in *Kosten*elemente verwandelt wird: in „Eigenkapitalszins“, „Risikoprämie“ etc.; auch der „Unternehmerlohn“ kann gewisse Profitelemente enthalten. So erscheint schließlich nur noch der über das Durchschnittsmaß *hinaus*gehende Gewinn überhaupt als ein solcher. Schumpeter selbst hat an anderer Stelle den Taschenspielertrick aufgedeckt. In seinem Aufsatz „*Das Grundprinzip der Verteilungstheorie*“ (Arch. f. Soz.wiss. u. Soz.pol., 1916/17, S. 44) schrieb er, im Gleichgewichtszustand mache der Unternehmer bei freier Konkurrenz an seinen Arbeitern keinen Gewinn. Dies erscheine vielleicht als eigenartig. „Aber wenn man erwägt, daß die moderne Theorie die Rolle des Kapitalisten, des Grundherrn und des Arbeiters streng von der Rolle des Unternehmers trennt, so daß unser Unternehmer, auch wenn er keinen Unternehmergewinn macht, noch immer Zins für etwa ihm selbst gehörendes Kapital, Grundrente für ihm gehörende Grundstücke und Unternehmerlohn für von ihm geleistete Arbeit, sowie eine Risikoprämie erhält, so verliert unser Satz alles Bedenkliche.“ Ganz ähnlich hat sich E. *Preiser* geäußert: „Bezeichnen wir Kapitalzins und Unternehmerlohn als ‚Normalprofit‘, so läßt sich dieser ... unter die Kosten subsumieren.“ (*Multiplikatorprozeß und dynamischer Unternehmergewinn*, hier nach „*Bildung und Verteilung des Volkseinkommens*“, Göttingen 1963[3], S. 134.)

c) Während der Gewinn in dieser Weise für die *Erwerbs*wirtschaft selbst eingeengt wird auf *Differential-* und *Monopol*rente, werden diese beiden Kategorien durch Schumpeter andererseits *historisch* auf ganz verschiedenartige Wirtschaftsformationen ausgedehnt: auf die mittelalterliche Fronhofswirtschaft ebenso wie auf eine gemeinwirtschaftliche Ordnung. (Vgl. *Theorie*, S. 219 ff.)

d) Schließlich erhebt sich die Frage: Fällt der Unternehmergewinn als Prämie der „Durchsetzung neuer Kombinationen“ wirklich zur gänze den „Unternehmern“ zu? Wie steht es mit den Dividenden der meist ganz unbeteiligten Aktionäre? Eine Frage, die Schumpeter selbst gestreift, aber beiseite geschoben hat.

cc) Die Finanzierung der Innovation; Kredit und Zins

„Um überhaupt produzieren, seine neuen Kombinationen durchführen zu können, braucht der Unternehmer Kaufkraft. Und diese Kaufkraft wird ihm nicht, wie dem Produzenten im Kreislauf, automatisch im Erlös der Produkte aus der vorhergegangenen Wirtschaftsperiode dargeboten. Wenn er sie nicht zufälligerweise sonst besitzt — und wenn das der Fall ist, so ist das lediglich die Konsequenz früherer Entwicklung —, muß er sie sich „ausleihen". Gelingt ihm das nicht, so kann er offenbar nicht Unternehmer werden. ... Sein erstes Bedürfnis ist ein Kreditbedürfnis. Ehe er irgendwelcher Güter bedarf, bedarf er der Kaufkraft" (S. 148).

„*Nur* der Unternehmer bedarf ... *prinzipiell* des Kredits, *nur* für die industrielle *Entwicklung* spielt er eine wesentliche Rolle, d. h. eine Rolle, deren Berücksichtigung zum Verständnis des ganzen Vorgangs wesentlich ist" (S. 151 f.).

Die *erste These* ist also: Die Durchsetzung neuer Kombinationen bedarf des Kredits. Eine *zweite These* schließt sich an:

„Soweit Kredit nicht aus vergangenen Unternehmungsresultaten oder überhaupt aus von vergangener Entwicklung geschaffenen Reservoirs von Kaufkraft gegeben wird, kann er *nur* aus ad hoc geschaffenen Kreditzahlungsmitteln bestehen, die weder durch Geld im engsten Sinne, noch durch vorhandene *Produkte* — Waren — gestützt sein können" (S. 152).

„In diesem Sinne definieren wir also den innersten Kern des Kreditphänomens in der folgenden Weise: Kredit ist wesentlich Kaufkraft*schaffung* zum Zwecke ihrer Überlassung an den Unternehmer ... Durch den Kredit wird den Unternehmern der Zutritt zum volkswirtschaftlichen Güterstrom eröffnet, ehe sie den normalen Anspruch darauf erworben haben. Es ersetzt gleichsam eine Fiktion dieses Anspruchs temporär diesen Anspruch selbst. Die Kreditgewährung in diesem Sinn wirkt wie ein Befehl an die Volkswirtschaft, sich den Zwecken des Unternehmers zu fügen, wie eine Anweisung auf die Güter, die er braucht, wie ein Anvertrauen von Produktivkräften. Nur so könnte sich die wirtschaftliche Entwicklung durchsetzen, würde sie sich aus bloßem Kreislauf erheben. Und diese Funktion bildet den Grundstein des modernen Kreditgebäudes" (S. 153).

„Werden nun Kreditzahlungsmittel, neue Kaufkraft in unserem Sinn, geschaffen und dem Unternehmer zur Verfügung gestellt, dann tritt er neben die bisherigen Produzenten, und dann tritt diese Kaufkraft neben die Summe der bisher vorhandenen. Dadurch wird die Menge der produktiven Leistungen, über die die Volkswirtschaft verfügt, natürlich nicht vermehrt. Dennoch wird aber neue Nachfrage möglich. Sie bewirkt ein Steigen der Preise der produktiven Leistungen und so eine teilweise Entkräftung der bisherigen Nachfrage. Dadurch erfolgt der ‚Güterentzug', von dem wir sprachen, die Durchsetzung andrer Verwendungen — allerdings nur — der vorhandenen Arbeits- und Bodenleistungen. ... Die Kreditgewährung bewirkt eine neue Verwendungsweise der vorhandenen produktiven Leistungen vermittels einer vorhergehenden Verschiebung der Kaufkraft innerhalb der Volkswirtschaft." (S. 155 f. — Die gleiche Beweisführung kehrt wieder in *Explanation*, S. 300 ff., *Instability*, S. 381 f., *Konjunkturzyklen*, S. 118 f.)

Damit ist auch die viel erörterte Frage nach dem Wesen des *Kapitals* neu zu beantworten:

„*Das Kapital ist nichts andres als der Hebel, der den Unternehmer in den Stand setzen soll, die konkreten Güter, die er braucht, seiner Herrschaft zu unterwerfen, nichts andres als ein Mittel, über Güter zu neuen Zwecken zu verfügen oder als ein Mittel, der Produktion ihre neue Richtung zu diktieren*" (*Theorie*, S. 165).

„*So werden wir denn das Kapital definieren als jene Summe von Geld und andern Zahlungsmitteln, welche zur Überlassung an Unternehmer in jedem Zeitpunkte verfügbar ist*" (S. 173).

Kapital ist „ein Fonds von Kaufkraft" (S. 170).

„Das Kapital ist ein besondres Agens, aber es ist kein Gut im gewöhnlichen Sinne des Wortes. Es charakterisiert einen Vorgang, eine Methode, neue Kombinationen durchzusetzen" (S. 201).

Der Leser mag hier vermuten, daß Kapital mit den neu geschaffenen Kreditmitteln zusammenfalle. Jedoch neigt Schumpeter dazu, auch denjenigen „Geldvorrat" mit einzurechnen, mit dem die Volkswirtschaft schon zu Beginn der „Entwicklung" ausgestattet ist (S. 173 f.). Die Konsequenz wäre allerdings, daß es Kapital in gewissem Umfang mindestens als ruhende Substanz schon in der entwicklungslosen Wirtschaft gäbe. Auch hier bleibt — wie sich schon oben gezeigt hat — unser Autor in einem wichtigen Punkte unklar.

Die *Zinstheorie*, mit der sich Schumpeter deutlich von seinem Lehrer E. v. *Böhm-Bawerk* (vgl. Bd. II der „Texte", S. 109 ff.) abgrenzt, schließt sich an die Lehre vom Entwicklungsprozeß folgerichtig an: 1. Der Zins, immer als *Produktivzins* verstanden, entspringt der wirtschaftlichen Entwicklung. Die Erscheinung des Zinses ist stationären Verhältnissen fremd. 2. Der Zins ist abgeleitet vom Unternehmergewinn, der gleichfalls ein Entwicklungsphänomen ist. 3. Schließlich hebt Schumpeter — zu Recht — hervor: Der Zins kann „nicht einfach als Wertagio an konkreten Gütern verstanden werden"; d. h. er ist als *monetäre* Erscheinung aufzufassen (S. 261).

„Diese drei Sätze, daß der Zins als großes soziales Phänomen ein Produkt der Entwicklung sei, daß er aus dem Unternehmergewinne fließe, und daß er nicht an konkreten Gütern hafte, sind die Basis unsrer Zinstheorie" (S. 261).

Weitere Leitsätze schließen sich an:

4. „In einem kommunistisch organisierten oder überhaupt verkehrslosen Gemeinwesen gäbe es keinen Zins als selbständige Werterscheinung" (S. 262; *H.*). Aus dem gleichen Grunde, wonach (5.) „auch in der Verkehrswirtschaft, wenn die Unternehmer über die Güter die sie brau-

chen, schon verfügten, die Produktion zinslos vor sich gehen würde" (S. 263; *H.*). Zins gibt es nur, „wo die für die Durchführung der Pläne des Unternehmers nötigen Produktionsmittel sich im Eigentum anderer Wirtschaftssubjekte befinden, die keinen Teil an seinen Plänen haben ..." (S. 264; *H.*).

Als abgeleitet aus dem Unternehmergewinn ist der Zins, wie dieser selbst,

„... ein Preiselement der Kaufkraft als Herrschaftsmittel über Produktionsgüter" (S. 273; 6. Leitsatz; *H.*).

Bemerkungen: 1. *Die Kreditfinanzierung der Innovationen:* Jeder Konjunkturaufschwung ist in der Tat von einer Ausdehnung, jeder Konjunkturabschwung von einer Kontraktion des Kreditvolumens begleitet, und Kreditgeld*schöpfung* durch die Banken spielt in der Prosperität eine bedeutende Rolle. Gegen Schumpeter ist aber einzuwenden:

a) Nicht nur eine eigentliche „Neuerung" — im oben erwähnten *engeren* Sinne verstanden —, sondern auch die bloße *Erweiterung* der bisherigen Produktion rechtfertigt im Konjunkturaufschwung die Kreditschöpfung.

b) Andererseits ist die Meinung, Neuerungen könnten — mindestens in der ersten Phase des Aufschwungs, wenn noch keine „Unternehmergewinne" angefallen sind — *nur* mit Kredit und zwar nur mit *zusätzlich geschaffenem* Kredit finanziert werden, ebenso irrig, wie ihre Voraussetzungen: ein gewinnloser Ausgangszustand sowie Mittellosigkeit der „neuen Unternehmer", welche die Innovationen durchführen, und ferner das Fehlen liquider Bankmittel. (Man sieht, nebenbei bemerkt, wiederum, wie unentbehrlich für Schumpeters Konzept die Annahme ist, daß die „Entwicklung" aus einem schon bestehenden Zustand der *Vollbeschäftigung* geschieht — einer „Vollbeschäftigung" auch des verfügbaren Kreditpotentials der Banken.) — Im übrigen geschieht in Wirklichkeit die Schöpfung von Giralgeld im Zusammenhang mit *kurzfristig* sich liquidisierenden Transaktionen der Geschäftswelt. Nur ganz vermittelt kann die Schaffung solchen Kreditgeldes überhaupt der Inangriffnahme *langfristiger* Investitionen — dem Kennzeichen jedes Konjunkturaufschwungs — dienen.

c) Wie Schumpeter mit einem veralteten Bilde des persönlichen Unternehmers arbeitet, so entwirft er auch ein veraltetes Bild von den Beziehungen zwischen den Unternehmungen und den Banken. Im Unterschiede zu den kleinen Privatbankiers und Regionalbanken früherer Zeit eröffnen die Großbanken nicht neuauftretenden, vielleicht noch wenig bekannten Unternehmern mit Vorzug den Kredit. Die favorisierten Kunden der Banken sind vielmehr die gesicherten Großunternehmungen und Konzerne.

Abermals fällt in die Augen: Auch für eine so unerfreuliche und die Zeitgenossen beunruhigende Erscheinung wie die der (kreditgespeisten) *„schleichenden Inflation"*, die schon die beiden letzten Dezennien vor dem ersten Weltkriege in allen führenden Industrieländern kennzeichnete und die mit der zunehmenden Oligopolisierung der Märkte in Verbindung zu bringen ist, hat Schumpeter eine recht vorteilhafte Erklärung gefunden.

Daß ein Konjunkturaufschwung der Kreditgeldschöpfung bedürfe, haben später Denker wie L. A. *Hahn* (*Volkswirtschaftliche Theorie des Bankkredits*, Tübingen 1920), J. M. *Keynes* (s. unten), C. *Föhl* (*Geldschöpfung und Wirtschaftskreislauf*, Berlin 1936) u. a. zum konjunkturpolitischen Postulat erhoben.

2. *Kapital:* Es ist unzulässig, Kapital nur als *Geld*kapital zu betrachten. — Auf die Schwierigkeit ist schon hingewiesen worden, die für Schumpeter daraus entsteht, daß das Geldkapital nicht nur die im Aufschwung *neu geschaffenen* Kreditmittel umfaßt, sondern auch jene Bestände, die schon im stationären Zustand vorhanden sind, ohne hier allerdings — Schumpeter zufolge — Gewinn abzuwerfen. (Vgl. oben, S. 110.)

3. Schumpeters *Zinstheorie* zeichnet sich gegenüber anderen Deutungen des Zinsphänomens dadurch aus, daß sie den Zins als eine *selbständige* Erscheinung dem Unternehmergewinn gegenüberstellt, daß sie gegenüber den güterwirtschaftlichen Erklärungsversuchen (vgl. besonders E. v. *Böhm-Bawerk*) den *monetären* Charakter des Zinses hervorhebt, daß sie ferner den Zins als *abgeleitet* aus dem Unternehmergewinn anerkennt und *beide* auf einen neu hervorgebrachten Zusatz an produzierten Marktwerten zurückführt. So läßt es sich erklären, daß Zins nicht nur vom Gläubiger *verlangt*, sondern auch durch den Kreditnehmer *gezahlt* werden kann, und daß ihm ein Aequivalent an kaufbarer *Ware* auf den Märkten entspricht.

Im Unterschiede zum Unternehmergewinn, den Schumpeter auch in ganz anderen Gesellschaftsordnungen für möglich hält, sieht er den Zins gebunden an die Verwendung von Kapital. Nach Schumpeters Auffassung wird daher der „Kritiker der sozialen Verhältnisse am Zins mehr als an irgend etwas anderm zu mäkeln finden" *(Theorie,* S. 317). Auch unter dem Gesichtspunkte der wirtschaftlichen Entwicklung ist der Zins als eine „Bremse" des Aufschwunges, als „eine Art von ‚Steuer auf den Unternehmergewinn'" anzusehen (S. 317). Wird also der Unternehmergewinn von Schumpeter ökonomisch und sozial gerechtfertigt, so wird hingegen der *Zins* der Kritik preisgegeben. Hier zeigt sich eine bemerkenswerte Zwischenbeziehung zu der später in Deutschland populär gemachten Unterscheidung von „schaffendem" und „raffendem" Kapital, mit der hieraus abgeleiteten Losung von der *„Brechung der Zinsknechtschaft"* (G. *Feder*); ebenso wie zu der Forderung nach einer Konjunkturpolitik des *„billigen Geldes"* zum Nutzen der Produktion, verbunden mit einer unvermeidlichen Aufopferung der Interessen des Leihkapitals, mit der *„Euthanasie des Rentners"* (J. M. *Keynes*).

dd) Der Konjunkturprozeß

Mit dem Grundsachverhalt der wirtschaftlichen Entwicklung hängen nun die Schwankungen der Konjunktur unmittelbar zusammen:

„Warum geht der Zug der Entwicklung nicht stetig seinen Weg, sondern ruckweise, so daß der Aufwärtsbewegung eine Abwärtsbewegung folgt, durch die hindurch erst der Weg zu einer weiteren Aufwärtsbewegung führt? Nicht kurz und präzis genug kann die Antwort sein: *Ausschließlich deshalb,* weil die Durchsetzung der neuen Kombinationen nicht, wie man nach allgemeinen Grundsätzen der Wahrscheinlichkeit erwarten sollte, in der Zeit gleichmäßig verteilt ist ..., sondern die neuen Kombinationen, wenn überhaupt, scharenweise auftreten" (S. 334).

„Industrielle Veränderung ist niemals harmonisches Fortschreiten, wobei alle Elemente des Systems sich tatsächlich in gleichem Schritt und Tritt bewegen oder die Tendenz einer sich im Gleichschritt vollziehenden Bewegung haben. Zu jedem gegebenen Zeitpunkt bewegen sich einige

Industrien vorwärts, andere bleiben zurück; und die sich hieraus ergebenden Diskrepanzen sind ein wesentliches Element in den sich entwickelnden Lagen." (*Konjunkturzyklen,* S. 109 f. [101 f.])

Wichtig bleibt hierbei aber die Frage, warum die primäre Ursache der Bewegung, die Innovation und die sie tragenden Unternehmer, nicht mit gewisser Regelmäßigkeit, sondern vielmehr periodisch gehäuft erscheint:

„Warum treten die Unternehmer nicht kontinuierlich, in jedem Augenblick also vereinzelt, sondern scharenweise auf? *Ausschließlich deshalb,* weil das Auftreten eines oder einiger Unternehmer das Auftreten anderer und dieses das Auftreten weiterer und immer zahlreicherer *erleichtert* und eben dadurch *bewirkt*" (*Theorie*, S. 339).

Es entfallen manche Hindernisse, wenn einige Führer vorausgegangen sind, so daß auch die Anforderungen an die Unternehmerqualität geringer werden und daher das „Nachrücken weiterer Leute" sich erleichtert. Dazu kommt, daß Neuerungen in einem Wirtschaftszweig sich auch auf andere Wirtschaftszweige auswirken, so daß der „Reorganisationsprozeß, der den Sinn der Aufschwungsperiode ausmacht", immer weitere Kreise zieht (S. 339 ff.).

Infolgedessen ist auch zwischen „primären" und „sekundären" Prozessen zu unterscheiden (S. 337), wie dies Schumpeter vor allem in „*Konjunkturzyklen*" (Kap. IV) weiter ausgeführt hat.

Der Konjunkturimpuls, den das gehäufte Auftreten von Neuerungen nach sich zieht, läuft schließlich aus in einen neuen Zustand relativer Ruhe. Nicht so sehr ein Auf und Ab als vielmehr ein Stufenprozeß von einem Gleichgewichtsniveau zum anderen kennzeichnet also Schumpeter zufolge die ökonomische Entwicklung:

„Das scharenweise Auftreten der Unternehmer, das die einzige Ursache der Erscheinung ‚Aufschwung' ist, hat nun insofern eine von der Wirkung eines kontinuierlichen, in der Zeit gleichmäßig verteilten Auftretens qualitativ verschiedene Wirkung auf die Volkswirtschaft, als es nicht wie dieses eine kontinuierliche, jeweils unmerkliche, sondern eine große, ruckweise Störung des Gleichgewichtszustandes bedeutet, eine Störung einer andern Größen*ordnung.* Während die von einem kontinuierlichen Auftreten kontinuierlich bewirkten Störungen kontinuierlich resorbiert werden könnten, muß es infolge des scharenweisen Auftretens zu einem besonderen und unterscheidbaren Resorptionsprozeß kommen, zu einem Prozeß der *Ein*passung des Neuen und der *An*passung der Volkswirtschaft an das Neue, der Liquidation oder auch, wie ich früher sagte, der ‚Statisierung'. Dieser Prozeß ist das Wesen der periodischen Depression, die von unserm Standpunkt also zu definieren ist als das Ringen der Volkswirtschaft um einen neuen, den durch die ‚Störung' des Aufschwungs veränderten Daten angepaßten Gleichgewichtszustand" (S. 342).

Das „Wesen der Störung", die schließlich bereinigt wird, sieht Schumpeter in folgendem:

„Erstens treibt die auf neue Kaufkraft gestützte Nachfrage des Unternehmers nach Produktionsmitteln, der bekannte, durch diese Nachfrage ausgelöste ‚Wettlauf um die Produktionsmittel' (Lederer) in der Prosperität deren Preise empor" (S. 343).

Hierdurch geraten beizeiten viele Produzenten in Bedrängnis, wodurch die Preissteigerung gedämpft wird.

„Zweitens kommen die neuen Produkte nach einigen Jahren auf den Markt und konkurrenzieren da die alten, das ... Güterkomplement der früher neugeschaffenen Kaufkraft tritt in den Kreislauf der Volkswirtschaft ein. ... Die durchschnittliche Zeit, die bis dahin verlaufen muß, erklärt grundsätzlich die — praktisch natürlich noch von vielen andern Momenten abhängige — Dauer der Aufschwungsperiode. Dieses Auftreten der neuen Produkte bewirkt den Preisfall, der seinerseits dem Aufschwung ein Ende macht, zu einer Krise führen *kann*, zur Depression führen *muß* und alles weitere auslöst.

Drittens führt der planmäßig eintretende Erfolg der neuen Unternehmungen zu einer Kreditdeflation, weil die Unternehmer nunmehr in der Lage sind — und jedes Motiv haben — ihre Schulden abzuzahlen, was, da keine andern Kreditwerber an ihre Stelle treten, zu einem Verschwinden von neugeschaffener Kaufkraft gerade dann führt, wenn ihr Güterkomplement da ist und fortan kreislaufmäßig immer wieder erzeugt werden kann" (S. 344 f.).

So erklärt es sich, wie der „Aufschwung aus sich heraus eine *objektive Situation* schafft, die auch abgesehen von allen akzessorischen und zufälligen Momenten, dem Aufschwung selbst ein Ende macht, leicht zu einer Krise, notwendig zu einer Depression führt und durch diese hindurch zu einem temporären Zustand relativer Ausgeglichenheit und Entwicklungslosigkeit. Die Depression als solche bezeichnen wir als den *normalen*, den durch Ausbruch einer eigentlichen Krise — Panik, Zusammenbruch des Kreditsystems, Bankrottepidemien — und deren weitere Folgen gekennzeichneten Verlauf als den *abnormalen* Resorptions- und Liquidationsprozeß" (S. 348).

Das schließliche Auslaufen des Aufschwungs sollte nicht einseitig negativ bewertet werden: Es führt Schumpeter zufolge auf höherem Niveau zu einem neuen Gleichgewichtszustand, in welchem die neuen Kombinationen verarbeitet werden und sich dauerhaft auswirken. (Dies entspricht allerdings nicht Schumpeters oben entwickeltem Bilde vom *deflationären Schrumpfungsprozeß*.) Die Unternehmergewinne werden hierbei über sinkende Preise und entsprechende Aufwertung der Realkaufkraft von Renten- und Lohnbeziehern schließlich an diese weitergegeben (S. 354 ff.).

So zeigt sich, „daß das ökonomische Wesen des Depressionsprozesses in der durch den Mechanismus des Gleichgewichtsstrebens sich auswirkenden Diffusion der Errungenschaften des Aufschwungs über die ganze

Volkswirtschaft hin liegt ..." (S. 365. — Die Hauptpunkte von Schumpeters Konjunkturtheorie finden sich auch in *Explanation*, S. 302 ff., sowie in *Instability*, S. 381 ff.).

Es fragt sich, auf *welchen Konjunkturtypus* sich Schumpeters Konzept bezieht. In seiner *„Theorie der wirtschaftlichen Entwicklung"* läßt Schumpeter noch an die *Juglar*-Zyklen mittlerer (acht- bis elfjähriger) Dauer denken. Hierauf weist auch die wiederholte Berufung auf A. *Spiethoffs* Theorie der zyklischen Konjunkturen hin. Noch im Jahre 1927 schreibt Schumpeter: „Die zyklisch wiederkehrenden Perioden von Prosperität sind die Form, welche die Entwicklung in der kapitalistischen Gesellschaft annimmt" (*Explanation*, S. 195; H.). Allerdings fehlt bei ihm von Anfang an eine Erklärung der Periodizität der Konjunktur. Später hat Schumpeter das Vorhandensein einer solchen auch ausdrücklich verneint. (Vgl. *Konjunkturzyklen*, S. 152) Nach Erscheinen von N. D. *Kondratieffs* vielbeachteten Studien über *„Die langen Wellen der Konjunktur"* (Archiv f. Sozialwiss. u. Sozialpolitik, 1926) hat Schumpeter (vor allem in *„Business Cycles"*) seine Theorie für überzyklische Konjunkturprozesse von längerer Dauer geltend gemacht — deren Nachweisbarkeit allerdings, trotz Schumpeters materialreicher Untersuchung, umstritten geblieben ist —. Schumpeter hat für die industrielle Zeit bis zum ersten Weltkrieg drei lange Wellen zunächst gehäuft auftretender und dann allmählich auslaufender Innovationen wahrzunehmen vermeint, wobei jedesmal der Anstoß von der Nutzbarmachung einer neuen *Antriebskraft* ausging: der „erste Kondratieff" (1787—1842) war getragen von der Dampfmaschine, der zweite (1843—1897) von der Eisenbahn, der dritte (von 1897 bis zum Ende der dreißiger Jahre) zunächst von der elektrischen Energie, wozu noch der wachsende Zusammenschluß und die Monopolisierung der Wirtschaft — nach Schumpeter gleichfalls ein Vorgang von Innovation — getreten sind.

Wie schon die Einzelelemente, aus denen Schumpeter seine Entwicklungstheorie aufbaut, so steht vollends seine konjunkturtheoretische Konstruktion auf schwankendem Grunde, soweit die Unbestimmtheit der gewählten Begriffe nicht ohnehin Raum für alles läßt, was der empirische Forscher zutage fördert. Daß die Innovation als *causa causans* der Entwicklung nicht ihrerseits determiniert ist — und zwar durch die *Gewinn*erwartungen der Unternehmungen —, müßte ebenso nachgewiesen werden wie das Bestehen eines gleichgewichtigen Ruhezustandes als Ausgangs- und Endpunkt der konjunkturellen Bewegung. Schon Schumpeters Drei-Zyklen-Modell (Zusammenspiel von langen, mittleren und kurzen Wellen; siehe vor allem *„Konjunkturzyklen"*, Kapitel IV/D) schließt die Möglichkeit der Rückkehr zu einem Zustande der Beharrung aus. (Vgl. dazu F. *Lehnis, Der Beitrag* etc., S. 39 f.)

Es entspricht Schumpeters Gesamtkonzept der wirtschaftlichen Entwicklung, daß er den Bewegungen der *Preise* und *Renditen* im Konjunkturprozeß kaum Aufmerksamkeit zollt. — Vollends hat Schumpeters Konjunkturlehre gegenüber der *Weltwirtschaftskrise* versagt; diese wird verharmlosend mit dem Auslaufen einer jener normalen langen *Kondratieff*-Wellen erklärt, wie sie seit dem 16. Jahrhundert in ständiger Folge über die entwickelte Welt gekommen seien. (Vgl. *Konjunkturzyklen*, Kapitel 14/E sowie Kapitel 15/A)

c) Die Gesamttendenz des Wirtschaftssystems: Selbstauflösung des Kapitalismus

Schumpeter ist nicht nur der ökonomischen Entwicklung nachgegangen, die sich innerhalb der gegebenen Ordnung vollziehe, sondern auch der Wandlung des Systems als solchen. Schon 1928 hat er sich die Frage vorgelegt, was der zunehmend „vertrustete Kapitalismus" für sein eigenes Bild der wirtschaftlichen Entwicklung bedeute; und er hat in dem Umstand, daß zu Trägern der „Innovation" immer mehr die großen konsolidierten Unternehmungen geworden seien, ein Element der Verstetigung jener Entwicklungsstöße gesehen, durch welche der Konkurrenzkapitalismus gekennzeichnet sei:

„Hier ist die Neuerung nicht mehr *typisch* in neuen Unternehmen verkörpert, sondern schreitet innerhalb der nun bestehenden Großunternehmungen überwiegend unabhängig von Einzelpersonen fort. Sie verläuft reibungsloser, da ein Mißerfolg in jedem Einzelfall seine Gefahr verliert und ihre Durchführung immer mehr auf den Rat von Fachleuten hin und als Angelegenheit der Routine erfolgt. Eine planvolle Politik gegenüber der Nachfrage und eine weitsichtige Einstellung zur Investition werden möglich. Obgleich die Kreditschöpfung noch immer eine Rolle spielt, ist doch die Macht, Reserven zu sammeln, sowie der direkte Zugang zum Geldmarkt, geeignet, ihre Bedeutung im Leben eines Trusts herabzusetzen. ... Der Fortschritt wird ‚automatisiert', in zunehmendem Maße entpersönlicht und immer weniger eine Sache der Führung und der persönlichen Initiative. ... Die einzige fundamentale Ursache von Instabilität, die dem kapitalistischen System innewohnt, verliert mit der Zeit an Bedeutung und wird möglicherweise ganz verschwinden" (*Instability*, S. 384 f.).

Ein Jahr nach dieser Meinungsäußerung brach allerdings die Weltwirtschaftskrise aus. — In Schumpeters späterem Werke *„Capitalism, Socialism, and Democracy" (1942)*[9] schließlich hat die Gesamttendenz des Systems Vorrang gewonnen. Schumpeter beantwortet hier in lapidarer Form die selbstgestellte Frage:

„Kann der Kapitalismus weiterleben? Nein, meines Erachtens nicht" (S. 105 [61]).

Drei Hauptgründe führt Schumpeter hierfür ins Treffen:

1. Es schwindet die Bedeutung der *Unternehmerpersönlichkeit:* Zwar setzt sich der Prozeß der „schöpferischen Zerstörung" *(creative destruction)* auch unter den neuen Verhältnissen der monopolistischen Konkurrenz ungemindert fort, und gerade die Großgebilde der Privatwirtschaft haben sich zu Trägern einer *beschleunigten* ökonomischen Entwicklung gemacht:

Wir müssen „anerkennen, daß die Großunternehmung zum kräftigsten Motor dieses Fortschritts und insbesondere der langfristigen Ausdehnung der Gesamtproduktion geworden ist ... In dieser Hinsicht ist die vollkommene Konkurrenz ... unterlegen und sie kann keinen Anspruch

[9] Mehrfach ergänzt bis zur 3. Auflage, New York 1950 (Seitenangaben in eckiger Klammer beziehen sich auf diese Ausgabe). Deutsch: *Kapitalismus, Sozialismus und Demokratie*, Bern 1946. Hier — mit gelegentlichen stilistischen Verbesserungen — zitiert nach der erweiterten 2. Auflage, Bern und München 1950 (Seitenangaben in runder Klammer).

erheben, als Muster idealer Leistungsfähigkeit zu gelten" (S. 174 f. [106]; vgl auch Kapitel 7).

Aber: der gleiche wirtschaftliche Fortschritt zeigt...

„... die Tendenz, entpersönlicht und automatisiert zu werden. Bureau- und Kommissionsarbeit haben die Tendenz, das individuelle Handeln zu ersetzen" (S. 216 [133]).

Die Entwertung des persönlichen Unternehmers „erschüttert jedoch die Stellung der gesamten bürgerlichen Schicht. ... Die vollkommen bürokratisierte industrielle Rieseneinheit verdrängt nicht nur die kleine oder mittelgroße Firma und ‚expropriiert' ihre Eigentümer, sondern verdrängt zuletzt auch den Unternehmer und expropriiert die Bourgeoisie als Klasse, die in diesem Prozeß Gefahr läuft, nicht nur ihr Einkommen, sondern, was unendlich viel wichtiger ist, auch ihre Funktion zu verlieren. Die wahren Schrittmacher des Sozialismus waren nicht die Intellektuellen oder Agitatoren, die ihn predigten, sondern die Vanderbilts, Carnegies und Rockefellers" (S. 217 f. [134]).

2. Hinzu tritt die *„Zerstörung der schützenden Schichten"*: Nicht nur in der Epoche des Absolutismus, sondern „bis zum Ende der Periode des intakten und lebenskräftigen *(vital)* Kapitalismus" (S. 222 [136]) hat das *aristokratische* Element den Kapitalismus politisch geschützt, von dem es selbst wieder wirtschaftlichen Nutzen zog. (So sieht es ein Mann, der selbst im aristokratischen Milieu der österreichisch-ungarischen Monarchie großgeworden ist.) Dieser Schutz ist mittlerweile weithin entfallen:

„Indem der Kapitalismus den präkapitalistischen Gesellschaftsrahmen zerbrach, hat er nicht nur Schranken niedergerissen, die seinen Fortschritt hemmten, sondern auch Strebepfeiler, die seinen Einsturz verhinderten" (S. 225 [139]).

3. Schließlich: die *„Zerstörung des institutionellen Rahmens der kapitalistischen Gesellschaft"*: Indem das überlegene Großkapital unvermeidlich die ökonomischen Zwischenschichten dezimiert und deren Angehörige in eine Art von „Vorarbeiterklasse" *(foreman class)* verwandelt, indem es das *individuelle* Eigentum aufhebt und indem es schließlich den Marktkontrahenten keine echten Entscheidungsalternativen mehr läßt, höhlt es die Grundlagen des Privateigentums und des freien Vertrages aus, auf denen das Großkapital selbst beruht:

„Das eigentliche Fundament des Privateigentums und des freien Vertragsrechts zerbröckelt in einer Nation, deren lebenskräftigste, faßbarste, ausdrucksvollste Gestalten aus dem moralischen Gesichtskreis des Volkes verschwinden" (S. 228 [140]).

Eine etwas abweichende Begründung für die Selbstzerstörung des Wirtschaftssystems hat Schumpeter später in *„The March into Socialism"* (1950) gegeben.

Alles in allem: „Indem der kapitalistische Prozeß ein bloßes Aktienpaket an die Stelle der Mauern und Maschinen einer Fabrik setzt, entfernt er das Leben aus der Idee des Eigentums ... und diese Verflüchtigung dessen, was wir die materielle Substanz des Eigentums — seine sichtbare und fühlbare Wirklichkeit — nennen können, beeinflußt nicht nur die Haltung der Aktienbesitzer, sondern auch die der Arbeiter und die der Öffentlichkeit im allgemeinen. Ein Eigentum, das von Person und Materie gelöst und ohne Funktion ist, macht keinen Eindruck und erzeugt keine moralische Treupflicht, wie es die lebenskräftige Form des Eigentums einst tat. Zuletzt bleibt *niemand* mehr übrig, der sich wirklich dafür einsetzen will — niemand innerhalb und niemand außerhalb der Bezirke der großen Konzerne" (S. 230 [142]).

Hinzu treten weitere Umstände: Mit dem persönlichen Gewinnmotiv stirbt die besondere „*kapitalistische Ethik*" von einst ab, ferner auch das „Familienmotiv", d. h. die Neigung zum Vererben von Vermögen, sowie etwa der Wille zur wirtschaftlichen „Familiendynastie". Ferner läßt der Einzug des Vorteilsdenkens in der bürgerlichen Familie auch den Willen zum Kinde nicht unberührt (Kapitel 14). — Während so die bestehende Gesellschaft in „Zersetzung" (*decomposition*) begriffen ist, wächst die dem System als solche feindlich gesinnte Bewegung der Arbeiter, mit der sich viele „Intellektuelle" verschworen haben (Kapitel 13).

So kommt es zum „*Marsch in den Sozialismus*", wie Schumpeter — unter dem Eindruck des amerikanischen *New Deal* — gemeint hat. Unter „Sozialismus" versteht er dabei ein System, „in dem grundsätzlich die wirtschaftlichen Belange der Gesellschaft in die öffentliche und nicht in die private Sphäre gehören" (S. 268 [167]). Ein solches System wird von Schumpeter zwar nicht bejaht, wohl aber als funktionsfähig angesehen. Mehr noch:

„Die sozialistische Leitung wird sich vermutlich dem Kapitalismus der Großunternehmung ebenso überlegen erweisen, wie der Kapitalismus der Großunternehmung sich jener Art von Konkurrenzkapitalismus überlegen gezeigt hat, dessen Prototyp die englische Industrie vor gut hundert Jahren war" (S. 313 [196]).

Kritisch ist hier zu sagen: Schumpeter hat weder von Kapitalismus noch von Sozialismus eine tiefere Auffassung. So bekunden auch seine Äußerungen in „*Kapitalismus*" nicht so sehr die Entwicklung der Wirklichkeit als vielmehr den Abstand, den Schumpeters veraltetes, inadäquates, „österreichisches" Bild des persönlichen Unternehmers und einer bürgerlichen Ordnung des 19. Jahrhunderts von der Wirklichkeit hat. Statt allerdings seine Vorstellungen nun der Wirklichkeit anzunähern, zieht Schumpeter vielmehr den umgekehrten Schluß, da die Wirklichkeit sich in sein Bild der unternehmerischen Ordnung nicht mehr einpasse, so müsse sie über diese Ordnung selbst hinausgelangt sein.

Alles in allem ist die Entwicklungs- und Konjunkturtheorie Schumpeters, die in ihrer souveränen Hintansetzung der empirischen Sachverhalte gegenüber der immanenten Folgerichtigkeit des gedachten Systems jenes „kasuistische" Erbe fortsetzt, das Schumpeter von der älteren österreichischen Schule übernommen hat (vgl. *Gottlieb*, S. 36 f.), in allen wesentlichen Punkten nicht zu halten. Daß sie dennoch einen ungewöhnlichen Wider- und Nachhall gefunden hat, bedarf der Erklärung: Schumpeter, stets aus dem Fluidum seiner sozialen Umwelt schaffend, hat mit seiner Rechtfertigung des Unternehmergewinns, mit der Verharmlosung der Wirtschaftskrisen, dem elitären Bilde vom Unternehmer als dem berufenen wirtschaftlichen „Führer“, mit der Rehabilitierung oligopolistischer Macht- und Großgebilde in der Wirtschaft, schließlich mit der Auffassung von der schrittweisen Selbstauflösung des erwerbswirtschaftlichen Systems — ebenso wie schon früher mit seinem Bekenntnis zur Grenznutzen- und Grenzproduktivitätstheorie in der Preis- und Einkommenslehre — Gedanken vorgetragen, in denen die Bedürfnisse der Epoche sich aussprachen. Unser aber ist eine Zeit, da über die gesellschaftliche Anerkennung einer Lehre nicht das Kriterium der *Wahrheit,* sondern das des sozialen *Interesses* entscheidet.

B. Erklärung der Konjunktur aus prozeßimmanenten Umständen: Disproportionen in der Kapitalakkumulation

Führt man die Konjunkturausschläge auf Bedingungen zurück, die außerhalb des Konjunkturprozesses selbst liegen, so steht man allemal vor der Schwierigkeit, wie der ziemlich regelmäßige, *zyklische* Rhythmus der „klassischen“ Konjunktur zu deuten sei. Die Zyklizität dieser Wirtschaftsschwankungen legt den Gedanken nahe, daß im Aufschwung und Abschwung selbst gewisse Kräfte einer Konjunkturumkehr angelegt sind. Die meisten Konjunkturtheorien haben daher, zu Recht, die *ungleichzeitige* und *ungleichmäßige* Entwicklung wichtiger volkswirtschaftlicher Größen im Konjunkturverlauf zum Ausgang genommen und in der *Überakkumulation* von Kapital den Grund für den Abbruch eines zyklischen Hochschwungs gesehen. Darüber freilich, mit welcher *anderen* Größe verglichen zeitweilig „Überakkumulation“ bestehe, sind die Meinungen auseinandergegangen. Wir können drei Hauptrichtungen unterscheiden:

1. Die Kapitalbildung erweist sich als übermäßig gegenüber einer zurückgebliebenen *Endnachfrage („Unterkonsumtionstheorie“).*

2. Innerhalb des *Stufenaufbaus der Produktion* selbst bleibt das Wachsen bestimmter Bereiche hinter der Akkumulation anderer Wirtschaftszweige zurück *(Theorie der disparitären Entwicklung).*

3. Die fortgesetzte Ausdehnung des Produktivkapitals stößt auf die unvorhergesehenen Grenzen einer ungenügenden *Geldkapitalbildung („Monetär-“* oder *„Kredittheorie“* der Konjunktur).

Für alle drei Hauptrichtungen sollen uns im weiteren repräsentative Theoretiker Modell stehen.

1. Mißverhältnis zwischen Kapitalbildung und Endnachfrage: Emil Lederer

Die etappenreiche Lehrgeschichte der „Unterkonsumtionstheorie“ hat mehrere Varianten hervortreten lassen: Nach der älteren, naiven Unterkonsumtionslehre reicht infolge der allgemeinen Kümmerlichkeit der Löhne, aus welchen die Endnachfrage sich überwiegend speist, die beschränkte Massenkaufkraft niemals aus, um die gleichzeitig erzeugten Endprodukte zu den von den Anbietern erwarteten Preisen abzudecken. (Vgl. oben, S. 93; sowie Bd. II der „Texte“ S. 112, 124.) — Diese rohe Form der Unterkonsumtionstheorie kann allerdings nicht befriedigen: Auf eine *ständige* Unternachfrage der Endkäufer würde sich die Produktion sowie die Kapitalbildung einstellen, was entsprechende Entwicklungshemmung oder gar Stagnation zur Folge haben müßte. Eine solche systemimmanente Wachstumshemmung ist nicht nachzuweisen.

Ernster zu nehmen ist die von verschiedenen Theoretikern vor allem unter dem Eindruck der Weltwirtschaftskrise vorgetragene Überlegung, wonach zwar nicht zu aller Zeit, wohl aber unter den besonderen Verhältnissen einer hochmonopolisierten Wirtschaft die Realkaufkraft der Endkonsumenten durch ständige Überhöhung der Preise zusammengedrückt werde. Hierdurch werde ein Konjunkturabschwung vertieft, eine Wiedererholung erschwert. (Vgl. J. *Hobson*, W. F. *Foster* und W. *Catchings*, M. *Bouniatian*, N. *Moszkowska*, M. *Dobb*, J. *Strachey*.) In der Tat ist die *Weltwirtschaftskrise* ohne das mitwirkende Moment einer vorausgegangenen Verschiebung der großen Einkommensproportionen zu Lasten der Konsumeinkommen kaum zu verstehen. — Eine eigenartig *voluntarisierte* Unterkonsumtionstheorie hat in jenen Jahren J. M. *Keynes* mit seiner Lehre von dem mit steigendem Sozialprodukt tendenziell sinkenden „Hang zum Verbrauch" geliefert. (Vgl. unten, S. 186 ff.)

Den Gedanken einer *periodisch* auftretenden *relativen* Unternachfrage der Lohnbezieher schließlich hat vor allem der ebenso als Soziologe wie als Nationalökonom hervorgetretene Emil Lederer (geb 1882 in Pilsen, gest. 1939 in New York) ausgeführt. Wir entnehmen das Folgende dem Beitrag Lederers über „*Konjunktur und Krisen*" in dem Standardwerk „*Grundriß der Sozialökonomik*" (Tübingen 1925)[10].

a) Das verzögerte Steigen der Lohneinkommen im Aufschwung

Es ist das „*Auseinanderklaffen zwischen Produktionsentwicklung und Einkommensentwicklung* (Einkommen in dem Sinn des tatsächlich ausgegebenen und ausgebbaren Einkommens verstanden), *welches allein eine universale Krise und ihr regelmäßiges Auftreten zu erklären vermag*" (S. 386).

Das augenfällige Merkmal der Hochkonjunktur ist zunächst ein Steigen aller Preise, unterstützt durch eine entsprechende Ausdehnung des Geldumlaufs. Allerdings:

„Die Konjunktur bringt nicht *gleichmäßige* Steigerung der Preise. Es ist eine allgemein gesicherte Beobachtung, daß die Hochkonjunktur von einer bestimmten Preisgruppe ihren Ausgangspunkt nimmt; so z. B. von Kohle, Eisen, Stahl, Leder und sich von da aus auf die Fertigprodukte und auch die Löhne überträgt. Wir können eine ganze Stufenfolge solcher Steigerungen aufzeigen und werden finden, daß die Preise der Rohstoffe an der Spitze stehen. Diese sind besonders elastisch . . . Weniger elastisch sind die Preise der Fertiggüter, noch weniger — meistens — die Löhne. Am Ende der Reihe stehen die Gehälter für Angestellte, staatliche Beamte und endlich die Renten, Zinserträgnisse, welche auf langfristigen Verträgen beruhen, oder überhaupt fixiert sind, wie z. B. die Verzinsung von Staatsrenten, Industrieobligationen usw. Wenn wir die Einkommenspyramide der Volkswirtschaft betrachten, so werden wir demgemäß eine rasche Änderung der Unternehmereinkommen (nicht

[10] IV. Abteilung, I. Teil, S. 354 ff.

aller, am stärksten in der Großindustrie und in der Landwirtschaft), eine langsamere der Arbeitseinkommen bemerken, während sich die Renteneinkommen nur insoweit ändern, als *neue* Verträge abgeschlossen werden. In sehr starker Überhöhung zeigt jede Inflationsperiode drastisch dieses verschieden schnelle Ansteigen der Preise, oder was dasselbe ist, auch der Einkommen. ... Auch die Löhne steigen an. Aber sie steigen nicht so rasch an. Es ist auch möglich, daß die Löhne rascher steigen als die Preise, so daß der Reallohn gleichfalls steigt. Aber die Steigerung des Reallohns wird hinter der Steigerung der Produktion in einer Hochkonjunktur zurückbleiben und man kann wohl als Regel ansprechen, daß die Arbeiter, namentlich aber, wenn man Arbeiter, Angestellte und Beamte zusammennimmt und die Rentner usw. heranzieht, ... eine geringere Quote des Produkts zurückkaufen können als zur Zeit der Depression“ (S. 388 f.).

„Daß tatsächlich in der Hochkonjunktur die Erhöhung der Arbeitseinkommen und Renteneinkommen aller Art nicht so rasch vor sich geht, als die Steigerung der Preise für die Produkte, und daß insbesondere diese Einkommen und die Einkommenssumme nicht so rasch wachsen als die Produktion und die Preissumme der Gesamterzeugung, spricht sich schon in der großen Akkumulation aus — umgekehrt ist diese Akkumulation an das vorübergehende relative Zurückbleiben der Löhne und Renteneinkommen geknüpft.“ (S. 390)

Diese einseitige Akkumulation ohne Rücksicht auf die Endnachfrage wird getragen von zusätzlichem Kredit. (Vgl. S. 390 f.)

b) Die disproportionierte Ausdehnung der Produktion und ihre Bereinigung in der Krise

Die Verschiebung der Preis- und Einkommensrelationen hat entsprechende Größenänderungen im Produktionsaufbau zur Folge:

„Jede allgemeine Preissteigerung ändert also die *Relation* der Preise, schafft differentielle Über- und Untergewinne und differentielle Löhne. Eine solche Differenzierung aber schafft wiederum Voraussetzungen für eine Differenzierung der Produktion“ (S. 392).

„Diese Differenzierung der Einkommen bedeutet aber zugleich ein Verschieben der Gewichte in der Nachfrage. Es *muß* sich bei steigenden Gewinnen und wachsender Akkumulation die Nachfrage im höheren Maße auf die Produktionsmittel richten, als bisher, also in progressiv steigendem Maße. Das hat aber Ausdehnung der Produktionsmittelindustrien in rascherem Tempo als Ausdehnung der Fertiggüterindustrien zur Folge. Dem liegt dann nicht irgendein volkswirtschaftlicher Plan zugrunde, der sich etwa auf die bessere Ausstattung der Gesamtheit mit Produktionsmitteln richten würde. Sie erfolgt automatisch, weil die

Gewinne und also die Akkumulationsraten steigen. So entsteht eine Disproportionalität der Produktion, welche aber im Rahmen der Einkommensverteilung gar keine Disproportionalität ist, sondern lediglich der *Verteilung* der *Kaufkraft* in der Volkswirtschaft entspricht. Diese relativ zu starke Ausdehnung der Produktionsmittelindustrie ist bei der Differenzierung der Einkommen eine *notwendige* Folge, wenn nicht die Unternehmer selbst ihren Konsum entsprechend den gesteigerten Gewinnen ausdehnen, was aber nie der Fall ist. Die Akkumulation *muß* also unter diesen Umständen ‚zu schnell' vor sich gehen, d. h. es muß der Punkt bald erreicht werden, an welchem das Kapital zwar als ein akkumuliertes erscheint, die Produktionsanlagen also ausgedehnt sind, aber die Möglichkeit der ‚endgültigen Realisierung der Profite' in der Volkswirtschaft durch eine rentable Anlage nicht durchweg gegeben ist. Auch wir kommen hier auf eine Disproportionalität. Aber sie unterscheidet sich sehr erheblich von der Disproportionalität, welche in der herrschenden Theorie als Ursache der Krisen angegeben wurde, nämlich dadurch, daß dort ein Mißverhältnis der Produktionszweige stattfand, als Resultat eines mangelnden Überblicks und schlechterer, weil nicht rationellerer Disposition. Nach unserer Auffassung ist aber diese Disposition ‚privatwirtschaftlich' richtig, und sie ist außerdem notwendig, weil ja Art und Tempo des volkswirtschaftlichen Entfaltungsprozesses Funktion der Einkommenspyramide ist, wie diese wieder Funktion des Preissystems. Sie führt also *notwendigerweise* zu einer Disproportionalität auf Grundlage der Einkommensverteilung in der Hochkonjunktur und ein Gleichgewicht kann erst wieder hergestellt, die Krise kann dann erst wieder behoben werden, wenn durch neuerliche Veränderungen der Einkommensströme das *alte* Verhältnis wieder hergestellt, die Akkumulation wieder gesenkt, die Quote der konsumierten Waren wieder in das gleiche Verhältnis zum Kapitalbestand gebracht wird. Diese Wiederherstellung erfolgt in der Krise" (S. 393 f.).

Ihr geht eine Stockung voraus, in der Waren sich als unverkäuflich erweisen. Es ist dabei für die tiefere Verursachung der Krise, wie Lederer zu Recht vermerkt, unerheblich, ob die Stockung sich zunächst in verbrauchsnahen oder in verbrauchsfernen Produktionszweigen zeigt. (Vgl. S. 394)

„Wenn die Krisen auf die Disproportionalität der Einkommen zurückgehen, so könnten sie durch Erhöhung der Löhne und Gehälter und Minderung der Kapitalerträge leicht behoben werden. Das würde zwar auf der einen Seite die Gewinne reduzieren, jedoch andererseits sehr rasch den Konsum steigern und damit die Störung auf den Märkten überwinden, allerdings die Akkumulation reduzieren. Aber es ist aus der unternehmungsweisen Konstruktion der kapitalistischen Wirtschaft verständlich, daß eine solche Steigerung der Löhne am wenigsten dann erfolgen wird, wenn das Zurückbleiben der Arbeitseinkommen ... zu einer Störung geführt hat[11]. Denn in diesem Augenblicke verschlimmert sich ja die Lage auf dem Arbeitsmarkte, und ein Steigen der Löhne ist unmöglich. Jeder Unternehmer für sich handelt auch wirtschaftlich richtig, wenn er die Lohnquote herabzusetzen sucht, denn er kann nur hoffen, durch Erzielung eines Vorsprunges vor seinen Konkurrenten die Produktion zu halten und Absatz zu finden. Der Wettlauf kann sich also nur in der Senkung der Kosten vollziehen ..." Zwar würde „eine Erhöhung der Löhne zur Milderung der Krise im allgemeinen beitragen, für die einzelnen Betriebe aber, welche höhere Löhne zahlen, sofortige Höherbelastung ohne merkliche Absatzerhöhung bedeuten. Im Mechanismus der kapitalistischen Industrie ist daher Lohndruck gerade dann begründet, wenn er volkswirtschaftlich verhängnisvolle Wirkungen haben muß. Daß aber auch die Praxis in der Zeit der Krise eine Ausweitung der Konsumtion als notwendig empfindet, kann man an der immer automatisch auftretenden Forderung von Notstandsarbeiten sehen: diese sind ja nichts anderes als Steigerung des Konsums" (S. 401).

c) Der Wiederaufschwung

Damit die Konjunktur aus der Depression in einen neuen Aufschwung übergehen kann, muß die durch die Geschäftsstille bedingte Senkung der Löhne *geringer* sein als die gleichzeitige Senkung der Endverbrauchspreise, so daß die Reallöhne eine gewisse *Aufwertung* erfahren:

Es „wird die Senkung der Löhne ... nicht in demselben Ausmaß als die Senkung der übrigen Preise erfolgen können. Insofern also in der Krise eine Herabsetzung aller Preise erfolgen muß, und im Interesse einer Wiederherstellung des wertbeständigen Geldes auch erfolgen soll, ist auch eine Senkung der Löhne erforderlich, aber — was wohl beachtet werden muß — lediglich eine *nominelle* Senkung, weil ja die andern Preise noch rascher sinken müssen. Sinken aber die Löhne ebenso stark oder noch stärker als die andern Preise, so würde dadurch die Krise verschärft und vermehrt, weil ja dadurch der Absatz besonders beeinträchtigt wird. Hingegen setzt sich in der relativ schnelleren Senkung der Produktpreise und in der Einschränkung der Produktion die wirtschaftlich gebotene Verschiebung der Relation zwischen Erzeugung und Verbrauch durch, — allerdings, entsprechend der widerspruchsvollen Struktur der kapitalistischen Wirtschaft, begleitet von Arbeitslosigkeit und absoluter *Einschränkung* des Verbrauchs" (S. 402).

Wie kommt es aber dazu, daß in der Tat die Gegenkräfte in der Depression geweckt werden und die Krise sich nicht grenzenlos vertieft?

„Die Senkung der Preise in der Krise zeigt ein ähnliches Bild, wie die *Steigerung* der Preise in der guten Konjunktur. Sie ist nicht *gleichmäßig*.

---

[11] Im Text irrtümlich: haben.

Einige Preise, wie für Kapitalnutzungen, Leistungen der Beamten und Angestellten, bleiben fast unverändert oder wenig geändert, so daß ihr Gegenwert, in Waren ausgedrückt, steigt. Auch die Löhne der Arbeiter sinken, soweit sie Arbeit finden (und das ist die große Mehrheit), nicht so rasch als viele Preise. Wenn daher die Preise herabgleiten, so wird bald ein Punkt erreicht sein, an welchem die Kaufkraft erheblicher Schichten relativ rasch steigt. Sie werden ein Aequivalent für den Ausfall des Konsums anderer Schichten bilden. Sie werden verhindern, daß die Preise ins Bodenlose sinken. Ebenso wie diese Schichten, durch die Einschränkung ihres Konsums, die grenzenlose Steigerung der Preise in der Hochkonjunktur verhindern, so bilden sie jetzt ein Hemmnis für den grenzenlosen Absturz durch Ausdehnung ihres Konsums bei sinkenden Preisen. Sie wirken gleichsam wie ein Fallschirm für die Konjunktur. In der gleichen Weise wirken die landwirtschaftlichen Kreise der Bevölkerung. Der Absatz ihrer Produkte ist in den wichtigsten Industrieländern garantiert und der Preis ist vielfach durch Zollgesetzgebung auf einem Niveau gehalten, das Rentabilität verbürgt. Derart ist ihre Kaufkraft auch in der Krise ... nicht gebrochen oder auch nur wesentlich gemindert. ... Die Störung des Absatzes wiederum hat ihre Grenzen in der weiterbestehenden Aufnahmefähigkeit großer Konsumentenschichten und sie wird behoben, wenn durch Senkung der Preise die Gewinne reduziert werden und die Möglichkeit gegeben ist, wieder eine größere Quote des Produkts in den Konsum hineinzuleiten. ... In diesem Sanierungsprozeß der Volkswirtschaft kommt also, wie angedeutet, den Schichten außerhalb der Industrie die entscheidende Bedeutung zu. Würden wir die industrielle Gesellschaft lediglich als Unternehmer und Arbeiter vorstellen, die *andern* Schichten der Gesellschaft aber ignorieren, so könnten wir zu einer *Überwindung* der Krise überhaupt nicht gelangen: Denn die Krise würde Senkung der Löhne, damit aber wieder steigende Arbeitslosigkeit und weitersinkende Preise ins Endlose (bei freier Konkurrenz) bedeuten. Hingegen wird in unserm Gesellschaftsbild durch das Sinken der Preise die vorhandene Kaufkraft der andern Schichten in ihrer Wirkung gesteigert und es wird bei sinkendem Lohn sogar bald wieder die Möglichkeit geschaffen, die zum Ausgangspunkt neuer Geschäftsbelebung wird. Die Mannigfaltigkeit der gesellschaftlichen Gliederung ist ebensosehr die Vorbedingung für einen raschen Aufschwung, als auch zugleich der Schutz vor einer gänzlichen Zerrüttung des Wirtschaftsprozesses durch die Krise" (S. 403).

Auch der Widerstand von Gewerkschaften gegen eine Lohnkürzung in der Krise wirkt nach Lederer günstig auf die Stabilisierung der Endkaufkraft ein (S. 403).

„Wenn wir zusammenfassen: die Konjunktur wird ausgelöst durch die relativ ansteigende Konsumfähigkeit der Schichten mit festem oder

Lohneinkommen, welche die Lager rasch leert, während die Produktion sinkt. In dieser Periode, welche der Konjunktur vorangeht, steigt der Geldwert und sinkt der Zinsfuß. Übersteigt der Konsum die Neuproduktion (was im Tiefpunkt der Konjunktur der Fall ist), so sind schon die Vorbedingungen für steigende Preise und damit Neubelebung der Konjunktur geschaffen. Die Preise steigen ungleichmäßig, wodurch einerseits Akkumulation möglich wird, andererseits der Verwertung des neugebildeten Kapitals Schwierigkeiten erwachsen, welche wieder in die Krise münden" (S. 403 f.).

Da, wie Lederer ausführt, die Konjunkturbewegungen ein Ergebnis der privaten Gewinnwirtschaft sind, so können sie nur durch gesamtgesellschaftliche planmäßige, an den Bedürfnissen orientierte Gestaltung der Produktion beseitigt werden.

d) Würdigung

Alle Erzeugung geschieht in der Tat *letztlich* auf die Endkonsumtion hin — wenn man von der Befriedigung des öffentlichen Bedarfs an Straßen, Krankenhäusern, Rüstungsgütern etc. absieht —. Es ist daher zutreffend, daß ohne ein „ausreichendes" Mitwachsen der Endeinkommen kein Konjunkturaufschwung auf die Dauer durchgehalten werden kann. Allerdings sind angesichts der Tendenz zur wachsenden „Umwegproduktion" die Grenzen einer Ausdehnung der Vorproduktion elastisch. In der Verschiebung der Einkommensproportionen während des Konjunkturablaufs nun, in dem relativen Zurückbleiben der Verbrauchseinkommen im Aufschwung und ihrer relativen Stabilität im Konjunkturrückgang darf man in der Tat *eine* der Hauptbedingungen der Konjunktur sehen.

Lederer geht allerdings von ziemlich konjunktur-elastischen Löhnen aus. Einer Senkung der Individuallöhne sind heute engere Grenzen gesetzt; und insoweit wäre auch ohne das stabilisierende Element der Mittelschichten eine gewisse Auffangstellung für eine absinkende Konjunktur gegeben. Andererseits hat sich unter den Bedingungen der allseits organisierten Konkurrenz das konjunkturelle Verhalten der Unternehmungen vor allem im Abschwung geändert: An die Stelle einer *Preis*reduktion ist — wie schon in der Weltwirtschaftskrise sichtbar geworden ist und auch heute hervortritt — die Einschränkung der *Produktion* und, als Konsequenz hiervon, die Schmälerung der volkswirtschaftlichen Lohnsumme durch *Entlassung* von Beschäftigten getreten. (Siehe darüber weiter unten im Zusammenhang mit *Keynes*.) Indessen lassen sich auch solche Erscheinungen des neueren Konjunkturgeschehens erst von den Bedingungen des „klassischen" Zyklus her verstehen, wie sie Lederer zutreffend vorgeführt hat.

2. Disproportionen im Stufenaufbau der Produktion

Die Erklärung des Konjunkturgeschehens kann nicht monokausal vorgehen. So hat auch Lederer neben den Schwankungen der Einkommensverteilung die — hiermit sich verbindende — ungleiche Expansion (und Kontraktion) der verschiedenen Produktionszweige berücksichtigt. Eine besondere Rolle aber spielen solche Vorgänge von disparitärer Entwicklung in der Konjunkturtheorie von M. *Tugan-Baranowskij*, A. *Aftalion* und A. *Spiethoff*. Die beiden letztgenannten Autoren sollen im folgenden ihre Darstellung finden.

a) Das Schwanken der Preise und die „kapitalistische Technik“: Albert Aftalion

Auf zwei Hauptmomente hat der bedeutende, der Grenznutzenlehre nahestehende französische Ökonom Albert Aftalion (1874—1956) in seinem großen Werke *„Les crises périodiques de surproduction“*[12] den Konjunkturprozeß zurückgeführt: auf die Bewegung der *Preise* und auf die durch die „kapitalistische Technik“ der Umwegproduktion bedingte *Investitionsperiode*. Begründet die erste den konjunkturellen Wechsel als solchen, so erklärt die zweite dessen Periodizität. Aftalion hat seinen Gedankengang folgendermaßen zusammengefaßt:

aa) Die Preise

Die Preise bilden sich Aftalion zufolge auch im konjunkturellen Verlauf entsprechend den gesicherten Regeln der Grenznutzenlehre und nach den Bedingungen von Angebot und Nachfrage. Während allerdings ...

„... die Nachfrage von sich aus offenbar keinen Anlaß hat, regelmäßige Bewegungen von Zunahme und Abnahme zu durchlaufen, zeigt hingegen die Produktion das Bild von Fluktuationen dieser Art. So sind es die rhythmischen Veränderungen des Angebots, die für die zyklischen Schwankungen der Preise verantwortlich zu machen sind“ (Bd. II, S. 398).

Gegenüber der auf *Say* sich berufenden Meinung von der nur partiellen und friktionellen Natur von Wirtschaftsstörungen hebt Aftalion die Möglichkeit einer „allgemeinen“, wenn auch stets vorübergehenden Überproduktion hervor. Zwar stößt die Erzeugung nicht auf eine definitive Grenze der menschlichen Bedürfnisse:

„Wohl aber kann sie zu groß sein, um Bedürfnisse zu decken, welche die gleiche Intensität aufweisen wie die zuvor befriedigten. Sie kann zu groß sein, als daß nicht der Grenznutzen und der Preis der Waren fielen. Und auch ein solcher Preisverfall ist eine Erscheinung von Überproduktion nur, weil die Kosten nicht ihrerseits rückwirkend im gleichen Maße sinken können. Eine ständige Überproduktion bleibt daher undenkbar“ (S. 398).

---

[12] Paris 1913, 2 Bde. Übersetzung der folgenden Auszüge durch mich, W. H. Eine kurze Zusammenfassung seiner Konjunkturtheorie hat Aftalion unter dem Titel *„The Theory of Economic Cycles Based on the Capitalistic Technique of Production“* in *„The Review of Economic Studies“* (1927, S. 165 ff.) geboten.

bb) Die Investitionsperiode

„Bei alledem können die Gesetze der Wertbildung den recht ausgeprägten Rhythmus der Produktion, den regelmäßigen Wechsel von mehreren Jahren der Überproduktion und der Unterproduktion, der Überkapitalisation und Unterkapitalisation nur infolge der kapitalistischen Technik mit sich bringen. Sicherlich besteht die direkte Ursache dieser einander in entgegengesetzter Richtung ablösenden Ausschläge in der falschen Voraussicht der Menschen. Was aber diese falsche Voraussicht fast unvermeidlich macht, das ist die kapitalistische Technik.

Während der Prosperität spornt die Steigerung der Preise die Produktion an. Deren Ausdehnung aber hat die vorausgehende Herstellung der benötigten Investitionsgüter *(l'outillage)* zur Voraussetzung. Da diese Produktion längere Zeit in Anspruch nimmt, so bieten die weiterhin unzureichende Befriedigung der Bedürfnisse, die anhaltend hohen Preise während dieser ganzen Zeit einen Anreiz zu weiteren Bestellungen, zu weiterer Erzeugung von Objekten des fixen Kapitals, zu ihrer Herstellung in alsbald übermäßigem Umfang, d. h. zur *Überkapitalisation*. Diese tritt in dem Maße hervor, wie beträchtliche Teile der laufenden Erzeugung von Ausrüstungsgegenständen fertiggestellt werden. Dann zeigt sich die Überproduktion. Die Preise stürzen. Die Krise bricht aus.

Während der Depression, die hierdurch eingeleitet wird, hemmt der niedrige Stand der Preise die Produktion. Infolge der kapitalistischen Technik aber ist die sofort eintretende Wirkung nur, daß die Neuaufnahme der Produktion von Objekten des fixen Kapitals sinkt. Der Überschuß an fertigen Ausrüstungen, zu denen noch ständig weitere Lieferungen kommen, das Übermaß an Konsumgütern, hergestellt mit Hilfe eines kostspieligen Produktionsapparates, den man nicht stillstellen will, verlängern das Abgleiten der Preise. Solange dieses Abgleiten anhält, gebricht es an aller Zuversicht, um die schon vorhandenen Ausrüstungen zu vermehren. Eine *Unterkapitalisation* greift Platz, welche die Wiederkehr der Unterproduktion und der Prosperität vorbereitet" (S. 401).

„In der kapitalistischen Produktion [d. h. bei Erzeugung von Kapitalgütern; W. H.] geschieht die Fabrikation, die Einleitung neuer Erzeugungsprozesse, der Entschluß zur Neuinvestition im Hinblick auf eine entfernte Zukunft. Gleichzeitig stellt sich diese Zukunftserwartung auf den gegenwärtigen Stand der Preise und der Bedürfnisse ein. Nun hängt zwar der Grad der künftigen Bedarfsdeckung und hängen die künftigen Preise vor allem von der laufenden Produktion von Anlagegütern ab. Da aber diese laufende Produktion, gleichgültig ob groß oder gering, auf die gegenwärtigen Preise keinen Einfluß ausübt, so läßt man sich von einem trügerischen Maßstab leiten. Indem die kapitalistische Technik das Steigen der Preise während des Aufschwungs und ihr Sinken während des Konjunkturrückschlags in die Länge zieht, führt sie zu einer stoßweisen bald übermäßigen, bald ungenügenden Erzeugung von Produktionsmitteln. So reißt sie das Wirtschaftsleben bald in den Zustand der Überkapitalisation, der in der Krise ausmündet, bald in den der Unterkapitalisation, der die Prosperität wiederbringt" (S. 403; vgl. auch S. 359 f.).

Aftalion vergleicht diese verzögerten übermäßigen Wirkungen, welche die auf *direkte* Bedürfnisbefriedigung gerichtete Wirtschaft früherer Zeiten noch nicht kennen konnte, mit den Verhältnissen in einem winterlichen Wohnraum, den man abwechselnd überheizt und unterkühlt, immer in dem Wunsch, den jeweiligen Zustand von Unter- oder Übertemperatur des Raumes möglichst rasch zu beenden.

cc) Das Wechselverhältnis beider Momente

„Man sollte nicht meinen, daß man sich im Kreise bewegt, wenn man den Rhythmus der Preise aus dem der Produktion und den Rhythmus der Produktion aus dem der Preise deutet. Die Produktion, welche in der einen Erklärung als Ursache auftritt, ist nicht die gleiche, welche in der zweiten als Wirkung erscheint. Es ist die Erzeugung von Fertigprodukten zur alsbaldigen Bedarfsdeckung, welche die Preise beeinflußt. Die Preise aber wirken wieder auf die weitere Produktion dieser Erzeugnisse sowie der dazu notwendigen Ausrüstung ein. Der zum Abschluß gebrachte Erzeugungsvorgang bestimmt wiederum die Preise. Die Preise begünstigen oder entmutigen abwechselnd die Einleitung zahlreicher neuer Produktionsprozesse. Als Folge der kapitalistischen Technik trennt eine ziemlich lange Zeit diese beiden Phasen der Produktion. Mehrere Jahre vergehen zwischen dem Zeitpunkt, zu dem die Preise die Produktion in eine neue Richtung leiten, und dem Zeitpunkt, zu dem das Ergebnis dieses Richtungswechsels sich schließlich in den hervorgebrachten Konsumgütern niederschlägt und diese Mengen ihrerseits auf die Bewegung der Preise einwirken. Dieses Intervall füllen die Perioden von Prosperität und Depression" (S. 402).

dd) Sekundäre Erscheinungen der Konjunktur

„Die Rückwirkung dieser Phänomene läßt sich in einer großen Zahl weiterer Äußerungen des wirtschaftlichen und sozialen Lebens erkennen. Dem Gesetz der Produktenpreise schließt sich das Gesetz der Preise für die Dienstleistungen der Produktionsagenten an. Dem Rhythmus der Preise folgt der Rhythmus der Löhne, der Zinssätze, der Profite. Das Schwanken der Einkommen wieder wirkt ein auf die Bewegung der

Bevölkerung, der Eheschließungen, der Geburten, des Elends, der Kriminalität, des Steueraufkommens und viele andere mehr. ... Alle diese Schwankungen fügen jedoch der Erklärung des Preisrhythmus nur ergänzende Elemente hinzu.

So entspringt aus dem Größenwechsel der Einkommen in der Tat ein solcher der Nachfrage, der das Auf und Ab der Preise verallgemeinert, verstärkt und u. U. in die Länge zieht. Im selben Sinne wirken die Spekulation, der Kredit; sie vergrößern beträchtlich die Amplitude der ursprünglichen Schwankungen und verursachen jene Heftigkeit, welche die Krise häufig annimmt. Auch die Höhe der Kosten, eine wesentliche Bedingung von Über- oder Unterproduktion, ... ist ein Moment, das die Krise verstärkt.

Aber alle diese Umstände sind gegenüber dem Schwanken der Preise nur sekundäre Faktoren. Als solche muß man sie ansehen, da sie ihrerseits auf dieses Schwanken zurückgehen. Ihre Rückwirkung auf die Ursachen verstärkt wiederum deren Gewalt. Doch beruht die eigentliche Erklärung des periodischen Wechsels der Preise in der Art, in welcher die Produktion auf die Preise unter den Bedingungen einer Technik einwirkt, die durch die lange Zeitspanne der Produktion von Ausrüstungen gekennzeichnet ist" (S. 399 f.).

ee) Würdigung

1. Zu Recht hat Aftalion für die Konjunkturen der Epoche der freien Konkurrenz die Bewegung der *Preise* in den Mittelpunkt der Betrachtung gerückt und hierbei den Preisen der Vorprodukte besondere Beachtung geschenkt. In der Tat liefern die Spannen zwischen den Absatzpreisen der Unternehmungen und den Bezugspreisen, die in deren Kosten eingehen, und damit das Auf und Ab der *Rendite* zusammen mit den Schwankungen der *Verbraucherkaufkraft*, die beiden Hauptmomente der Konjunkturen. Allerdings ist Aftalion der Rolle der Rendite im Konjunkturablauf nicht weiter nachgegangen.

2. Aftalion hat zutreffend darauf hingewiesen, daß die Schwankungen in der Produktion von Endverbrauchsgütern sich in überdimensionalen Bewegungen der Produktion von Investitionsgütern auswirken. Er hat damit der Sache nach den später so benannten „*Akzelerator*" entwickelt (wie übrigens auch schon M. *Bouniatian, Studien,* 1908, Bd. I, S. 120).

Wie vor ihm schon *Marx*, so hat auch Aftalion auf die *Investitionsperiode* die Zyklizität der Konjunkturen zurückgeführt. Das *Wesen* des Konjunkturvorgangs ist freilich nicht aus dem allgemeinen *technischen* Tatbestand der Kapital*güter*produktion, sondern vielmehr aus dem *ökonomischen* Inhalt einer Wirtschaft der Kapital*verwertung*, des Kapital*ertrags*, zu verstehen.

b) Das Schwanken der Grundstoffmärkte als Hauptbedingung der „Wechsellagen": Arthur Spiethoff

Unter den bedeutenderen Konjunkturtheoretikern ist Arthur Spiethoff (1883—1957) als ein Ekletiker anzusehen, der in seinem Hauptwerke „*Die wirt-*

schaftlichen Wechsellagen"[13] die Elemente sehr verschiedenartiger Konjunkturerklärungen verarbeitet hat. „Die letzte Ursache der Aufschwungsbewegungen" ist ihm „etwas Seelisches und nichts Wirtschaftliches" (S. 170). Doch hat Spiethoff hierüber die Realfaktoren des Prozesses nicht vernachlässigt und, entschiedener noch als Aftalion, die *preis*bedingten Verschiebungen der Produktionsproportionen hervorgehoben.

aa) Die Entstehung des Aufschwungs

„Der Aufschwung besteht in steigender Kapitalanlegung . . ." (S. 171).

„Der *Leitstern* der Kapitalbewegung ist der *Kapitalertrag*" (S. 172).

„In aller Regel geht der *Aufschwung von der Gruppe der Ertragsgüter* [Investitionsgüter; W. H.] *aus*; Erzeugungs- oder langdauernde Nutzungsanlagen bilden Anstoß und Rückgrat. . . . Der von den Ertragsgütern ausgehende Aufschwung hat Ausgangspunkt und Grundlage in einer vermehrten Kapitalanlage, durch die mittelbare Verbrauchsgüter [Grundstoffe; W. H.] gekauft werden" (S. 173).

Einem Aufschwung nach vorausgegangener Stockung ist, neben anderen Umständen, auch der noch bestehende niedrige Zinsfluß förderlich:

„Der lohnende Unterschied im Ertrag des Leihkapitals und der festen Kapitalanlage geht in nicht unbeträchtlichem Maße auf die Stockung zurück. Die Stauung des müßigen Kapitals drückt den Leihzins auf dessen Tiefpunkt und fördert einen Unterschied im Kapitalertrag. . . . Der Druck der Stockung ist es, der zum Aufsuchen neuer Märkte treibt, der auf Verbilligung der Erzeugungskosten und auf Förderung des technischen Fortschrittes drängt. Die tiefen Stockungspreise der mittelbaren Verbrauchsgüter und der tiefe Lohn und Leihzins verbilligen die zu bauenden Ertragsgüter und steigern den Gewinn des angelegten Kapitals. Besonders deutlich wirkt dies auf den Bau der Wohnhäuser. Die Stockung birgt starke Kräfte, sich selbst zu überwinden, und ist in beträchtlichem Umfange Aufschwungsursache" (S. 174).

„In der Regel genügen die Ausgleichskräfte der Stockung aber allein nicht. Am stärksten wirken ihre Erleichterungen auf die Schrittmacher. Die große Menge der Kapitalisten und Unternehmer brauchen andere Reize. Billiger Rohstoff, Arbeitslohn und Leihzins sind keine unbedingten Mittel für Kapitalanlegung, wenn die Gewinngelegenheit fehlt. . . . Deshalb ist in dieser Zeit auch die Möglichkeit der Bankwelt, durch Bereitwilligkeit der Kapitalhingabe und günstige Bedingungen als Anreger zu wirken, gering. Die wirksamen Anstöße zur Kapitalanlegung müssen von der anderen Seite, von den Kapitalnutzern, den Unternehmern kommen" (S. 174 f.).

---

[13] Untertitel: Aufschwung, Krise, Stockung. 2 Bde., Tübingen und Zürich 1955. Erweiterte Fassung des Artikels „*Krisen*" in HWSt., 4. Aufl., Bd. VI, 1925.

Hier wirkt nun die ungleiche Bewegung der Preise stimulierend auf einen Teil der Erwerbswirtschafter ein:

Im Aufschwung „tritt die *Preissteigerung* vollständig regelmäßig allein bei den Gütern des mittelbaren Verbrauches ein. Aber auch hier nicht sogleich mit dem Beginn ihrer Verbrauchssteigerung, sondern nur allmählich und oft erst, wenn der Eisenverbrauch den Gipfel des früheren Hochschwungs überschritten hat. Das ist also erst im ausgesprochenen Aufschwung, im zweiten Anstieg oder gar erst im Hochschwung. Die regelmäßige Preissteigerung bei den mittelbaren Verbrauchsgütern ist kein Zufall, sondern gehört zu den notwendigen Aufschwungserscheinungen; sie ist die irgendwann notwendige Folge der steigenden Kapitalanlage und des vermehrten mittelbaren Verbrauches, die das Wesen des Aufschwunges ausmachen. ... In dem Maße, wie die Preissteigerung vornehmlich auf die Güter des mittelbaren Verbrauches sich erstreckt, werden die Unternehmer dieses Gebietes mit Vorzugsgewinnen und besonderer Kraft zur Kapitalbildung ausgerüstet" (S. 180).

bb) Der Abbruch des Aufschwungs und das Auftreten von Übererzeugung

„Der Aufschwung findet unter allen Umständen ein Ende durch die Übererzeugung" (S. 181).

Wiederum gilt: „Den Ausgangs- und Mittelpunkt bilden die Güter des mittelbaren Verbrauches und die Ertragsgüter" (S. 181).

„Die Bildung des Erwerbskapitals [Geldkapital; W. H] erfolgt ohne Zusammenhang mit der Erzeugung der mittelbaren Verbrauchsgüter und dem Bau der Ertragsgüter, und umgekehrt werden diese hervorgebracht, ohne daß die Unternehmer Genaueres über das Ausmaß der Kapitalbildung und der Neigung zu Kapitalanlagen wissen. ... Da die Kenntnis fehlt und die Anpassung unmöglich ist, besteht immer die Gefahr, daß ein Vorgang zurückbleibt und der andere vorauseilt. Dies ist ausgesprochen der Fall während der beiden letzten Stufen des Aufschwungs. Im Hochschwung strebt soviel Erwerbskapital nach dem Kauf von mittelbaren Verbrauchsgütern, daß sich diese als knapp und fehlend erweisen. Im letzten Aufschwungsabschnitt des Kapitalmangels kehrt sich das Verhältnis um, und die sich anbietenden mittelbaren Verbrauchsgüter überragen das nachfragende Erwerbskapital. Damit ist die Übererzeugung ausgebrochen. Die Ursache für dieses Mißverhältnis liegt in der Hauptsache bei den mittelbaren Verbrauchsgütern, aber auch das Erwerbskapital kann beteiligt sein. Wir beobachten auf der Stufe des Kapitalmangels eine Abnahme der wichtigsten Kapitalanlageform, der in Aktien. ... Es kann sich aber auch um Verlangsamung oder *Nachlassen der Bildung von Erwerbskapital* handeln. Die fieberhaft gesteigerte Erzeugung kann zu unvorteilhaften Verfahren führen und den Reinertrag schmälern, der Mangel an Arbeitskräften kann die Löhne unverhältnismäßig steigern und die Gewinne und die Fähigkeit zur Kapitalbildung beeinträchtigen. Daher wäre das Mißverhältnis zwischen Erzeugung mittelbarer Verbrauchsgüter und Kapitalanlage auch durch Verlangsamung oder Verringerung der Kapitalbildung verursacht.

Die Hauptursache liegt aber auf Seiten der Güter des mittelbaren Verbrauches. Sobald diese zu Erzeugungsanlagen für neue *mittelbare Verbrauchsgüter* benutzt werden, *steigern sie ihre eigene Hervorbringung sehr stark* und vermehren gerade den Bedarf an Kaufkraft in Form des Erwerbskapitals. Eisen und Baustoffe für Hochöfen, Walzwerke und Ziegeleien benutzt wirken anders als für Miethäuser und Schuhfabriken verwendet. Im ersteren Fall ist die Erzeugung der neuen Herstellungsstätten in ihrem Absatz dauernd und immer wieder von neuem auf Erwerbskapital angewiesen und wächst deshalb leicht über dieses hinaus. Das übersehen die Unternehmer regelmäßig bei der Ausdehnung der Erzeugungsanlagen für den mittelbaren Verbrauch. Allerdings ist die Aufgabe dieser Unternehmer besonders schwer. Ihre Erzeugungsanlagen erfordern zum großen Teil erhebliche Zeit und können bei steigendem Bedarf nicht schnell nachkommen. Der deshalb verhältnismäßig lange bestehende Abstand zwischen Bedarf und Erzeugung läßt letztere auch dann noch ausdehnungsbedürftig erscheinen, wenn die begonnenen, aber noch nicht lieferungsfähigen Neuanlagen längst umfangreich genug sind. Das wahre Verhältnis zwischen Bedarf und Erzeugungsfähigkeit wird verwischt, und immer noch erfolgen Kapitalanlagen, wenn es schon nicht mehr richtig ist" (S. 183 f.).

Spiethoff berücksichtigt also auch eine weitere Disproportion, die eintreten kann: nämlich das Mißverhältnis zwischen dem Investitionswillen der Unternehmensleitungen einerseits und dem verfügbaren Geldkapital andererseits. Dennoch ist Spiethoff nicht den Vertretern einer monetär orientierten Konjunkturtheorie zuzurechnen. Die eigentliche Disproportion bleibt für ihn eine solche von güterwirtschaftlicher Art. In diesem Sinne beantwortet Spiethoff die selbstgestellte Frage,

„... ob in der Geldwirtschaft der *Mangel an Erwerbskapital durch Schaffung von Geld* — wie das vielfach angenommen wird — *beseitigt* werden könnte. Die Antwort muß verneinend ausfallen, denn das fehlende Erwerbskapital darf nicht in Geldform, sondern müßte in Form der Ergänzungsgüter zu den in der Übererzeugung befindlichen Gütern beschafft werden" (S. 186).

Alles in allem: „Das Kernstück der vorgetragenen Erscheinungen ist die Überanlage des Kapitals in den Gewerben des mittelbaren Verbrauches. Deren Erklärung bringt die letzte Ursache der Wechsellagen" (S. 195).

cc) Würdigung

Auch bei Spiethoff erscheint als Indiz einer Übererzeugung die allzu starke Ausdehnung eines verbrauchsfernen Produktionsbereichs. Allerdings ist dies bei Spiethoff nicht so sehr, wie bei *Aftalion*, die Erzeugung von Investitionsgütern als vielmehr die von Grundstoffen. Doch hat Spiethoff gelegentlich auch „das Sinken des mittelbaren Verbrauchs“ als eine „Gegenwirkung auf den Aufschwung“ angesehen, „der zuviele Ertragsgüter [Investitionsgüter] geschaffen hatte“ (S. 189). Jedenfalls wird in der disparitären Entwicklung wichtiger Preisgruppen im Aufschwung wie im Abschwung, in der entsprechenden Verschiebung der zwischenunternehmerischen Kaufkraft zu Recht eine allgemeine Grundbedingung des Konjunkturprozesses gesehen.

3. Mißverhältnis zwischen Produktivkapital und Leihkapital: Knut Wicksell und die Kredittheorie der Konjunktur

Die im Vorangegangenen dargestellte Theoriengruppe hat den Gedanken gemein: Ein Konjunkturrückschlag setzt dann ein, wenn wichtigen Teilen der Unternehmerschaft die Kaufkraft ausgeht — aus welchen Gründen immer —, die zum Erwerb oder zur weiteren Bestellung vor vorproduzierten Erzeugnissen (Investitionsgütern bei *Aftalion*, vorwiegend Grundstoffen bei *Spiethoff)* erforderlich ist. Es fehlt also bedeutenden Teilen der Unternehmerschaft das notwendige *Geld*kapital zur Durchführung ihrer Vorhaben. Dieser Umstand wird nun durch eine weitere Theoriengruppe dahin verstanden: Es fehlt an *Leih*kapital für die *Fremd*finanzierung von Investitionen.

Bahnbrechend hat hier der große schwedische Ökonom Knut Wicksell (1851 bis 1926) gewirkt. Obwohl Wicksell seine Gedanken nicht als entwickelte Konjunkturtheorie niedergelegt hat, sind seine Auffassungen, die sich vor allem in den beiden großen Werken *„Geldzins und Güterpreise“* (Jena 1898) sowie *„Föreläsningar i nationalekonomi“*[14] finden, von großer Bedeutung für die weitere Lehre von der Wirkung des Kredits auf den Konjunkturprozeß geworden.

a) Die Lehre

aa) Der „Geldzins“

Die Frage, ob von der Geldseite ein aktiver Einfluß auf den Wirtschafts- und Konjunkturprozeß ausgehe, reicht lehrgeschichtlich weit zurück. Sie ist von den englischen merkantilistischen Zinstheoretikern (vgl. Band II der „Texte“, S. 22 ff.) und der ebenso früh einsetzenden Quantitätstheorie (Jean *Bodin)* über John *Law* (1671—1729)[15], die *Banking*- und *Currency*-Schule des frühen 19. Jahrhunderts in England bis hin zu den an *Keynes* sich anschließenden Ökonomen zu verfolgen. In einer Wirtschaft, wo Ausgangs- und End-

[14] Lund, I. Band 1901, II. Band 1906. Im weiteren zitiert nach dem II. Band in deutscher Übersetzung: *Vorlesungen über Nationalökonomie auf Grundlage* des *Marginalprinzips*, Jena 1928². Vgl. ferner Wicksells Aufsatz *„Der Bankzins als Regulator der Warenpreise“*, Jahrb. f. Nat.Ök. u. Stat. 1897, S. 228 ff.

[15] Vgl. dessen *„Money and Trade Considered with a Proposal for Supplying the Nation with Money“*, Edinburgh 1705.

punkt der individuellen Kapitalverwertung das *Geld*kapital ist und gleichzeitig die Bildung von Geldkapital sich in gewissem Umfang gegenüber der Bewegung des *Produktiv*kapitals verselbständigt hat, muß eine solche Frage sich immer wieder aufdrängen. — So legt sich auch Wicksell die Frage vor:

„Hat man vielleicht unter den gegenwärtigen Verhältnissen, wo die Hauptmasse der Umsatz- und Kreditmittel immer mehr durch die Hände der Banken geht, eben in diesem Umstand die allgemeinste Ursache zu den aktuellen Veränderungen des Preisniveaus und folglich in einer geeigneten Regelung der Bankpolitik das wirksamste Mittel zur Stabilisierung der Preise zu erblicken" (*Geldzins*, S. 73)?

Die Vermutung spricht von vornherein hierfür:

„Heutzutage, wo fast jede Unternehmung in der einen oder anderen Form mit dargeliehenem Kapital arbeitet, kann es doch unmöglich *ohne* jede Folge sein, ob man sich seinen Kreditbedarf zu drei oder vier oder nur zu sechs oder acht Prozent verschaffen kann" (S. 82).

Ein niedriger Kreditzins regt die Geschäftstätigkeit an, ein hoher Kreditzins wirkt dämpfend auf sie. Beides findet — cet. par. — in einer entsprechenden Bewegung der Preise seinen Ausdruck. Betrachtet man zunächst nur das Verhältnis des Darlehnszinses zum allgemeinen Preisniveau, so gelangt man zu dem Schluß,

„... daß bei sonst unveränderter Lage des Marktes eine noch so kleine aber andauernde Zinsherabsetzung seitens der Kreditanstalten eine stetige, mehr oder weniger gleichförmige, und somit schließlich jedes Maß übersteigende Erhöhung des allgemeinen Niveaus der Warenpreise hervorrufen würde. In analoger, nur gerade entgegengesetzter Weise würde natürlich eine noch so kleine Zins*erhöhung*, wenn sie nur hinreichend lange bestehen bleibt, eine stetige, schließlich unter jede Grenze herabsteigende Preis*erniedrigung* aller Waren und Leistungen verursachen" (S. 92).

So ließe sich zunächst vermuten, daß die Banken eine schrankenlose Gestaltungsmacht über die Konjunktur besitzen. Die Wirklichkeit allerdings zeigt, daß ein zunächst als einseitig *kumulatorisch* zu denkender Prozeß offenbar auf bestimmte Grenzen und Umkehrpunkte stößt. In der Tat kann nach Wicksell der Darlehenszins nicht für beliebig lange Zeit durch die Banken nach Gutdünken angesetzt werden. Er tendiert vielmehr zu einem „natürlichen Kapitalzins" als seinem langfristigen Schwankungszentrum hin.

bb) Der „natürliche Kapitalzins"

Um Wicksells Auffassung vom „natürlichen Kapitalzins" zu verstehen, müssen wir auf seine Lehre vom Kapitalertrag zurückgreifen. Diese hat sich im Laufe der Zeit verschoben. In den *„Vorlesungen"* wird der „Kapitalzins" als der „unmittelbare Ausdruck der Grenzproduktivität des Realkapitals oder, richtiger, des ‚Wartens' betrachtet, mit anderen Worten: als der Unterschied zwischen der Grenzproduktivität der *ersparten* Arbeitskraft und Bodenkraft und jener der *laufenden* (präsenten) Arbeitskraft und Bodenkraft". (Bd. II, S. 4; vgl. auch Bd. I, S. 218.) Ein *Unternehmergewinn* wird hierbei — in den „*Vorlesungen*" — aus der Betrachtung ausgeschlossen, da die Konkurrenz einen solchen immer gleich Null zu machen neige. Es ist dieselbe Voraussetzung einer gewinnlosen Gleichgewichtslage, und daher einer Finanzierung von Neuinvestitionen ausschließlich aus aufgenommenen Krediten, die wir bei *Schumpeter*, bei *Keynes* und vielen anderen wiederfinden. *Tatsächlich* beinhaltet freilich — wie anzumerken ist — auch die „Grenzproduktivität des Realkapitals" (oder der „reale Kapitalzinsfuß") eine Gewinngröße; sie ist ein Ausdruck für den *konkurrenzüblichen Durchschnittsgewinn*. (Es ist insofern kein Widerspruch, wenn Wicksell in den „*Vorlesungen*" von einem Unternehmergewinn absieht, in „*Geldzins*" dagegen einen solchen als vorhanden annimmt.)

Der „normale" oder Gleichgewichts-Zinssatz für (langfristige) Darlehen ist nun in doppelter Weise gekennzeichnet:

1. Er stimmt mit dem „natürlichen Kapitalzins" (so der Terminus in „*Geldzins*") oder dem „realen Kapitalzins" („*Vorlesungen*") überein:

„Der Zinsfuß, bei welchem *die Nachfrage nach Darlehnskapital und der Vorrat*[16] *an ersparten Mitteln* sich gerade miteinander decken und der also dem erwarteten Ertrage der neugebildeten Kapitale mehr oder minder entspricht, wäre nun der normale oder natürliche (reale) Zins" (*Vorlesungen*, Bd. II, S. 220).

2. Er läßt das Preisniveau unbeeinflußt:

„Zu jeder Zeit und in jeder Lage der volkswirtschaftlichen Verhältnisse wird es eine Höhe der durchschnittlichen Rate des Geldzinses geben, bei welcher das allgemeine Niveau der Warenpreise keine Tendenz mehr hat, sich aufwärts oder abwärts zu bewegen. Wir nennen diese die *normale* Zinsrate, ihr Betrag wird von dem gleichzeitigen Stande des natürlichen Kapitalzinses bestimmt und muß mit diesem steigen oder fallen" (*Geldzins*, S. 111).

„Die Höhe des natürlichen Kapitalzinses ist selbstverständlich keine fixe, unveränderliche Größe. . . . Allgemein gesprochen hängt sie von der Ergiebigkeit der Produktion, von der Menge der vorhandenen stehenden und flüssigen Kapitalien, von der Zahl der Arbeitsuchenden, dem Angebot an Bodenkräften usf., kurz von allen den tausend und ein Umständen ab, welche zusammen die jedesmalige ökonomische Lage der betreffenden Volkswirtschaft ausmachen, und sie wechselt unausgesetzt mit diesen.

Eine *genaue* Übereinstimmung der beiden Zinsraten kann schon deshalb nicht erwartet werden, weil die Veränderung des (durchschnittlichen) natürlichen Kapitalzinses mutmaßlich (nach dem Gesetz der großen Zahlen) eine stetige ist, während die Höhe des Geldzinses, wenigstens insoweit sie von den großen Geldinstituten reguliert wird, sich

[16] Von Wicksell im Nachtrag verbessert: das Angebot an ...

meistens nur in diskontinuierlichen Sprüngen . . . erhöht oder erniedrigt“ (S. 97 f.).

Sinkt der natürliche Kapitalzins, so wird die durchschnittliche „Investierungszeit“ ausgedehnt, steigt der Kapitalzins, so wird sie verkürzt (vgl. S. 123) — ein Gedanke, der sich schon bei *Böhm-Bawerk* findet. Es bedeutet dies, daß eine Produktionsumschichtung geschieht: das eine Mal zugunsten, das andere Mal zu Lasten der Produktionsmittel erzeugenden Sektoren. Dies entspricht der Konjunkturerfahrung.

Im Verhältnis zwischen Geldzins und natürlichem Kapitalzins ist, wie Wicksell ausführt, das *leitende* Glied letzten Endes der Kapitalzins. Der Geldzins muß ihm folgen. Hierfür sorgt die Konkurrenz der Kapitalien um die Anlagesphären. Doch ist gerade die *Verzögerung*, mit der sich der Darlehnszins anpaßt, bedeutungsvoll für die zwischenzeitliche Bewegung der Geschäftstätigkeit:

Man kann „mit Sicherheit erwarten, daß der Bankzins oder, allgemeiner gesprochen, der Geldzins sich *schließlich* immer dem Stande des natürlichen Kapitalzinses anschließen wird oder vielmehr — da ja neue Veränderungen des natürlichen Zinsfußes unterdessen eingetreten sein können — immer *die Tendenz* hat, sich demselben anzuschließen. Ob aber dies auch mit hinreichender *Schnelligkeit* geschieht, . . . erscheint von vornherein sehr fraglich“ (S. 108).

Es ist „so gut wie sicher, daß die Höhe des Darlehnszinses niemals unmittelbar, meistens nur langsam und zögernd, den Bewegungen des natürlichen Kapitalzinses folgt. In der Zwischenzeit wirkt dann der Unterschied der beiden Zinsarten unausgesetzt“ (S. 110).

Das Bindeglied aber, das die Bewegung des Geldzinses mit der des Kapitalzinses vermittelt, ist das *allgemeine Preisniveau.*

cc) Der Ausgleich von „natürlichem Kapitalzins“ und „Geldzins“ durch die Bewegung der Preise

„Wenn . . . von den Banken und sonstigen Geldverleihern Geld zu einer verschiedenen, sei es niedrigeren, sei es höheren Zinsrate als derjenigen dargeliehen wird, welche dem jedesmaligen Stande des natürlichen Kapitalzinses entspricht, so ist das ökonomische Gleichgewicht des betreffenden Wirtschaftsverbandes schon ipso facto gestört. Bei unveränderten Warenpreisen werden im ersteren Falle die Unternehmer (auf Kosten der Kapitalisten) über den eigentlichen Unternehmergewinn oder -lohn hinaus einen Extragewinn erhalten, welcher sich wiederholen wird, so lange der Darlehnszins auf demselben relativen Standpunkte verharrt. Sie werden dadurch unfehlbar zur Erweiterung ihrer Geschäfte angereizt, um die vorteilhafte Konjunktur möglichst auszunützen, und es treten mehr Personen als gewöhnlich in ihren Kreis hinein: die Nachfrage nach Arbeitsleistungen, Rohstoffen und Gütern überhaupt mehrt sich, die Warenpreise müssen steigen.

Bei Erhöhung der Zinsrate findet das Gegenteil von diesem allen statt: die Unternehmer würden bei unveränderten Preisen einen Verlust an ihren üblichen Einkommen erleiden, es macht sich deshalb die Tendenz zur Einschränkung der Geschäfte auf die lohnenderen Teile derselben geltend: die Nachfrage nach Gütern und Leistungen vermindert sich oder bleibt jedenfalls hinter dem Angebot zurück: die Warenpreise fallen" (*Geldzins,* S. 97; vgl. auch S. 125 ff.).

In den *Vorlesungen* wird der gleiche Gedanke noch deutlicher gemacht:

„Leihen die Banken ihr Geld zu wesentlich *niedrigerem* Zinsfuße als dem . . . von uns definierten *normalen* Zinse aus, so wird hierdurch erstens die Spartätigkeit zurückgedrängt, und schon daraus entsteht eine vermehrte Nachfrage nach Waren und Dienstleistungen zu gegenwärtiger Konsumtion. Zweitens erhöht dies auch die Gewinnchancen der Unternehmer, und die Nachfrage nach Arbeits- und Bodenleistungen, sowie nach schon auf dem Markte befindlichen Rohstoffen *zur Zukunftsproduktion* wird augenscheinlich in demselben Maße steigen, wie sie vorher durch den höheren Zins zurückgehalten worden ist. Durch die vergrößerten Einkünfte, die hierdurch Arbeitern und Grundbesitzern, Rohstoffbesitzern usw. beschert werden, beginnen nun auch die Preise der Konsumtionswaren zu steigen, um so mehr als die Produktionskraft, die vorher zu ihrer Herstellung zugänglich gewesen, ihnen jetzt teilweise entzogen und anstatt dessen der Zukunftsproduktion gewidmet wird. Das Gleichgewicht auf dem Waren- und Dienstmarkte ist also gestört: gegen eine Nachfrage, die sich nach zwei Richtungen hin erweitert, steht ein unverändertes oder sogar verringertes Angebot, was sowohl eine Steigerung der Arbeitslöhne (und der Bodenrente) wie auch, direkt oder indirekt, ein Steigen der Warenpreise zur Folge haben muß" (Bd. II, S. 221 f.).

„Auf ähnliche Weise können die Banken durch Festhalten an Zinssätzen, welche den *Normalzins* übersteigen, abstrakt genommen, umgekehrt ohne Zweifel ein in praktischer Hinsicht unbegrenztes *Fallen* der Preise zustandebringen" (S. 228).

„Ja, hat die Preissteigerung [in der Hochkonjunktur; W. H.], wie es nicht ungewöhnlich ist, selbst übertriebene Hoffnungen auf künftige Gewinne erzeugt, so können die Anforderungen an Bankkredit weit über das gewöhnliche Maß hinausgehen, und dann müssen die Banken, um sich selber zu schützen, ihre Zinssätze sogar *über* das Niveau des natürlichen Kapitalzinses oder des normalen Darlehenszinses erhöhen; und noch mehr wird dies der Fall sein, wenn sich Zeichen einer Krise zu zeigen begonnen haben, das Vertrauen zwischen Mann und Mann sich abzuschwächen anfängt und der Kredit der großen Geldinstitute das einzige ist, worauf man sich noch verlassen kann" (S. 235 f.; vgl. auch *Geldzins,* S. 101).

„Die Gleichheit der beiden Zinsraten stellt sich *schließlich* nichtsdestoweniger, aber nur nach und nach und infolge einer vorangehenden Änderung der *Preise* her. Letztere sind sozusagen eine Spiralfeder, welche die Kraftübertragung zwischen der natürlichen und der Geldzinsrate vermittelt, aber erst nachdem sie selbst hinreichend verlängert oder auch zusammengedrückt worden ist" (*Geldzins,* S. 125).

Dieses Grundkonzept vom Zinsspannengefüge wird von Wicksell noch näher qualifiziert:

1. *Solange* ein Gefälle zwischen den beiden Zinsraten besteht, ist die Wirkung auf die Preise eine *kumulative.* Liegt etwa der Geldzins — immer als Marktzins für *langfristigen* Kredit verstanden — *unter* dem natürlichen Kapitalzins, so ergibt sich,

„... daß die Preissteigerung, ob anfänglich groß oder klein, *niemals aufhören kann,* solange die Ursachen, welche sie zuerst hervorgerufen haben, zu wirken fortfahren, mit anderen Worten: *solange der Darlehnszins niedriger als der normale Zins bleibt.* Hat auf der ganzen Linie eine Preissteigerung der Waren und der Dienstleistungen stattgefunden, so ist ja damit ein neues Preisniveau gebildet, das nun seinerseits das Fundament und der Ausgangspunkt aller wirtschaftlichen Berechnungen und Vereinbarungen wird ..." Alle Beteiligten „würden jetzt, *auch wenn der Bankzins auf den normalen,* natürlichen Kapitalzinsfuß *zurückginge,* durchschnittlich denselben hohen Preis bieten können, weil sie nun Grund haben, zu erwarten, daß die schon erreichten höheren Preise ihrer eigenen Produkte ... auch in der Zukunft Bestand haben werden" (*Vorlesungen,* S. 223 f.; vgl. auch *Geldzins,* S. 112).

2. Der naheliegende Einwand, daß erfahrungsgemäß steigende Preise von einem steigenden Darlehnszins und sinkende Preise von einem sinkenden Darlehnszins begleitet sind, verschlägt nach Wicksell nicht, da nicht die Höhe des Geldzinses für sich betrachtet zählt, sondern nur deren *Verhältnis* zum „natürlichen Kapitalzins":

„Ein Herabgesetztwerden der Zinssätze der Banken wirkt nur dann preissteigernd und ihr Erhöhtwerden drückt nur dann die Preise herab, wenn der Darlehnszins dadurch eine niedrigere, bzw. höhere Lage erhält als die des normalen Zinses, welcher seinerseits mit dem Niveau des realen Kapitalzinses zusammenhängt; und auf dieselbe Weise haben die Schwankungen des realen Kapitalzinses, die ich als den Kern der sogenannten guten und schlechten Zeiten ansehen möchte, nur solange einen Einfluß auf die Preise, wie sie noch nicht von einer ihnen völlig entsprechenden Modifikation des Geldzinses begleitet sind" (*Vorlesungen,* Bd. II, S. 237 f.).

3. Nicht die Geldversorgung ist das Primäre im Verhältnis der Banken zur übrigen Geschäftswelt, sondern vielmehr die durch das Zinsspannenverhältnis bestimmte *Nachfrage* nach Kredit:

„Das Geld wird immer flüssiger, das Angebot an Geld schmiegt sich mehr und mehr jeder beliebigen Höhe der Nachfrage an. Und vollends bei dem . . . idealen Zustand, wo alle und jede Zahlung — und folglich auch alle Darlehnsgeschäfte — auf dem Wege des Check- und Giroverkehrs geschehen, kann man von einem Angebot (supply) an Geld als selbständiger, von der Nachfrage nach Geld verschiedener Größe nicht mehr reden. So viel Geld bei den Banken nachgefragt wird, so viel können sie — die Solidität des Borgers vorausgesetzt — auch leihen. . . . Das ‚Angebot an Geld' wird also durch die Nachfrage selbst geschaffen" (*Geldzins,* S. 101 f.).

4. Allerdings ist die Freiheit der Banken, einer wechselnden Nachfrage nach Kredit zu entsprechen, keine schrankenlose. Sie trifft, wie gezeigt, auf die Grenzen des heimischen Angebots von Sparkapital und ferner auf Grenzen, die ihr die Währungsverfassung, insbesondere die Bindung an den internationalen Goldstandard, setzen. Ein im Vergleich zu wichtigen anderen Ländern niedriger Zinsfuß wird Edelmetalle ins Ausland abwandern lassen, so daß die heimische Kreditgrundlage schrumpft. Ferner wird ein vom niedrigeren Zinsfuß begleitetes Steigen des Preisniveaus — wenn hinreichend verbreitet — die Goldproduktion entmutigen; und *viceversa* (*Geldzins,* S. 103 ff.).

Alles in allem sollte man „in den aus unabhängigen Ursachen herrührenden Veränderungen des *natürlichen Kapitalzinses* das primum movens erblicken, welches sowohl die Bewegung der Preise wie auch, und zwar durch Vermittelung dieser letzteren Bewegung, die den ersten analogen aber etwas später eintretenden Veränderungen des Geldzinsfußes verursacht. Ein Überfluß oder Mangel an Geld, also vor allem die jeweilige Höhe der Barvorräte der Banken erhält hierbei zunächst nur eine sekundäre Bedeutung, indem sie sich als Folge des veränderten Preisniveaus und der daraus entstehenden Anforderungen an die Zirkulation von Umsatzmitteln darstellt. Jedoch *kann* dieselbe auch aus selbständigen Ursachen (Edelmetallproduktion, Emission von Papiergeld, Entwickelung des Kreditwesens usf.) herrühren und dann auch für die Bewegung der Preise eine selbständige Bedeutung erlangen, indem sie die Annäherung des Geldzinses an den veränderten Stand des natürlichen Zinses bald verlangsamt, bald beschleunigt, wenn sie nicht gar dem ersteren eine zum letzteren entgegengesetzte Richtung aufzwingt" (S. 152 f.).

Wicksell hat diese seine Theorie bescheiden als eine „Hypothese" bezeichnet, welche der Verifizierung bedürfe (S. 161). Eine solche ist allerdings, wie Wicksell sieht, vor allem deshalb schwierig, weil der „natürliche Kapitalzins" empirisch kaum zu ermitteln ist. Immerhin sieht Wicksell in der Zinsspannentheorie eine plausible Erklärung für eine Erscheinung wie die langfristigen Preiswellen des 19. Jahrhunderts, wofür ihm besonders die Entwicklung in *England* einen Anhalt gibt: In den kritischen Zeiten von 1790 bis 1815 muß der Kapitalzins recht hoch gewesen sein, wogegen der Geldzins offenbar zurückblieb; daher die steigenden Preise. In den Jahren zwischen 1815 und 1850 dagegen erfuhr die englische Industrie einen raschen Aufschwung: Der Kapitalzins darf für diese Zeit als kräftig fallend angenommen werden, während der Geldzins nur zögernd gesenkt wurde, mit der Wirkung eines starken Rückgangs der Preise. In der Zeit von 1850 bis 1873 wiederum muß, als Folge zahlreicher Kriege sowie der Festlegung erheblicher Kapitalien im Eisenbahnbau, der Kapitalzins in den führenden Industrieländern gemäß Wicksell gestiegen sein, während die kräftig vergrößerte Goldzufuhr im Verein mit ausgedehnten Emissionen von Papiergeld in einer Reihe von Ländern das Steigen des Geldzinses retardierte — mit dem Ergebnis eines Steigens des Preisniveaus in den wichtigsten Ländern. Die Friedensperiode von 1873 bis 1895 schließlich, die Steigerung der Löhne und anderer Vergütungen der „produktiven Faktoren" lassen Wicksell zufolge eine sinkende Tendenz des Kapitalzinses annehmen, mit der die gleichzeitig sinkende Bewegung des Geldzinses wegen der verminderten Goldproduktion sowie der Demonetisierung des Silbers kaum Schritt gehalten haben dürfte; daher das neuerliche Sinken der Preise.

dd) Die wirtschaftspolitische Folgerung: Bankpolitik und Konjunkturstabilisierung

Von den beiden beweglichen Größen, auf deren Wechselspiel Wicksell das Auf und Ab der Geschäftstätigkeit und der Preise zurückgeführt hat, unterliegt die eine, nämlich der Geldzins, der Beeinflussung durch die Banken, während diese auf den „natürlichen Kapitalzins" keine unmittelbare Einwirkung haben. Sie sollten von ihren Möglichkeiten Gebrauch machen, indem sie den Geldzins möglichst nahe bei dem — tastend zu erschließenden — „natürlichen Kapitalzins" halten und so das allgemeine Preisniveau stabilieren:

„Die Einwirkung auf die Preise, welche die Banken und Kreditanstalten bisher nur *unbewußt* und deshalb bald in fördernder, bald in störender Weise ausgeübt haben, könnten sie fortan mit vollem Bewußtsein zum unzweifelhaften Nutzen der Weltwirtschaft vollziehen" (*Geldzins*, S. 161).

„Bei unveränderten Preisen würde auch der Zinssatz der Banken unverändert bleiben, bei steigenden Preisen müßte der Bankzins erhöht, bei fallenden Preisen erniedrigt, und jedesmal auf dem so erreichten Stande erhalten werden, bis eine weitere Bewegung der Preise eine neue Veränderung der Zinssätze in dieser oder jener Richtung verlangt" (S. 172 f.; vgl. auch *Vorlesungen*, S. 244 ff.).

Damit formuliert Wicksell der Sache nach das Programm einer „antizyklischen" Kreditpolitik. Allerdings erfordert dies, wie Wicksell sieht, daß die Geschäftsbanken ihr eigenes Gewinninteresse hinter ihrer öffentlichen Aufgabe zurückstellen, oder daß sie vom Staate hierzu (durch geeignete notenbankpolitische Mittel) angehalten werden (*Geldzins*, S. 173 f.). Ferner müßten die Zentralbanken der wichtigsten Länder ihre Kreditpolitik koordinieren (S. 174 ff.). Dies würde schließlich den Ausblick auf eine völlig goldfreie Papierwährung eröffnen:

„In keinem Falle . . . bietet diese Aussicht, genauer besehen, etwas Erschreckendes: im Gegenteil, wenn sie einmal durchgeführt wäre, würde vielleicht das jetzige System mit seinem im Grunde ziemlich sinn- und zwecklosen Hin- und Herschicken von Goldkisten, seinem Aufgraben und Wiedervergraben von Edelmetallschätzen in den Schoß der Erde, wie ein Märchen aus alter Zeit klingen. Die Durchführung selbst wäre, wenigstens theoretisch, eine sehr einfache Sache. Man hätte weder eine Weltzentralkasse noch internationale Noten nötig, sondern jedes Land hätte sein eigenes System von Noten (nebst Scheidemünze), welche zwar von den Hauptbanken überall al pari eingelöst werden müßten, aber nur innerhalb des eigenen Landes zirkulieren dürften. Es würde dann einfach die Sache der Kreditanstalten sein, ihre Zinssätze in der erwähnten doppelten Weise gegen- und miteinander derart zu regeln, daß sowohl die internationale Zahlungsbilanz im Gleichgewicht wie das allgemeine Niveau der Weltpreise auf unveränderter Höhe erhalten bliebe. Kurz, der Regulator der Warenpreise würde dann erst recht der Bankzins sein, indem er nicht mehr wie heute durch die Zufälligkeiten der Edelmetallproduktion und -konsumtion, bzw. des Bedarfs der Zirkulation an Metallmünze eingeengt wäre, sondern in durchaus freier, nur durch das Zielbewußtsein der Geldanstalten vorgeschriebener Weise sich bewegen würde" (S. 176 f.).

Ein solches planvolles Zusammenwirken würde zugleich dem großen Ziele einer weltweiten Kooperation dienen, das Wicksell mit dem klassischen Liberalismus teilt. Sein Werk *„Geldzins und Güterpreise"* schließt mit dem Bekenntnis:

„In jedem neuen Schritt zur Zusammenschließung der Völker für wirtschaftliche oder wissenschaftliche Zwecke begrüße ich meinerseits mit Freude eine neue Garantie für die Wahrung und Stärkung desjenigen Gutes, von dem das glückliche Erreichen aller anderen materiellen und immateriellen Güter schließlich abhängt — des internationalen Friedens" (S. 179).

b) Wicksells Theorie in der Lehrgeschichte

So wie in dem großen Lehrwerke Wicksells verschiedene Richtungen der zeitgenössischen Ökonomie sich zu neuer Einheit gefunden haben — die Grenznutzentheorie in ihren drei Varianten (österreichische, englische und Lausanner Schule), die Grenzproduktivitätstheorie und schließlich das klassische Erbe — so sind wiederum besonders von Wicksells Zinsspannentheorie nach mehreren Seiten Wirkungen auf die weitere Lehrgeschichte ausgegangen. Der Einfluß Wicksells ist unverkennbar bei der „Skandinavischen" (Schwedischen) Schule, bei einigen Vertretern der neueren österreichischen Grenznutzenlehre und schließlich in der Theorie von *Keynes:*

1. Die *Skandinavische Schule* teilt mit ihrem Meister die letztlich praktische, wirtschaftspolitische Orientierung der Theorie, den realistischen Sinn für das Bewegungsbild der Wirtschaft, die Verbindung von Geld-, Preis- und Einkommenstheorie zu einer neuen Gesamtsicht des ökonomischen Prozesses, die Hervorhebung der Rolle des Geldes im Konjunkturgeschehen. In kritischer Weiterentwicklung der Lehren Wicksells — sowie seines Freundes David

Davidson (1854—1942), der von beträchtlichem Einfluß auf die schwedische Ökonomie gewesen ist — haben hier vor allem gewirkt Gunnar K. *Myrdal* (geb. 1898; *Monetary Equilibrium*, London 1932), Erik *Lundberg* (geb. 1895; *Studies in the Theory of Economic Expansion*, Oxford 1937), Erik R. *Lindahl* (1851—1960; *Studies in the Theory of Money and Capital*, London 1939), Bertil *Ohlin* (geb. 1899; *The Problem of Employment Stabilization*, New York 1943). Wicksells Gedanke des „kumulativen Prozesses" hat später seine systematische Ausweitung im Sinne einer „*Sequenzanalyse*" der Wirtschaftsvorgänge gefunden: Größen, die der früheren „statischen" Sicht „Daten" gewesen sind, werden in Variable verwandelt; die Einzelmomente des Wirtschaftsablaufs werden nicht länger als simultan, sondern vielmehr als zeitlich gestaffelt betrachtet; *time-lags* sollen Berücksichtigung finden. So kommt es zu einem allgemeinen Vergleich der *ex-ante-Pläne* der Wirtschaftssubjekte mit den *ex-post-Resultaten*. Hierbei haben die schwedischen Ökonomen, vor allem unter dem Eindruck der Weltwirtschaftskrise, die Ansatzpunkte und die Erfolgsaussichten öffentlicher Einwirkung — nicht zuletzt kreditpolitischer Art — auf den Wirtschaftsprozeß näher zu bestimmen gesucht.

Wie stark der Einfluß gewesen ist, den Wicksell auf die nordische Ökonomie gehabt hat, läßt noch dessen Antipode Gustav *Cassel* (1866—1945) erkennen, welcher der „Skandinavischen Schule" nicht zuzurechnen ist, in dessen Konjunkturauffassung aber der Kreditzins gleichfalls eine Hauptrolle spielt: „*Die typische moderne Hochkonjunktur bedeutet keine Überproduktion, keine Überschätzung der Nachfrage der Konsumenten oder des Bedürfnisses der Gesellschaft an den Diensten des festen Kapitals, wohl aber eine Überschätzung des Kapitalangebots, also der Menge der Sparmittel, die zur Übernahme des produzierten Realkapitals zur Verfügung steht.* ... Wenn ... die Hochkonjunktur immer weiter getrieben wird, muß es zuletzt zu einem Moment kommen, wo es auf einmal klar wird, daß der Markt Sparmittel zur Übernahme des produzierten Realkapitals in genügender Menge zur Verfügung zu stellen nicht imstande ist. In diesem Augenblick muß eine plötzliche Entwertung des festen Kapitals eintreten und damit eine außerordentlich gesteigerte Schwierigkeit für die Unternehmer, das zur Übernahme ihrer Anlagen nötige Kapital, sei es leihweise, sei es durch Verkauf, zu bekommen. Damit haben sie aber bei allen laufenden Zahlungsverpflichtungen, die sie in ihrer produktiven Tätigkeit haben übernehmen müssen, nicht gerechnet. Wenn es sich zeigt, daß sie sich auf diesem Punkte getäuscht haben, muß eine allgemeine Unfähigkeit, eingegangenen Zahlungsverpflichtungen nachzukommen, die Folge werden. Diese Unfähigkeit breitet sich natürlich in immer weiteren Kreisen aus, da die ganze Geschäftswelt von der pünktlichen Erfüllung fällig werdender Zahlungsverpflichtungen in hohem Grade abhängig ist. Es muß also eine allgemeine wirtschaftliche Krise entstehen." (*Theoretische Sozialökonomie*, hier nach der 4. Auflage, Leipzig 1927, S. 575.)

2. Die jüngere *österreichische Grenznutzenschule* hat in ihrem Bemühen, die von den älteren Vertretern der Schule (C. *Menger*, E. v. *Böhm-Bawerk*, F. v. *Wieser*) gänzlich vernachlässigten Konjunkturprozesse mit dem Instrumentarium der subjektivistischen Theorie zu bewältigen, vor allem auf den von *Böhm-Bawerk* angedeuteten und durch Wicksell näher ausgeführten Gedanken einer Verlängerung und Verkürzung der Produktionsperiode bei sinkendem oder steigendem Zinsfuß zurückgegriffen. So kennt auch Ludwig v. *Mises* (geb. 1881) ein Spannungsverhältnis zwischen „natürlichem Kapitalzins" und „Darlehenszins". Sinkt letzterer unter den ersteren, so entsteht — gefördert durch die unbegrenzte Fähigkeit des Banksystems, die Umlaufsmittel zu vermehren — ein Konjunkturaufschwung, der seine Schranken nur

an der ungenügenden Vergrößerung des „nationalen Subsistenzfonds" an Konsumgütern und an der mangelnden Bereitschaft der Beschäftigten findet, ihre Löhne in der Hochkonjunktur entsprechend dem ungenügenden Mitwachsen des Subsistenzfonds kürzen zu lassen. So stellt sich schließlich heraus, daß die mit Hilfe des billigen Kredits eingeschlagenen „Produktionsumwege" überdehnt worden sind, und die Krise bricht aus. (*Theorie des Geldes und der Umlaufsmittel,* München und Leipzig 1912; hier nach der 2. Aufl. von 1924, S. 347 ff.; vgl. auch Mises, *Geldwertstabilisierung und Konjunkturpolitik,* Jena 1928.) — In ähnlicher Weise haben Richard v. *Strigl* (*Kapital und Produktion,* Wien 1934) sowie Friedrich A. v. *Hayek* (geb. 1899; *Geldtheorie und Konjunkturtheorie,* Wien 1929; *Preise und Produktion,* Wien 1931), ohne hierbei allerdings eine Zins*spannen*theorie zu entwickeln, den Abbruch des Aufschwungs auf eine durch niedrigen Zins verursachte übermäßige Verlängerung der „Produktionsumwege" zurückgeführt, die sich an der Aufnahmefähigkeit der Märkte schließlich brechen müsse.

3. Schließlich ist der Einfluß Wicksells spürbar bei J. M. *Keynes.* Unter Berufung auf Wicksell hat Keynes in *„A Treatise on Money"* (London 1930) ausgeführt: „Die Anziehungskraft von Investitionen hängt ab von dem Verhältnis des voraussichtlichen Einkommens, das der Unternehmer von der laufenden Investition erwartet, zu dem Zinssatz, den er zu zahlen hat, um sie zu finanzieren." (Vgl. deutsche Ausgabe: *Vom Gelde,* 1932, S. 126.) Noch in der *„General Theory"* hat Keynes das Auf und Ab der Konjunkturen auf ein Schwanken der Grenzleistungsfähigkeit des Kapitals im Verhältnis zum Zinssatz zurückgeführt. (Vgl. Kapitel 11/III; ferner Kapitel 22. Siehe auch unten, S. 201 f.)

c) Würdigung

Bei aller lehrgeschichtlichen Bedeutung von Wicksells Prozeßtheorie und bei allem Scharfsinn, mit dem der große Gelehrte sie entwickelt hat, bleibt sein Gedankengang in wesentlichen Punkten anfechtbar:

1. Von größter Bedeutung ist natürlich der Angelpunkt des ganzen Systems, der „natürliche Kapitalzins". Ihn hat Wicksell weder in *„Geldzins und Güterpreise"* noch in den *„Vorlesungen"* eindeutig bestimmt. Dieser Umstand sowie die von Wicksell selbst anerkannte Schwierigkeit, den jeweiligen „natürlichen Kapitalzins" empirisch zu ermitteln, hat eine Reihe von Konjunkturtheoretikern, die Wicksells Gedanken nahestehen, veranlaßt, auf einen „natürlichen" Zins ganz zu verzichten und aus den Bewegungen des Darlehenszinses allein die Konjunktur zu erklären. Auch V. F. *Wagner* hat zu Recht bemerkt: „Im Grunde ist der Begriff des ‚natürlichen Zinses' im Sinne der Definition Wicksells für den Gedankengang überhaupt entbehrlich. Es sind die Gewinnerwartungen der Unternehmer, welche die Handlungen der Unternehmer motivieren und zur Störung des Gleichgewichts führen." (*Kredittheorien,* S. 245. Vgl. auch J. *Schumpeter, Konjunkturzyklen,* S. 136; B. *Ohlin, Some Notes,* S. 109 ff.). — Der Gewinn allerdings ist, wie beachtet werden sollte, als Differenz von Ertrag und Aufwand vor allem bestimmt durch die *Relation der Preise.* An die Stelle von Zinsspannen wären daher die ungleich gewichtigeren *Preisspannen* und ihr wechselndes Verhältnis auf der Ertrags- und der Aufwandseite zu setzen. Leider vernachlässigt Wicksell über der Betrachtung des Gesamtpreis*niveaus* die verschiedenartige Entwicklung der Preis*gruppen,* die für das Konjunkturgeschehen entscheidend ist. Er verabsäumt daher auch — wie Wicksells Freund D. *Davidson* hervorgehoben hat — den Einfluß, welchen neben dem Zinssatz die Entwicklung der *Arbeitsproduktivität* auf die Preise hat.

Im übrigen: Verfügen die Unternehmungen in Gestalt des *konkurrenzüblichen* Gewinns jedenfalls über eigene Investitionsmittel, so lockert sich schon aus diesem Grunde sehr die von Wicksell — wie von mehr oder minder allen Vertretern einer kredittheoretischen Erklärung der Konjunktur — vorausgesetzte Angewiesenheit der Unternehmungen auf den bankvermittelten Kredit.

2. In der Tat ist die primäre und am reichlichsten fließende Quelle der Investitionen der *Gewinn* der Unternehmungen. Die Rentabilität der Unternehmungen ist auch Voraussetzung für ihren Kredit. Soweit sie aber auf fremde Mittel angewiesen bleiben, steht ihnen nicht nur der Bankkredit zur Verfügung, sondern etwa auch die Aktienemission oder der Lieferantenkredit, den sich die Unternehmungen untereinander einräumen und durch den sie erhebliche Unabhängigkeit vom Bankkredit gewinnen können. Schließlich ist auch die Einwirkung der öffentlichen Ausgabenpolitik heute nicht bedeutungslos für die Ausstattung der Unternehmungen mit (langfristig oder kurzfristig verfügbarem) Geldkapital.

Wenn die Geschäftswelt weit weniger vom Bankkredit abhängig ist, als Wicksell und andere vorausgesetzt haben, so erklärt sich damit *erstens*, warum heute anerkanntermaßen das Bemühen der Notenbanken, auf die Konjunkturlage mit Hilfe der *Zins*politik — die ohnehin zumeist nur den kurzfristigen Kredit unmittelbar berührt — einzuwirken, so wenig ausrichtet. *Zweitens* ergibt sich aus der nur akzessorischen Bedeutung des Bankkredits, daß Zins und Unternehmensgewinn (= „natürlicher Kapitalzins") sich keineswegs ausgleichen müssen; der (durchschnittliche) Leihzins bleibt unter dem („durchschnittlichen") Unternehmensgewinn. Dies ist auch die Auffassung der älteren, klassischen Schule gewesen. Die Annahme, daß Unternehmensgewinn und Leihzins einander gleich werden, ist also keineswegs selbstverständlich; und vollends dürften Ökonomen, die sich selbst als „Neoklassiker" ansehen, über diesen gravierenden Unterschied der Auffassung gegenüber der Klassik nicht wortlos hinweggehen.

Im übrigen: Wenn man trotz der in einer hochmonopolisierten Wirtschaft recht augenfälligen *Ungleichheit* in der Akkumulationskraft der Unternehmungen mit der Lehre von „dem" natürlichen Kapitalzins an einer Art von Theorie der „Durchschnittsprofitrate" festhalten will, so wird man nicht Unternehmensgewinn und *Bankzins*, sondern vielmehr Unternehmensgewinn und *Bankgewinn* zu vergleichen haben. Der Gewinn der Banken ist vom Bankzins durchaus verschieden.

3. Selbst in den Fällen, in denen der Kredit größere Bedeutung hat, darf doch die Zinsempfindlichkeit der Investitionen nicht überschätzt werden. Andere Kostenpositionen — vor allem die konjunkturell schwankenden Bezugskosten der Waren — fallen ungleich stärker ins Gewicht. Wicksells Zinsspannentheorie bezieht sich auf Verhältnisse gemäßigter Renditen, wo noch geringe Kostenänderungen die Unternehmensentscheidungen beeinflussen können. Mit so feinen Unterschieden kalkulieren die heutigen Unternehmensleiter, gewöhnt an beträchtliche Gewinnspannen, nicht mehr. Die robusten Praktiken der Unternehmungen in gefestigter Marktposition machen diese weithin unabhängig von der Zinspolitik und wirken andererseits auf Dritte zumeist ungleich stärker ein als die Änderungen des Diskontsatzes. (Vgl. hierzu schon A. *Tismer, Grenzen der Diskontpolitik,* 1932, S. 89 ff., 126 und passim.)

Wicksell selbst hat, unter dem Eindruck der hohen Gewinne, die überall während des ersten Weltkrieges erzielt werden konnten, später manche Vorbehalte hinsichtlich der konjunkturellen Wirksamkeit der Zinspolitik gemacht. (Vgl. B. *Ohlins,* Einleitung zur englischen Ausgabe von *Geldzins* [1936];

ferner B. B. *Seligman, Main Currents,* S. 552 f.) Auch zieht Wicksell schon in *Geldzins* in Erwägung, ob man nicht, statt den Zinssatz als Ursache der Preisbewegung, „umgekehrt die Preisbewegung selbst als Ursache und die Höhe des Zinsfußes als Wirkung" betrachten könne; ein Gedanke, den Wicksell allerdings mit der Begründung verwirft, daß hierbei die Bewegung der Preise selbst im Dunklen bleibe (vgl. S. 151.)

4. Wenn der Geldzins sich nach der Annahme Wicksells dem Kapitalzins mit bloßer Verzögerung *anzupassen* tendiert, so muß auch der „kumulative Prozeß" allemal sein *Ende* finden (und gegebenenfalls in eine entgegengesetzte Bewegung umschlagen), sobald der Geldzins den Kapitalzins erreicht (oder übertroffen) hat. Der „kumulative Prozeß" kann jedenfalls nicht grenzenlos in einer Richtung weitergehen, oder es ist mit der Angleichungstendenz des Geldzinses nichts.

5. Es bleibt offen, welchem Konjunkturtypus der Gedankengang unseres Autors am nächsten kommt. Wicksell selbst hat nur eine Erklärung der *langfristigen* Preiswellen des neunzehnten Jahrhunderts unternommen.

Bei alledem stellt sicherlich der Kreditmarkt und der Zins ein *mitwirkendes* Moment der Konjunktur dar, wenn er auch als alleinige Ursache von Wirtschaftsschwankungen nicht in Betracht kommt. Die Rolle des Geldkapitalmarktes entspringt schon daraus, daß im Aufschwung der wachsende Warenumsatz zu steigenden Preisen sowie die zunehmende Investitionstätigkeit natürlich die Nachfrage nach disponiblem Kapital anspannen, während in der Depression das Schrumpfen der Mengenumsätze, das Fallen der Preise und das Stocken der Investitionstätigkeit Geldkapital freisetzen. Die Schwankungen des Kreditzinses *begleiten* also den Konjunkturprozeß.

Auch Wicksells Theorie enthält übrigens das — freilich von ihm wenig entwickelte — Moment der *Umschichtung von Produktion und Einkommen:* Ein Zinsgefüge, das die Kapitalbildung ermuntert, läßt vor allem die Unternehmereinkommen und infolgedessen die Erzeugung von Produktionsmitteln wachsen; die konsumfernen Wirtschaftsbereiche sind begünstigt. Diese spüren freilich auch den Umschlag am heftigsten. — Hierin berührt sich Wicksells Lehre mit den oben wiedergegebenen Auffassungen derjenigen Denker, die in der — schließlich übermäßigen — Umproportionierung der Einkommen oder der Produktion das Movens der Konjunkturen erblickt haben.

So zeigt sich über die verwirrende Vielfalt von Einzeltheoremen hinweg doch eine gewisse Verwandtschaft der Konjunkturerklärung; wobei die Kredittheorie den beiden anderen — letztlich zusammengehörenden — Deutungen (Rückführung der Konjunktur auf eine Umschichtung der Einkommen und auf eine Umschichtung der Produktion) ergänzend zuarbeitet. Ihren letzten festen Halt aber findet alle Konjunkturtheorie an dem, was das Wesen unserer Wirtschaftsordnung ausmacht: die maximale Verwertung des Kapitals, die durch das gleichgerichtete Verhalten aller die Bedingungen ihres eigenen Übermaßes wir auch seiner Korrektur hervorbringt.

Literatur

Zur Geschichte der Konjunkturtheorie allgemein

Art. „Konjunkturen" HWBSoz. — Eugen v. *Bergmann:* Geschichte der nationalökonomischen Krisentheorien, Stuttgart 1895. — Natalie *Moszkowska:* Zur Kritik moderner Krisentheorien, Prag 1935. — Valentin F. *Wagner:* Geschichte der Kredittheorie. Eine dogmenkritische Darstellung, Wien 1937. — Gottfried *Haberler:* Prosperität und Depression. Eine theoretische Untersuchung der Konjunkturbewegungen, Bern 1948 (ursprünglich frz. u. engl. 1937). — Readings in Business Cycle Theory, London 1950. — Gerhard *Stavenhagen:* Geschichte der Wirtschaftstheorie, Göttingen 1964³, S. 503 ff.

Zu Schumpeter

Weitere hier herangezogene Veröffentlichungen Schumpeters: The Explanation of the Business Cycle, Ec. 1927, S. 286 ff. — The Instability of Capitalism, EJ 1928, S. 361 ff. — Der Unternehmer in der Volkswirtschaft von heute, in „Strukturwandlungen der deutschen Volkswirtschaft, I. Bd. Berlin 1928, S. 295 ff. — The March into Socialism, AER, Pap. and Proc., 1950, S. 446 ff.

Sekundäres Schrifttum: Art. „Schumpeter" HWBSoz. — Richard V. *Clemence* und Francis S. *Doody:* The Schumpeterian System, Cambridge/Mass. 1950. — Carolyn S. *Solo:* Innovation in the Capitalist Process: A Critique of the Schumpeterian Theory, QJE 1951, S. 417 ff. — Seymour E. *Harris* (Ed.): Schumpeter: Social Scientist, Cambridge/Mass. 1951. — Manuel *Gottlieb:* The Ideological Influence in Schumpeter's Thought, ZN 1959, S. 1 ff. — Felix *Lehnis:* Der Beitrag des späten Schumpeter zur Konjunkturforschung, Stuttgart 1960.

Weitere Schriften von Lederer

Monopole und Konjunktur, Vierteljahreshefte f. Konj.forschung, Erg.heft, 1927. — Technischer Fortschritt und Arbeitslosigkeit, Tübingen 1931.

Zu Wicksell

Art. „Wicksell" HWBSoz. — Joseph A. *Schumpeter:* Knut Wicksells mathematische Nationalökonomie, ASS 1927 (wiederabgedruckt in Schumpeter: Dogmenhistorische und biographische Aufsätze, Tübingen 1954). — Alfred *Tismer:* Grenzen der Diskontpolitik, München und Leipzig 1932. — Jörgen *Pedersen:* Wicksells Theorie des Zusammenhangs zwischen Zinssatz und Geldwertschwankungen, ASS 1933. — Bertil *Ohlin:* Some Notes on the Stockholm Theory of Saving and Investment, EJ 1937 (wiederabgedruckt in „Readings in Business Cycle Theory", London 1950, S. 87 ff.) — Richard *v.Strigl:* Der Wicksellsche Prozeß, WA 1942. — Carl G. *Uhr:* Economic Doctrines of Knut Wicksell, Berkeley und Los Angeles 1960. — Ben B. *Seligman:* Main Currents in Modern Economics. Economic Thought since 1870, Glencoe/Ill. 1962, S. 539 ff.

Zur Konjunkturtheorie vgl. auch die oben (S. 93 f.) aufgeführten Schriften.

Dritter Teil

Die Lehre von der fortschreitenden Wirtschaft unter den Bedingungen des „organisierten Kapitalismus"

Wenn es eine selbstverständliche Wahrheit ist, daß alle ökonomische Theorie von den Verhältnissen der wirklichen Wirtschaft aus zu verstehen ist, auf die sie sich bezieht, so leuchtet ein, daß die tiefgreifenden Veränderungen, die in der Wirtschaft aller vorangeschrittenen Industrieländer etwa vom Ende des vorigen Jahrhunderts an sichtbar hervorgetreten sind, ihren unmittelbaren Niederschlag in der Theorie der ökonomischen Gesamtentwicklung finden mußten. Grundzüge des eingetretenen Wandels darf man in Folgendem erblicken.

1. Mit wachsender Großproduktion, mit zunehmender Ballung des Kapitals in der Industrie, in der Bankwelt, in Handel und Verkehr hat sich eine fortschreitende *Vermachtung* (Oligopolisierung) der Märkte durch Kartelle, Syndikate, Verbände der verschiedensten Art, schließlich vermittels planvoller Produktionsteilung, vollzogen. An die Stelle der freien ist die regulierte Konkurrenz getreten. — Damit erhoben sich vor der Theorie der wirtschaftlichen Entwicklung wichtige Fragen, wie etwa: Was bedeutet die neue Rolle der Aktiengesellschaften, der Konzerne und Trusts für die Kapitalbildung? Ist der Übergang zur regulierten Konkurrenz der Wirtschaftserweiterung günstig oder hinderlich? Wie vereinbart sich restriktive Angebotspolitik, wie sie Machtgebilden auf den Märkten möglich geworden ist, mit der Wiederanlage von hierdurch erzielten Zusatzgewinnen; müssen sich Anbieter in monopolartiger Stellung durch Neuanlage ihres Vorzugsgewinns nicht immer wieder selbst den Markt verderben, oder gibt es andere Richtungen der Kapitalanlage?

2. Von einer monopolähnlichen Marktstrategie, wie sie einer wachsenden Zahl von Unternehmungen möglich geworden ist, läßt sich offenbar eine Verbindung schlagen zu jener *„säkularen" Aufwärtsbewegung des gesamten Preisniveaus,* die — mit Unterbrechungen — schon seit den letzten Jahren des 19. Jahrhunderts in allen hochentwickelten Ländern des erwerbswirtschaftlichen Typus eingesetzt hat, und die so sehr im Gegensatz zu dem im ganzen fallenden Trend der Preise während des 19. Jahrhunderts steht. (Siehe hierzu W. *Hofmann, Die säkulare Inflation,* Berlin 1962.) Diese Erscheinung hat, vollends nach dem zweiten Weltkrieg, die Erörterung der Frage dringlich gemacht, ob „leichte" Inflation als eine „notwendige" oder „erwünschte" Bedingung des weiteren „Wirtschaftswachstums" anzusehen sei, und wie sie ihrerseits auf die Kapitalbildung, die Investition, die Proportionen der Entwicklung wirke.

3. Regulierte Konkurrenz und Machtpreisbildung sind offenbar auch von Wirkung auf den *Konjunkturverlauf* geworden. Wenn wichtige Unterneh-

mensbereiche auf einen Rückgang des Geschäfts nicht so sehr mit Senkung der Preise als vielmehr mit Einschränkung ihrer *Produktion* anworten, so ist dies von erheblicher Bedeutung für den Umfang der Beschäftigung, der Lohneinkommen und daher der Massenkaufkraft der Endverbraucher, ferner für die Renditen anderer Unternehmungen, deren Kosten nun etwa hochgehalten werden, und mit alledem für das Wirken jener Kräfte eines spontanen *Wiederaufschwungs* der Geschäftstätigkeit, die uns die Theorien der zyklischen Konjunktur erschlossen haben. Momente *struktureller* Verhärtung von wichtigen Faktoren der *Depression* haben offenbar in der *Weltwirtschaftskrise* gewirkt; sie helfen deren außerordentliche Ausdehnung und Tiefe erklären. — Die neuen Phänomene einer nicht mehr konjunkturellen, sondern *strukturellen* Krisenneigung des Systems verlangten gebieterisch nach einer Deutung. Wir werden sehen, welche Antwort vor allem *Keynes* auf die veränderten Probleme geboten hat.

4. War schon in den vorausgegangenen Jahrzehnten die Verbindung von Privatwirtschaft und öffentlicher Gewalt immer enger geworden, so drängt sich vollends mit der Weltwirtschaftskrise der unmittelbare *Eintritt des Staates in den Wirtschaftsprozeß* auf. Die öffentliche Hand ist zum Konjunkturträger im großen geworden: als Käufer, Investor, Auftraggeber, als Träger von Beschäftigungsprogrammen, von Einkommensumverteilung und Subventionen, als Wegbereiter vergrößerter Exporte, als Regulator der nun planvoll in den Dienst der Konjunktur gestellten Geld- und Kreditversorgung. Dieser neuen Rolle des Staates im Wirtschaftsleben entspricht die Theorie der öffentlich gestützten Konjunktur, der staatsvermittelten *„autonomen Investition“*, die Lehre von der *„Fiscal Policy“* (bis hin zur *„Functional Finance“*), von der Stellung der Staatsschuld im Kreislaufprozeß.

Hat also das 20. Jahrhundert eine Reihe neuer schwerwiegender theoretischer und praktischer Fragen an die Lehre vom Wirtschaftsprozeß herangetragen, so haben sich dabei allerdings die Probleme im Laufe der Zeit verschoben:

1. Die neuen Verhältnisse sind zunächst von der *marxistischen* Theorie aufgenommen und geprüft worden; wobei der Übergang zum „Monopolkapitalismus“ und „Imperialismus“ im Vordergrund stand. Ist das erste Viertel des Jahrhunderts noch reich an Imperialismustheorien — zum Teil auch von nichtmarxistischer Seite — gewesen, so hat in der späteren Lehre des „offiziellen“ stalinistisch verknöcherten Marxismus eine zum Schema erstarrte Auffassung von der „*allgemeinen* Krise“ des Systems, die der „Monopolkapitalismus“ heraufgebracht habe, Vorrang erhalten.

2. Von ganz anderer Natur ist jene Erklärung der überzyklischen Krise, die, vor dem Hintergrunde der großen Katastrophe von 1929 bis 1933, John M. *Keynes* geliefert hat. An seine Lehre von der immanenten Selbstgefährdung des Wirtschaftsprozesses und von der Notwendigkeit, dieser Gefahr immer wieder durch nicht aus dem Kreislauf selbst „induzierte“ Impulse zu begegnen, haben sich eine Reihe vielzitierter neuer Theoretiker angeschlossen.

3. Die Zeit nach dem zweiten Weltkrieg schließlich steht im Zeichen des *angewandten Keynesianismus:* der systematischen Einwirkung der öffentlichen Hand auf den Konjunkturverlauf, der wachsenden öffentlichen Verschuldung, der institutionalisierten schleichenden Inflation. So sehr hierdurch ernste Probleme der zwischenstaatlichen Wirtschaftsbeziehungen und vor allem der Weltwährungsordnung heraufbeschworen worden sind, so sind doch in dieser Epoche den Ländern des kapitalistischen Typs größere Schwankungen der Binnenkonjunktur im allgemeinen erspart geblieben. Das

Instrumentarium, das in den Dienst der beschleunigten Kapitalakkumulation gestellt wurde, hat ziemlich reibungslos und unauffällig gearbeitet. — So erklärt es sich, daß auch die „Wachstumstheorie“, nachdem die großen Fragen der vorausgegangenen Jahrzehnte an Dringlichkeit verloren haben, sich schließlich einem neuen „Gleichgewichts“-Quietismus hat anheimgeben können: Die post-Keynessche Lehre, in deren Mittelpunkt das große Investitions- und Kaufkraftproblem gestanden hat, tritt etwa seit der Mitte der fünfziger Jahre wieder hinter einer auf *Walras* zurückgreifenden — „neo-neo-klassischen“ — Lehre von der Selbststeuerung der Wirtschaftskräfte zurück.

Mit der von Keynes sich herleitenden, an „*Investitionsfunktionen*“ orientierten Lehre und mit der auf Walras sich berufenden, „*Produktionsfunktionen*“ — „makroökonomischer“ Art — nutzbar machenden Theorie sind die beiden Haupttypen der neueren Lehre vom Wirtschaftsprozeß bezeichnet. Doch treten diese bei vielen Theoretikern unserer Tage in verschiedenartiger *Verbindung* miteinander auf. Der Versuch, beide Theoriegruppen zu einem gewissen Ausgleich zu bringen, ist unverkennbar.

Erster Abschnitt

Die sozialistische Lehre von „Monopolkapitalismus“, „Imperialismus“ und „allgemeiner Krise“

A. Das Herrschaftssystem des „Finanzkapitals“: Rudolf Hilferding

Eine erste und auch heute noch bemerkenswerte systematische Untersuchung des „organisierten Kapitalismus“ von marxistischer Seite hat Rudolf Hilferding (1877—1941), einer der führenden Köpfe der deutschen Sozialdemokratie vor und nach dem ersten Weltkrieg, mit seinem Buche „*Das Finanzkapital*“ von 1910 vorgelegt[1]. Der Gedankengang läßt sich in seinen Grundzügen folgendermaßen wiedergeben.

1. Aktiengesellschaft und Gründergewinn

„Die bisherige Ökonomie hat den Unterschied zwischen Einzelunternehmen und Aktiengesellschaft vornehmlich bloß in der Verschiedenheit der Organisationsform und den daraus unmittelbar sich ergebenden Folgen gesucht. . . . Doch hat sie es unterlassen, auf die grundlegenden ökonomischen Unterschiede der beiden Unternehmungsformen einzugehen, obwohl diese von entscheidender Wichtigkeit sind für das Verständnis der modernen kapitalistischen Entwicklung, die ohne den Sieg der Aktiengesellschaft und dessen Gründe gar nicht begriffen werden kann. Die industrielle Aktiengesellschaft . . . bedeutet . . . eine Änderung der Funktion des industriellen Kapitalisten. Denn sie bringt grundsätzlich mit sich, was beim Einzelunternehmen nur zufällig einmal eintreten kann: die Befreiung des industriellen Kapitalisten von der Funktion des industriellen Unternehmers“ (S. 120).

Damit ändern sich die Eigentumsbeziehungen:

„Durch die Verwandlung des Eigentums in Aktieneigentum wird der Eigentümer zum Eigentümer minderen Rechts. . . . Die wirkliche Verfügung über das Produktionskapital steht Leuten zu, die nur einen Teil desselben wirklich beigesteuert haben“ (S. 155 f.).

---

[1] Untertitel: Eine Studie über die jüngste Entwicklung des Kapitalismus. Im weiteren zitiert nach dem Neudruck, Berlin 1947.

Die Überlegenheit der Kapitalgesellschaft gegenüber dem freien Eigentümer wird sinnfällig in der ökonomischen Kategorie des *„Gründergewinns"*. Wie vor ihm schon K. *Marx* (*„Das Kapital"*, III/14, S. 250), so zeigt auch Hilferding:

Die Konkurrenz um die verschiedenen Anlagesphären „nähert den Preis der Aktie dem Preis der festverzinslichen Anlagen an und reduziert für den Aktionär das Erträgnis vom industriellen Profit auf den Zins. . . . Soweit also die Aktienunternehmung reicht, wird jetzt die Industrie betrieben mit einem Geldkapital, dessen Verwandlung in industrielles Kapital für diese Kapitalisten nicht den Durchschnittsprofit, sondern nur den Durchschnittszins abzuwerfen braucht" (S. 123 f.).

Es ist diese „Differenz zwischen . . . dem Kapital, das die Durchschnittsprofitrate, und dem, das den Durchschnittszins abwirft . . ., *die als ‚Gründergewinn' erscheint,* eine Quelle des Gewinns, die nur aus der Verwandlung des profittragenden in die Form des zinstragenden Kapitals entspringt" (S. 127).

„Die Wachstumsenergie der Aktiengesellschaft ist damit eine bedeutend größere als die der Privatunternehmung" (S. 148).

Dementsprechend ist auch die Aktie „Revenuetitel, Schuldtitel auf künftige Produktion, Ertragsanweisung. Indem dieser Ertrag kapitalisiert wird, und dies den Preis der Aktie konstitutiert, scheint in diesen Aktienpreisen ein zweites Kapital vorhanden zu sein. Dieses ist rein fiktiv. Was wirklich existiert, ist nur das industrielle Kapital und sein Profit" (S. 125).

„Einmal geschaffen, hat die Aktie mit dem wirklichen Kreislauf des industriellen Kapitals, das sie repräsentiert, nichts mehr zu tun" (S. 129).

Indem dieses „fiktive" Kapital von dem eigentlich wirkenden, im Produktionsprozeß gebunden industriellen Kapital sich ablöst, wird die Mobilisierung des Kapitaleigentums sehr erleichtert. — Die Form des Aktieneigentums erlaubt es Großaktionären, mit einem Bruchteil des benötigten Gesamtkapitals vor allem verschachtelte Konzerngesellschaften zu majorisieren (vgl. S. 138 ff.).

2. Die Rolle des Bankkapitals

Die Mobilität des „fiktiven" Kapitals ist auch die Voraussetzung für die zunehmende Macht der Banken:

„Mit der Entwicklung des Bankwesens, mit der immer enger werdenden Verflechtung der Beziehungen zwischen Bank und Industrie verstärkt sich die Tendenz, einerseits die Konkurrenz der Banken untereinander immer mehr auszuschalten, andererseits alles Kapital in der Form von Geldkapital zu konzentrieren und es erst durch die Vermittlung der Banken den Produktiven zur Verfügung zu stellen. In letzter Instanz würde diese Tendenz dazu führen, daß eine Bank oder eine Bankengruppe die Verfügung über das gesamte Geldkapital erhielte.

Eine solche ‚Zentralbank' würde damit die Kontrolle über die ganze gesellschaftliche Produktion ausüben" (S. 234).

Die Überlegenheit des „Geldhandlungskapitals" über das „industrielle Kapital" — beide Begriffe übernimmt Hilferding von *Marx* — kommt darin zum Ausdruck, daß die Banken auf Grund ihrer Emissions- und Spekulationstätigkeit einen wachsenden Teil des Gründergewinns an sich ziehen:

„Je stärker die Bankenmacht, desto vollständiger gelingt die Reduktion der Dividende auf den Zins, desto vollständiger fällt der Gründergewinn der Bank zu" (S. 157).

Mit der Konzentration der Industrie wächst auch die der Banken (S. 302 ff.). Die „Abhängigkeit der Industrie von den Banken" nimmt nach Hilferding zu:

„Ein immer wachsender Teil des Kapitals der Industrie gehört nicht den Industriellen, die es anwenden. Sie erhalten die Verfügung über das Kapital nur durch die Bank, die ihnen gegenüber den Eigentümer vertritt. Andererseits muß die Bank einen immer wachsenden Teil ihrer Kapitalien in der Industrie fixieren. Sie wird damit in immer größerem Umfang industrieller Kapitalist. Ich nenne das *Bankkapital, also Kapital in Geldform, das auf diese Weise in Wirklichkeit in industrielles Kapital verwandelt ist, das Finanzkapital*" (S. 305).

„Ein immer größerer Teil des in der Industrie verwendeten Kapitals ist Finanzkapital, Kapital in der Verfügung der Banken und in der Verwendung der Industriellen" (S. 306).

3. Die Einschränkung der freien Konkurrenz und ihre Folgen für die Kapitalbildung

„Der Zweck der kapitalistischen Produktion ist der Profit. Die Erzielung möglichst großen Profits ist Motiv für jeden Einzelkapitalisten, wird die Maxime seines ökonomischen Handelns, die aus den Bedingungen des kapitalistischen Konkurrenzkampfes mit Notwendigkeit entspringt. Denn der Einzelkapitalist kann sich nur behaupten, wenn er ständig danach strebt, seinen Konkurrenten nicht nur gleich, sondern auch überlegen zu bleiben. Dies kann er nur, wenn es ihm gelingt, seinen Profit über den Durchschnitt zu steigern, also Extraprofit zu erzielen" (S. 238).

Dieses Trachten drängt die Unternehmungen zu den verschiedensten Formen des Zusammenwirkens oder des Zusammenschlusses. Hiermit geht die Unterordnung des vielfach zersplitterten *Handels* unter die überlegenen industriellen Anbieter einher.

„Mit der Kartellierung und Trustierung erreicht das Finanzkapital seine höchste Machtstufe, während das Handelskapital seine tiefste Erniedrigung erlebt" (S. 306).

Die Kartelle ziehen auch einen Teil des Profits der nichtkartellierten Wirtschaftszweige an sich. So wird die Tendenz zum Ausgleich der Profitraten, die *Marx* — im Anschluß an die klassische Lehre — für die Wirtschaft der freien Konkurrenz geltend gemacht hat, Hilferding zufolge aufgehoben und hierdurch auch das Marxsche „Wertgesetz" modifiziert:

„Die Kartellierung bedeutet eine Änderung in der Durchschnittsprofitrate. Die Profitrate steigt in den kartellierten Industrien und sinkt in den nichtkartellierten. Diese Verschiedenheit führt zur Kombination und Weiterkartellierung. Für die außerhalb der Kartellierung befindlichen Industrien sinkt die Profitrate. Der Kartellpreis wird um *den* Betrag über den Produktionspreis der kartellierten Industrien steigen, um den er in den nichtkartellierten unter ihren Produktionspreis gefallen ist" (S. 313).

„Die Verringerung des Profits in den nichtmonopolisierten Industrien bedeutet aber eine Verlangsamung ihrer Entwicklung. Die Senkung der Profitrate bedeutet, daß neues Kapital diesen Sphären nur langsam zuströmen wird. . . . So wirkt die Kartellierung hindernd auf die Entwicklung der nichtkartellierten Industrien. Gleichzeitig verschärft sie in ihnen die Konkurrenz und damit die Konzentrationstendenz, bis diese Industrien schließlich selbst kartellfähig werden oder fähig, von einer bereits kartellierten Industrie angegliedert zu werden" (S. 315 f.).

Den zusammengeschlossenen Industriezweigen gelingt es auch, die Wirkung von *Krisen* von sich auf die schwächeren Wirtschaftszweige umzulenken:

„Die Kartelle heben . . . die Krisenwirkungen nicht auf. Sie modifizieren sie insofern, als sie die Wucht der Krise auf die nichtkartellierten Industrien abwälzen. Der Unterschied der Profitrate in kartellierten und nichtkartellierten Industrien, der im Durchschnitt um so größer ist, je fester das Kartell und gesicherter sein Monopol, wird geringer während der Prosperität und größer während der Depression. Das Kartell mag . . . imstande sein, den Profit während der ersten Zeit der Krise und Depression länger aufrechtzuerhalten als freie Industrien und für diese die Wirkung der Krise zu verschärfen." Daß die freien Industrien „gerade in dieser Zeit durch die Kartellpolitik keine Erleichterung erhalten durch Verringerung der Preise ihrer Rohmaterialien usw., ist ein Moment, das für die Verschlechterung der Lage in den nichtkartellierten Industrien und die schnellere Herbeiführung der Konzentration von Bedeutung ist" (S. 405).

4. Finanzkapital und Imperialismus

Der Marktpolitik der Kartelle wohnt allerdings ein elementarer Widerspruch inne:

„Die Kartellierung bedeutet außergewöhnliche Extraprofite . . . Gleichzeitig aber bedeuten die Kartelle eine Verlangsamung der Kapitalsanlage. In den kartellierten Industrien, weil die erste Maßregel des Kartells die Einschränkung der Produktion ist, in den nichtkartellierten, weil die Senkung der Profitrate zunächst von weiteren Kapitalsanlagen zurückschreckt. So wächst einerseits rapid die Masse des zur Akkumulation bestimmten Kapitals, während sich anderseits seine Anlagemöglichkeit kontrahiert. Dieser Widerspruch verlangt seine Lösung und findet sie im *Kapitalexport*“ (S. 317 f.).

„Wir verstehen unter Kapitalexport die Ausfuhr von Wert, der bestimmt ist, im Ausland Mehrwert zu hecken“ (S. 429).

„Bedingung des Kapitalexports ist Verschiedenheit der Profitrate; der Kapitalexport ist das Mittel zur Ausgleichung der nationalen Profitraten“ (S. 431).

Entwickeln also die Kartelle selbst eine neue Expansivkraft, so wollen sie andererseits durch *Schutzzollpolitik* sich die eigenen Binnenmärkte als Vorbehaltsraum gegenüber der Auslandskonkurrenz sichern:

„Der Schutzzoll gewährt . . . dem Kartell einen Extraprofit über den durch die Kartellierung erreichten hinaus. . . . Dieser Extraprofit stammt jetzt nicht mehr aus dem Mehrwert, den die vom Kartell angewandten Arbeiter erzeugen; er ist auch nicht mehr ein Abzug vom Profit anderer nichtkartellierter Industrien, sondern er ist ein Tribut, welcher der gesamten Konsumentenklasse des Inlandes auferlegt ist . . .

Diese Art der Steigerung des Profits mußte . . . um so wichtiger werden, als die Erhöhung der Profitrate durch Steigerung des absoluten Mehrwerts, also durch Verlängerung der Arbeitszeit und Senkung des Arbeitslohnes, infolge der Erstarkung der Arbeiterorganisationen unmöglich wurde . . .“ (S. 420 f.).

Allerdings „bedeutet der Schutzzoll eine Einschränkung des Wirtschaftsgebietes und damit eine Hemmung der Entwicklung der Produktivkräfte . . .“ (S. 425).

„Die Preiserhöhung auf dem Inlandmarkt . . . hat die Tendenz, den Absatz der kartellierten Produkte zu verringern und gerät damit in Widerspruch mit der Tendenz, die Produktionskosten durch Ausdehnung der Stufenleiter der Produktion herabzusetzen. . . . Ist . . . das Kartell festgefügt, dann wird es die Einschränkung auf dem Inlandmarkt auszugleichen suchen durch Verstärkung des Exports, um auf derselben und womöglich auf größerer Stufenleiter die Produktion fortführen zu können. Auf dem Weltmarkt muß natürlich das Kartell zu dem Weltmarktpreis verkaufen“ (S. 422).

Am besten ist der eigene Absatz allerdings gesichert, wenn die fremden Märkte dem eigenen Wirtschaftsgebiet fest einverleibt sind:

Durch die Kartellierung wird „die unmittelbare Bedeutung der Größe des Wirtschaftsgebietes für die Höhe des Profits außerordentlich gesteigert. Wir haben gesehen, daß der Schutzzoll dem kapitalistischen Monopol für den Absatz auf dem inländischen Markt einen Extraprofit gewährt. Je größer das Wirtschaftsgebiet, desto größer aber der inländische Absatz..., desto größer also der Kartellprofit. Je größer dieser, desto höher können die Exportprämien sein, desto stärker wird also die Konkurrenzfähigkeit auf dem Weltmarkt. Gleichzeitig mit dem aktiveren Eingreifen in die Weltpolitik, die durch die Kolonialleidenschaft verursacht war, entstand das Bestreben, das durch die Schutzzollmauer umgebene Wirtschaftsgebiet so umfangreich als möglich zu gestalten" (S. 427).

„Die Politik des Finanzkapitals verfolgt somit drei Ziele: erstens Herstellung eines möglichst großen Wirtschaftsgebietes, das zweitens durch Schutzzollmauern gegen die ausländische Konkurrenz abgeschlossen und damit drittens zum Exploitationsgebiet der nationalen monopolistischen Vereinigungen wird" (S. 448).

Hier ist der Ansatzpunkt der *Kolonialtheorie*, die Hilferding mit anderen Zeitgenossen teilt (vgl. auch unten, R. *Luxemburg*). — Die Erweiterung des Wirtschaftsraumes mildert vorübergehend die immanenten Spannungen des Systems:

„Wir wissen..., daß die Erschließung neuer Märkte ein wichtiges Moment ist, um eine industrielle Depression zu beenden, die Dauer der Prosperität zu verlängern und die Krisenwirkungen abzuschwächen. Der Kapitalexport beschleunigt die Erschließung der fremden Länder und entwickelt auf größtem Maßstabe ihre Produktivkräfte. Gleichzeitig steigert er die Produktion im Inland, die jene Waren liefern muß, die als Kapital ins Ausland gesandt werden. So wird er zu einer mächtigen Triebkraft der kapitalistischen Produktion, die mit der Verallgemeinerung des Kapitalexports in eine Sturm- und Drangperiode eintritt, während der der Zyklus von Prosperität und Depression verkürzt, die Krise gemildert erscheint. Die rasche Steigerung der Produktion erzeugt auch eine Steigerung der Nachfrage nach Arbeitskraft, die die Gewerkschaften begünstigt; die immanenten Verelendungstendenzen des Kapitalismus scheinen in den Ländern alter kapitalistischer Entwicklung überwunden. Der rasche Aufstieg der Produktion läßt die Schäden der kapitalistischen Gesellschaft nicht zum Bewußtsein kommen und schafft eine optimistische Beurteilung ihrer Lebenskraft" (S. 434 f.).

Freilich: Indem das „Finanzkapital" seine expansive Tendenzen durchsetzt, entfaltet es auf allen Ebenen Formen der *Gewaltsamkeit:*

„Das Finanzkapital will nicht Freiheit, sondern Herrschaft; es hat keinen Sinn für die Selbständigkeit des Einzelkapitalisten, sondern verlangt seine Bindung; es verabscheut die Anarchie der Konkurrenz und will die Organisation, freilich nur, um auf immer höherer Stufenleiter die Konkurrenz aufnehmen zu können. Aber um dies durchzusetzen, um seine Übermacht zu erhalten und zu vergrößern, braucht es den Staat, der ihm durch seine Zollpolitik und Tarifpolitik den inländischen Markt sichern, die Eroberung ausländischer Märkte erleichtern soll. Es braucht einen politisch mächtigen Staat, der ... überall in der Welt eingreifen kann, um die ganze Welt in Anlagesphären für sein Finanzkapital verwandeln zu können. Das Finanzkapital braucht endlich einen Staat, der stark genug ist, um Expansionspolitik treiben und neue Kolonien sich einverleiben zu können. War der Liberalismus ein Gegner der staatlichen Machtpolitik, wollte er seine Herrschaft sichern gegenüber den alten Gewalten der Aristokratie und Bürokratie, indem er ihnen die staatlichen Machtmittel in möglichst geringem Umfang gewährte, so wird die Machtpolitik ohne jede Schranke zur Forderung des Finanzkapitalismus ...“ (S. 462 f.).

„Das Verlangen nach Expansionspolitik aber revolutioniert auch die ganze Weltanschauung des Bürgertums. Es hört auf, friedlich und humanitär zu sein. Die alten Freihändler glaubten an den Freihandel nicht nur als richtigste ökonomische Politik, sondern auch als Ausgangspunkt einer Ära des Friedens. Das Finanzkapital hat diesen Glauben längst verloren. Es hält nichts von der Harmonie der kapitalistischen Interessen, sondern weiß, daß der Konkurrenzkampf immer mehr zu einem politischen Machtkampf wird. Das Friedensideal verblaßt, an Stelle der Idee der Humanität tritt das Ideal der Größe und Macht des Staates. ... Der nationale Gedanke ... wird jetzt gewandelt zu dem Gedanken der Erhöhung der eigenen Nation über die anderen. Als Ideal erscheint es jetzt, der eigenen Nation die Herrschaft über die Welt zu sichern, ein Streben ebenso unbegrenzt wie das Profitstreben des Kapitals, dem es entsprang. Das Kapital wird zum Eroberer der Welt und mit jedem neuen Lande erobert es die neue Grenze, die es zu überschreiten gilt“ (S. 463 f.).

5. Die „geschichtliche Tendenz des Finanzkapitals“: das „Generalkartell“

„Die Kartellierung ist ein historischer Prozeß und sie ergreift die kapitalistischen Produktionszweige in einer zeitlichen Reihenfolge je nach den Bedingungen, die für die Kartellierung gegeben sind. Wir haben gesehen, wie die Entwicklung des Kapitalismus dahin geht, diese Bedingungen immer mehr für alle Produktionszweige zu verwirklichen“ (S. 309).

„Es entsteht aber die Frage, wo die Grenze der Kartellierung eigentlich gegeben ist. Und diese Frage muß dahin beantwortet werden, daß es eine absolute Grenze für die Kartellierung nicht gibt. Vielmehr ist eine

Tendenz zu stetiger Ausbreitung der Kartellierung vorhanden. Die unabhängigen Industrien geraten, wie wir gesehen haben, immer mehr in Abhängigkeit von kartellierten, um schließlich von ihnen annektiert zu werden. Als Resultat des Prozesses ergäbe sich dann ein *Generalkartell*. Die ganze kapitalistische Produktion wird bewußt geregelt von einer Instanz, die das Ausmaß der Produktion in allen ihren Sphären bestimmt. Dann wird die Preisfestsetzung rein nominell und bedeutet nur mehr die Verteilung des Gesamtprodukts auf die Kartellmagnaten einerseits, auf die Masse aller anderen Gesellschaftsmitglieder anderseits. Der Preis ist dann nicht Resultat einer sachlichen Beziehung, die die Menschen eingegangen sind, sondern eine bloß rechnungsmäßige Art der Zuteilung von Sachen durch Personen an Personen. Das Geld spielt dann keine Rolle. Es kann völlig verschwinden, da es sich ja um Zuteilung von Sachen handelt und nicht um Zuteilung von Werten. Mit der Anarchie der Produktion schwindet der sachliche Schein, schwindet die Wertgegenständlichkeit der Ware, schwindet also das Geld. Das Kartell verteilt das Produkt. ... Es ist die bewußt geregelte Gesellschaft in antagonistischer Form. Aber dieser Antagonismus ist Antagonismus der Verteilung" (S. 318 f.).

So besorgt das „Finanzkapital" Hilferding zufolge aufs gründlichste die Selbstaufhebung der kapitalistischen Ordnung. Es ist dann nur noch erforderlich, daß eine Partei, die diese geheime Gesetzlichkeit erkannt hat, an die Regierung gelangt, um den Sozialismus perfekt zu machen. Diese Wendung zur Auffassung vom „friedlichen Hinüberwachsen" der alten in eine neue Ordnung spricht sich besonders in Hilferdings Referat auf dem Kieler Parteitag der deutschen Sozialdemokratie (1927) aus:

„Wir befinden uns augenblicklich in der Periode des Kapitalismus, in der im wesentlichen die Ära der freien Konkurrenz, in der der Kapitalismus rein durch das Walten der blinden Marktgesetze beherrscht war, überwunden ist, und wir zu einer kapitalistischen Organisation der Wirtschaft kommen, also von der Wirtschaft des freien Spiels der Kräfte zur organisierten Wirtschaft ... Organisierter Kapitalismus bedeutet ... in Wirklichkeit den prinzipiellen Ersatz des kapitalistischen Prinzips der freien Konkurrenz durch das sozialistische Prinzip planmäßiger Produktion. Diese planmäßige, mit Bewußtsein geleitete Wirtschaft unterliegt in viel höherem Maße der Möglichkeit der bewußten Einwirkung der Gesellschaft, das heißt nichts anderes, als der Einwirkung durch die einzige bewußte und mit Zwangsgewalt ausgestattete Organisation der Gesellschaft, der Einwirkung durch den Staat ... Das heißt nichts anderes, als daß unserer Generation das Problem gestellt ist, mit Hilfe des Staates, mit Hilfe der bewußten gesellschaftlichen Regelung diese von den Kapitalisten organisierte und geleitete Wirtschaft in eine durch den demokratischen Staat geleitete Wirtschaft umzuwandeln." (Aus dem Protokoll.)

6. Würdigung

Was Hilferding über die Eigentumskonzentration, über Kartellpolitik und Profitratenverschiebung, über den Zwang zum Kapitalexport, über die Tendenz zur Gebietserweiterung, zur Gewaltsamkeit und über viele andere Erscheinungen der Gesellschaft seiner Zeit zu sagen hat, bleibt auch aus der Sicht von heute bedeutungsvoll. Kritisch wird man freilich vor allem das Folgende zu betrachten haben:

1. Wenn auch die Konzentration der Industrie eine entsprechende Konzentration des Bankwesens notwendig macht und gerade dieser Vorgang für die Zeitgenossen von besonderer Eindringlichkeit gewesen ist, so kann doch von einer Herrschaft des Bankkapitals über die Industrie und von einem wachsenden Anteil der Banken an den industriellen Gewinnen nicht gesprochen werden. Die Möglichkeiten der *Selbstfinanzierung* über die Preise haben die marktstarken Wirtschaftsbereiche eher unabhängiger von den Banken, vom Geldkapitalmarkt überhaupt gemacht. Hinzu kommt, daß innerhalb der Großkonzerne von heute manche Funktionen, die in einem früheren Stadium der Entwicklung noch das Bankensystem wahrnahm, an die konzernbeherrschenden Unternehmungen oder an konzerneigene Hausbanken übergegangen sind.

2. Hilferding hat, wie die marxistische Imperialismustheorie seiner Zeit überhaupt, die Bedeutung der Kolonien für den Kapital- und Warenexport überschätzt. Das ungeheure Problem der Entwicklungsländer von heute zeigt, wie wenig das Kapital der einst dominierenden Länder zur Erschließung der Produktion und der Binnenmärkte in jenen Räumen beigetragen hat. Auch zur Entspannung von Akkumulationsproblemen in den führenden Ländern selbst hat das Kolonialsystem — wie auch J. A. *Hobson* bezeugt: *Imperialism,* 1902 — eher durch seine Nebenwirkungen (Militärausgaben, Verwaltungsaufwand etc.) als durch eine bedeutende Belebung des Waren- und Kapitalexports beigetragen.

3. Der Ausblick auf ein „Generalkartell“, auf eine Art von spontaner Selbstsozialisierung der Privatwirtschaft ist irrig und durch die Geschichte widerlegt — so sehr ihm manche andere zeitgenössische Denker nahegekommen sind. (Vgl. E. *Rathenau, Die neue Wirtschaft,* 1918; J. M. Keynes, *The End of Laissez-Faire,* 1926.) Die Eilfertigkeit, mit der Hilferding hier von der *Verteilung* her die von ihm inkriminierte soziale Ordnung aufzurollen gehofft hat, zeugt von seiner allgemeinen Überschätzung der *zirkulativen* — und insbesondere der monetären — Vorgänge im erwerbswirtschaftlichen System.

B. Die Akkumulation des Kapitals und der Imperialismus: Rosa Luxemburg

Als die bewegendsten Vorgänge des Wirtschaftslebens in der Zeit vor dem ersten Weltkrieg drängten sich den Zeitgenossen die rasche *Oligopolisierung* weiter Bereiche der Wirtschaft, der *Kampf um den Weltmarkt* in der Zeit der verschärften Schutzzollpolitik und schließlich das Streben der Großmächte nach *kolonialem Besitz* auf. Hat auf marxistischer Seite Hilferding vor allem die Monopoltendenzen im neuen Wirtschaftsleben untersucht, so hat Rosa Luxemburg (geb. 1870 in Zamocz bei Lublin, ermordet 1919 in Berlin), die zu den Exponenten des revolutionären Flügels in der deutschen Arbeiterbewegung der Zeit gehört, besonders für die expansionistischen Tendenzen des Wirtschaftssystems eine theoretische Erklärung gesucht. Ihr Werk *„Die Akku-*

mulation des Kapitals" (1913)[2], dem wir im weiteren folgen, ist von großem Einfluß auf andere Imperialismustheorien geworden und hat im Mittelpunkt der theoretischen Auseinandersetzung des zeitgenössischen Marxismus gestanden.

1. Kritik der Marxschen Reproduktionsschemata

Rosa Luxemburg setzt an bei den — bis dahin in der deutschen ökonomischen Literatur vernachlässigten — Marxschen Schemata der erweiterten Reproduktion des Kapitals. Als besonders wichtig erscheint hierbei der Austausch zwischen den zwei Produktionsabteilungen, durch den beide in ihrem Wachstum miteinander verklammert werden: Die Erzeugung derjenigen Konsumtionsmittel durch Abteilung II, die in den Verbrauch der Unternehmer und Arbeiter von I eingehen (ausgedrückt in den Größen $v_1 + m_{av1} + m_{r1}$) muß wertgleich sein der Erzeugung derjenigen Produktionsmittel in Abteilung I, die der Ausdehnung von Abteilung II dienen (augedrückt durch die Wertgrößen $c_2 + m_{ac2}$; vgl. oben, S. 69). Also: $v_1 + m_{av1} + m_{r1} = c_2 + m_{ac2}$.

Marx faßt nun, wie Rosa Luxemburg meint, den Prozeß so auf,

„... daß die Akkumulation in der Abteilung II vollkommen abhängig und beherrscht ist von der Akkumulation in I." So entsteht der Eindruck, „daß die ganze Akkumulationsbewegung von I eingeleitet und aktiv betätigt, von II passiv mitgemacht wird. Diese Abhängigkeit findet auch den Ausdruck in der folgenden exakten Regel: die Akkumulation kann nur in beiden Abteilungen zugleich, und zwar nur unter der Bedingung stattfinden, daß die Abteilung der Lebensmittel jeweilig genau um soviel ihr konstantes Kapital erweitert, als die Kapitalisten der Produktionsmittelabteilung ihr variables Kapital und ihren persönlichen Konsumtionsfonds erweitern. ... Wir haben nun nachzuprüfen, ob diese strenge Regel der kapitalistischen Akkumulation den tatsächlichen Verhältnissen entspricht" (S. 84 f.).

„Damit tatsächlich akkumuliert, d. h. die Produktion erweitert wird, dazu ist noch eine andere Bedingung notwendig: eine Erweiterung der zahlungsfähigen Nachfrage nach Waren. Wo rührt nun die ständig wachsende Nachfrage her, die der fortschreitenden Erweiterung der Produktion im Marxschen Schema zugrunde liegt" (S. 88)?

„Nach dem Marxschen Schema geht die Bewegung von der Abteilung I aus, von der Produktion der Produktionsmittel. Wer braucht diese vermehrten Produktionsmittel? Das Schema antwortet: die Abteilung II braucht sie, um mehr Lebensmittel herstellen zu können. Wer braucht aber die vermehrten Lebensmittel? Das Schema antwortet: eben die Abteilung I, weil sie jetzt mehr Arbeiter beschäftigt. Wir drehen uns

---

[2] Im weiteren zitiert nach Rosa Luxemburg, Gesammelte Werke, Bd. VI, Berlin 1923. (Unter Einschluß von R. Luxemburgs Antikritik: *Die Akkumulation des Kapitals oder Was die Epigonen aus der Marxschen Theorie gemacht haben;* als selbständige Schrift erstmals erschienen Berlin 1916.)

offenbar im Kreise. Lediglich deshalb mehr Konsummittel herstellen, um mehr Arbeiter erhalten zu können, und lediglich deshalb mehr Produktionsmittel herstellen, um jenes Mehr an Arbeitern zu beschäftigen, ist vom kapitalistischen Standpunkt eine Absurdität“ (S. 89).

Bei *Marx* „geht die Akkumulation vonstatten, ohne daß im geringsten ersichtlich wäre, für wen, für welche neuen Konsumenten schließlich die Produktion immer mehr erweitert wird. Das Schema setzt etwa folgenden Gang voraus: Die Kohlenindustrie wird erweitert, um die Eisenindustrie zu erweitern. Diese wird erweitert, um die Maschinenindustrie zu erweitern. Diese wird erweitert, um die Produktion der Konsumtionsmittel zu erweitern. Diese wird ihrerseits erweitert, um die wachsende Armee der Kohlen-, Eisen- und Maschinenarbeiter sowie der eigenen Arbeiter zu erhalten. Und so ‚ad infinitum‘ im Kreise...“ (S. 255).

Das Schema erweckt so den „Anschein, als ob die kapitalistische Produktion ausschließlich selbst ihren gesamten Mehrwert realisierte und den kapitalisierten Mehrwert für die eigenen Bedürfnisse verwendete“ (S. 254).

In Wahrheit ist es „ausgeschlossen, daß die Arbeiter und die Kapitalisten selbst das Gesamtprodukt realisieren können. Sie können stets nur das variable Kapital, den verbrauchten Teil des konstanten Kapitals und den konsumierten Teil des Mehrwerts selbst realisieren, auf diese Weise aber nur die Bedingungen für die Erneuerung der Produktion in früherem Umfang sichern. Der zu kapitalisierende Teil des Mehrwerts hingegen kann unmöglich von den Arbeitern und Kapitalisten selbst realisiert werden. Die Realisierung des Mehrwerts zu Zwecken der Akkumulation ist also in einer Gesellschaft, die nur aus Arbeitern und Kapitalisten besteht, eine unlösbare Aufgabe“ (S. 272).

2. Die Notwendigkeit einer nichtkapitalistischen Umwelt

„Das Marxsche Schema der erweiterten Reproduktion vermag uns also den Prozeß der Akkumulation, wie er in der Wirklichkeit vorgeht und sich geschichtlich durchsetzt, nicht zu erklären. Woran liegt das? An nichts anderem, als an den Voraussetzungen des Schemas selbst. Dieses Schema unternimmt es, den Akkumulationsprozeß unter der Voraussetzung darzustellen, daß Kapitalisten und Arbeiter die einzigen Vertreter der gesellschaftlichen Konsumtion sind. ... Diese Voraussetzung ist theoretischer Notbehelf, — in Wirklichkeit gab und gibt es nirgends eine sich selbst genügende kapitalistische Gesellschaft mit ausschließlicher Herrschaft der kapitalistischen Produktion“ (S. 270).

„Die kapitalistische Produktionsweise als solche umfaßt bis jetzt, nach mehreren Jahrhunderten ihrer Entwicklung, erst noch einen Bruchteil der Gesamtproduktion der Erde, ihr Sitz ist bisher vorzugsweise das kleine Europa, in dem sie auch noch ganzer Gebiete — wie die bäuerliche Landwirtschaft, das selbständige Handwerk — und großer Landstrecken nicht Herr geworden ist, ferner große Teile Nordamerikas und einzelne Strecken auf dem Kontinent der übrigen Weltteile" (S. 279).

Nicht nur in der von Marx untersuchten Epoche der „ursprünglichen Akkumulation des Kapitals", sondern auch in ihrem Fortgang bedarf diese Wirtschaftsweise 1. der nichtkapitalistischen Schichten innerhalb der eigenen Gesellschaft, 2. der nichtkapitalistischen Räume in der Weltwirtschaft. Und zwar dienen ihr beide Sphären nach R. Luxemburg nicht nur als Abnehmer ihres wachsenden Warenangebots, sondern auch als Lieferanten von Produktionsmitteln (vor allem von billigen Rohstoffen), von Lebensmitteln (etwa aus der bäuerlichen Wirtschaft) sowie von zusätzlichen Arbeitskräften:

Wir sehen, „daß der Kapitalismus auch in seiner vollen Reife in jeder Beziehung auf die gleichzeitige Existenz nichtkapitalistischer Schichten und Gesellschaften angewiesen ist. Dieses Verhältnis erschöpft sich nicht durch die nackte Frage des Absatzmarktes für das ‚überschüssige Produkt' ... Der Akkumulationsprozeß des Kapitals ist durch alle seine Wertbeziehungen und Sachbeziehungen: konstantes Kapital, variables Kapital und Mehrwert an nichtkapitalistische Produktionsformen gebunden. Letztere bilden das gegebene historische Milieu jenes Prozesses. Die Kapitalakkumulation kann so wenig unter der Voraussetzung der ausschließlichen und absoluten Herrschaft der kapitalistischen Produktionsweise dargestellt werden, daß sie vielmehr ohne das nichtkapitalistische Milieu in jeder Hinsicht undenkbar ist" (S. 286 f.).

„Die kapitalistische Produktion ist von Anbeginn in ihren Bewegungsformen und -gesetzen auf die gesamte Erde als Schatzkammer der Produktivkräfte berechnet. In seinem Drange nach Aneignung der Produktivkräfte zu Zwecken der Ausbeutung durchstöbert das Kapital die ganze Welt, verschafft sich Produktionsmittel aus allen Winkeln der Erde, errafft oder erwirbt sie von allen Kulturstufen und Gesellschaftsformen" (S. 279).

So ergibt sich, „daß die kapitalistische Akkumulation zu ihrer Bewegung nichtkapitalistischer sozialer Formationen als ihrer Umgebung bedarf, in ständigem Stoffwechsel mit ihnen vorwärts schreitet und nur so lange existieren kann, als sie dieses Milieu vorfindet" (S. 278 f.).

3. Der Kampf um die Erweiterungssphären des Kapitals

In dem solcherart gekennzeichneten expansiven Ausgreifen des modernen Kapitalismus sind nach R. Luxemburg ...

„. . .drei Phasen zu unterscheiden: der Kampf des Kapitals mit der Naturalwirtschaft, der Kampf mit der Warenwirtschaft und der Konkurrenzkampf des Kapitals auf der Weltbühne um die Reste der Akkumulationsbedingungen“ (S. 289).

a) Die Auflösung der Naturalwirtschaft

„Der Kapitalismus bedarf zu seiner Existenz und Fortentwicklung nichtkapitalistischer Produktionsformen als seiner Umgebung. Aber nicht mit jeder dieser Formen ist ihm gedient. Er braucht nichtkapitalistische soziale Schichten als Absatzmarkt für seinen Mehrwert, als Bezugsquellen seiner Produktionsmittel und als Reservoirs der Arbeitskräfte für sein Lohnsystem. Zu allen diesen Zwecken kann das Kapital mit *naturalwirtschaftlichen* Produktionsformen nichts anfangen. In allen naturalwirtschaftlichen Formationen ... ist die Produktion für den Selbstbedarf das Ausschlaggebende der Wirtschaft, daher kein oder geringer Bedarf nach fremden Waren und in der Regel auch kein Überfluß an eigenen Produkten oder zum mindesten kein dringendes Bedürfnis, überschüssige Produkte loszuwerden. Was das wichtigste jedoch: alle naturalwirtschaftlichen Produktionsformen beruhen auf dieser oder jener Art Gebundenheit sowohl der Produktionsmittel wie der Arbeitskräfte. ... Die Naturalwirtschaft setzt somit den Bedürfnissen des Kapitals in jeder Hinsicht starre Schranken entgegen. Der Kapitalismus führt deshalb vor allem stets und überall einen Vernichtungskampf gegen die Naturalwirtschaft in jeglicher historischer Form, auf die er stößt, gegen die Sklavenwirtschaft, gegen den Feudalismus, gegen den primitiven Kommunismus, gegen die patriarchalische Bauernwirtschaft. ... Die ökonomischen Zwecke des Kapitalismus im Kampfe mit naturalwirtschaftlichen Gesellschaften sind im einzelnen:

1. sich wichtiger Quellen von Produktivkräften direkt zu bemächtigen, wie Grund und Boden, Wild der Urwälder, Mineralien, Edelsteine und Erze, Erzeugnisse exotischer Pflanzenwelt, wie Kautschuk usw;
2. Arbeitskräfte ‚frei‘ zu machen und zur Arbeit für das Kapital zu zwingen;
3. die Warenwirtschaft einzuführen;
4. Landwirtschaft von Gewerbe zu trennen“ (S. 289 f.).

Ökonomischer Druck verbindet sich dabei mit den Mitteln außerökonomischer Gewalt. Zeugnis hierfür legen nach R. Luxemburg nicht nur zahlreiche Vorgänge in der europäischen Wirtschaftsgeschichte, sondern vor allem auch in der zeitgenössischen Kolonialpolitik ab.

b) *Die Unterordnung der einfachen Warenwirtschaft*

„Die zweite wichtigste Vorbedingung, sowohl zur Erwerbung von Produktionsmitteln wie zur Realisierung des Mehrwerts, ist die Hineinbeziehung der naturalwirtschaftlichen Verbände, nachdem und indem sie zerstört werden, in den Warenverkehr und in die Warenwirtschaft. Alle nichtkapitalistischen Schichten und Gesellschaften müssen für das Kapital zu Warenabnehmern werden und müssen ihm ihre Produkte verkaufen“ (S. 306).

Auch hierbei geht es ohne ökonomischen und außerökonomischen Zwang nicht ab:

„Die Handelsbeziehungen der ostindischen Kompagnien mit den Gewürzländern waren so gut Raub, Erpressung und grober Schwindel unter der Flagge des Handels, wie heute die Beziehungen der amerikanischen Kapitalisten zu den Indianern in Kanada, denen sie Pelze abkaufen, oder der deutschen Händler zu den Afrikanegern. Das klassische Beispiel des ‚sanften‘ und ‚friedliebenden‘ Warenhandels mit rückständigen Gesellschaften ist die moderne Geschichte Chinas, durch die sich, wie ein roter Faden, seit Beginn der vierziger Jahre, das ganze 19. Jahrhundert hindurch die Kriege der Europäer ziehen, deren Zweck war, China gewaltsam dem Warenverkehr zu erschließen. Durch Missionare provozierte Christenverfolgungen, von Europäern angezettelte Tumulte, periodische blutige Kriegsgemetzel, ... schwere Kriegskontributionen, mit dem ganzen System von öffentlicher Schuld, europäischen Anleihen, europäischer Kontrolle der Finanzen und europäischer Besetzung der Festungen im Gefolge, erzwungene Eröffnung von Freihäfen und erpreßte Konzessionen zu Eisenbahnbauten an europäische Kapitalisten, — das waren die Geburtshelfer des Warenhandels in China vom Anfang der vierziger Jahre des vorigen Jahrhunderts bis zum Ausbruch der chinesischen Revolution“ (S. 306 f.).

„Allgemeines Resultat des Kampfes zwischen Kapitalismus und einfacher Warenwirtschaft ist dies: das Kapital tritt selbst an Stelle der einfachen Warenwirtschaft, nachdem es die Warenwirtschaft an Stelle der Naturalwirtschaft gesetzt hatte. Wenn der Kapitalismus also von nichtkapitalistischen Formationen lebt, so lebt er, genauer gesprochen, von dem Ruin dieser Formationen, und wenn er des nichtkapitalistischen Milieus zur Akkumulation unbedingt bedarf, so braucht er es als Nährboden, auf dessen Kosten, durch dessen Aufsaugung die Akkumulation sich vollzieht. ... Der Akkumulationsprozeß hat die Bestrebung, überall an Stelle der Naturalwirtschaft die einfache Warenwirtschaft, an Stelle der einfachen Warenwirtschaft die kapitalistische Wirtschaft zu setzen, die Kapitalproduktion als die einzige und ausschließliche Produktionsweise in sämtlichen Ländern und Zweigen zur absoluten Herrschaft zu bringen“ (S. 334 f.).

Damit aber eröffnet sich eine bedeutungsvolle Perspektive:

„Das Endresultat einmal erreicht — was jedoch nur theoretische Konstruktion bleibt —, wird die Akkumulation zur Unmöglichkeit: die Realisierung und Kapitalisierung des Mehrwerts verwandelt sich in eine unlösbare Aufgabe. In dem Moment, wo das Marxsche Schema der erweiterten Reproduktion der Wirklichkeit entspricht, zeigt es den Ausgang, die historische Schranke der Akkumulationsbewegung an, also das Ende der kapitalistischen Produktion. Die Unmöglichkeit der Akkumulation bedeutet kapitalistisch die Unmöglichkeit der weiteren Entfaltung der Produktivkräfte und damit die objektive geschichtliche Notwendigkeit des Untergangs des Kapitalismus. Daraus ergibt sich die widerspruchsvolle Bewegung der letzten, imperialistischen Phase als der Schlußperiode in der geschichtlichen Laufbahn des Kapitals“ (S. 335).

Schon heute zeigt sich daher nach Luxemburg die dritte, letzte Form des kapitalistischen Expansionsstrebens: der Konkurrenzkampf des Kapitals mit seinesgleichen im zwischennationalen Raum.

c) Weltkonkurrenz und Imperialismus

„Der Imperialismus ist der politische Ausdruck des Prozesses der Kapitalakkumulation in ihrem Konkurrenzkampf um die Reste des noch nicht mit Beschlag belegten nichtkapitalistischen Weltmilieus. Geographisch umfaßt dieses Milieu heute noch die weitesten Gebiete der Erde. Gemessen jedoch an der gewaltigen Masse des bereits akkumulierten Kapitals der alten kapitalistischen Länder, ... gemessen an dem bereits erreichten hohen Grad der Entfaltung der Produktivkräfte des Kapitals, erscheint das seiner Expansion noch verbleibende Feld als ein geringer Rest. Demgemäß gestaltet sich das internationale Vorgehen des Kapitals auf der Weltbühne. Bei der hohen Entwicklung und der immer heftigeren Konkurrenz der kapitalistischen Länder um die Erwerbung nichtkapitalistischer Gebiete nimmt der Imperialismus an Energie und an Gewalttätigkeit zu, sowohl in seinem aggressiven Vorgehen gegen die nichtkapitalistische Welt, wie in der Verschärfung der Gegensätze zwischen den konkurrierenden kapitalistischen Ländern. Je gewalttätiger, energischer und gründlicher der Imperialismus aber den Untergang nichtkapitalistischer Kulturen besorgt, um so rascher entzieht er der Kapitalakkumulation den Boden unter den Füßen. Der Imperialismus ist ebensosehr eine geschichtliche Methode der Existenzverlängerung des Kapitals, wie das sicherste Mittel, dessen Existenz auf kürzestem Wege objektiv ein Ziel zu setzen ... Schon die Tendenz zu diesem Endziel der kapitalistischen Entwickelung äußert sich in Formen, die die Schlußphase des Kapitalismus zu einer Periode der Katastrophen gestalten“ (S. 361).

Hierbei entwickelt sich der „Militarismus“ als eine neue Sphäre der Kapitalakkumulation, zu Lasten der arbeitenden sowie der nichtkapitalistischen Schichten der Gesellschaft (S. 367 ff.).

Alles in allem: „Je gewalttätiger das Kapital vermittelst des Militarismus draußen in der Welt wie bei sich daheim mit der Existenz nichtkapitalistischer Schichten aufräumt und die Existenzbedingungen aller arbeitenden Schichten herabdrückt, um so mehr verwandelt sich die Tagesgeschichte der Kapitalakkumulation auf der Weltbühne in eine fortlaufende Kette politischer und sozialer Katastrophen und Konvulsionen, die zusammen mit den periodischen wirtschaftlichen Katastrophen in Gestalt der Krisen die Fortsetzung der Akkumulation zur Unmöglichkeit, die Rebellion der internationalen Arbeiterklasse gegen die Kapitalherrschaft zur Notwendigkeit machen werden, selbst ehe sie noch ökonomisch auf ihre natürliche selbstgeschaffene Schranke gestoßen ist“ (S. 379 f.).

4. Würdigung

1. Natürlich trifft es zu, daß das von Marx seinen Reproduktionsschemata zugrunde gelegte reine Zwei-Klassen-Konzept und die Voraussetzung ausschließlich kapitalistischer Produktion eine außerordentliche Vereinfachung darstellt. Auch ist die Zersetzung vorindustrieller Wirtschaftsformen durch die moderne Produktionsweise eine Erfahrungstatsache. Luxemburg verwischt aber die verschienenen Ebenen von theoretisch-typisierender und unmittelbar praktischer Betrachtung, wenn sie die geschichtliche Tatsache der Zerstörung vorkapitalistischer Wirtschaftsformationen *theoretisch* mit der Unmöglichkeit einer Kapitalakkumulation im rein kapitalistischen Milieu begründet.

2. Die Grundthese von der Unmöglichkeit einer Kapitalerweiterung in einer Zwei-Klassen-Gesellschaft beruht auf einem schwerwiegenden theoretischen Fehler. Bei Betrachtung der Marxschen Akkumulationsschemata nimmt R. Luxemburg an, daß die „Abteilung I“ vermehrte Produktionsmittel nur für „Abteilung II“ produziere (vgl. Zitat oben, S. 159 f.) Daraus folgt natürlich, daß Abteilung II mit den zusätzlichen Produktionsmitteln wieder in vermehrtem Umfang Konsumgüter für den Bedarf der Unternehmer und Arbeiter produzieren muß. Die Frage, woher die notwendige zusätzliche *Nachfrage* nach Konsumgütern komme, stellt sich hierbei nur, weil R. Luxemburg vernachlässigt, daß Abteilung I Produktionsmittel nicht nur für den Bedarf von II erzeugt, sondern auch für ihren *eigenen Erweiterungsbedarf*. Wie schon *Marx* hervorgehoben hat, ist Bedingung *jeder* Wirtschaftserweiterung die Erzeugung von Produktionsmitteln für das beschleunigte Wachstum der Produktionsmittel hervorbringenden Wirtschaftszweige selbst. Insoweit ist die Ausdehnung der Erzeugung von Vorprodukten in der Tat ein *teilweise* von der gleichzeitigen Entwicklung in II unabhängiges Glied der Bewegung; und in dieser „Produktion um der Produktion willen“ liegt keinerlei „Absurdität“, wie Luxemburg meint. Solche „Verlängerung der Produktionswege“ *(Böhm-Bawerk)* erfordert natürlich auch vermehrte Arbeitskräfte, die entlohnt werden (im Sinne von Marx zu bezeichnen mit der Größe m_{av1}) und die ihre Kaufkraft gegen Konsumgüter umsetzen wollen. (Vgl. dazu besonders *Marx, „Das Kapital“* I, S. 606 f.; zitiert oben, S. 68 f.) In einer Wirtschaft mit starker

Ausdehnung der Produktionsmittelerzeugung ist das Problem nun keineswegs, woher etwa die Kaufkraft für das gleichzeitige Angebot an Konsumgütern kommen könne, sondern vielmehr umgekehrt, wie das von der Ausdehnung der Vorproduktion noch nicht berührte Angebot an Konsumwaren ausreichen soll, um die bei der Erzeugung von Produktionsmitteln entstandenen Lohneinkommen *abzudecken.* Es entsteht ein *Lohnüberhang,* gespeist aus dem Sektor der Produktionsmittel, gegenüber dem verzögerten Wachstum des Angebots an Konsumgütern, und diese Form von *Akkumulationsinflation* hat sowohl die Sowjetunion bis zum zweiten Weltkrieg als auch der Entwicklungsraum in der Weltwirtschaft von heute mittlerweile durchgekostet. — Rosa Luxemburgs Theorie beruht also auf der Vernachlässigung der Größe m_{av}, besonders m_{av1}, im Prozeß der Wirtschaftserweiterung. Damit bricht ihre Beweisführung in sich zusammen. (Vgl. hierzu besonders N. *Bucharin, Imperialismus* etc., S. 20.)

3. Im übrigen würde auch der Austausch mit dem nichtkapitalistischen Milieu unter der Voraussetzung von R. Luxemburg selbst das Problem der Nachfrage nicht lösen können. Denn: „Wer soll die Waren kaufen, die aus einer nichtkapitalistischen Umgebung importiert werden? Wenn es aus prinzipiellen Gründen für die ‚exportierten‘ Waren keine Nachfrage gegeben haben sollte, dann kann für die ‚importierten‘ Waren ebensowenig eine Nachfrage bestehen.“ (P. M. *Sweezy, Theorie,* S. 162.)

C. Der Imperialismus als „höchstes Stadium des Kapitalismus“: Vladimir Il'ic Lenin

Im Unterschiede zu R. *Luxemburg* hatten die russischen *„Volkstümler“* (Narodniki), die von großer Bedeutung in der russischen Sozialbewegung des ausgehenden 19. Jahrhunderts waren und die ihre Hoffnung auf den direkten Übergang zu einem bäuerlichen Genossenschaftssozialismus setzten, unter Vermeidung des „Umweges“ einer kapitalistischen Entwicklung, geltend gemacht: Gerade weil in Rußland die nichtkapitalistischen Schichten, vor allem die Bauern, zu arm sind, als daß sie der erwerbswirtschaftlichen Entwicklung einen aufnahmefähigen „inneren Markt“ bieten können, wird der Kapitalismus sich hier nicht durchsetzen. — Ganz im Gegensatz hierzu galten die frühen Schriften Vladimir Il'ič *Uljanovs* (dies ist Lenins wirklicher Name; 1870—1924) dem Nachweis: Die kapitalistische Entwicklung ist auch in Rußland bereits in vollem Gange, und sie erhält ständig Nahrung aus der zunehmend *markt*orientierten Produktion auch der Kleinerzeuger — womit denn auch die breiten kleingewerblichen und bäuerlichen Schichten immer mehr in kleinunternehmerische und proletarische Existenzen auseinandertreten. (Vgl. vor allem *„Zur sogenannten Frage der Märkte“*, geschrieben 1893, erstmals veröffentlicht 1937, Werke Bd. I, Berlin 1961, S. 65 ff.; *„Die Entwicklung des Kapitalismus in Rußland“*, 1899, Werke Bd. III, Berlin 1956, S. 1 ff.)

Dementsprechend ist für Lenin auch der Imperialismus nicht, wie für R. *Luxemburg,* eine Form, in welcher das Wirtschaftssystem überhaupt erst seinem Akkumulationsverlangen genügt, sondern vielmehr das reifste Ergebnis dieser Akkumulation selbst. Nicht an die Theorie der Reproduktionsproportionen, sondern an die *Konzentrations*theorie von *Marx* schließt sich Lenins Imperialismuslehre an. Sie findet sich in geschlossener Form niedergelegt in der bekannten Schrift: *„Der Imperialismus als höchstes Stadium* *des Kapitalismus*"[3]. Dieses in mancher Hinsicht von Gedanken *Hilferdings* — auch J. *Hobsons* — beeinflußte Werk ist bedeutungsvoll geworden; bildet es doch nicht nur in seinen Grundgedanken, sondern auch in seinem theoretisch anspruchslosen, überwiegend deskriptiven Stil die Grundlage und das Muster der später stark schematisierten Lehre des „offiziellen" Marxismus in der Sowjetunion und anderswo von der „allgemeinen Krise" des zeitgenössischen Kapitalismus.

1. Ökonomische Kennzeichen des Imperialismus

Der Imperialismus, zunächst als ökonomische Erscheinung verstanden, zeigt nach Lenin die folgenden fünf „grundlegenden Merkmale":

„1. Konzentration der Produktion und des Kapitals, die eine so hohe Entwicklungsstufe erreicht hat, daß sie Monopole schafft, die im Wirtschaftsleben die entscheidende Rolle spielen;

2. Verschmelzung des Bankkapitals mit dem Industriekapital und Entstehung einer Finanzoligarchie auf der Basis dieses ‚Finanzkapitals';

3. der Kapitalexport, zum Unterschied vom Warenexport, gewinnt besonders wichtige Bedeutung;

4. es bilden sich internationale monopolistische Kapitalistenverbände, die die Welt unter sich teilen, und

5. die territoriale Aufteilung der Erde unter die kapitalistischen Großmächte ist beendet. Der Imperialismus ist der Kapitalismus auf jener Entwicklungsstufe, wo die Herrschaft der Monopole und des Finanzkapitals sich herausgebildet, der Kapitalexport hervorragende Bedeutung gewonnen, die Aufteilung der Welt durch die internationalen Trusts begonnen hat und die Aufteilung des gesamten Territoriums der Erde durch die größten kapitalistischen Länder abgeschlossen ist" (S. 270 f. [253]; s. auch S. 304 f. [284 ff.]).

„Der Imperialismus erwuchs als Weiterentwicklung und direkte Fortsetzung der Grundeigenschaften des Kapitalismus überhaupt. Zum kapitalistischen Imperialismus aber wurde der Kapitalismus erst auf einer bestimmten, sehr hohen Entwicklungsstufe, als einige seiner Grundeigenschaften in ihr Gegenteil umzuschlagen begannen, als sich auf der ganzen Linie die Züge einer Übergangsperiode vom Kapitalismus zu einer höheren ökonomischen Gesellschaftsformation herausbildeten und sichtbar wurden. Ökonomisch ist das Grundlegende in diesem Prozeß die Ablösung der kapitalistischen freien Konkurrenz durch die kapitali-

[3] *Imperializm kak vysšaja stadija kapitalizma*, geschrieben 1916 im Züricher Exil, veröffentlicht 1917 in Petrograd. Im weiteren zitiert nach „Werke", Bd. XXII, Berlin 1960 (Seitenangaben in runder Klammer) unter Vergleich mit der russischen Wiedergabe in „*Sočinenija*", Bd. XXII, Moskau 1948[4] (Seitenangaben in eckiger Klammer).

stischen Monopole. ... Zugleich aber beseitigen die Monopole nicht die freie Konkurrenz, aus der sie erwachsen, sondern bestehen über und neben ihr und erzeugen dadurch eine Reihe besonders krasser und schroffer Widersprüche, Reibungen und Konflikte. Das Monopol ist der Übergang vom Kapitalismus zu einer höheren Ordnung.

Würde eine möglichst kurze Definition des Imperialismus verlangt, so müßte man sagen, daß der Imperialismus das monopolistische Stadium des Kapitalismus ist. Eine solche Definition enthielte die Hauptsache, denn auf der einen Seite ist das Finanzkapital das Bankkapital einiger weniger monopolistischer Großbanken, das mit dem Kapital monopolistischer Industriellenverbände verschmolzen ist, und auf der anderen Seite ist die Aufteilung der Welt der Übergang von einer Kolonialpolitik, die sich ungehindert auf noch von keiner kapitalistischen Macht eroberte Gebiete ausdehnt, zu einer Kolonialpolitik der monopolistischen Beherrschung des Territoriums der restlos aufgeteilten Erde“ (S. 269 f. [259 f.]).

2. Die Krise der Gesellschaft

Als gesellschaftlich bedeutungsvoll erscheinen Lenin die folgenden Züge des Imperialismus:

1. *„Parasitismus und Fäulnis (zagnivanie) des Kapitalismus“:* „Wie wir gesehen haben, ist die tiefste ökonomische Grundlage des Imperialismus das Monopol. Dieses Monopol ist ein kapitalistisches, d. h. ein Monopol, das aus dem Kapitalismus erwachsen ist und im allgemeinen Milieu des Kapitalismus, der Warenproduktion, der Konkurrenz, in einem beständigen und unlösbaren Widerspruch zu diesem allgemeinen Milieu steht. Dennoch erzeugt es, wie jedes andere Monopol, unvermeidlich die Tendenz zur Stagnation und Fäulnis. In dem Maße, wie Monopolpreise, sei es auch nur vorübergehend, eingeführt werden, verschwindet bis zu einem gewissen Grade der Antrieb zum technischen und folglich auch zu jedem anderen Fortschritt, zur Vorwärtsbewegung; und insofern entsteht die *ökonomische* Möglichkeit, den technischen Fortschritt künstlich aufzuhalten. ... Gewiß kann das Monopol unter dem Kapitalismus die Konkurrenz auf dem Weltmarkt niemals restlos und auf sehr lange Zeit ausschalten. ... Die Möglichkeit, durch technische Verbesserungen die Produktionskosten herabzumindern und die Profite zu erhöhen, begünstigt natürlich Neuerungen. Aber die *Tendenz* zur Stagnation und Fäulnis, die dem Monopol eigen ist, wirkt nach wie vor und gewinnt in einzelnen Industriezweigen, in einzelnen Ländern für gewisse Zeitspannen die Oberhand.

Das Monopol der Beherrschung besonders ausgedehnter, reicher oder günstig gelegener Kolonien wirkt in derselben Richtung. Weiter. Der

Imperialismus bedeutet eine ungeheure Anhäufung von Geldkapital in wenigen Ländern ... Daraus ergibt sich das außergewöhnliche Anwachsen der Klasse oder, richtiger, der Schicht der Rentner, d. h. Personen, die vom ‚Kuponschneiden' leben, Personen, die von der Beteiligung an irgendeinem Unternehmen völlig losgelöst sind, Personen, deren Beruf der Müßiggang ist. Die Kapitalausfuhr, eine der wesentlichsten ökonomischen Grundlagen des Imperialismus, verstärkt diese völlige Isolierung der Rentnerschicht von der Produktion noch mehr und drückt dem ganzen Land, das von der Ausbeutung der Arbeit einiger überseeischer Länder und Kolonien lebt, den Stempel des Parasitismus auf" (S. 280 f. [262 f.]).

„Der Begriff ‚Rentnerstaat' oder Wucherstaat *(gosudarstvo-rostovščik)* wird daher in der ökonomischen Literatur über den Imperialismus allgemein gebräuchlich. Die Welt ist in ein Häuflein Wucherstaaten und in eine ungeheure Mehrheit von Schuldnerstaaten gespalten" (S. 282 [264]).

„Monopole, Oligarchie, das Streben nach Herrschaft statt nach Freiheit, die Ausbeutung einer immer größeren Anzahl kleiner oder schwacher Nationen durch ganz wenige reiche oder mächtige Nationen — all das erzeugte jene Merkmale des Imperialismus, die uns veranlassen, ihn als parasitären oder in Fäulnis begriffenen Kapitalismus zu kennzeichnen. Immer plastischer tritt als eine Tendenz des Imperialismus die Bildung des ‚Rentnerstaates', des Wucherstaates hervor, dessen Bourgeoisie in steigendem Maße von Kapitalexport und ‚Kuponschneiden' lebt. Es wäre ein Fehler, zu glauben, daß diese Fäulnistendenz ein rasches Wachstum des Kapitalismus ausschließt; durchaus nicht, einzelne Industriezweige, einzelne Schichten der Bourgeoisie und einzelne Länder offenbaren in der Epoche des Imperialismus mehr oder minder stark bald die eine, bald die andere dieser Tendenzen. Im großen und ganzen wächst der Kapitalismus bedeutend schneller als früher, aber dieses Wachstum wird nicht nur im allgemeinen immer ungleichmäßiger, sondern die Ungleichmäßigkeit äußert sich auch im besonderen in der Fäulnis der kapitalkräftigsten Länder (England)." (S. 305 f. [286])

Dieser Umstand hat nach Lenin auch korrumpierende Wirkungen auf viele Führer der westlichen Arbeiterbewegung gehabt; und so erklärt sich nach Lenin der weit verbreitete „Revisionismus" und „Opportunismus" in der II. Internationale:

„Der Rentnerstaat ist der Staat des parasitären, verfaulenden Kapitalismus, und dieser Umstand muß sich unbedingt in allen sozialpolitischen Verhältnissen der betreffenden Länder im allgemeinen wie auch in den zwei Hauptströmungen der Arbeiterbewegung im besonderen widerspiegeln" (S. 283 [265]).

„Der Imperialismus, der die Aufteilung der Welt ... bedeutet, der monopolistisch hohe Profite für eine Handvoll der reichsten Länder bedeutet, schafft die ökonomische Möglichkeit zur Bestechung der Oberschichten des Proletariats und nährt, formt und festigt dadurch den Opportunismus“ (S. 286 [268]).

„Dadurch, daß die Kapitalisten eines Industriezweiges unter vielen anderen oder eines Landes unter vielen anderen usw. hohe Monopolprofite herausschlagen, bekommen sie ökonomisch die Möglichkeit, einzelne Schichten der Arbeiter, vorübergehend sogar eine ziemlich bedeutende Minderheit der Arbeiter zu bestechen und sie auf die Seite der Bourgeoisie des betreffenden Industriezweiges oder der betreffenden Nation gegen alle übrigen hinüberzuziehen. Diese Tendenz wird durch den verschärften Antagonismus zwischen den imperialistischen Nationen wegen der Aufteilung der Welt noch verstärkt. So entsteht der Zusammenhang von Imperialismus und Opportunismus, der sich am frühesten und krassesten in England auswirkte, weil dort gewisse imperialistische Züge der Entwicklung bedeutend früher als in anderen Ländern zutage traten“ (S. 306 f. [287]).

So neigen alle Teile der bürgerlichen Gesellschaft sich im Zeichen des Imperialismus um die Interessen des Kapitals zu sammeln:

„Einerseits die gigantischen Ausmaße des in wenigen Händen konzentrierten Finanzkapitals, das sich ein außergewöhnlich weitverzweigtes und dichtes Netz von Beziehungen und Verbindungen schafft, durch das es sich die Masse nicht nur der mittleren und kleineren, sondern selbst der kleinsten Kapitalisten und Unternehmer unterwirft; andererseits der verschärfte Kampf mit den anderen nationalstaatlichen Finanzgruppen um die Aufteilung der Welt und um die Herrschaft über andere Länder — all dies führt zum geschlossenen Übergang aller besitzenden Klassen auf die Seite des Imperialismus. ‚Allgemeine‘ Begeisterung für seine Perspektiven, wütende Verteidigung des Imperialismus, seine Beschönigung in jeder nur möglichen Weise — das ist das Zeichen der Zeit. Die imperialistische Ideologie dringt auch in die Arbeiterklasse ein. Diese ist nicht durch eine chinesische Mauer von den anderen Klassen getrennt“ (S. 290 [272]).

2. In gewissem Kontrast zu dem oben Angeführten steht ein anderer von Lenin vermerkter Sachverhalt; er wird später den Rang eines „*Gesetzes*“ der „*ungleichmäßigen Entwicklung*“ des Kapitalismus — mit der Konsequenz einer „*allgemeinen Verschärfung der Widersprüche*“ des Systems — erhalten. Lenin wirft die damals vielerörterte Frage auf, ob die Marktzusammenschlüsse (Kartelle) geeignet seien, die *Wirtschaftskrisen* zu mildern. Die Antwort fällt verneinend aus:

„Die Ausschaltung der Krisen durch die Kartelle ist ein Märchen bürgerlicher Ökonomen ... Im Gegenteil, das Monopol, das in *einigen* Industriezweigen entsteht, verstärkt und verschärft den chaotischen Charakter, der der *ganzen* kapitalistischen Produktion in ihrer Gesamtheit eigen ist. Das Mißverhältnis zwischen der Entwicklung der Landwirtschaft und der Industrie, das für den Kapitalismus überhaupt charakteristisch ist, wird noch größer. Die privilegierte Stellung, die die am stärksten kartellierte sogenannte *Schwer*industrie, besonders die Kohlen- und Eisenindustrie, einnimmt, ruft in den übrigen Industriezweigen eine ‚gesteigerte Planlosigkeit' hervor ..." (S. 212 [196]).

Aus solcher „Ungleichmäßigkeit" der Entwicklung entspringt die „Verschärfung der Widersprüche" des kapitalistischen Systems. Die wirtschaftliche Seite dieses Sachverhaltes behandelt Lenin allerdings recht kursorisch:

„Wie sehr der monopolistische Kapitalismus alle Widersprüche des Kapitalismus verschärft hat, ist allgemein bekannt. Es genügt, auf die Teuerung und auf den Druck der Kartelle hinzuweisen. Diese Verschärfung der Gegensätze ist die mächtigste Triebkraft der geschichtlichen Übergangsperiode, die mit dem endgültigen Sieg des internationalen Finanzkapitals ihren Anfang genommen hat" (S. 305 [286]).

Für Lenin ist wichtiger jene „Verschärfung der Widersprüche", die sich auf der allgemein-gesellschaftlichen Ebene, im übrigen auch im Verhältnis *zwischen* den Nationen zuträgt und die er auf den *herrschaftlichen* Charakter des Monopolkapitals zurückführt.

3. *„Reaktion auf der ganzen Linie":* Wie vor ihm schon *Hilferding,* so führt auch Lenin aus:

„Der Imperialismus ist die Epoche des Finanzkapitals und der Monopole, die überallhin den Drang nach Herrschaft und nicht nach Freiheit tragen. Reaktion auf der ganzen Linie, gleichviel unter welchem politischen System, äußerste Zuspitzung der Gegensätze auch auf diesem Gebiet — das ist das Ergebnis dieser Tendenzen. Insbesondere verschärfen sich auch die nationale Unterdrückung und der Drang nach Annexionen, d. h. nach Verletzung der nationalen Unabhängigkeit ... Es muß hinzugefügt werden, daß der Imperialismus nicht allein in den neu erschlossenen, sondern auch in den alten Ländern zu Annexionen, zur Verstärkung der nationalen Unterdrückung und folglich auch zur Verschärfung des Widerstands führt" (S. 302 f. [283]).

Lenins Darstellung resümiert sich dahin:

„Aus allem, was über das ökonomische Wesen des Imperialismus gesagt wurde, geht hervor, daß er charakterisiert werden muß als Übergangskapitalismus oder, richtiger, als sterbender Kapitalismus *(umirajuščij kapitalizm)*" (S. 307 [288]).

3. Würdigung

Mit sicherem Instinkt hat Lenin sich aller Wagnisse der Spekulation enthalten, durch welche so manche marxistische Imperialismustheoretiker in die Irre geführt worden sind. Allerdings bleibt seine Darstellung im ganzen teils beschreibend, teils recht freizügig deutend. Manches bedürfte näherer Ausführung, einiges ist widersprüchlich. Bedeutungsvoll ist, daß Lenin den Imperialismus als eine gesamtgesellschaftliche, nicht nur ökonomische Erscheinung betrachtet, und daß er ihm einen bestimmten geschichtlichen Platz in der neueren Entwicklung anweist. Auch hat er es vermieden, „Monopol“ und „Konkurrenz“ in ein starres Verhältnis des Gegensatzes zueinander zu bringen. Daß die Produktion unter den Bedingungen des Monopolismus sogar beschleunigt wachsen könne, wird von Lenin anerkannt. Allerdings steht dies in gewissem Kontrast zu dem von Lenin zutreffend vermerkten Anwachsen der „unproduktiven“ Schichten der Gesellschaft und zu seiner allgemeinen Qualifizierung des Imperialismus als eines Stadiums des „faulenden“ und sogar „sterbenden“ Kapitalismus. Ökonomisch bleibt das System für Lenin jedenfalls höchst virulent.

Was die *„ungleichmäßige Entwicklung“* des Kapitalismus angeht, so wird sie von den neueren Marxisten — wie schon von *Hilferding* — auf eine *Spaltung der Profitraten* zwischen monopolisierten und nichtmonopolisierten Sektoren der Wirtschaft (sowie zwischen den Ländern verschiedener ökonomischer Höhe) zurückgeführt. Die von *Marx* für die Verhältnisse der freien Konkurrenz geltend gemachte Tendenz zum Ausgleich der Profitraten (vgl. Bd. I der „Texte“) muß damit entfallen.

Das Theorem der „ungleichmäßigen Entwicklung“ zwischen den Ländern der kapitalistischen Welt hat für Lenin und seine Folger große „strategische“ Bedeutung gewonnen: beruht doch auf ihm die wichtige Konsequenz, daß, anders als die Begründer des wissenschaftlichen Sozialismus sich dies gedacht haben, eine von Marxisten geleitete Umwälzung nicht nur in *mehreren* Ländern — und zwar in den ökonomisch führenden — *zu gleicher Zeit*, sondern auch in *einzelnen* Ländern durchführbar sei; und gerade in solchen, welche die bestehenden „Widersprüche“ der Weltkonstellation am härtesten erfahren. (Theorie des „schwächsten Kettengliedes“.) Proletarische Revolution in *einem* Land, und zwar in einem rückständigen, erschien daher unter den neuen Bedingungen als möglich; und demzufolge, wie J. *Stalin* (1879—1953) später gegenüber dem auf die „Weltrevolution“ pochenden *Trotzkij* (1879—1940) geltend gemacht hat, auch *„Sozialismus* in einem Lande“.

4. Die Theorie der „allgemeinen Krise“ des Kapitalismus im neueren offiziellen Marxismus

Was der sozusagen amtlich gewordene Marxismus innerhalb der sozialistischen Länder — sowie in der kommunistischen Weltbewegung — über die neuere Entwicklung des kapitalistischen Systems zu sagen hat, bewegt sich streng in den Bahnen von Lenins Imperialismustheorie und hat den Gedankengängen, die vor einem halben Jahrhundert entworfen wurden, nur wenig hinzugefügt. Einige stereotype Wendungen machen den theoretischen Bestand aus, der mit wechselndem Tagesmaterial eklektisch illustriert wird. Die Auffassung ist: Seitdem die Sowjetmacht auf der Bühne der Weltgeschichte erschienen ist, befindet sich der Kapitalismus im Stadium seiner „allgemeinen Krise“. Hierüber äußert sich das von der Akademie der Wissenschaften der UdSSR herausgegebene Lehrbuch *„Politische Ökonomie“*[4] folgendermaßen:

[4] Hier wiedergegeben nach der 7. deutschen Auflage, Berlin 1965, die auf der überarbeiteten 4. russischen Ausgabe beruht.

„*Die allgemeine Krise des Kapitalismus* ist eine allseitige Krise des gesamten kapitalistischen Weltsystems, die dessen sämtliche Seiten — Ökonomie, Politik und Ideologie — umfaßt und durch den Kampf zwischen dem sterbenden Kapitalismus und dem sich entwickelnden Sozialismus gekennzeichnet ist . . .

Das Hauptmerkmal der allgemeinen Krise des Kapitalismus ist die Spaltung der Welt in zwei Systeme — in das kapitalistische und das sozialistische, das Abfallen immer neuer Länder vom kapitalistischen Weltsystem und ihr Übergang zum Sozialismus, die Schwächung der Positionen des Imperialismus im ökonomischen Wettbewerb mit dem Sozialismus. Kennzeichnend für die allgemeine Krise des Kapitalismus sind ferner die zunehmende Labilität und Fäulnis der kapitalistischen Wirtschaft, der anwachsende Kampf zwischen Arbeit und Kapital, die Krise und der Zerfall des imperialistischen Kolonialsystems, die Verschärfung der Widersprüche der kapitalistischen Weltwirtschaft und die unerhörte Verstärkung der politischen Reaktion in den imperialistischen Ländern" (S. 280 f.).

Als weitere Symptome der „allgemeinen Krise" werden angesehen: das Zusammenwachsen der „Monopole" mit der Staatsgewalt zum „staatsmonopolistischen Kapitalismus", die allgemeine „Militarisierung der Wirtschaft" im Zeichen des permanenten Rüstungsgeschäfts (S. 296 f.), die damit in unmittelbaren Zusammenhang gebrachte permanente Inflation (ebd.), ein vermeintlich ständiges Anwachsen brachliegender Produktionskapazitäten im Verein mit chronisch werdender Massenarbeitslosigkeit (S. 297 ff.), ein Überwiegen der Tendenz zur konjunkturellen Depression (S. 299 ff.), die allgemeine „Verschlechterung der Lage der Werktätigen" (S. 313 ff.), die zu entsprechender Verschärfung des Kampfes der Volksmassen führe (S. 317 ff.). Wie ersichtlich, sind verallgemeinernde Behauptungen, die bisweilen mit den Fakten recht großzügig schalten, an die Stelle ernstlicher theoretischer Analyse getreten.

Die Epoche der „allgemeinen Krise" wird in vorläufig *drei Etappen* gegliedert: Die erste begann mit dem ersten Weltkrieg und dem Auftreten der Sowjetmacht; die zweite war eine Folge des zweiten großen Krieges, sie zeigt das Entstehen eines sozialistischen Weltsystems; die dritte schließlich wird markiert durch den Unabhängigkeitskampf der bis dahin kolonialen Völker (der allerdings teilweise auch der zweiten Etappe zugerechnet wird). — Wie schon bei Lenin, so zeigt sich auch in der Fortentwicklung der auf ihn eingeschworenen Imperialismustheorie, wie sehr die ökonomische Untersuchung in die allgemein-gesellschaftliche Betrachtung nicht nur eingebaut, sondern geradezu aufgelöst worden ist. So sind gravierende ökonomische Fragen bisher — soweit der Verfasser sieht — durchaus vernachlässigt geblieben. Etwa: Was bedeutet der Übergang zu monopolistischen Formen der Marktbeherrschung sowie die permanente schleichende Inflation für das „Wertgesetz", dem die kapitalistischen Märkte nach Auffassung des „amtlichen" Marxismus noch immer folgen? (Vgl. dazu Bd. I der „Texte", S. 110 f.) Wie weit berühren die gewandelten Bedingungen der Kapitalakkumulation die *Marx*schen Schemata der erweiterten Reproduktion? Was bedeuten sie für die *Zyklizität* der Konjunktur; ist eine solche überhaupt noch hinreichend nachweisbar? Ferner: Wirkt das postulierte Gesetz einer „*ungleichmäßigen Entwicklung*", die zwischen den Produktionszweigen sowie zwischen den Wirtschaftsnationen statthat, ständig in ein und der gleichen Richtung, oder gibt es Gegenkräfte, Grenzen, Umkehrpunkte für die Wirkung des Gesetzes? (Man denke an den Umschlag vom Dollarmangel der europäischen Länder nach dem Krieg zu einem Dollarüberfluß, an die Umkehr der strukturellen Entwicklung der Handels- und Zahlungsbilanz der Bundesrepublik seit dem Frühsommer 1965!) Ist „ungleichmäßige Entwicklung“ zwischen den Wirtschaftszweigen und zwischen den Nationen überhaupt etwas Neues? (Schon der Satz von *Marx*, wonach die Kapitalakkumulation ein rascheres Wachsen der produktionsmittelerzeugenden Zweige der Wirtschaft erfordere, impliziert „ungleichmäßige Entwicklung“ zwischen den Wirtschaftsbereichen gerade als Bedingung einer „gleichmäßigen“ kontinuierlichen Expansion der Gesamtwirtschaft.) — Die ökonomische Theorie des offiziellen Marxismus hat es bisher weithin verabsäumt, in den Gehalt der von ihr formulierten „Gesetze“ näher einzudringen. Auch fehlt es auf marxistischer Seite an einer eindringenderen Untersuchung der neueren nichtmarxistischen „Wachstums“-Theorie überhaupt, und so auch etwa an einer theoretischen Analyse des angewandten Keynesianismus unserer Tage. Was die Konjunkturtheorie angeht, so arbeitet sie innerhalb des Sowjet-Orbit mit einem veralteten Bild der „klassischen“ Zyklen und ist sie selbst in der empirischen Forschung — wie etwa das große Werk von L. A. *Mendel'son* zeigt (siehe Literaturanhang) — hinter der Entwicklung um Jahrzehnte zurück.

Auch die Studien sozialistischer Wirtschaftstheoretiker, die selbständig an die Phänomene der Weltwirtschaft von heute herangegangen sind, halten sich weithin in den Schranken deskriptiver Verallgemeinerung (P. *Baran*, P. M. *Sweezy*, Ch. O. *Bettelheim*, E. *Mandel*, Th. *Prager;* s. Literaturanhang). Die Macht des Faktischen scheint auch hier den theoretischen Sinn überwältigt zu haben. So deutet die Stagnation der neueren marxistischen Wirtschaftstheorie auf eine tiefe Ratlosigkeit über die weitere Entwicklung einer Ordnung hin, die in der Tat nur fortbesteht, indem sie Überfälliges reprimiert und ihre eigenen immanenten Tendenzen und Konsequenzen zu vereiteln sucht.

Literatur

Weitere (zumeist marxistische) Veröffentlichungen zur Theorie des Imperialismus

John A. *Hobson:* Imperialism, London und New York 1902. — Michael I. *v. Tugan-Baranowskij:* Der Zusammenbruch der kapitalistischen Wirtschaftsordnung im Lichte der nationalökonomischen Theorie, ASS 1904. Ders.: Theoretische Grundlagen des Marxismus, a. d. Russ. Leipzig 1905. — Otto *Bauer:* Die Akkumulation des Kapitals, „Die Neue Zeit“, Bd. 31 (1912/13), S. 831 ff., 862 ff. — Karl *Kautsky:* Nationalstaat, imperialistischer Staat und Staatenbund, Nürnberg 1915. — Fritz *Sternberg:* Der Imperialismus, Berlin 1926. — Nikolaj I. *Bucharin:* Der Imperialismus und die Akkumulation des Kapitals, a. d. Russ., als Sonderdruck Berlin 1927. Ders.: Imperialismus und Weltwirtschaft, a. d. Russ. Wien und Berlin 1929. — Henryk *Grossmann:* Das Akkumulations- und Zusammenbruchsgesetz des kapitalistischen Systems, Leipzig 1929. — Maurice *Dobb:* Political Economy and Capitalism, London 1937. — Natalie *Moszkowska:* Zur Dynamik des Spätkapitalismus, Zürich und New

York 1943. — Jürgen *Kuczynski:* Studien zur Geschichte des deutschen Imperialismus, Berlin 1948—1950. — Eugen *Varga:* Grundfragen der Ökonomik und Politik des Imperialismus nach dem zweiten Weltkrieg, a. d. Russ. Berlin 1955. — John *Strachey:* Kapitalismus heute und morgen, a. d. Engl. Düsseldorf 1957. — Paul A. *Baran:* The Political Economy of Growth, New York 1957 (deutsche Übersetzung in Vorbereitung). — Paul M. *Sweezy:* Theorie der kapitalistischen Entwicklung, a. d. Am. Köln 1959. — L. A. *Mendel'son:* Teorija i istorija ekonomičeskich krizisov i ciklov, 3 Bde., Moskau 1959—1964. — Shigeto *Tsuru* (Ed.): Has Capitalism Changed? An International Symposium on the Nature of Contemporary Capitalism, Tokyo 1961. — Eugen *Varga:* Der Kapitalismus des zwanzigsten Jahrhunderts, a. d. Russ. Berlin 1962. — Ernest *Mandel:* Traité d'économie marxiste, Paris 1962. — Theodor *Prager:* Wirtschaftswunder oder keines? Wien-Köln-Stuttgart-Zürich 1963. — Oskar *Lange:* Entwicklungstendenzen der modernen Wirtschaft und Gesellschaft. Eine sozialistische Analyse, Wien-Köln-Stuttgart-Zürich 1964.

Sekundäres Schrifttum zur Imperialismus-Theorie

Art. „Imperialismus" HWBSoz. — Adolf *Löwe:* Zur ökonomischen Theorie des Imperialismus, in „Wirtschaft und Gesellschaft" (Festschrift für F. Oppenheimer), Frankfurt 1924. — George D. H. *Cole:* A History of Socialist Thought, 5 Bde., London und New York 1953—1960. — Werner *Hofmann:* Ideengeschichte der sozialen Bewegung im 19. und 20. Jahrhundert, Berlin 1962.

Zu Hilferding

Art. „Hilferding" HWBSoz. — Wilfried *Gottschalch:* Strukturveränderungen der Gesellschaft und politisches Handeln in der Lehre von Rudolf Hilferding, Berlin 1962.

Zu Luxemburg

Art. „Luxemburg" HWBSoz. — Fred *Oelßner:* Rosa Luxemburg. Eine kritische biographische Skizze, Berlin 1951 (1952[2]).

Zu Lenin

Art. „Lenin" HWBSoz. — H. W. *Kettenbach:* Lenins Theorie des Imperialismus, Köln 1965.

(Siehe auch Literatur S. 89 f.)

Zweiter Abschnitt

Die Lehre von der Gefährdung des Wirtschaftsprozesses

Das Erscheinen des Hauptwerkes von John Maynard *Keynes* im Jahre 1936 markiert einen so tiefgreifenden Umbruch in der Geschichte der Lehre vom volkswirtschaftlichen Gesamtprozeß, daß es gerechtfertigt ist, mit L. R. *Klein* von einer „*Keynesschen Revolution*" zu sprechen. Die Wende zeigt sich — zunächst allgemein gesehen — in folgendem:

1. Die Theorie der wirtschaftlichen Entwicklung, die in der bis dahin (im außerdeutschen Sprachraum) vorherrschend gebliebenen „Neoklassik" gegenüber der Preis- und der Einkommenslehre durchaus vernachlässigt geblieben ist, wird für Jahrzehnte zum vorrangigen Thema der Nationalökonomie.

2. Ist die Lehre von den volkswirtschaftlichen Bewegungsvorgängen bisher *Konjunkturtheorie* gewesen, so beherrschen nun die *Struktur*probleme des Wirtschaftsprozesses das Feld — so vollständig, daß die Konjunkturtheorie in der neuen Lehre von den Bedingungen einer fortschreitenden Wirtschaft nahezu aufgegangen ist.

3. Gegenüber der bis dahin — wiederum: im außerdeutschen Sprachraum — vorwaltenden „reinen Theorie" ist die „Neue Wirtschaftslehre" letztlich *wirtschaftspolitisch* orientiert: Sie will Wege aus der Krise und zur Vermeidung von Krisen zeigen und einer aktiven Konjunkturpflege durch den Staat — durch Notenbank wie Fiskus — die Richtung und die Mittel weisen.

4. Zu der neuen Thematik und Programmatik gesellt sich ein neuer Denkstil: Die Lehre will „exakt" sein, im Sinne einer mindestens denkmöglichen Quantifizierbarkeit der Elemente, mit denen sie arbeitet, und der modellhaft dargestellten funktionalen Beziehungen, die sie zwischen ihnen aufweist. Wenn die komplexen Wechselverhältnisse der Wirklichkeit, vor denen jede Untersuchung des volkswirtschaftlichen Gesamtprozesses steht, formale, vielfach mathematische Verfahren nahelegen, so hat die neuere Theorie geradezu konstruktivistisches Gepräge erhalten. Sie hat damit das Feld für eine neue Disziplin bereitet: die *Ökonometrie*. In die Zeit, da das Hauptwerk von Keynes reifte, fällt auch die Gründung der internationalen *Econometric Society* (1931).

Wiederum war die neue Theorie eine Antwort auf die gewandelte ökonomische Wirklichkeit. Schon in den zwanziger Jahren war sichtbar geworden, daß eine Reihe wichtiger Momente des Konjunkturprozesses sich geändert hatte. In einigen Ländern — vor allem in England und in den USA — waren Probleme handgreiflich geworden wie das einer stehenden Massenarbeitslosigkeit, einer anhaltenden Überkapazität in vielen Bereichen der Industrie, einer tiefgreifenden Verschiebung der Einkommensproportionen zu ungunsten des Endkonsums. Die herrschende Wirtschaftstheorie freilich, die in der Euphorie der „ewigen Prosperität" schwelgte, ging über diese beunruhigenden

Zeichen sträflich hinweg. Erst die Weltwirtschaftskrise schreckte die Nationalökonomie aus ihrer Sorglosigkeit: Die ins Riesenhafte sich auswachsende Unterbeschäftigung von Menschen und Produktionsanlagen, die Überkapitalisation, die offenkundige Rigidität vieler Preise — eine Wirkung weitverbreiteter oligopolistischer Marktstrategie —, der Ruin großer Teile der gesellschaftlichen Zwischenschichten, der Zerfall der weltwirtschaftlichen Beziehungen, sinnfällig demonstriert im Zusammenbruch des Goldstandards, dazu das unverkennbare Ausbleiben von Kräften eines spontanen, endogenen Wiederaufschwungs — all dies waren neue bedrohliche Symptome einer überzyklischen, einer *strukturellen* Krise, die den düsteren Ausblick auf eine „*säkulare Stagnation*" (A. H. *Hansen)* zu eröffnen schien und die gebieterisch nach Erklärung und Abhilfe verlangte. (Näheres zur theoretischen Deutung der Weltwirtschaftskrise bei W. *Hofmann*, Die säkulare Inflation, Berlin 1962, S. 19 ff.) Für nahezu ein Menschenalter ist der Schock der Weltwirtschaftskrise der Nationalökonomie in die Glieder gefahren, die in ihrer „neoklassischen" Vorliebe für „Gleichgewichts"-Verhältnisse hierauf ganz unvorbereitet war. Noch heute stellt die Weltwirtschaftskrise für die herrschende Wirtschaftstheorie ein Stück unbewältigter ökonomischer Vergangenheit dar. Und so sehr man mittlerweile, im Zeitalter des *angewandten Keynesianismus*, wieder Zuversicht in die krisenprophylaktische Wirkung bestimmter öffentlicher Konjunkturimpulse gewonnen hat, so wenig hat man sich bis heute Rechenschaft über die tieferen Gründe gegeben, die unsere Wirtschaft so stimulanzsüchtig gemacht haben. Auch die Bedeutung der Lehre von *Keynes* liegt nicht etwa darin, daß sie eine befriedigende *Erklärung* der Krise geliefert hätte, sondern vielmehr darin, daß sie einen *Ausweg* zeigte, der unter den bestehenden Umständen als der *einzig gangbare* empfunden werden mußte. Das Geheimnis der Wirkung von Keynes lag weder in der Richtigkeit seiner Theorie noch gar in der Klarheit seines Hauptwerkes, sondern in der Bedrohlichkeit der Situation und in der Ratlosigkeit der überkommenen Theorie.

A. „Gleichgewicht bei Unterbeschäftigung": John Maynard Keynes

Die angedeuteten zeit- und lehrgeschichtlichen Verhältnisse machen es verständlich, daß das Hauptwerk von John Maynard Keynes (1883—1946), „*The General Theory of Employment, Interest and Money*" (1936) von einem großen Teil der Fachwelt mit einem Ruf der Erlösung begrüßt worden ist. Es war vor allem zweierlei, wodurch die hierin niedergelegte Lehre, die Auffassung eines scharfsichtigen Praktikers mit divinatorischem Blick für das wirtschaftspolitisch Fällige und einer recht einseitig monetär orientierten wirtschaftstheoretischen Schulung, die Lehre eines genialen Dilettanten, sich den Zeitgenossen empfahl:

1. Im Gegensatz zu den dogmatisch befangenen Anhängern des wirtschaftlichen „Liberalismus", die auch in der Weltwirtschaftskrise nichts anderes sehen mochten als in allen bisherigen konjunkturellen Rückschlägen: nämlich eine bloße Unterbrechung der Prosperität — eine Unterbrechung, die als notwendiger „Preis" des Fortschritts hinzunehmen sei —, empfand Keynes die überzyklische, mit den Mitteln der überkommenen Konjunkturtheorie und Konjunkturpolitik nicht mehr zu bewältigende Natur der großen Depression. Eine Strukturkrise mußte erklärt und überwunden werden. — Hierbei hat nun Keynes das allgemeine Stocken des Kapitalprozesses in einer Weise gedeutet, die geeignet war, das lebhafte Mißbehagen der Zeitgenossen an der wirtschaftlichen Ordnung als solcher abzufangen. Nicht in den *objektiven*

Bedingungen der Kapitalverwertung, sondern vielmehr in *psychischen* Inklinationen der Wirtschaftssubjekte hat Keynes die Gründe für die anhaltende Krisenneigung des Systems gesucht. Die Ursachen werden also *subjektiviert* und *voluntarisiert.* Die Folgerung ist: Gelingt es nur, die Beteiligten zu einem veränderten *Verhalten* zu bringen, so kann die Krise gebrochen werden.

2. Keynes hat der tastenden Praxis einer neuen Konjunkturpolitik ein Konzept gegeben. Die „*Allgemeine Theorie*" hat sich in jedem ihrer Einzelpostulate, so wie sie vorgetragen wurden, als nicht haltbar erwiesen. Dennoch birgt sie (in entstellter Form) soviel versteckten Wirklichkeitsgehalt, daß sie der wirtschaftspolitischen Praxis einen Weg hat weisen können. Und zwar einen Weg, der die gegebenen Grundverhältnisse nicht ernstlich angriff, sondern diese vielmehr *absicherte.* Während die „Neoliberalen" weithin den Kampf gegen markt-„*verzerrende*" private Wirtschaftsmacht (also eine Politik des „*trust-busting*") forderten, ermöglichten die wirtschaftspolitischen Vorschläge von Keynes eine Fortsetzung des Wirtschaftsprozesses unter den Bedingungen weiter *zunehmender Vermachtung* der Wirtschaft.

So hat die „*Allgemeine Theorie*" einen Weg sowohl aus der praktischen wie aus der Bewußtseinskrise der Gesellschaft gewiesen. Hierin liegt ihre Bedeutung.

Im weiteren wird zunächst die theoretische Erklärung, die Keynes in seiner „*Allgemeinen Theorie der Beschäftigung, des Zinses und des Geldes*"[5] für die von ihm wahrgenommene Krisenneigung des Systems gegeben hat, und sodann das wirtschaftspolitische Programm betrachtet werden, auf das hin die Theorie eigentlich entworfen ist.

1. Die theoretische Deutung der überzyklischen Krise

Obwohl Keynes mit dem Anspruch aufgetreten ist, eine „allgemeinere" Theorie zu liefern, als sie bis dahin nach seiner Meinung vorlag, ist seine Lehre doch durch und durch von der Erfahrung der besonderen wirtschaftlichen Schwierigkeiten seiner Zeit geprägt. Der Keynessche Gedankengang sei zunächst, mit des Autors eigenen Worten, in seinen Grundzügen dargestellt, bevor die Einzeltheoreme untersucht werden.

a) Das Gesamtkonzept im Überblick

„Der Umriß unserer Theorie kann wie folgt ausgedrückt werden. Wenn die Beschäftigung zunimmt, so wächst das gesamte Realeinkommen *(the aggregate real income).* Die Psyche der Bevölkerung ist nun derart, daß bei einer Zunahme des gesamten Realeinkommens auch der gesamte Verbrauch zunimmt, obschon nicht in gleichem Maße wie das Einkommen. Die Unternehmer würden daher einen Verlust erleiden, wenn die gesamte Zunahme der Beschäftigung der Befriedigung der

[5] Berlin 1936; Neudruck 1955 (Seitenzahlen in runder Klammer). Die vorliegenden Auszüge sind, in Anlehnung an die sehr unbefriedigende Übertragung von Fritz *Waeger,* durch mich neu übersetzt worden; W. H. — Englische Ausgabe London 1936 (Seitenzahlen in eckiger Klammer).

vermehrten Nachfrage für den sofortigen Verbrauch gewidmet würde. Um eine gegebene Beschäftigungsmenge zu rechtfertigen, ist somit ein Betrag laufender Investition erforderlich, der ausreicht, um den Überschuß der gesamten Produktion über die Menge aufzunehmen, welche die Bevölkerung gerade verbraucht, wenn die Beschäftigung auf der gegebenen Höhe ist. Denn wenn dieser Investitionsbetrag nicht vorhanden ist, werden die Erlöse *(receipts)* der Unternehmer kleiner sein, als notwendig ist, um sie zu veranlassen, die gegebene Menge Beschäftigung anzubieten. Daraus folgt: Wenn das, was wir den Hang der Bevölkerung zum Verbrauch nennen werden, gegeben ist, hängt das Gleichgewichtsniveau der Beschäftigung — d. h. das Niveau, bei dem die Unternehmer in ihrer Gesamtheit keine Veranlassung haben, die Beschäftigung zu steigern oder zu verringern — vom Umfang der laufenden Investition ab. Der Umfang der laufenden Investition wird wiederum von dem abhängen, was wir die Veranlassung zur Investition *(the inducement to invest)* nennen werden. Und wir werden finden, daß die Veranlassung zur Investition abhängig ist vom Verhältnis zwischen der Tabelle der Grenzleistungsfähigkeit des Kapitals *(the schedule of the marginal efficiency of capital)* und dem Komplex der Zinssätze für Anleihen verschiedener Fälligkeiten und Risiken.

Ist daher der Hang zum Verbrauch sowie die Rate der Neuinvestition gegeben, so wird es nur *ein* Niveau der Beschäftigung geben, das mit dem Gleichgewichtszustand vereinbar ist. Denn jedes andere Niveau würde zur Ungleichheit zwischen dem gesamten Angebotspreis der Produktion *(aggregate supply price of production)* und dem gesamten Nachfragepreis *(aggregate demand price)* führen. Dieses Niveau kann nicht *höher* als das der Vollbeschäftigung sein, das heißt der Reallohn kann nicht niedriger als der Grenznachteil der Arbeit *(the marginal disutility of labour)* sein. Aber es besteht kein allgemeiner Grund, anzunehmen, daß dieses Niveau *gleich* dem der Vollbeschäftigung sei. Diejenige wirksame Nachfrage, die sich mit Vollbeschäftigung verbindet, ist ein Sonderfall, der nur eintritt, wenn der Hang zum Verbrauch und die Veranlassung zur Investition in einem besonderen Verhältnis zueinander stehen. Dieses besondere Verhältnis, das den Annahmen der klassischen Theorie entspricht, ist in einem gewissen Sinn ein optimales Verhältnis. Es kann aber nur bestehen, wenn — durch Zufall oder Absicht — die laufende Investition eine Nachfrage schafft, die genau gleich ist dem Überschuß des gesamten Angebotspreises [gemeint: Überschuß der Preissumme des Gesamtangebots; W. H.], der aus Vollbeschäftigungsproduktion rührt, über den Verbrauch der Bevölkerung bei Vollbeschäftigung“ (3/II, S. 23 f. [27 f.]).

Diesen Zusammenhang führt Keynes im weiteren noch einmal systematisch vor:

„Unsere Theorie kann in den folgenden Thesen zusammengefaßt werden:

(1) Bei gegebener Technik, gegebenen Hilfsquellen und Kosten hängt das Einkommen (Geldeinkommen wie Realeinkommen) von der Menge der Beschäftigung N ab.

(2) Das Verhältnis zwischen dem Nationaleinkommen[6] und der Größe D_1, die voraussichtlich verbraucht werden wird, hängt von der psychischen Verfassung der Gesellschaft ab, die wir den *Hang zum Verbrauch (propensity to consume)* nennen werden. Das heißt, der Verbrauch hängt vom Niveau des Gesamteinkommens und daher vom Niveau der Beschäftigung N ab; es sei denn, der Hang zum Verbrauch ändere sich.

(3) Die Arbeitsmenge N, die sich die Unternehmer entschließen zu beschäftigen, hängt von der Summe *(D) zweier* Größen ab, nämlich von D_1, dem Betrag, den das Gemeinwesen *(the community)* voraussichtlich verbrauchen wird, und von D_2, dem Betrag, den es voraussichtlich für Neuinvestitionen verwenden wird. D ist das, was wir oben die *wirksame Nachfrage (effective demand)* genannt haben.

(4) Da $D_1 + D_2 = D = \varphi (N)$, wobei φ die Funktion des Gesamtangebotes ist, und da, wie wir unter (2) oben gesehen haben, D_1 eine Funktion von N ist, die wir mit $\chi (N)$ bezeichnen können und die vom Hang zum Verbrauch abhängt, so folgt, daß $\varphi (N) - \chi (N) = D_2$.

(5) Die Höhe der Beschäftigung im Gleichgewichtszustand hängt folglich ab 1. von der Funktion des gesamten Angebotes, φ, 2. von dem Hang zum Verbrauch, χ, und 3. von der Menge der Investition, D_2. Dies ist der Kern der allgemeinen Theorie der Beschäftigung.

(6) Für jeden Wert von N gibt es eine entsprechende Grenzproduktivität der Arbeit in den Lohngüterindustrien; und es ist diese, die den Reallohn bestimmt. Die fünfte These hängt daher von der Bedingung ab, daß N den Wert nicht *übersteigen* kann, der den Reallohn dem Grenznachteil der Arbeit gleichmacht. Das bedeutet: Nicht alle Änderungen in D sind mit unserer vorläufigen Annahme vereinbar, daß die Geldlöhne unveränderlich sind. Für die vollständige Darstellung unserer Theorie wird es somit notwendig sein, diese Voraussetzung aufzugeben.

(7) Nach der klassischen Theorie, nach der $D = \varphi (N)$ für *alle* Werte von N ist, steht die Beschäftigung für alle Werte von N, die unter ihrem Höchstwert sind, in neutralem Gleichgewicht. Man kann daher erwarten, daß die Kräfte des Wettbewerbs unter den Unternehmern sie auf ihren

[6] Man beachte: Das Gesamteinkommen *(Y)* kann nur dann gleich dem „Gesamtangebot" *(Z)* sein, wenn es, wie dieses, als eine *Brutto*größe, unter Einschluß von Mehrfachzählungen, aufgefaßt wird. Über diesen wichtigen Punkt hat sich leider nicht nur Keynes, sondern haben sich auch die späteren „Modelltheoretiker" ausgeschwiegen.

Höchstwert treiben werden. Nur an diesem Punkt kann es nach der klassischen Theorie ein stabiles Gleichgewicht geben.

(8) *Wenn die Beschäftigung zunimmt, wird D_1 zunehmen, aber nicht im gleichen Maße wie D.* Denn wenn unser Einkommen zunimmt, so wächst auch unser Verbrauch, doch nicht im gleichen Maße. Der Schlüssel zu unserem praktischen Problem steckt in diesem psychologischen Gesetz. Denn es folgt daraus: Je größer die Beschäftigung, desto größer die Kluft zwischen dem gesamten Angebotspreis *(Z)* [gemeint wiederum: Preissumme des Angebots; W. H.] der entsprechenden Produktion und der Summe (D_1), welche die Unternehmer erwarten können von der Ausgabe der Verbraucher zurückzuerhalten. Solange daher der Hang zum Verbrauch sich nicht ändert, kann auch die Beschäftigung nicht zunehmen; es sei denn, daß D_2 gleichzeitig zunimmt, um die wachsende Kluft zwischen Z und D_1 auszufüllen. Von den besonderen Voraussetzungen der klassischen Theorie abgesehen, nach denen es eine Kraft gibt, die D_2 bei zunehmender Beschäftigung immer so wachsen lassen wird, daß die Lücke zwischen Z und D_1 ausgefüllt wird, kann sich das Wirtschaftssystem somit in einem stabilen Gleichgewicht befinden, mit N auf einem Niveau, das unter dem der Vollbeschäftigung liegt, nämlich auf einer Höhe, die durch den Schnittpunkt der Funktion der Gesamtnachfrage und der Funktion des Gesamtangebotes bestimmt wird ...

Diese Analyse gibt uns eine Erklärung für das Paradoxon der Armut mitten im Überfluß. Denn die bloße Tatsache einer unzureichenden wirksamen Nachfrage kann und wird oft die Zunahme der Beschäftigung zum Stillstand bringen, *bevor* Vollbeschäftigung erreicht worden ist. Die Unzulänglichkeit der wirksamen Nachfrage wird die Produktion hemmen, obschon das Grenzerzeugnis der Arbeit immer noch den Wert des Grenznachteils der Beschäftigung übersteigt.

Ferner, je reicher das Gemeinwesen, um so größer neigt die Kluft zwischen der wirklichen und potentiellen Erzeugung zu werden, und um so augenscheinlicher und empörender sind die Mängel unserer wirtschaftlichen Ordnung. Denn ein armes Gemeinwesen wird geneigt sein, weitaus den größten Teil seiner Produktion zu verbrauchen, so daß ein sehr bescheidenes Maß von Investition genügen wird, um Vollbeschäftigung zu schaffen. Hingegen muß ein reiches Gemeinwesen viel größere Investitionsmöglichkeiten erschließen, wenn die Sparneigung seiner reicheren Schichten mit der Beschäftigung der ärmeren vereinbar werden soll. Wenn in einem potentiell reichen Gemeinwesen die Veranlassung zur Investition schwach ist, so wird es das Gesetz der wirksamen Nachfrage, trotz seines potentiellen Reichtums, zwingen, seine tatsächliche Produktion zu verringern. Und zwar so weit, bis das Gemeinwesen — trotz seines potentiellen Reichtums — so arm geworden ist, daß der Überschuß über seinen Verbrauch genügend verringert wird, um der schwachen Veranlassung zur Investition zu entsprechen.

Aber noch schlimmer. Nicht nur ist der Grenzhang zum Verbrauch in einem reichen Gemeinwesen schwächer; es bietet sich auch, wegen der bereits größeren Kapitalansammlung, für weitere Investitionen weniger Anlaß — es sei denn, daß der Zinsfuß genügend rasch fällt. Dies führt uns zur Theorie des Zinses und zu den Gründen, warum dieser nicht automatisch auf die angemessene Höhe sinkt...

Die Analyse des Hangs zum Verbrauch, die Bestimmung der Grenzleistungsfähigkeit des Kapitals und die Theorie des Zinses sind somit die drei Hauptlücken in unserer bestehenden Kenntnis, die ausgefüllt werden müssen. Wenn das getan sein wird, werden wir finden, daß die Theorie der Preise sich auf ihren richtigen Platz als ein unserer allgemeinen Theorie untergeordneter Gegenstand einfügt. Wir werden jedoch entdecken, daß das Geld eine wesentliche Rolle in unserer Theorie des Zinses spielt; und wir werden versuchen, die besonderen Merkmale des Geldes zu entwirren, die es von anderen Dingen unterscheiden." (S. 24 ff. [28 ff.]; vgl. auch das von mir [W. H.] entworfene Schaubild, S. 183.)

Von da her kommt Keynes zu einer grimmigen Zurückweisung der *„klassischen Ökonomie"*, die für ihn von *Ricardo* und *Say* bis zu seinem akademischen Kollegen A. C. *Pigou*, dem Exponenten der von A. *Marshall* sich herleitenden *Cambridger Schule*, reicht:

1. Das *„Saysche Theorem"*, wonach die Produktion, das Gesamtangebot an den Märkten, sich allemal eine entsprechende Nachfrage schafft, ist unzutreffend. (Vgl. S. 16 f., 22 f., 27 ff.)

2. Dasselbe gilt für die damit zusammenhängende Meinung, bei freiem Spiel der Kräfte herrsche stets Vollbeschäftigung; Arbeitslosigkeit könne daher nur aus der mangelnden Bereitschaft der Beschäftigten zu Lohnkonzessionen rühren, sie sei insofern eine „freiwillige". (Vgl. *Pigou*, Bd. II der „Texte", S. 250 ff.) Hiergegen wendet Keynes — zu Recht — ein: „Die Einwilligung der Arbeiter, niedrigere Geldlöhne anzunehmen, ist nicht unbedingt ein Heilmittel gegen die Arbeitslosigkeit" (S. 15 f). Die Löhne sind nicht nur als Kostengröße, sondern auch als Kaufkraftgröße zu betrachten. (Vgl. S. 217 ff.) Um das Preisniveau zu befestigen, sollte man die Löhne gleichfalls stabilisieren (S. 228).

3. Dementsprechend ist nach Keynes auch die „klassische" Vorstellung abzulehnen, „daß der Reallohn gleich dem Grenznachteil *(disutility)* der bestehenden Beschäftigung ist" (S. 19).

Alles in allem gleichen die Vertreter der „klassischen" Theorie mit ihren wirklichkeitsfremden Annahmen nach einem Ausdruck von Keynes „euklidischen Mathematikern in einer nichteuklidischen Welt" (S. 14).

Bemerkungen: Dem Urteil von Keynes über die „Neoklassik" seiner Zeit wird man einige Berechtigung kaum absprechen können. Aber das enthebt nicht seine eigene Lehre der kritischen Prüfung. An dem Bilde des Wirtschaftskreislaufs und seiner Gefährdung, wie es Keynes oben entrollt hat, fällt auf:

SCHEMA DES KEYNES'SCHEN SYSTEMS
(NACH DER "ALLGEMEINEN THEORIE")

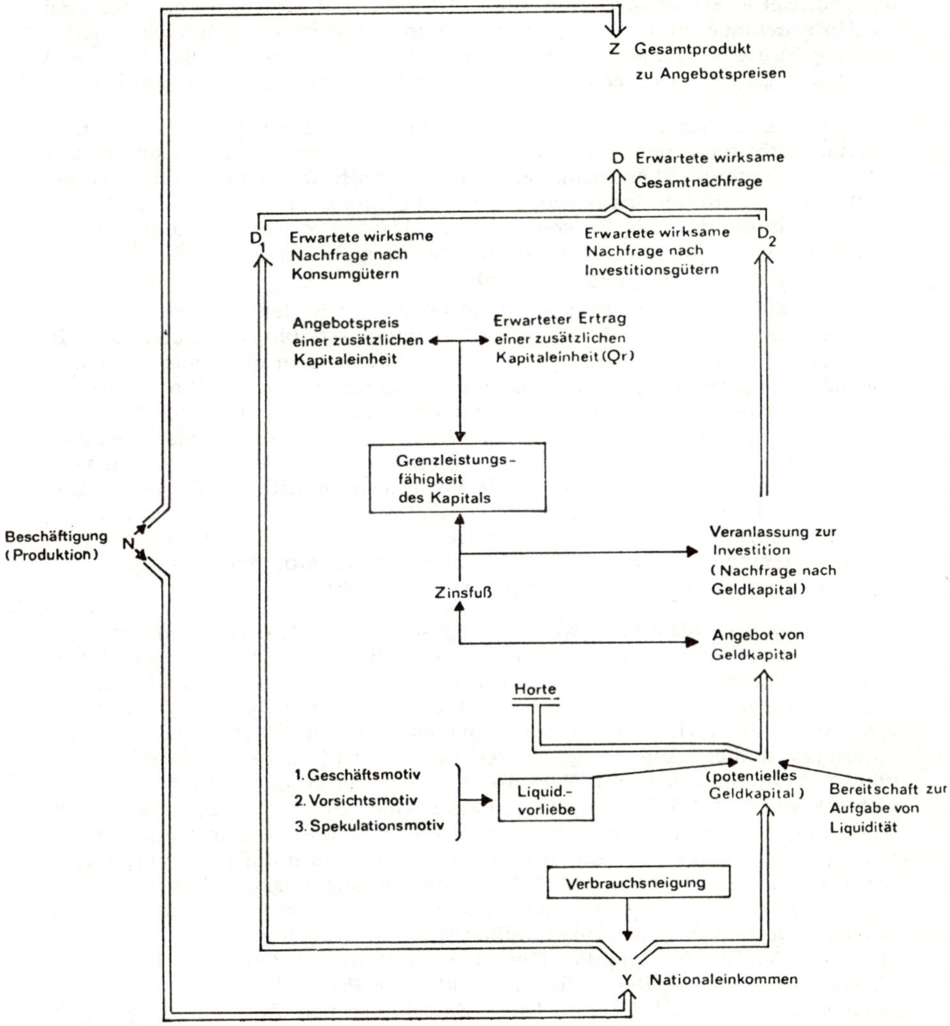

1. Keynes kehrt die Fragestellung der früheren Theorie um: Nicht mehr die Beschäftigung, die Produktion bestimmt Einkommen und Märkte, sondern vielmehr die Märkte bestimmen den Umfang der Beschäftigung (Produktion) und des Einkommens. Der Querschnitt der Produktion stellt sich auf den Querschnitt der (erwarteten) Märkte ein. Damit werden die Verhältnisse der *volkswirtschaftlichen Wertschöpfung* auf den Kopf gestellt: Das Ausgeben — letztlich: auf Borg im Großen — ist vor dem Einnehmen: die Verwendung von — kreditär geschaffenen — Einkommen soll deren Gegenwert erst hervorbringen. Bei E. *Schneider* nimmt diese Auffassung die kuriose Form an, „daß die Unternehmer ihren Gewinn durch ihren Konsum selbst erzeugen" (*Einführung in die Wirtschaftstheorie*, Band I, Tübingen 1963[10], S. 64). Das heißt soviel wie: „*A hen is an egg's way of making another egg*" (Sam. Butler).

2. Bemerkenswert und folgenreich für die neuere Theorie ist, daß die Einkommen nicht mehr nach ihrer *Herkunft* unterschieden werden (Lohneinkommen und Gewinneinkommen), sondern nur nach ihrer *Verwendung* (verbrauchsbestimmte und investitionsbestimmte Einkommen). Hiermit verbindet sich die Fiktion, daß alle Einkommen über Haushalte wandern und dort der Entscheidung darüber unterliegen, ob und in welchem Maße sie dem Verbrauch zugeführt oder „gespart" werden.

Vernachlässigt wird hierbei die *gesellschaftliche Rollenverteilung* und der *funktionelle Unterschied der sozialen Einkommensstellung* der Beteiligten. In dem Bilde der Wirtschaftsgesellschaft, wie es Keynes in der neueren Ökonomie heimisch gemacht hat, fehlen mithin elementare gesellschaftliche Sachverhalte. Daher interessieren die Einkommen nur noch als indifferente Geldgrößen; und so erscheint auch die Verwendung der Einkommen als prinzipiell indeterminiert. Nur so kann die Vorstellung entstehen, für eine — aus welchem Grunde immer — unzureichende Verbrauchernachfrage (D_1) könne eine entsprechend vergrößerte Unternehmernachfrage nach Investitionsgütern (D_2) einfach einspringen; so als sei es möglich, daß der Anteil der Investitionen am Volkseinkommen (dauerhaft) steigt, während gleichzeitig der Anteil der Endnachfrage, auf die hin letztlich investiert wird, sinkt.

3. Die falsche Auffassung, wonach die Nachfrage nach Investitionsgütern — richtiger: nach Vorprodukten *aller* Art — in die Lücke einer unzulänglichen Verbrauchernachfrage einzutreten vermag, entsteht dadurch, daß Keynes in seinem Modell zwar die Gesamtnachfrage D in D_1 und D_2 aufgegliedert hat, nicht aber entsprechend das Gesamtangebot Z in ein Angebot von Konsumgütern (Z_1) und ein Angebot von Investitionsgütern (Z_2). In diesem Falle wäre klar, daß die verschiedenen Warenhaufen einander schon physisch nicht vertreten können und daß nicht D_2 zum Kauf eines Restes von Z_1 taugen kann. D_2 vermag weder D_1 zu ersetzen noch ist es von diesem selbst unabhängig. Sinkt die Nachfrage nach Endprodukten, so sinkt auch die nach Vorprodukten (Produktionsgütern) aller Art. Statt aber die ungenügende Nachfrage nach Produktionsmitteln *aus* der ungenügenden Nachfrage nach Konsumgütern zu erklären, schlägt Keynes einen mühevollen Umweg über die „Liquiditätsvorliebe", den Zinsfuß und die „Grenzleistungsfähigkeit des Kapitals" ein. Die Märkte der Konsumgüter und die Märkte der Produktionsgüter erscheinen gegeneinander verselbständigt. Diese Zerreißung von Zusammengehörigem, die *Disjunktion von verbundenen Gliedern des Wirtschaftsprozesses* — mit der Folge, daß diese, einmal aus ihrem Zusammenhang gelöst, in eine *willkürliche*, durch die Bedürfnisse des *Modells* bestimmte Beziehung zu einander gesetzt werden — kennzeichnet überhaupt das konstruktivistische Vorgehen von Keynes und den meisten neueren Modelltheoretikern.

In der Tat beschäftigen Keynes nicht die spezifischen *güter*wirtschaftlichen Proportionen zwischen den Wirtschaftsbereichen, die den Fortgang des ökonomischen Prozesses materiell sichern, sondern nur die *Geldwerte* des Prozesses (sonst würde es für ihn auch Bedeutung haben, ob die Investitionen jeweils vom Typus der beschäftigungs*schaffenden Erweiterungs*investitionen oder von dem der Beschäftigung *ersparenden Rationalisierungs*investitionen sind). In seiner Indifferenz gegenüber dem qualitativen, güterwirtschaftlichen Geschehen nimmt Keynes die Haltung des *Einzelwirtschafters* ein, dem es prinzipiell gleichgültig ist, mit welcher Ware und auf welchem Wege er Gewinn macht.

4. Die *einzelwirtschaftliche Analogie* zeigt sich vollends, wenn Keynes (in These 8) vom „Schnittpunkt" einer gedachten „Gesamtnachfrage"-Kurve mit der entsprechenden „Gesamtangebots"-Kurve spricht. Wie der Tauschwert jeder Einzelware eine *Relation* ausdrückt, so meint Keynes auch die Tauschwert*summen* in eine einzige Tauschwertrelation zusammenziehen zu können. Die Gesamtnachfrage nach Zahnbürsten, Fräsmaschinen, Lippenstiften, Maschinengewehren, Heuwendern und Flugzeugen wird zusammengeworfen und einem entsprechenden Gesamtangebot gegenübergestellt. Natürlich kann es einen volkswirtschaftlichen *Gesamtpreis* so wenig geben wie einen volkswirtschaftlichen Gesamtmarkt. Die — seit Keynes häufig gewordene — Konstruktion einer Kurve der Angebots- und Nachfrage*summen* stellt einen Mißbrauch einzelwirtschaftlicher Betrachtung für volkswirtschaftliche Zwecke dar.

Am Rande sei schließlich vermerkt: Die obige Textprobe enthält eine Reihe teils definitorischer, teils sachlicher Unstimmigkeiten: D_1 wird in Punkt 2 als *Verhältnis* der (erwarteten) Konsumnachfrage zum Volkseinkommen, in Punkt 3 und im weiteren dagegen als eine *absolute* Größe bestimmt. So tritt auch die zuvor als *Verhältnisgröße* definierte „Verbrauchsneigung" einer *absoluten* Größe, nämlich dem Investitions*volumen*, zur Seite. — D_1 und D_2 werden als *Erwartungs*größen bestimmt, was Keynes nicht hindert, sie einem *gegebenen* Angebot Z gegenüberzustellen und einen „Schnittpunkt" zwischen der *erwarteten* Nachfrage und dem *laufenden* Angebot zu konstruieren.

Alles in allem lassen sich schon hier wichtige allgemeine Merkmale der Keynesschen Verfahrensweise erkennen, die für die weitere Theorie der ökonomischen Entwicklung von großer Bedeutung geworden sind: Es ist zum ersten die zur volkswirtschaftlichen Theorie erhöhte Sicht des *Einzelwirtschafters*, die bis in die Begriffsbildung hinein immer wieder begegnet; ferner die von diesem entlehnte *verdinglicht-geldwirtschaftliche* Betrachtungsweise; und drittens die *Disjunktion* und Verselbständigung von zusammengehörigen Seiten des Wirtschaftsprozesses. Auch sie entspricht der beschränkten Perspektive des Einzelwirtschafters, der es immer nur mit begrenzten Marktausschnitten zu tun hat und für den der allgemeine Zusammenhang der Prozeßgrößen gleichgültig ist, solange dieser nicht ihn selbst tangiert.

Als die „letztlich unabhängigen Variablen" seines Systems hat Keynes selbst angesehen. ...

„... 1. die drei fundamentalen psychologischen Faktoren, nämlich den psychologischen [gemeint: psychischen] Hang zum Verbrauch, die psychologische [psychische] Einstellung zur Liquidität und die psychologische [psychische] Erwartung des zukünftigen Erträgnisses aus Kapitalwerten; 2. die Lohneinheit *(wage-unit)*, wie sie durch die Vereinbarungen zwischen den Unternehmern und Beschäftigten bestimmt wird; und

3. die Geldmenge, die durch die Wirksamkeit der Zentralbank bestimmt wird" (18/I S. 206 [246 f.]).

Was hierbei die Geldmenge angeht, so ist sie auch im Keynesschen System eigentlich keine unabhängige Größe. Die Lohneinheit *(wage unit)* liefert für Keynes eine Art von „Arbeitswert"-Maßstab, der dazu dient, bei bestimmten Aussagen über Quantenänderungen im Zeitablauf von Geldwertschwankungen abzusehen. So rücken in den Mittelpunkt der Betrachtung die drei „psychischen Faktoren", denen wir im weiteren nachgehen werden.

b) Der abnehmende „Grenzhang zum Verbrauch" (Erstes Haupttheorem: die „Konsumfunktion")

„Der endgültige Zweck unserer Analyse ist, zu entdecken, was die Menge der Beschäftigung bestimmt. Bis jetzt sind wir zu dem vorläufigen Schluß gekommen, daß die Menge der Beschäftigung durch den Schnittpunkt der Funktion des gesamten Angebotes und der Funktion der gesamten Nachfrage bestimmt wird" (8/I S. 77 [89]).

Während das „Gesamtangebot" hierbei kaum theoretische Probleme für Keynes aufwirft, ist die Seite der Nachfrage bedeutungsvoll. Die Gesamtnachfrage teilt sich in eine solche nach Verbrauchsgütern und in eine solche nach Investitionsgütern. Keynes wendet sich zunächst den Konsumausgaben zu. Er untersucht das funktionelle Verhältnis zwischen den Verbrauchsausgaben (in „realen", in „Lohneinheiten" ausgedrückt [Symbol w]) einer Periode und der zugehörigen Größe des „realen" Volkseinkommens und kommt so zu seinem Begriff des Hangs zum Verbrauch:

„Wir werden daher das, was wir den *Hang zum Verbrauch* nennen werden, als die funktionelle Beziehung χ zwischen Y_w, einem gegebenen Niveau des Einkommens, in Lohneinheiten gemessen, und C_w, der Ausgabe für den Verbrauch aus diesem Einkommensniveau, definieren ..." (S. 78 [90]).

Ist also der „Hang zum Verbrauch" bezeichnet durch die Größe $\frac{C_w}{Y_w}$, so der „Grenzhang zum Verbrauch", also das Verhältnis zwischen der jeweils „letzten" zusätzlichen Einheit der („realen") Verbrauchsausgaben zur „letzten" zusätzlichen Einheit des („realen") Volkseinkommens durch die Formel $\frac{\Delta C_w}{\Delta Y_w}$ (vgl. S. 98 [115]).

Es ist deutlich, daß die Begriffe „Hang" bzw. „Grenzhang" zum Verbrauch nur die subjektivierte Umschreibung einer sehr handgreiflichen Größe, nämlich des *Anteils* der Konsumausgaben (bzw. ihres Zuwachses) am Volkseinkommen (bzw. an dessen Zuwachs) sind.

Die Entwicklung der Konsumquote erscheint nun als abhängig 1. von der Höhe des Volkseinkommens und von dessen Verteilung, 2. von weiteren „objektiven" Umständen, welche die Höhe des verfügbaren Einkommens der einzelnen bestimmen, und 3. von den „subjektiven Bedürfnissen und Neigungen" dieser einzelnen. Das Hauptaugenmerk schenkt Keynes hierbei den *subjekti-*

ven Überlegungen, in welche Motive wie die Vorsorge für die Zukunft, der Wunsch nach Vermögensbildung, die Bevorzugung eines erwartungsgemäß größeren künftigen „Realverbrauchs“ gegenüber einer kleineren Gegenwartskonsumtion eingehen. Solchen Faktoren nun ist es zuzuschreiben, daß der „Grenzhang zum Verbrauch“ mit steigendem Einkommen zu sinken neigt:

„Das grundlegende psychologische Gesetz *(psychological law)*[7], auf das wir uns von vornherein sowohl auf Grund unserer Kenntnis der menschlichen Natur als auch der einzelnen Erfahrungstatsachen mit großer Zuversicht stützen dürfen, ist, daß die Menschen in der Regel und im Durchschnitt geneigt sind, ihren Verbrauch mit der Zunahme in ihrem Einkommen zu vermehren, doch nicht im vollen Maße dieser Zunahme. Das heißt, wenn C_w die Verbrauchsausgabe ist und Y_w das Einkommen (beide in Lohneinheiten gemessen), so hat ΔC_w das gleiche Vorzeichen wie ΔY_w, ist aber kleiner als dieses, d. h.

$\frac{d C_w}{d Y_w}$ ist positiv und weniger als die Einheit“ (8/III S. 83 [96]).

Hieraus folgt, „daß die Beschäftigung nur im gleichen Schritt mit einem Zuwachs der Investition zunehmen kann; es sei denn, daß sich der Hang zum Verbrauch ändert. Da nämlich die Verbraucher bei einer Zunahme der Beschäftigung weniger als die Zunahme des gesamten Angebotspreises [gemeint: Preissumme des Gesamtangebots] ausgeben werden, wird die vermehrte Beschäftigung unlohnend sein, wenn nicht die Investition wächst, um die Lücke zu füllen“ (S. 84 [98]).

Bemerkungen: Das Theorem, wonach bei steigendem Einkommen der Verbrauch im ganzen oder auch nach bestimmten Richtungen zurückbleibe, ist schon vor Keynes sowohl von Theoretikern wie H. von *Mangoldt*, R. *Liefmann*, A. *Hahn* als auch von Statistikern (*Schwabe-Engel*sches Gesetz, *Ireson*) formuliert worden; womit die originelle Fassung, die ihm Keynes gegeben hat, natürlich nicht entwertet ist.

Der Frage, ob das Theorem als solches *empirisch zutreffe*, sind zahlreiche Studien gewidmet worden (vgl. P. A. *Samuelson*, A. *Smithies*, F. *Modigliani*, D. S. *Brady*, G. *Katona*, J. *Duesenberry*, W. S. *Woytinsky*, J. *Tinbergen*, S. *Kuznets*, J. M. *Jeanneney*). Dabei ist der Gedanke von Keynes teils *modifiziert*, teils *kritisiert* worden: Es gibt wesentlich mehr und wichtigere Gründe für das *individuelle* „Sparen“ als die von Keynes aufgeführten. Die Verhältnisse von Zeit und Ort, die Zusammensetzung des Konsumgüterangebots, die unterschiedliche Elastizität der Nachfrage nach den einzelnen Waren sind zu berücksichtigen. Die Beschäftigung kann, bei gleicher *Größe* der Verbrauchsausgaben, durch eine bloße Änderung der *Richtung* des Verbrauchs („arbeitsintensive“ oder „anlageintensive“ Produktion) beeinflußt werden. Die Verbrauchshöhe ist nicht nur vom laufenden Einkommen, sondern auch vom *Vermögen* der einzelnen abhängig (vgl. G. *Haberler, Prosperität*, S. 50 f.). Der Konsum unterliegt dem gesellschaftlichen Ostentationsbedürfnis, das mit zunehmendem Einkommen der einzelnen steigt (D. S. *Brady*, M. *Friedman;* J. *Duesenberry, Income* etc., S. 39). Die meisten Haushaltungen sparen über-

[7] In der Übersetzung *Waegers* unzutreffend als „technisches“ Gesetz wiedergegeben.

haupt nicht. Eine langfristige *Tendenz* der fallenden Konsumquote ist nicht aufweisbar (vgl. S. *Kuznets*) — so sehr der Konsumanteil kurzfristigen Schwankungen im Konjunkturverlauf unterliegt (der Verbrauch nimmt bei steigender Konjunktur weniger zu und bei fallender Konjunktur weniger ab als das Volkseinkommen; vgl. A. H. *Hansen, Fiscal Policy,* S. 133 f., ferner *Duesenberry, Modigliani*), und so sehr der Verbraucheranteil am Volkseinkommen vor allem in den USA sowie in England während der zwanziger Jahre in der Tat nachweislich gesunken ist.

Es ist aber auch *prinzipielle Kritik* an dem Theorem des sinkenden Grenzhangs zum Verbrauch zu üben:

a) Keynes überträgt das, was er für den Einzelhaushalt als selbstverständlich annimmt, ohne Zögern auf die Gesamtwirtschaft. An einem „Reichwerden" der Volkswirtschaft als ganzer sind aber die einzelnen Glieder und Einkommensgruppen der Wirtschaftsgesellschaft ganz verschieden beteiligt. Es ist nicht gleichgültig, ob eine Steigerung der Einkommen bei den Empfängern hoher oder niedriger Einkommen stattfindet (vgl. A. *Forstmann, Neue Wirtschaftslehren,* S. 129 ff.). — Keynes vernachlässigt aber nicht nur den personellen, sondern vor allem auch den funktionellen Aspekt der Einkommensverteilung. Dies ist für sein ganzes System von verhängnisvoller Bedeutung geworden. Bestimmte Einkommen, nämlich die Unternehmensgewinne, sind in Wahrheit von vornherein nicht zur Konsumtion bestimmt. Der sparende Konsument aber stellt heute eine Randfigur gegenüber der institutionell gesicherten unmittelbaren Kapitalbildung aus der *Selbstfinanzierung* der Unternehmungen dar. (Auch steht dem Konsumentensparen eine erhebliche und wachsende Konsumentenverschuldung — Abzahlungskredit u. a. — gegenüber.) Der Umfang von „Verbrauch" und „Sparen" ist tatsächlich durch die gesellschaftliche Rollenverteilung und durch die Verteilung der Einkommen zwischen den beiden großen gesellschaftlichen Gruppen weithin determiniert. Die Kapitalbildung vollzieht sich überwiegend nicht mehr über die Haushalte. Es gibt keine „Konsumneigung" einer Aktiengesellschaft. Keynes hat sich hier von jenen nicht getrennt, die in der Kapitalakkumulation der herrschenden Riesenindustrie nichts anderes als die Spar-Idylle des kleinen Handwerksmeisters sehen wollen, bei dem Haushalt und Gewerbsbetrieb unvollständig getrennt sind.

b) Die Selbstfinanzierung über den Preis zeigt etwas weiteres an: „Verbrauch" und „Sparen" (sprich: Kapitalbildung) stehen nicht als unabhängige Momente nebeneinander. Der Kauf von Konsumprodukten *vermittelt* vielmehr seinerseits über die Gewinne die Kapitalbildung der Unternehmungen. Der Konsum selbst, und nicht etwa ein Nichtkonsum, sichert hier den Fortgang des Kapitalprozesses (wie an späterer Stelle bei Keynes selbst hervortreten wird; vgl. unten, S. 213 f., 218). „Hoher Verbrauch und hohe Investition konkurrieren daher nicht miteinander, vielmehr verlaufen sie eher parallel" (P. A. *Samuelson, Volkswirtschaftslehre,* S. 252). Wiederum führt die privatwirtschaftliche Analogie, d. h. die Gleichsetzung von *persönlichem* Konsumverzicht des Kapitalbildners mit Verhältnissen der Gesamtwirtschaft, zu einer falschen Sicht des Prozeßzusammenhangs.

Der wirkliche Sachverhalt jeder allgemeinen Absatzkrise und eines der Grundelemente der großen Depression, die Keynes vor Augen hat, stellt sich nicht als freiwillige, sondern vielmehr als höchst *unfreiwillige* Unternachfrage der Konsumenten dar. Bei Keynes erscheint dieses Unvermögen der Endverbraucher voluntarisiert zu einem freien Entschluß der Beteiligten. Eine groteske Form nimmt diese Fehldeutung an, wenn Keynes das Sinken der „Verbrauchsneigung" in der *Depression* ausgerechnet damit begründet, daß der Marktwert der *Börsenpapiere* sinke! (Vgl. 20/II, S. 270; zitiert unten, S. 202 f.) Für Keynes besteht die Gesellschaft in diesem Falle ausschließlich aus Kapitalverwertern. — Die Verkehrung des wirklichen Sachverhalts durch Keynes zeitigt ihre Konsequenzen später bei L. J. *Zimmermann*, der von der sinkenden Verbrauchsneigung den „Hang" der Unternehmungen zur *Monopolbildung* abgeleitet hat. „Mit einer Zunahme des Wohlstandes in einem Land ... erhalten mehr und mehr Güter eine geringere Nachfrageelastizität. Dies ist nichts anderes als die Feststellung, daß in wohlhabenden Ländern die Grenzneigung zum Konsum niedriger ist als in armen; eine These, der wir nur hinzufügen können, daß in wohlhabenden Ländern die Tendenz zur Monopolisierung größer sein wird als in armen" (*The Propensity to Monopolize*, Amsterdam 1952, S. 54). In Wahrheit verhält es sich gerade umgekehrt: Unternehmungen in starker Angebotsstellung trachten die Elastizität der Nachfrage herabzusetzen (durch Hintanhaltung der Produktion, durch Einbeziehung auch derjenigen Erzeugnisse, auf welche die Nachfrager ausweichen könnten, in den Sektor der regulierten Märkte, usw.). Ein ungenügendes Wachsen der Endnachfrage ist unter solchen Umständen nicht Ursache, sondern Wirkung der Monopolisierung. Und wenn Keynes es als selbstverständlich voraussetzt, daß auf eine unzureichende Endnachfrage die Unternehmungen nicht mit einer Senkung ihrer Preise, sondern mit einer Kürzung ihrer Produktion antworten, so hat er damit, ohne sich dessen recht zu versehen, jenen realen Sachverhalt bezeichnet, der die Endnachfrage selbst unzureichend machen mußte.

c) Die abnehmende Neubildung von Kapital

Ein anhaltend sinkender Zuwachs der Konsumgüterumsätze würde eigentlich schon Erklärung genug dafür sein, daß auch der Zuwachs der Umsätze an Produktionsgütern abnehmen muß. Denn alle Vorproduktion geschieht letztlich im Hinblick auf eine entsprechende Endnachfrage und muß mit dieser steigen und schrumpfen. Da Keynes aber, wie gezeigt, die Nachfrage nach Konsumgütern und die Nachfrage nach Investitionsgütern als gegenseitig vertretbar nebeneinander stellt und voraussetzt, für ein Zurückbleiben der Verbrauchernachfrage könne eine entsprechend vermehrte Nachfrage der Unternehmungen nach Produktionsgütern einspringen, so muß er sich nach einer besonderen Erklärung dafür umsehen, warum auch die Nachfrage der Unternehmungen enttäuschend verlaufe.

Wie Keynes jedoch den Zusammenhang zwischen Konsumgütermärkten und Produktionsgütermärkten zerrissen hat, so verselbständigt er nun auch die wesentlich zusammengehörigen Seiten der *Kapitalbildung* gegeneinander. — Um bei der folgenden Darstellung der Lehre von Keynes die Wirklichkeit nicht ganz aus dem Blick zu verlieren, wollen wir uns den einfachen Grundvorgang der Bildung von neuem Kapital vor Augen halten. Er besteht darin, daß die Unternehmungen das durch Verkauf ihrer Waren erlöste Geldkapital in die Elemente einer erweiterten Produktion, d. h. in neues *Produktivkapital* — in allen seinen Formen — rückverwandeln. Zu der hier betrachteten *Selbstfinanzierung* der Kapitalerweiterung über die *Preise* kann *ergänzend* die Finanzierung über *Geldkapitalmärkte* hinzutreten. Aber auch hier ist Grundlage die Erwartung künftiger Gewinne des resp. Unternehmens. Ohne eine solche Erwartung wird niemand einem Unternehmen Geldkapital zur Verfügung stellen, sei es in Form von Kredit oder von Beteiligungskapital. Der Begriff des *„Sparens"* ist daher mißverständlich, ja irreführend überall da, wo er die Kapitalbildung der Unternehmungen aus eigenen Gewinnen

— d. h. aus der unfreiwilligen „Ersparnis" *Dritter* auf eine Linie stellt mit dem „Konsumverzicht" eines kleinen Bauchladeninhabers mit Sparbuch.

Ebenso umfaßt der Begriff der *„Investition"* der Sache nach weit mehr als die bloße Vermehrung des „Realkapitals", d. h. der stehenden Anlagen. *Alle* komplementären Elemente erweiterter Produktion müssen beschafft werden: Rohstoffe, Halbfabrikate, Hilfs- und Betriebsstoffe, sowie — in aller Regel — zusätzliche Arbeitskräfte.

Wenn also die Bildung von Geldkapital — und das heißt vor allem: die Rückverwandlung des in Form produzierter Waren zeitweilig gebundenen Kapitals der Unternehmungen in flüssiges, disponibles Kapital — und seine Umsetzung in die Elemente des vermehrten Produktivkapitals im Prozeß der Kapitalverwertung zusammengehören, so können doch allerdings beide Akte *zeitlich* auseinanderfallen: Der Kredit kann den zweiten Vorgang dem ersten vorausgehen lassen, und umgekehrt kann Kapital für einige Zeit in liquider Form gehalten werden, in Erwartung absehbarer günstigerer Bezugsverhältnisse. In der Depression wird die Ausdehnung der Produktion vertagt, zur Anlage bereites Geldkapital bleibt längere Zeit liegen, um bei besserer Konjunktur wieder eingesetzt zu werden. Vor allem aber bedeutet die Depression mit ihrer weitverbreiteten Stockung des Absatzes, daß Kapital entweder in Form von *Waren* überhaupt *gebunden* bleibt, oder daß die Waren nur mit *Verlust* oder verringertem Gewinn abzusetzen sind, so daß auch hierdurch der Umfang der Bildung von Geldkapital selbst sinkt.

Bei Keynes erscheint nun dieser einfache Grundsachverhalt in mehrfacher Weise gebrochen:

1. Wiederum wird — durch das im folgenden darzustellende Theorem von der steigenden „Liquiditätsvorliebe" der Geldbesitzer — ein objektives Nichtkönnen in ein subjektives Nichtwollen der Beteiligten, nämlich in eine Art von Anlagestreik der Inhaber von Geldkapital umgedeutet.

2. Was in Wahrheit das *Ergebnis einer bestimmten Konjunkturlage* ist, nämlich die mangelnde Gelegenheit zu rentabler Kapitalausdehnung, wird als ein unabhängiger und mehr oder minder *ständig* wirkender *Bestimmungsgrund* des Wirtschaftsverfalls verstanden.

3. *„Sparen"* und *„Investieren"*, die — in der oben beschriebenen Weise — in der Tat *zeitlich* sich voneinander trennen können, werden von Keynes *institutionell getrennt:* „Sparer" und „Investoren" stellen — wie wir das schon bei *Schumpeter* und bei *Wicksell* gesehen haben — verschiedene Personenkreise dar. Die Kapitalbildung scheint wesentlich über Geldkapitalmärkte vermittelt zu sein; die Unternehmungen verfügen nur über die als Kostenelemente getarnten kümmerlichen Gewinnteile, die in der *„Grenzleistungsfähigkeit des Kapitals"* erscheinen. Die Unternehmungen sind also vital auf die *Geldkapitalmärkte,* und zwar auf den *Kredit,* angewiesen. Daher die überragende Bedeutung des *Zinsfußes* im System von Keynes.

Ohne Einsicht in diese drei stillschweigenden Voraussetzungen von Keynes ist die Lehre von der *abnehmenden Kapitalbildung* — das ist der eigentliche Inhalt des weiteren Gedankengangs — nicht zu verstehen. Wir wollen die Beweisführung hierbei in drei Schritten verfolgen, indem wir mit Keynes zunächst das Verhältnis von „Sparen" und „Investieren", sodann die Bedingungen des *Angebots* von Geldkapital (die „Liquiditätsfunktion") und schließlich die Bedingungen der *Nachfrage* nach Geldkapital (die „Investitionsfunktion") untersuchen.

aa) „Sparen“ und „Investieren“

„Soweit mir bekannt ist, stimmen alle darin überein, daß *Ersparnis (saving)* den Überschuß des Einkommens über die Ausgaben für den Verbrauch bedeutet“ (6/II, S. 54 [61]).

Unter *„laufender Investition“ (current investment)* müssen wir die „laufende Hinzufügung zum Werte der Kapitalausrüstung *(capital equipment)* verstehen, die aus der Produktion der Periode herrührt. Dies ist augenscheinlich das gleiche, was wir soeben als Ersparnis definiert haben; denn es ist jener Teil der Einkommen der Periode, der nicht in den Verbrauch eingegangen ist“ (S. 55 [62]).

„Während daher die Ersparnis eine Folge des gehäuften Verhaltens der einzelnen Verbraucher und die Investition eine Folge des übereinstimmenden Verhaltens aller Einzelunternehmer ist, müssen beide Größen einander gleich sein, da eine jede gleich dem Überschuß des Einkommens über den Verbrauch ist. ... Besteht Übereinstimmung darin, daß das Einkommen gleich dem Werte der laufenden Produktion ist, daß die laufende Investition gleich dem Werte des Teiles der laufenden Produktion ist, der nicht verbraucht wird, und daß die Ersparnis gleich dem Überschuß des Einkommens über den Verbrauch ist ..., so folgt die Gleichheit der Ersparnis und der Investition mit Notwendigkeit. Kurz gesagt:

Einkommen = Wert der Produktion = Verbrauch + Investition.
Ersparnis = Einkommen — Verbrauch.
Darum: Ersparnis = Investition“ (S. 55 [63]).

Auch „die Vorstellung, daß die Kreditschöpfung durch das Banksystem die Vornahme von Investitionen zuläßt, denen ‚keine echte Ersparnis‘ zur Seite steht, kann nur davon herrühren, daß eine der Folgen des vermehrten Bankkredites unter Ausschluß der übrigen herausgehoben wird. Wenn die Gewährung eines Bankdarlehens an einen Unternehmer in Ergänzung der bestehenden Darlehen diesem Unternehmer erlaubt, seine laufende Investition um einen Betrag zu vergrößern, der sonst nicht verfügbar gewesen wäre, werden die Einkommen notwendigerweise zunehmen; und zwar in einem Maße, das die Zuwachsrate der Investition normalerweise *übersteigt.* Verhältnisse der Vollbeschäftigung ausgenommen, wird überdies sowohl das Realeinkommen als auch das Geldeinkommen zunehmen. Die Bevölkerung wird ‚frei wählen‘, in welchem Verhältnis sie die Zunahme ihres Einkommens zwischen Ersparnis und Ausgabe einteilt. Und die Absicht des Unternehmers, der geborgt hat, um seine Investition zu vergrößern, kann sich (wenn es sich nicht um Investition handelt, die sonst durch andere Unternehmer vorgenommen worden wäre) unmöglicherweise rascher verwirklichen, als sich das Publikum entschließt, seine Ersparnisse zu vermehren. Die Ersparnisse, die von diesem Entschluß herrühren, sind überdies ebenso echt wie irgendwelche anderen Ersparnisse" (S. 71 [82 f.]).

Und umgekehrt: Jeder „Versuch, durch Einschränkung des Verbrauchs mehr zu sparen, wird die Einkommen so beeinflussen, daß sich der Versuch notwendigerweise selbst vereitelt. Für das Gemeinwesen als ganzes ist es selbstverständlich ebenso unmöglich, *weniger* als den Betrag der laufenden Investition zu sparen. Denn dieser Versuch wird notwendigerweise die Einkommen auf ein Niveau erhöhen, auf dem die Summen, die sich die einzelnen zu sparen entschließen, eine Größe ergeben, die genau gleich dem Betrag der Investition ist" (S. 72 [84]).

Bemerkungen: Zur Frage, ob $S = I$ sei, sind Bibliotheken geschrieben worden. Keynes selbst hat sich in der *„Allgemeinen Theorie"* von der noch in *„A Treatise on Money"* (1930; vgl. etwa 10/I, S. 136; 12/I, S. 171 ff.) gehegten Auffassung getrennt, die er mit der bisherigen Monetärtheorie der Konjunktur geteilt hat, und wonach das Auf und Ab der Wirtschaftsschwankungen sich aus der Nichtübereinstimmung von „Realkapitalbildung" und „Sparen" erkläre.

Offenbar ist die Frage eine solche der Definition, und zwar der Definition des Investitionsbegriffs, noch genauer: des Begriffs von *„Kapitalausrüstung"*. Versteht man mit Keynes unter *capital equipment* (oder *capital assets of any kind)* die Summe von fixem, arbeitendem *und liquide gehaltenem* (also *nicht* eingesetztem, kurz- oder längerfristig aus dem Kreislauf gezogenen Kapital (*fixed capital, working capital* und *liquid capital;* vgl. *Allgemeine Theorie,* S. 65 [75]), so ist „Investition" in der Tat der „Ersparnis" im Sinne von „Nichtverbrauch" *ex definitione* gleich, da dann selbst das Liegenlassen von Bargeld noch als „Investition" betrachtet wird.

Wir werden jedoch sehen, daß Keynes diesen Begriff nicht durchhält, wenn es um die „Veranlassung zur Investition" geht. Hier ist Investition im Sinne von „Realkapitalbildung" verstanden, also unter Abzug der liquide gehaltenen Mittel; und dementsprechend muß nun auch das Sparen als Bereitstellung von investierbarem Barkapital, also ebenfalls unter Ausschluß der liquiden Horte, betrachtet werden. (Die Investitionsnachfrage, D_2, kann selbstverständlich nicht auch Nachfrage nach *„liquid capital"* sein.) Die Unstimmigkeit beider Begriffe zeigt sich darin: Zunehmende „Investition" in *liquidem* Kapital läßt die Beschäftigung und die Einkommen schrumpfen, zunehmende „Investition" in *Sach*kapital (richtiger: *Produktiv*kapital) dagegen läßt die Beschäftigung und die Einkommen wachsen. Wenn Keynes das „Sparen" negativ bewertet, das „Investieren" dagegen positiv, so meint er das „Sparen" im *weiteren* Sinne, unter *Einschluß* der Hortbildung, das „Investieren" hingegen im *engeren* Sinn, unter *Ausschluß* der „Investition" in liquiden Mitteln. Betrachtet man nun aber S und I im engeren Sinn, unter Vernachlässigung der liquiden Bestände, so erscheint eine zeitweilige *Diskrepanz* von „Sparen" und „Investieren" als möglich, ja als fast in jedem Augenblick gegeben. (Wir werden sehen, daß Keynes auch hier seine anfängliche Position verläßt; vgl. unten, S. 202.) Die Frage verwandelt sich dann aus einer definitorischen in eine solche des *Zeitraums,* für welchen S als größengleich mit I angesehen wird. Je länger der Zeitraum, um so mehr nähern sich S und I einander an; je kürzer der Zeitraum, desto mehr treten die unterschiedlichen Rhythmen beider Prozesse hervor.

Hier hat es vor allem B. *Ohlin* unternommen, beide Möglichkeiten, die Übereinstimmung und das zeitweilige Auseinanderfallen von S und I, in einer „dynamischen“ Betrachtung zu vereinen: Sowohl in den Wirtschaftsplänen der Beteiligten *(ex ante)* als auch nach Abschluß einer Wirtschaftsperiode *(ex post)* gilt $S = I$. Der zwischenliegende Prozeß aber läßt Abweichungen zu; denn bei der Durchführung der Pläne treten unvermeidlich Überraschungen, Friktionen, Zieländerungen auf, so daß auch das Ergebnis der Wirtschaftstätigkeit, das sich schließlich einstellt, von der Erwartung stets abweichen wird. — Es kann dann mit E. *Schneider* zwischen einer beabsichtigten (freiwilligen) und einer unbeabsichtigten (unfreiwilligen) „Spar“- und „Investitions“-Größe unterschieden werden. Ist S_f kleiner als I_f, „so wird ein das Volkseinkommen erhöhender Prozeß ausgelöst“ (d. h. die Unternehmungen holen sich in diesem Falle ihre Mittel über Preiserhöhung und entsprechendes „Zwangssparen“ der Konsumenten); im umgekehrten Falle tritt ein Schrumpfungsprozeß ein. (Vgl. *Einführung*, III. Bd., S. 136 [4. Aufl. 1957].)

In einer solchen rein monetären Betrachtung des Größenverhältnisses gehen freilich wesentliche *qualitative* Bedingungen unter: Es ist für die Beschäftigung und das Volkseinkommen nicht gleichgültig, ob die Investitionen mehr vom Typus der *Erweiterungs*investition oder überwiegend von der Art der *Rationalisierungs*investition sind; ob sie die Arbeitsproduktivität verändern oder nicht; ob die Preise der Investitionsgüter steigen oder sinken, so daß der gleiche *Geld*aufwand etwa einen geringeren oder vergrößerten Effekt auf die Beschäftigung und das *Real*produkt hat. Diese qualitativen Faktoren, die sich ihrerseits in Beschäftigungs- und Produktions*quanten* niederschlagen, haben sowohl Keynes als auch seine Epigonen sehr vernachlässigt. Eine Kuriosität stellt ferner der Umstand dar, daß die „Investition“, selbst im engeren Wortsinn als Bildung von „Realkapital“ verstanden, auch die Vergrößerung von Vorräten *unverkaufter Waren* umfaßt, so daß gerade ein *Stocken* des Kapitalumschlags infolge von Absatzschwierigkeiten einem Vorgang von Kapitalneubildung gleichgesetzt wird. — Es ist ferner schief, beim „Zwangssparen“ über die Preise nur an die Gewinnerzielung von Unternehmungen zu Lasten der Konsumenten zu denken. Auch im zwischenunternehmerischen Verkehr werden selbstverständlich Gewinne erzielt; auch die Unternehmer legen sich also wechselseitig ein „Zwangssparen“ auf — womit die Absonderlichkeit dieses Verlegenheitsbegriffs, der die Gewinnbildung überhaupt nur als *Markt*vorgang — weitab von der Sphäre der *Produktion* — auffaßt, vollends deutlich wird.

bb) Die zunehmende „Liquiditätsvorliebe“ (Zweites Haupttheorem: die „Liquiditätsfunktion“)

„Die psychischen Zeitpräferenzen *(time-preferences)* eines einzelnen erfordern zu ihrer vollständigen Ausführung zwei verschiedene Arten von Entscheidungen. Die erste betrifft jenen Aspekt der Zeitpräferenz, den ich den *Hang zum Verbrauch* genannt habe. Hier wird darüber entschieden, wieviel jeder einzelne aus seinem Einkommen verbrauchen und wieviel er in *irgendeiner* Form von Anspruch auf zukünftigen Verbrauch zurücklegen wird. Nach diesem Entschluß muß er aber eine weitere Entscheidung treffen, nämlich darüber, in *welcher Form* er den Anspruch auf künftigen Verbrauch halten soll, den er sich aus seinem laufenden Einkommen oder aus früheren Ersparnissen vorbehalten hat. Soll er ihn in der Form eines sofort flüssigen Verfügungsrechtes (das heißt in Geld oder etwas Gleichwertigem) halten? Oder soll er auf das sofortige Verfügungsrecht für einen bestimmten oder unbestimmten Zeitabschnitt verzichten und zukünftigen Marktverhältnissen die Bestimmung der Bedingungen überlassen, zu denen er, falls notwendig, den aufgeschobenen Anspruch auf Güter umwandeln kann? Mit anderen Worten: Was ist der Grad seiner *Vorliebe für Liquidität (liquidity-preference)?* Hierbei ist die Vorliebe für Liquidität eines einzelnen durch eine Tabelle der Beträge seiner Mittel gegeben, in Größen von Geld oder Lohneinheiten gewertet, die er unter verschiedenartigen Umständen in der Form von Geld zurückzuhalten wünscht" (13/II, S. 139 f. [166]).

„Ein individueller Sparakt bedeutet sozusagen einen Entschluß, heute kein Mittagessen zu haben. Aber er bedingt *keinen* Entschluß, nach einer Woche oder einem Jahr ein Mittagessen zu haben oder ein paar Schuhe zu kaufen oder irgendeine bestimmte Sache zu irgendeinem bestimmten Zeitpunkt zu verbrauchen. Er drückt somit auf das Geschäft einer Zubereitung des Mittagessens von heute, ohne das Geschäft der Vorsorge für einen zukünftigen Verbrauchsakt anzuregen. Eine derartige Entscheidung liefert keinen Ersatz in Gestalt einer zukünftigen Verbrauchsnachfrage für die verminderte gegenwärtige Verbrauchsnachfrage; sie stellt vielmehr eine effektive Verminderung dieser Nachfrage dar. Überdies stützt sich die Erwartung zukünftigen Verbrauches so stark auf die Beobachtung des gegenwärtigen Konsums, daß eine Verminderung des letzteren voraussichtlich die erstere herabsetzen wird ..." (16/I, S. 176 [210]).

Die Folge ist ein Druck auf die Preise und die Gewinne, mit dem Ergebnis, daß sowohl die Nachfrage nach Konsumgütern wie die nach Investitionsgütern sinkt. (Ebenda.)

Daß die Neigung zum Halten von Geldmitteln in einer Form, in der diese wenig oder nichts einbringen, überhaupt auftreten kann, führt Keynes auf verschiedene *Beweggründe* der Wirtschaftsträger zurück:

1. Das *„Umsatzmotiv" (transactions-motive):* a) Das *„Einkommensmotiv" (income-motive;* Überbrückung der Zeit zwischen Bezug und Verausgabung von Einkommen) versteht sich von selbst. Ihm ist b) das *„Geschäftsmotiv" (business-motive)* bei den Unternehmungen nachgebildet: Überbrückung der Zeit zwischen dem Anfallen der Kosten und dem Rückstrom der Erlöse aus den Waren. (Wobei anzumerken ist, daß bei kontinuierlicher Produktion ein Teil des umschlagenden Kapitals *stets* in Geldform vorliegen wird.)

2. Auch das *Vorsichtsmotiv (precautionary-motive)* ist plausibel. — Allerdings kann bei allen diesen Arten von Liquidität, wenn überhaupt, so nur ein *Wechsel* der üblichen Größen konjunkturell belangvoll sein.

3. Am wichtigsten ist für Keynes jedoch das *Spekulationsmotiv (speculative-motive).* Hier wirken sich auch die Erwartungen aus, welche die Wirtschaftssubjekte über die Zukunft hegen.

Ist die Neigung zum Halten liquider Bestände an Geld (M_1), die dem Umsatz- sowie dem Vorsichtsmotiv entspringt, eine Funktion des Volkseinkommens [L_1 (Y)], so ist der Beweggrund, Geld für Spekulationszwecke (M_2) zu halten, eine Funktion des (gegenwärtigen sowie des erwarteten) Zinssatzes [$L_2(r)$]. Also:

$$„M = M_1 + M_2 = L_1 (Y) + L_2 (r);$$

wobei L_1 die Funktion der Liquidität ist, die einem Einkommen Y entspricht, durch das M_1 bestimmt wird, und L_2 die Funktion der Liquidität entsprechend dem Zinsfuß r, der M_2 bestimmt" (15/II, S. 167 [199 f.]).

Je niedriger der Zinsfuß, desto größer M_2. Ja:

„Aus den oben erörterten Gründen besteht die Möglichkeit: Nachdem der Zinsfuß auf ein gewisses Niveau gefallen ist, kann die Vorliebe für Liquidität sozusagen absolut werden; in dem Sinne, daß fast jedermann Bargeld dem Besitz eines Darlehens zu einem so niedrigen Zinsfuß vorzieht. In diesem Fall hätte die Währungsbehörde die wirksame Kontrolle über den Zinsfuß verloren" (S. 173 [207]).

Der Zinsfuß selbst ist hierbei „eine in hohem Grade psychische Erscheinung": *„Jedes* Zinsniveau, das mit genügender Überzeugung als *voraussichtlich* dauernd angenommen wird, *wird* dauerhaft sein", wenn nicht unvorhergesehene Umstände eintreten (S. 170, 171 [202, 203]).

„Wir können das Obige in dem Satz zusammenfassen: Bei einem gegebenen Zustand der Erwartung besteht in der Bevölkerung eine gewisse Bereitschaft zum Halten von Bargeld, und zwar über die Menge hinaus, die durch das Umsatz- oder das Vorsichtsmotiv erfordert wird. Diese Bereitschaft wird sich in tatsächlichen Barbeständen in dem Maße niederschlagen, wie die Währungsbehörde gewillt ist Bargeld zu schaffen" (S. 172 [205]).

Bemerkungen: 1. *Vorgeschichte des Theorems:* Die verzögerte Rückverwandlung von Geldkapital in produktives Kapital hat schon *Marx* als vorübergehende *Begleit*erscheinung eines Konjunkturverfalls gewürdigt: „Geld wird der Zirkulation entzogen und als Schatz aufgespeichert durch Verkauf der Ware ohne nachfolgenden Kauf. Wird diese Operation also als allgemein vorsichgehend aufgefaßt, so scheint nicht abzusehen, wo die Käufer herkommen sollen, da in diesem Prozeß ... jeder verkaufen will, um aufzuschatzen, keiner kaufen" (*Das Kapital,* II/22, S. 487). Auch J. St. *Mill* wußte, daß die Bereitschaft zum „Sparen" und die gleichzeitige Bereitschaft zum „Investieren" sich nicht decken müssen: „Für einen gewissen Grad des Sparens würde es entsprechende Beweggründe geben, selbst wenn das Kapital keinen Gewinn abwürfe" (*Principles,* IV/4, § 3). Den Umstand, daß Geld bei rückläufiger Konjunktur für längere Zeit als bloßes Wertaufbewahrungsmittel dienen könne, haben auch K. *Wicksell* (*Geldzins,* S. 22, 51 f.), A. *Marshall (Principles),* R. G. *Hawtrey* (*Trade Depression,* S. 129), D. H. *Robertson* (*Banking Policy,* S. 53 ff. und passim) zum Gegenstande ihrer Untersuchung gemacht. Haben diese Autoren jedoch durchwegs die Freisetzung von Geld, das zeitweilig nicht als Geld*kapital* fungiert, als eine vorübergehende *Folge* der Depression angesehen, so ist allerdings durch einige Denker schon vor Keynes ein „Übersparen" zur *Ursache* des Konjunkturverfalls erklärt worden: So hat der nach den USA ausgewanderte Deutsche N. A. L. J. *Johannsen* (Pseud. J. J. O. *Lahn*) zwischen „aufbauendem" (d. h. kapitalbildendem) und „lähmendem" Sparen (= Horten) unterschieden. Letzteres nehme tendenziell immer mehr zu und drohe die Wirtschaft in eine permanente Krise zu stürzen (*Depressionsperioden*, S. 59 f.). Ähnlich haben sich in England F. *Lavington* (*The Trade Cycle*, London 1922) und A. H. *Abbati* (*The Final Buyer*, London 1928) geäußert. (Vgl. auch Keynes selbst in *„A Tract on Monetary Reform"*, 1923; *Money* 10/III, S. 141 ff.)

2. *Würdigung:* a) Zwar ist die Geldphase eine wichtige Station im Kapitalumschlag der Unternehmungen, jedoch nur als eine *Durchgangsstufe*. Geld wird von den Unternehmungen begehrt im Hinblick auf eine — sofortige oder spätere — rentable *Anlage;* sein vorübergehender Nichtgebrauch ist die unerfreuliche *Folge* einer ungünstigen Geschäftslage, kein Zweck für sich. Keynes greift von der *Kapital*funktion des Geldes als eines Mittels der Wert*vermehrung* auf dessen bloße Funktion als ein Mittel der Wert*aufbewahrung* zurück und erklärt diese letztere zur ursprünglichen. Nachdem er erst das Geldkapital zum bloßen Geld deklariert hat, muß die Verwandlung von Geld in Geldkapital als immer neue Überraschung erscheinen; und daher als ein Umstand, der eine besondere Prämiierung in Gestalt des *Zinses* (vgl. unten) rechtfertigt. Keynes' Geldauffassung geht damit am *Wesen* der erwerbswirtschaftlichen Ordnung vorbei. — Die Wirklichkeit lugt dabei freilich, für Keynes selbst unversehens, immer wieder hinter seinem Rücken hervor. (Vgl. etwa Zitat unten, S. 203 f., 213.)

b) Die *„Liquidität"*, die in gewissem Umfang in der Depression freigesetzt wird, ist keine gewollte, sondern eine *ungewollte*. Was Keynes unter „Horten" versteht, ist im Grunde viel mehr: es ist die Stockung des Kapitalprozesses im *ganzen*. Greifbares Symptom hierfür ist nicht nur das Brachliegen von *Geldkapital*, sondern auch das Brachliegen *unverkaufter Ware* (bzw. deren Verkauf zu ungünstigen Preisen), und damit das Stocken der Selbstfinanzierung. Nicht nur wird vorhandenes Geldkapital nicht angewandt, sondern auch — und vor allem — kann Geldkapital selbst nur in vermindertem Umfang überhaupt erlöst werden; und insoweit *kommt* es gar nicht zur Freisetzung von Geld. Wiederum wird somit durch Keynes zum Ergebnis von subjektiven Präferenzen der Beteiligten erklärt, was in Wahrheit ein objektiver Vorgang im Konjunkturprozeß ist.

Es entspricht dem eben Gesagten, daß die „liquiden" Mittel nur zu einem geringen Teil als jederzeit greifbare Geldreserve überhaupt vorliegen. Die eigentliche Form des „Hortens" ist in der Geschäftswelt vielmehr die *Verlangsamung des Giralgeldumlaufs*. Eine solche Verlangsamung aber zeigt an, daß die verringerten Warentransaktionen auch weniger Geld *erfordern:* Der elastische Gürtel des Geschäftsgeldumlaufs zwängt nicht etwa von sich aus die Konjunktur ein, er *folgt* vielmehr den Bedürfnissen des Marktes. — Auch das konjunkturpolitische Programm von Keynes zielt im übrigen nicht etwa darauf ab, als vorhanden angenommene Horte wieder dem Kreislauf zuzuführen, sondern vielmehr solche — vielfach nicht vorhandene — „Horte" zu *ersetzen*.

cc) Die Bedeutung des Zinses

Der Zins ist nach Keynes die Prämie für den zeitweiligen Verzicht auf das Liquidehalten von Geld, und nicht etwa die Belohnung für ein „Sparen" oder „Warten":

„Auf die übliche Vernachlässigung des Verhältnisses zwischen Zinsfuß und Horten dürfte es teilweise zurückzuführen sein, daß der Zins gewöhnlich als Prämie für das Nichtausgeben betrachtet worden ist, während er in Wahrheit eine Prämie für das Nichthorten ist" (13/V, S. 146 [174]).

„Da der Zinsfuß die Prämie für die Aufgabe der Liquidität ist, so ist er infolgedessen allemal ein Maß für die Abneigung derer, die Geld besitzen, sich von der Verfügung über liquide Mittel zu trennen. Der Zinsfuß ist nicht der ‚Preis', der die Nachfrage nach Geldmitteln zur Investition mit der Bereitwilligkeit, sich des gegenwärtigen Verbrauches zu enthalten, ins Gleichgewicht bringt. Er ist der ‚Preis', der das Verlangen, Vermögen in der Form von Bargeld zu halten, mit der verfügbaren Menge von Bargeld ins Gleichgewicht bringt. Dies bedingt: Bei einem niedrigeren Zinsfuß, das heißt bei einer geringeren Prämie für den Verzicht auf Bargeld, würde die Gesamtsumme von Bargeld, die die Bevölkerung halten möchte, das verfügbare Angebot übersteigen. Und bei einem Steigen des Zinsfußes würde ein Überschuß an Bargeld auftreten, den niemand zu halten gewillt wäre. Wenn diese Erklärung richtig ist, so ist die Geldmenge der zweite Faktor, der, zusammen mit der Vorliebe für Liquidität, unter gegebenen Umständen den tatsächlichen Zinsfuß bestimmt. ... An dieser Stelle also ... tritt die Geldmenge in die Wirtschaftsbetrachtung ein" (13/II, S. 141 [167 f.]).

Es gibt nach Keynes drei Arten von Kapital: Produktionsinstrumente (*instrumental capital;* z. B. Maschinen), Verbrauchskapital (*consumption capital;* z. B. Häuser) und Geld[8]. Gegenüber den beiden erstgenannten hat das Geld die Eigentümlichkeit,

„... daß sein Erträgnis Null ist und seine Durchhaltekosten *(carrying cost)* unerheblich sind, wogegen seine Liquiditätsprämie beträchtlich ist" (17/II, S. 189 [226]).

Das Halten von Geld kostet nichts, bringt aber etwas ein. Dieser Umstand — und weitere — erklärt,

„... warum in der uns vertrauten Wirtschaft der Geldzinsfuß sich wahrscheinlich einer angemessenen Senkung widersetzen wird" (17/III, S. 194 [232]).

Das bedeutet, „daß die Nachfrage überwiegend auf Geld gerichtet sein kann. ... Die einzige Linderung ... kann (solange der Hang zur Liquidität unverändert bleibt) von einer Zunahme in der Geldmenge, oder — was in der Wirkung das gleiche ist — von einer Erhöhung des Geldwertes kommen, die es einer gegebenen Menge ermöglicht, vermehrte Gelddienste zu leisten.

[8] Diese Einteilung des Kapitals deckt sich, wie ersichtlich, nicht ganz mit der obigen Unterscheidung von fixem, arbeitendem und liquidem Kapital.

Eine Erhöhung des Geldzinsfußes verzögert somit die Produktion aller Gegenstände mit einer elastischen Erzeugung, ohne die Produktion des Geldes anregen zu können (dessen Erzeugung unserer Hypothese gemäß völlig unelastisch ist). Indem der Geldzinsfuß die Bewegung aller anderen Warenzinssätze *(commodity-rates of interest)* bestimmt, hält er die Investition für die Erzeugung dieser anderen Waren hintan, ohne die Investition für die Erzeugung von Geld, das unserer Hypothese gemäß nicht produziert werden kann, anzuregen" (S. 196 [234]).

„Es zeigt sich ein bemerkenswertes Ergebnis: Der Umstand, der nach überlieferter Annahme das Gold besonders zweckmäßig für den Gebrauch als Wertstandard machen soll, nämlich die Unelastizität seines Angebotes, erweist sich gerade als das Merkmal, das der Kern des Übels ist" (S. 197 [235 f.]).

Die Konsequenz ist: Politik des billigen Geldes, und Durchbruch durch die Schranken der Goldwährung! (vgl. unten, S. 208 ff.).

Bemerkungen: Als „Preis des Liquiditätsverlustes" hat schon L. A. *Hahn* in seinem (später von ihm abgeschworenen) Buch *„Volkswirtschaftliche Theorie des Bankkredits"* (Tübingen 1920[1], S. 102) den Zins verstanden. Obwohl Keynes von der bis dahin herrschenden „Warte"-Theorie des Zinses abgerückt ist, gerät die Rechtfertigung des Zinses aus dem Verzicht auf „Liquidität" doch in deren Nähe. Auch die daran anschließenden Überlegungen von Keynes lassen sich, wie *Haberler* vermerkt hat, mit den Mitteln der konventionellen Zinstheorie durchführen *(Prosperität,* S. 199 ff.).

Kritisch ist zu sagen: 1. Keynes sucht nur eine Antwort auf die Frage, warum Zins *verlangt* wird, nicht auf die andere, wie er *gezahlt* werden kann. Auch hier trennt Keynes Zusammengehöriges, indem er die Erklärung des Zinses gänzlich von der des Unternehmensgewinns sondert, von dem sich jener in Wahrheit herleitet. Keynes liefert eine reine *Angebots*theorie des Zinses. Die Nachfrage nach Kredit dagegen erscheint bei ihm als eine bloße *Funktion* des Zinssatzes (sowie der Grenzleistungsfähigkeit des Kapitals).

2. Keynes sagt nicht, um *welchen* Zinssatz es eigentlich geht: um den für kurzfristigen oder den für langfristigen Kredit. Für die Liquiditätsvorliebe ist vor allem der Zinsfuß für kurzfristiges Kapital wichtig; die Kreditnachfrage der Investoren dagegen muß sich am Zins für langfristiges Darlehnskapital orientieren. Zwischen beiden Kreditsphären besteht aber keineswegs eine starre Zinsrelation. Ebenso wenig steht übrigens der *Debitoren*zins des Banksystems mit dem *Kreditoren*zins in Übereinstimmung oder in fester Beziehung. Bankkredit kann für die Darlehnsnehmer *teuer* sein, während er den Einlegern der Bank gleichzeitig recht wenig einbringen mag. Er kann also die „Liquiditätsvorliebe" mindern und gleichzeitig die *Nachfrage* nach Kredit hemmen.

3. Im Zusammenhang hiermit steht etwas weiteres: Das moderne Bankwesen ermöglicht, daß die Anlage von Geldkapital für die einzelnen — innerhalb bestimmter Grenzen — liquide Form behält, während gleichzeitig Kredite durch die Banken selbst längerfristig gebunden werden. Die Banken *transformieren* — in gewissem Umfang — kürzerfristige Einlagen in längerfristige Ausleihungen. Die Verfügung der Einleger über liquide Mittel schließt also die gleichzeitige Erweiterung des Investitionskapitals nicht aus. Wer etwa

Sichteinlagen bei einer Bank hält, hat sich von seiner Liquidität nicht getrennt. Und doch gibt er der Bank Mittel, die in gewissem Umfang auch langfristig ausgeliehen werden können, *wofern tatsächlich Nachfrage nach Kredit besteht.* — Ebenso sorgen die Effektenbörsen für die leichte Liquidisierbarkeit von Titeln, deren Gegenwert dem Kapitalnehmer selbst langfristig oder dauerhaft zur Verfügung steht. — Es ist eigenartig, daß Keynes, der ein glänzender Kenner der Bank- und Börsenpraxis war, mit seiner Theorie der „Liquiditätsvorliebe" und des Zinses eine ganz wirklichkeitsfremde, ja kindlich-naive Sicht bekundet hat. Wie überhaupt das theoretische Bemühen von Keynes seinen praktischen Sachverstand auf weite Strecken stillgesetzt zu haben scheint.

dd) Die „Grenzleistungsfähigkeit des Kapitals" und die sinkende „Veranlassung zur Investition" (Drittes Haupttheorem: die „Investitionsfunktion")

„Wenn jemand eine Investition durchführt oder einen Kapitalgegenstand *(capital-asset)* kauft, so erwirbt er das Anrecht auf die Reihe voraussichtlicher Erträge, die er während der Nutzungsdauer dieses Objektes vom Verkauf seiner Produktion, nach Abzug der laufenden Produktionskosten, zu erhalten erwartet. Es ist zweckmäßig, diese Reihe Jahresrenten *(annuities)* $Q_1, Q_2 \ldots Q_n$ das *voraussichtliche Erträgnis (the prospective yield)* der Investition zu nennen.

Dem voraussichtlichen Erträgnis der Investition steht *der Angebotspreis* des Kapitalobjektes gegenüber. Darunter verstehen wir nicht den Marktpreis, zu dem ein Objekt der in Frage kommenden Art tatsächlich auf dem Markt gekauft werden kann, sondern den Preis, der einen Fabrikanten gerade noch veranlassen würde, eine zusätzliche Einheit solcher Kapitalgegenstände zu erzeugen, also das, was gelegentlich ihre *Ersatzkosten* genannt wird. Das Verhältnis zwischen dem voraussichtlichen Erträgnis einer Kapitaleinheit und ihrem Angebotspreis oder ihren Ersatzkosten, das heißt das Verhältnis zwischen dem voraussichtlichen Erträgnis einer weiteren Einheit jener Art von Kapital und den Erzeugungskosten jener Einheit liefert uns die *Grenzleistungsfähigkeit des Kapitals* jener Art. Genauer: Ich definiere die Grenzleistungsfähigkeit des Kapitals als jenem Diskontsatz gleich, der den gegenwärtigen Wert der Reihe von Jahresrenten, die aus der Kapitaleinheit während ihrer Nutzungsdauer erwartet werden, genau gleich ihrem Angebotspreis machen würde. Das gibt uns die Grenzleistungsfähigkeiten besonderer Arten von Kapitalobjekten. Die größte dieser Grenzleistungsfähigkeiten kann dann als die Grenzleistungsfähigkeit des Kapitals im allgemeinen betrachtet werden" (11/I, S. 114 [135 f.]).

Die „Grenzleistungsfähigkeit des Kapitals" ist also die für die Zukunft *erwartete* „Grenzproduktivität" des Kapitals; sie unterliegt dem von der Grenzproduktivitätstheorie allgemein geltend gemachten Gesetz des sinkenden Ertragszuwachses. Der Begriff bezeichnet Keynes zufolge „ziemlich genau", was A. *Marshall* unter *„marginal net efficiency"* oder *„marginal utility of capital"* verstand *(Principles)*; er ist „identisch" mit I. *Fishers „rate of return over cost" (Theory of Interest)*.

„Man kann sagen, daß die Tabelle der Grenzleistungsfähigkeit des Kapitals die Bedingungen bestimmt, zu denen leihbare Geldmittel für den Zweck der Neuinvestition gefragt werden, während der Zinsfuß die Bedingungen bestimmt, zu denen Geldmittel laufend angeboten werden" (13/I, S. 139 [165]).

„Wenn die Investition in irgendeiner gegebenen Art Kapital während eines Zeitabschnittes vermehrt wird, so wird sich die Grenzleistungsfähigkeit jenes Kapitaltyps mit der Zunahme der Investition verringern; teilweise weil das voraussichtliche Erträgnis mit der Zunahme des Angebots jener Art Kapital sinken wird und teilweise, weil ein Druck auf die Möglichkeit der Erzeugung dieser Art von Kapital in der Regel ein Steigen seines Angebotspreises verursachen wird ... Wir können somit für jede Kapitalgattung eine Tabelle aufmachen, die zeigt, wieviel die Investition innerhalb des Zeitabschnittes zunehmen muß, damit die Grenzleistungsfähigkeit dieser Art von Kapital auf einen gegebenen Zahlenwert falle. Wir können dann diese Tabellen für alle verschiedenen Arten von Kapital zusammenfassen und eine Tabelle entwickeln, welche die Gesamtinvestition zu der entsprechenden Grenzleistungsfähigkeit des Kapitals im allgemeinen in Beziehung bringt, die jene Investition ergeben wird. Wir werden diese die Nachfragetabelle der Investition nennen oder auch die Tabelle der Grenzleistungsfähigkeit des Kapitals.

Es ist nun offensichtlich, daß die tatsächliche Rate der laufenden Investition bis auf den Punkt getrieben wird, auf dem es keine Art von Kapitalgütern mehr gibt, deren Grenzleistungsfähigkeit den laufenden Zinsfuß übersteigt. Mit anderen Worten: Die Investition wird auf den Punkt in der Nachfragetabelle der Investition getrieben werden, auf dem die Grenzleistungsfähigkeit des Kapitals im allgemeinen gleich dem Marktzinsfuß ist....

Daraus folgt, daß die Veranlassung zur Investition teilweise von der Nachfragetabelle der Investition und teilweise vom Zinsfuß abhängt" (11/I, S. 115 f. [136 f.]).

„Die Tabelle der Grenzleistungsfähigkeit des Kapitals ist von grundlegender Bedeutung, da es hauptsächlich dieser Faktor ist (viel mehr als der Zinsfuß), durch den die Erwartung der Zukunft die Gegenwart beeinflußt. Der Fehler, die Grenzleistungsfähigkeit des Kapitals in erster Linie in Größen des *laufenden* Erträgnisses der Kapitalausrüstung *(capital equipment)* zu betrachten, was nur im statischen Zustand richtig wäre, wo es keine sich ändernde Zukunft gibt, welche die Gegenwart beeinflussen kann, hat zur Folge gehabt, daß das theoretische Verbindungsglied zwischen dem Heute und dem Morgen verlorengegangen ist (11/V, S. 122 f. [145]).

„Das Vorhandensein dauerhafter Anlagen ist das Moment, welches die ökonomische Zukunft mit der Gegenwart verknüpft" (S. 123 [146]).

Da nun die Investoren fremde Gelder — auf die sie nach Keynes vital angewiesen sind — zur Ausdehnung ihrer Geschäftstätigkeit nur dann aufnehmen, wenn der Ertrag, den das Zusatzkapital erwartungsgemäß bringen wird, mindestens von der Höhe des zu zahlenden Zinses ist, so ergibt sich, daß der Zinsfuß die Tabelle der gestaffelten Grenzleistungsfähigkeiten, welche die verschiedenen Anlagen versprechen, jeweils an einem höheren oder niederen Punkte abschneidet:

„Es wird eine Veranlassung geben, die Neuinvestition auf den Punkt zu treiben, der den Angebotspreis jeder Art von Kapitalobjekten auf eine Größe herabdrückt, die, zusammen mit dem voraussichtlichen Erträgnis, die Grenzleistungsfähigkeit des Kapitals im allgemeinen in ungefähre Gleichheit mit dem Zinsfuß bringt" (18/II, S. 207 [248]).

„Jene Kapitalobjekte *(assets)* nun, deren normaler Angebotspreis niedriger als ihr Nachfragepreis ist, werden neu erzeugt werden; und das werden jene Kapitalobjekte sein, deren Grenzleistungsfähigkeit (auf der Grundlage ihres normalen Angebotspreises) größer als der Zinsfuß ist... Mit der Zunahme des Bestandes an Kapitalobjekten, die am Anfang eine Grenzleistungsfähigkeit haben, die zum mindesten gleich hoch wie der Zinsfuß ist, wird ihre Grenzleistungsfähigkeit... die Neigung haben zu fallen. Es wird daher ein Punkt kommen, an dem es sich nicht länger lohnt, sie zu erzeugen, *es sei denn, daß der Zinsfuß im* gleichen Maße *falle*" (17/II, S. 191 [228]).

Da der Zinsfuß seinerseits von der verfügbaren Geldmenge mitbestimmt wird, so gilt auch:

„Die Erwartung einer Senkung des Geldwertes [also eines niedrigen Zinssatzes; W. H.] regt die Investition und folglich die Beschäftigung im allgemeinen an, weil sie die Tabelle der Grenzleistungsfähigkeit des Kapitals, d. h. die Nachfragetabelle der Investition, verlängert[9]. Und die Erwartung einer Erhöhung des Geldwertes wirkt entmutigend, weil sie die Tabelle der Grenzleistungsfähigkeit des Kapitals verkürzt" (11/III, S. 119 [141 f.]).

Allerdings: „*Wenn* der Zinsfuß im gleichen Schritt mit der Grenzleistungsfähigkeit des Kapitals stiege, so würde von einem erwarteten Steigen der Preise *keine* anregende Wirkung ausgehen. Denn der Produktionsstimulus beruht darauf, daß die Grenzleistungsfähigkeit eines gegebenen Kapitalbestandes *im Verhältnis* zum Zinsfuß steigt" (S. 120 [143]).

---

[9] Gemeint ist: *Der Punkt,* an dem die Tabelle durch den Zinssatz abgeschnitten wird, senkt sich.

„Es ist wichtig, die Abhängigkeit der Grenzleistungsfähigkeit eines gegebenen Kapitalbestandes von Änderungen in der Erwartung zu erfassen, weil es hauptsächlich diese Erwartung ist, welche die Grenzleistungsfähigkeit des Kapitals den etwas heftigen Schwankungen unterwirft, durch die sich der Konjunkturzyklus erklärt." Es zeigt sich, „daß der Wechsel von Aufschwung und Abschwung als ein Schwanken der Grenzleistungsfähigkeit des Kapitals im Verhältnis zum Zinsfuß beschrieben und analysiert werden kann" (S. 121 [143 f.]; vgl K. *Wicksell*).

Ähnlich wie vor ihm *Marx*, so erklärt auch Keynes die zyklische Krise aus einem „jähen Zusammenbruch" *(sudden collapse)* dessen, was Keynes die die Grenzleistungsfähigkeit des Kapitals nennt:

„Ein auslaufender Aufschwung ist durch optimistische Erwartungen über das zukünftige Erträgnis von Kapitalgütern gekennzeichnet; Erwartungen, die stark genug sind, um den zunehmenden Überfluß an Kapitalgütern und ihre steigenden Erzeugungskosten sowie wahrscheinlich auch eine Erhöhung im Zinsfuß aufzuwiegen. In der Natur organisierter Investitionsmärkte, die unter dem Einfluß von Käufern stehen, welche großenteils nicht wissen, was sie kaufen, und von Spekulanten, denen es mehr darauf ankommt, die nächste Wende in der Marktstimmung vorauszusehen, als eine wohlerwogene Schätzung des zukünftigen Erträgnisses von Kapitalwerten zu machen, liegt es: Wenn Enttäuschung einen überoptimistischen und überforderten Markt befällt, so muß sie ihn mit plötzlicher oder gar verheerender Kraft treffen. Die Bestürzung und Ungewißheit über die Zukunft, die mit einem Zusammenbruch der Grenzleistungsfähigkeit des Kapitals einhergeht, läßt natürlich die Liquiditätsvorliebe rasch steigen — und folglich auch den Zinsfuß. Der Umstand, daß ein Zusammenbruch der Grenzleistungsfähigkeit des Kapitals mit einem Steigen des Zinsfußes einherzugehen pflegt, kann daher das Schrumpfen der Investition ernstlich verschärfen. Der Grundsachverhalt ist jedoch im Zusammenbruch der Grenzleistungsfähigkeit des Kapitals zu suchen; besonders im Falle jener Arten von Kapital, die am meisten zu der vorherigen Phase der gehäuften Neuinvestition beigetragen haben. Die Vorliebe für Liquidität ... nimmt erst *nach* dem Zusammenbruch der Grenzleistungsfähigkeit des Kapitals zu.

Es ist in der Tat dieser Umstand, der die Depression so schwer überwinden läßt. Später wird eine Senkung des Zinsfußes eine große Hilfe und wahrscheinlich eine notwendige Bedingung für die Wiedererholung sein. Für den Augenblick aber kann der Zusammenbruch der Grenzleistungsfähigkeit des Kapitals so vollständig sein, daß keine realisierbare Senkung des Zinsfußes groß genug sein wird" (22/II, S. 267 f. [315 f.]).

„Eine ernstliche Senkung der Grenzleistungsfähigkeit des Kapitals neigt unglücklicherweise auch dazu, den Hang zum Verbrauch ungünstig zu beeinflussen. Denn sie bedingt eine starke Abnahme des Marktwertes der Börsenpapiere. ... Für eine ‚börsenbewußte' Bevölkerung, wie heute in den Vereinigten Staaten, kann ein steigender Wertpapiermarkt geradezu eine wesentliche Bedingung für einen befriedigenden Hang zum Verbrauch sein; und dieser bis vor kurzem übersehene Umstand trägt offenbar dazu bei, den Depressionseffekt einer Abnahme in der Grenzleistungsfähigkeit des Kapitals noch weiter zu verstärken" (S. 270 [319]).

Keynes denkt dabei ausgerechnet an die *Börsianer*, während die in der Depression sinkende Endnachfrage der *arbeitenden Massen*, die ungleich mehr ins Gewicht fällt, seinem Blick hier völlig entgeht.

„Der Aufschwung, der schließlich in einer Stockung enden muß, wird also verursacht durch die Verbindung eines Zinsfußes, der in einem richtigen Zustand der Erwartung zu hoch für Vollbeschäftigung wäre, mit einer irregeführten Erwartung, die, solange sie andauert, diesen Zinsfuß daran hindert, tatsächlich entmutigend zu wirken. Ein Aufschwung ist ein Zustand, in welchem Überoptimismus über einen Zinsfuß triumphiert, der, kühler betrachtet, sich als übermäßig herausstellen würde" (S. 273 [322]).

„Der *Geldzins* spielt also allem Anschein nach eine besondere Rolle: Er setzt der Beschäftigung eine Grenze, indem er eine Richtgröße *(standard)* bezeichnet, die von der Grenzleistungsfähigkeit eines Kapitalgegenstandes erreicht werden muß, wenn dieser neu erzeugt werden soll" (17/I, S. 186 [222]).

Mit der Ausdehnung der Produktion wird die Grenzleistungsfähigkeit von immer mehr Kapitaleinheiten unter diese Richtgröße sinken. (Vgl. S. 191, 197 f.)

Dies bedeutet nun, daß auch die „Veranlassung zur Investition" *(the inducement to invest)* mit wachsender Produktionshöhe eines Landes immer geringer wird. Vom Umfang der Investition aber hängt wieder der Umfang der Beschäftigung (d. h. der weiteren Produktion) und von diesem die Größe des Volkseinkommens ab. Sinkt also die „Veranlassung zur Investition", so wird die gesamte Volkswirtschaft in einen Zustand der chronischen Lethargie verfallen:

„Während des neunzehnten Jahrhunderts scheint die Zunahme der Bevölkerung und der Erfindungen, die Erschließung neuen Landes, der Zustand des Vertrauens und die Häufigkeit von Kriegen über den Durchschnitt (sagen wir) jedes Jahrzehntes genügend gewesen zu sein, um zusammen mit dem Hang zum Verbrauch eine Tabelle der Grenzleistungsfähigkeit des Kapitals zu entwickeln, die zuließ, daß ein ziemlich befriedigendes Durchschnittsniveau der Beschäftigung sich mit einem Zinsfuß vereinbarte, der genügend hoch war, um den Vermögensbesitzern psychologisch annehmbar zu sein. ...

Heute und wahrscheinlich auch für die Zukunft ist die Tabelle der Grenzleistungsfähigkeit des Kapitals aus verschiedenen Gründen viel niedriger als im neunzehnten Jahrhundert. Die Schärfe und die Besonderheit unseres gegenwärtigen Problems erwächst daher aus der Möglichkeit, daß der durchschnittliche Zinsfuß, der ein passables Durchschnittsniveau der Beschäftigung gestattet, den Vermögensbesitzern so unannehmbar ist, daß er nicht ohne weiteres lediglich durch Manipulierung der Geldmenge geregelt werden kann. Solange ein erträgliches Niveau der Beschäftigung im Durchschnitt von einem oder zwei oder drei Jahrzehnten lediglich durch eine angemessene Geldversorgung erreichbar blieb, konnte selbst das neunzehnte Jahrhundert einen Weg finden. Wenn dies auch jetzt unser einziges Problem wäre — wenn ein genügender Grad der Geldentwertung alles wäre, was wir brauchten —, so könnten auch wir heute sicherlich einen Weg ausfindig machen.

Das starrste und am wenigsten änderbare Element in unserer heutigen Wirtschaft ist jedoch bis jetzt — und mag auch in Zukunft sein — der Mindestzinsfuß, der den Vermögensbesitzern in ihrer Gesamtheit annehmbar ist. Wenn ein erträgliches Niveau der Beschäftigung einen stark unter den durchschnittlichen Sätzen des neunzehnten Jahrhunderts liegenden Zinsfuß erfordert, so ist es sehr fraglich, ob dieser lediglich durch die Manipulierung der Geldmenge erreicht werden kann." (21/VII, S. 260 f. [307 ff.]. Zur Bedeutung eines relativ zu hohen Zinssatzes für die Depression in England vgl. auch die Äußerungen von Keynes in *Money*, 37/IV; *The Great Slump of 1930*, in *Essays in Persuasion"*, London und New York 1931, S. 135 ff.; *The Future of the Rate of Interest*, in *„Index"*, Stockholm, 1930, S. 178 ff.)

So scheint unsere Wirtschaftsordnung „in der Tat während eines beträchtlichen Zeitabschnittes in einem chronischen Zustand unternormaler Tätigkeit verbleiben zu können, ohne irgendeine ausgesprochene Neigung zur Wiedererholung oder zum vollständigen Zusammenbruch zu zeigen. Die Erfahrung weist überdies darauf hin, daß Vollbeschäftigung oder auch nur annähernde Vollbeschäftigung eine seltene und kurzfristige Erscheinung ist. Schwankungen mögen lebhaft beginnen, scheinen aber nachzulassen, bevor sie ins Äußerste gehen, und eine Zwischenlage, die weder verzweifelt noch befriedigend ist, ist unser normales Los" (18/III, S. 209 [249 f.]).

Die bisherige Theorie hat nach Keynes darin geirrt, daß sie die „unabhängigen Variablen des Systems" nicht klar erkannt hat:

„Das Sparen und die Investition sind die Bestimmten des Systems und nicht die Bestimmenden. Sie sind das zwiefache Ergebnis der Determinanten des Systems, nämlich des Hanges zum Verbrauch, der Tabelle der Grenzleistungsfähigkeit des Kapitals und des Zinsfußes. Diese Determinanten sind zwar selber komplex, und jede kann von voraussichtlichen Änderungen der anderen betroffen werden. Sie bleiben aber unabhängig in dem Sinne, daß ihre Werte nicht voneinander abgeleitet werden können. Die herkömmliche Analyse war sich bewußt, daß die Ersparnis vom Einkommen abhängt; aber sie übersah die Tatsache, daß das Einkommen von der Investition abhängt; so daß, wenn sich die Investition ändert, sich das Einkommen notwendigerweise genau in jenem Grade ändern muß, der erforderlich ist, um den Wechsel in der Ersparnis gleich der Änderung in der Investition zu machen" (Kap. 14, S. 154 [183 f.]).

Dagegen ist der hier vorgetragene Zusammenhang von Sparen, Zinsfuß und Investition „von fundamentaler theoretischer Bedeutung und von überwältigender praktischer Wichtigkeit. Denn der wirtschaftliche Grundgedanke, auf den sich der praktische Rat der Ökonomen fast durchwegs gestützt hat, war in der Tat, daß, unter sonst gleichen Bedingungen, eine Verminderung der Ausgaben dazu neigen wird, den Zinsfuß zu senken, und eine Zunahme der Investition, ihn zu erhöhen. Aber wenn das, was durch diese beiden Größen bestimmt wird, nicht der Zinsfuß ist, sondern der Umfang der Gesamtbeschäftigung, so wird unsere Anschauung über den Mechanismus der wirtschaftlichen Ordnung von Grund auf geändert werden. Eine verminderte Bereitschaft zur Verausgabung wird in einem ganz anderen Lichte angesehen werden, wenn sie, statt als ein Umstand, der *cet. par.* die Investition vergrößert, als ein Faktor erscheinen wird, der *cet. par.* die Beschäftigung vermindert." (S. 155 [184 f.])

Die Investitionstheorie von Keynes in der Lehrgeschichte: Die Erklärung des Konjunktur- und Entwicklungsprozesses aus den Schwankungen des — wie immer verstandenen — Gewinns und des Zinses, samt den hierin eingeschlossenen Voraussetzungen, geht auf K. *Wicksell* zurück, wie wir gesehen haben. In ähnlicher Weise hat der amerikanische Ökonom Irving *Fisher* (1867 bis 1947) die Konjunkturbewegungen von der unterschiedlichen Entwicklung des Bankzinses und der Preise — samt den inbegriffenen Gewinnen — hergeleitet (*Purchasing Power,* Kap. 4). — Die Beziehung von erwarteter Grenzproduktivität des Kapitals und Zins hat später M. *Kalecki* durch das Verhältnis von prospektivem Grenzgewinn, Nationaleinkommen und vorhandenem Kapitalstock ersetzt: Steigt letzterer, ohne daß das Gesamteinkommen entsprechend mitwächst, so sinkt die Gewinnerwartung, und umgekehrt. Die Bewegungen des Fixkapitalbestandes im Vergleich zum Nationaleinkommen (d. h. die Verhältnisse von Über- oder Unterkapazität) bezeichnen das Konjunkturgeschehen; wobei Disproportionen nach der einen oder anderen Seite jeweils entgegenwirkende Prozesse auslösen. (*Essays in the Theory of Economic Fluctuations,* London 1939.)

Würdigung: Die Lehre von den Bestimmungsgründen der Investition hat viel berechtigte Kritik erfahren:

1. Keynes arbeitet mit einem verfehlten, hier *güter*wirtschaftlich fixierten Kapitalbegriff, den er im übrigen nicht einmal widerspruchsfrei durchhält. Er bedient sich einer von ihm ins Spirituelle der „Erwartungen" gewandten Grenzproduktivitätstheorie des Kapitalertrags und muß daher alles, was gegen diese Theorie einzuwenden ist (vgl. Bd. II der „Texte", S. 232 ff.), auch gegen sich gelten lassen. Insbesondere ist es unmöglich, den einzelnen Kapi-

tal*objekten* ihren mutmaßlichen Ertrag zuzurechnen; das *physische* Produktionsergebnis entspringt der verbundenen Produktivkraft *aller* beteiligten Wirkkräfte. *Wert*produktivität aber besitzt allein die menschliche Arbeitskraft, die sich ihrer Hilfsmittel zum Werke bedient. — Die Unmöglichkeit, einzelnen Kapitalobjekten ihren Ertrag zuzuweisen, ergibt sich auch daraus, daß ein Unternehmen durchwegs nicht Kredit zur Beschaffung eines *spezifischen* Anlagegegenstandes aufnimmt; es fehlt also auch auf der Seite des Zinses die Vergleichsgröße. Nur die Beziehung zwischen dem *Gesamt*ertrag, der aus der Vergrößerung des *Gesamt*kapitals entspringt, mit der *gesamten* Zinsbelastung für neuaufgenommene Kredite kann ermittelt werden. Dieses Gesamtkapital hat natürlich auch keine bestimmte „Lebensdauer", wie die einzelnen Objekte des Fixkapitals für sich genommen. Im übrigen unterliegt die Entscheidung darüber, *wie lange* bestimmte *Teile* des Anlagekapitals genutzt werden, wie groß also deren spezifische „Lebensdauer" ist, selbst wieder dem Renditenkalkül der Unternehmungen.

Wie vollständig Keynes sich von der Grundlage aller *Wertschöpfung*, der *Produktion*, entfernt hat, zeigt der Umstand, daß auch bloßes *Geld* von ihm als ein („produktives") Kapitalobjekt betrachtet wird: Da es seinem Besitzer Zins *ein*bringt, so scheint es auch Wert *hervor*zubringen. Ebenso wird als ausreichende Grundlage eines Kapitalertrags schon die bloße *Knappheit* der Kapitalobjekte betrachtet (vgl. S. 178) — wobei wiederum vom Knappheitszins des Geldes ausgegangen wird.

2. Die Grenzleistungsfähigkeit des Kapitals muß nach Keynes mindestens dem Zinssatz gleich sein (wobei übrigens die Verzinsung und Rückzahlung des Kredits selbst wieder als Kostenelemente in die Bestimmung der Grenzleistungsfähigkeit des Kapitals eingehen). Der Punkt, an dem die Grenzleistungsfähigkeit und der Zinsfuß (abermals: *welcher* Zinsfuß?) größengleich werden, bezeichnet in Wahrheit — wie schon bei *Wicksell* — nicht einen gewinnlosen Zustand der Unternehmungen, sondern vielmehr den eines gedachten konkurrenzüblichen *Durchschnittsprofits*. Wenn demnach aber auch die Unternehmungen außerhalb des Banksektors Gewinn machen, so verfügen sie mithin über *Eigenkapital* und sind insoweit *unabhängig vom Kredit*. Sie müssen daher ihre Gewinnerwartung auch nicht notwendigerweise an der Höhe des Zinses orientieren. Im übrigen würde sich kein Unternehmen mit einer Rendite begnügen, die nur die wenigen Prozente des Zinses auf den aufgenommenen Investitionskredit erbrächte. (Vgl. ferner das oben, bei *Wicksell*, Gesagte, S. 144.)

Die Vorstellung eines Durchschnittsgewinns (einer einheitlichen „Grenzleistungsfähigkeit des Kapitals") der gesamten Privatwirtschaft bleibt freilich hinter den vorgeschrittenen Verhältnissen unserer einseitig und ungleich vermachteten Wirtschaft mit entsprechend ungleichen Gewinnraten zurück.

3. Eine sinkende Tendenz der „durchschnittlichen" „Grenzleistungsfähigkeit des Kapitals" gibt es sowenig wie die — von den Klassikern und von *Marx* vermutete — sinkende Tendenz der Durchschnittsprofitrate; vollends nicht unter den weithin monopolistischen Bedingungen unserer Epoche. Auch hier wird, was für die Einzelwirtschaft gelten soll — und auch da nur unter der wirklichkeitsfremden Annahme, daß die Unternehmungen das gleiche Erzeugnis in der gleichen Weise fortfahren zu produzieren, ohne Rücksicht auf die Märkte —, unbesehen zu einem Gesetz der *volkswirtschaftlichen Entwicklung* erklärt.

4. Unrealistisch ist auch die Auffassung, daß der Zinsfuß nur durch das *Angebot* an Geldkapital, nicht auch durch die *Nachfrage* nach Kredit bestimmt

werde. Es wird unterstellt, daß die Anbieter von Kredit, vor allem die Banken, sich in einer vollständigen Monopolstellung gegenüber den elementar auf Kredit angewiesenen Nachfragern befinden. — Kurios ist dabei auch, daß wiederum eine *Erwartungs*größe, nämlich die Grenzleistungsfähigkeit des Kapitals, mit einer *gegenwärtigen* Größe, nämlich dem Zinssatz, verglichen wird. Ferner fällt auf: Der Zins ist nach Keynes eine Prämie für den Verzicht auf das Liquidehalten von Geld. Und doch vermerkt Keynes, daß einerseits der Zins schon in der Hochkonjunktur steigt, während andererseits die Vorliebe für Liquidität erst *nach* dem Zusammenbruch der Grenzleistungsfähigkeit des Kapitals, der die Krise bezeichnet, zunimmt. (Vgl. oben, S. 202.)

5. Die Einsicht ist heute Gemeingut, daß durch Keynes — wie durch die Vertreter einer zinsorientierten Konjunkturtheorie überhaupt — die Bedeutung des Zinsfußes für die Entschlüsse der Unternehmensleitungen sehr überschätzt worden ist. In den meisten Wirtschaftsbereichen sind die Investitionen sehr wenig zinsempfindlich. Ungleich stärker als die Spanne von Zins und Gewinn fallen die *Preisspannen* im Konjunkturprozeß ins Gewicht. Vollends die zahlreichen monopoloiden Gebilde unserer Zeit haben weithin „Unabhängigkeit von monetären Bedingungen" erlangt. (A. *Tismer, Grenzen der Diskontpolitik,* S. 103 und passim.)

Mit seiner widerspruchsvollen — um nicht zu sagen skurrilen — Kapital- und Zinstheorie hat Keynes den Zugang zu den wirklichen Verhältnissen, die den Gewinn der Unternehmungen bestimmen, gründlich verlegt. Er hat eine der Ursachen jener schweren Störung des Wirtschaftslebens, die es zu untersuchen galt — nämlich die Schere zwischen Kosten und Erlösen, in die weite Unternehmensbereiche geraten waren — aus dem Bezirk des wirkenden Kapitals an die Peripherie des Leihkapitals, aus dem Zentrum an den Rand des Wirtschaftssystems, auf ein Teilglied jener Ordnung verschoben, aus der das große Problem der Kapitalbildung erwuchs.

Alles in allem: Während Keynes für sich in Anspruch genommen hat, eine „allgemeine Theorie" entwickelt zu haben, die über den bloßen Sonderfall des von der „Klassik" allein betrachteten „Gleichgewichts bei Vollbeschäftigung" hinausgehe, hat er in Wirklichkeit durchaus die Verhältnisse, die zur Weltwirtschaftskrise geführt haben, vor Augen gehabt. Sein Verdienst bleibt es, den *strukturellen* Charakter der Weltwirtschaftskrise erfaßt zu haben. Doch haben alle Einzelmomente dieser Strukturkrise durch ihn eine entstellte, psychologisierte, voluntarisierte Deutung erfahren. Der eigentliche Inhalt seiner Theoreme erschließt sich erst, wenn die Lehre von Keynes auf die neue Wirklichkeit der durch Privatmacht einseitig regulierten Märkte bezogen wird.

Diese Wirklichkeit aber tritt ganz unverstellt in den praktischen *konjunkturpolitischen Empfehlungen* von Keynes hervor. Stellt sich schon die *General Theory* als ein *„essay in persuasion"* dar (vgl. *Hegeland, The Multiplier Theory,* S. 256), der zur konjunkturpolitischen Tat aufrufen will, so hat am überzeugendsten auf die Zeitgenossen der wirtschaftspolitische Rat von Keynes gewirkt.

2. Der Weg aus der Krise

Die Bedeutung der konjunkturpolitischen Empfehlungen, die Keynes nicht müde geworden ist auch als Publizist seinen Zeitgenossen nahezubringen, darf in folgendem gesehen werden:

1. Während die herrschende zeitgenössische Lehre die beste Gewähr gegen einen Konjunkturabschwung in einer — hauptsächlich mit kreditpolitischen Mitteln zu besorgenden — *Dämpfung des Aufschwungs* sah, hat Keynes darauf abgezielt, die Konjunktur in der Phase der *Prosperität* zu *halten:*

„Das richtige Heilmittel für den Konjunkturzyklus liegt nicht darin, daß wir die Aufschwünge abschaffen und somit dauernd in einer Halbstockung (*semislump*) verharren, sondern darin, daß wir die Stockungen abschaffen und uns somit dauernd in einem Quasi-Aufschwung (*quasiboom*) halten." (S. 272 [322])

2. Die herkömmliche Konjunkturpolitik ging von dem veralteten Bilde einer Wirtschaft mit freier Konkurrenz und reagiblen Preisen und Löhnen sowie von regelmäßigen zyklischen Schwankungen aus. Sie ließ sich daher auch in der Weltwirtschaftskrise zunächst nicht viel Besseres einfallen als die Handhabung der üblichen Mittel der Notenbankpolitik sowie die Ausübung eines Drucks auf Preise und Löhne. (Man vergleiche die Brüningsche Notverordnung vom 8. Dezember 1931 in Deutschland.) Keynes hingegen hat mit Nachdruck hervorgehoben: Weder eine Senkung der Löhne noch etwa eine Senkung des Bankzinses allein kann unter den bestehenden Umständen die Wirtschaftstätigkeit und die Beschäftigung heben, solange den Unternehmungen nicht zugleich auf *anderen* Wegen ein *Anlaß* gegeben wird, die gebotenen Kostenvorteile wahrzunehmen, d. h. wieder zu investieren und hierzu etwa Kredit aufzunehmen. (Vgl. dazu auch G. *Kroll, Weltwirtschaftskrise,* S. 131 ff.)

3. Die vorherrschende neoliberalistische Lehre hat die Ausdehnung der Geschäftstätigkeit in strenger Abhängigkeit von der „Spar"-Leistung des Publikums gesehen. So haben Ökonomen wie *Cassel, Hayek, Mises, Rueff* noch in der Krise einen größeren „Konsumverzicht" und vermehrte Kapitalbildung gepredigt — bei offensichtlich mangelnder Endnachfrage und allgemeiner Überkapitalisation. Demgegenüber besaß Keynes die Kühnheit, die Befreiung der Investoren von dem („freiwilligen") „Sparen" des Publikums zu fordern und mit seinen Vorschlägen jener *Selbstfinanzierung* über die Preise und Gewinne, welche ohnehin die Grundlage der Kapitalakkumulation ist, auf dem Wege über großzügige Kaufkraftschöpfung erweiterten Raum zu eröffnen. (Vgl. im selben Sinne C. *Föhl, Geldschöpfung,* S. 72 ff.)

4. Keynes scheute sich auch nicht, nach dem unmittelbaren *Eintritt des Staates in den Konjunkturprozeß* zu rufen: Hatte sich bis dahin die konjunkturpolitische Tätigkeit des Hoheitsträgers überwiegend auf die Mittel der Notenbankpolitik beschränkt, so sollte nun vor allem der *Fiskus* das Gewicht seiner Einnahmen- und besonders seiner *Ausgaben*politik in die Waagschale der Konjunktur werfen.

5. Keynes war sich bewußt, daß all dies nicht nur den Bruch mit der überkommenen Fiskal- und Binnenwährungspolitik bedeutete, sondern auch die Befreiung der heimischen Konjunkturpolitik von den Fesseln des internationalen *Goldstandards,* den Rückzug der Nationalwirtschaften auf sich selbst. Er hat auch diese Konsequenz gezogen — in der Hoffnung auf eine spätere Wiederbegegnung der Welthandelsnationen, die nach einer Lösung der großen Aufgabe ihrer eigenen Binnennachfrage in ein neues, entspanntes Verhältnis zueinander würden treten können.

Wir werden alle diese Einzelseiten in den folgenden wirtschaftspolitischen Vorschlägen wiederfinden. Mit ihnen hat Keynes einen Weg gewiesen, der die Gesellschaft aus einer Situation schwerster innerer Selbstgefährdung herauszuführen versprach, und zwar ohne ernstere Eingriffe in die bestehende Wirtschaftsverfassung. Seine Ratschläge sind von der größten Bedeutung für die gesamte Politik der öffentlichen Konjunkturstimulierung bis auf unsere Tage geblieben.

Es kennzeichnet die von vornherein *praktische* Orientierung seiner Lehre, daß Keynes mit seinen konjunkturpolitischen Gedanken schon beträchtliche Zeit *vor* Erscheinen der *„Allgemeinen Theorie"*, ja schon vor der Weltwirtschaftskrise — nicht zuletzt unter dem Eindruck der besonderen Schwierigkeiten der englischen Wirtschaft, vor allem nach Rückkehr zum Goldstandard und Wiederherstellung der Vorkriegsparität des britischen Pfundes (1925) — hervorgetreten ist. In der *„Allgemeinen Theorie"* haben die Vorstellungen darüber, was not tue, nur noch eine gewisse systematische Zusammenfassung gefunden.

a) Das konjunkturpolitische Konzept von Keynes vor Erscheinen der „General Theory"

Schon in *„A Tract on Monetary Reform"* (1923)[10] hat Keynes zum Ausdruck gebracht,

„... daß eine Periode von Preissteigerungen den Unternehmungsgeist antreibt und für die Geschäftsleute erforderlich ist" (S. 17).

Wenn Keynes sich hierbei auch dem Bedenken nicht verschlossen hat, daß mit einer allmählichen Aufwärtsbewegung des gesamten Preisniveaus stets eine soziale Umverteilung von Kaufkraft verbunden ist, so hat er doch dafür gehalten, daß gegenüber der Inflation die „Deflation" „vielleicht das schlimmere Übel" sei (S. 70). So bekennt Keynes sich auch zu der Auffassung,

„... daß, wenn die Stabilität des inneren Preisniveaus mit der Stabilität der Valuta unvereinbar ist, die erstere im allgemeinen vorzuziehen ist" (S. 167).

Das Argument, nur eine Goldwährung schütze vor den Gefahren einer manipulierten Währung, kann Keynes zufolge nicht mehr gelten: Die Goldwährung selbst ist zu einer manipulierten Währung geworden. (Vgl. S. 173.)

„Das ‚Deckungsverhältnis' verliert mit der Zeit seine Beziehung zu den Tatsachen und ist in hohem Grade konventionell geworden" (S. 175).

„In Wahrheit ist der Goldstandard bereits ein barbarisches Überbleibsel. Wir alle ... sind jetzt in erster Linie daran interessiert, die Stabilität des Wirtschaftslebens, der Preise und des Arbeitsmarktes zu erhalten, und wir werden sie nicht so leicht ... dem veralteten Dogma von £ 3.17.10 $^1/_2$ per Unze opfern ..." (S. 177).

„Bei der augenblicklichen Verteilung des Goldvorrates der Welt bedeutet die Wiederherstellung des Goldstandards unvermeidlich, daß wir die Regulierung unseres Preisniveaus und die Beeinflussung des Kon-

---

[10] Genaue bibliographische Angaben, wie auch bei den weiteren hier angeführten Veröffentlichungen, im Literaturanhang, S. 253 f.

junkturverlaufs dem Federal Reserve Board der Vereinigten Staaten überantworten" (S. 179).

Äußerstenfalls als einen „konstitutionellen Monarchen" auf dem Währungsthron will Keynes schon im Jahre 1923 das Gold gegenüber der tatsächlich überall in der Welt bereits gebräuchlichen manipulierten Papierwährung noch gelten lassen. (Vgl. S. 177.)

In „*The End of Laissez-Faire*" (1926) redet Keynes einem „klug geleiteten Kapitalismus" (S. 40) mit planmäßiger staatlicher Lenkung der Kapitalanlage das Wort; und in dem schon im Mai 1929, vor Ausbruch der großen Krise, veröffentlichten Aufsatz „*A Programme of Expansion*" äußert er sich bereits über die Notwendigkeit öffentlich vermittelter, die Beschäftigung vergrößernder Investitionen, die durch zusätzliche Kredite finanziert werden sollten. Die Meinung, der Staat solle möglichst wenig borgen, sei falsch. (S. 126, 129; vgl. auch Keynes, *The Economic Consequences of Mr. Churchill*, London 1925[11].) In seinem großen Werke „*A Treatise on Money*" (1930) schließlich, worin er zeigt, daß das Geld keineswegs eine „neutrale" Rolle im Wirtschaftsprozeß spiele, macht Keynes für die Weltwirtschaftskrise den „unnatürlich" hohen relativen Stand des Kreditzinses verantwortlich, was allerdings nur am Beispiel der *britischen* Verhältnisse nachgewiesen wird. (Kap. 37/IV; vgl. auch Keynes, *The Future of the Rate of Interest*, in „*Index*", Stockholm 1930, S. 178 ff., vor allem S. 183.) Auf ein „Übersparen" hat Keynes — für den im *Treatise* „Sparen" und „Investieren" noch durchaus voneinander abweichen können — hier die große Krise zurückgeführt. (Vgl. Kap. 12/II.)

In den folgenden Jahren allerdings ordnet sich der Zinsaspekt bei Keynes dem allgemeinen Gedanken unter, von den *Produktenmärkten* her müsse ein — durch billiges Geld zu finanzierender — Wiederaufschwung eingeleitet werden:

„Unterbeschäftigung ist vorhanden, weil die Unternehmer ihre Profite eingebüßt haben. ... Wollen wir nicht zum Kommunismus übergehen, so gibt es kein anwendbares Mittel, um der Unterbeschäftigung Herr zu werden, als den Unternehmern wieder eine angemessene Profitspanne zu verschaffen." (*Proposals for a Revenue Tariff*, 1931, S. 53)

Wie dies geschehen sollte, hat Keynes vor allem in zwei Veröffentlichungen des Jahres 1933 zum Ausdruck gebracht: in „*The Means to Prosperity*" (veröffentlicht anläßlich der Empire-Konferenz von Ottawa) und in „*An Open Letter*" an Präsident *Roosevelt:*

„Es ist die erklärte Absicht der Regierung ..., die Preise zu heben. Wie können wir dies tun?" (*Means*, S. 17).

Bisher hat man dazu den Weg einer Kürzung des Angebots beschritten. Doch hat sich gezeigt, daß ein solches Verfahren „schlimmer als nutzlos" ist. (Vgl. Seite 17.)

„Wie also können wir die Preise erhöhen? ...

Für die Waren in ihrer Gesamtheit gibt es offenbar kein anderes Mittel, die Preise zu steigern, als die Nachfrage rascher zu erhöhen als das Marktangebot" (S. 17 f.).

---

[11] Zunächst veröffentlicht unter dem Titel: *The Economic Consequences of Sterling Parity*, New York 1925.

„Hieraus folgt: Wir müssen danach trachten, die Gesamtkaufkraft *(the aggregate spending power)* zu vergrößern. Wenn uns das gelingt, so wird dies dienlich sein, um z. T. die Preise zu heben und z. T. die Beschäftigung zu mehren" (S. 18).

Die heimische Nachfrage kann dabei erhöht werden entweder durch kreditfinanzierte Ausgaben oder durch Verbesserung der Außenwirtschaftsbilanz. Letzteres ist natürlich nicht allen Ländern zugleich möglich und bedeutet unter den bestehenden Umständen eine Politik des *beggar my neighbour.* So kann nur die erstere Art der Kaufkraftschöpfung *allen* Ländern gleichzeitig empfohlen werden:

„Es gibt kein wirkungsvolles Mittel, die Weltmarktpreise zu heben, es sei denn durch eine Erweiterung der kreditfinanzierten Ausgaben in der ganzen Welt" (S. 19).

Daher ist es ein „erstes Erfordernis, daß der Bankkredit billig und reichlich sei. Und dies ist nur möglich, wenn jede Zentralbank der Sorge um ihre Reserven an internationalen Zahlungsmitteln enthoben ist" (S. 20).

Allerdings „ist es unwahrscheinlich, daß die privaten Unternehmungen von sich aus in hinlänglichem Umfang neue anleihefinanzierte Ausgaben tätigen werden. Die Geschäftswelt wird erst expandieren wollen, *nachdem* die Profite sich wieder erholt haben werden. ...

So fällt der erste Schritt der öffentlichen Hand zu; und er wird sicherlich im großen Maßstab und zielstrebig geschehen müssen, wenn er ausreichen soll, um den Teufelskreis zu durchbrechen und dem progressiven Verfall Einhalt zu gebieten ..." (S. 21 f.).

Was der Regierung bisher nur in Kriegszeiten zufiel, wird nun zur Aufgabe inmitten des Friedens. (Vgl. S. 22.)

Im gleichen Sinne hat sich Keynes in *„An Open Letter"* Ende Dezember 1933 ausgesprochen:

„Allgemein ... kann die Produktion nur vergrößert werden, wenn einer oder mehrere der folgenden Faktoren in Wirksamkeit sind: Die einzelnen müssen dazu gebracht werden, mehr aus ihrem vorhandenen Einkommen zu verausgaben; oder die Geschäftswelt muß veranlaßt werden, — und zwar entweder durch Stärkung ihrer Zukunftserwartungen oder durch einen niedrigeren Zinssatz —, neue laufende Einkommen in den Händen ihrer Beschäftigten zu schaffen (und dies geschieht, wenn entweder das zirkulierende oder das Fixkapital des Landes vermehrt wird); oder der Staat muß zu Hilfe gerufen werden, um zusätzliche laufende Einkommen durch die Verausgabung von geliehenem oder neugedrucktem Geld hervorzubringen.

In schlechten Zeiten kann man auf den ersten Faktor keine großen Erwartungen setzen. Der zweite Faktor wird gegen die Depression erst in zweiter Linie ins Treffen kommen, nachdem die Lage durch öffentliche Ausgaben schon gewendet worden ist. Nur von dem dritten Faktor dürfen wir also eine größere Initialwirkung erwarten" (S. 33).

„Steigende Preise sind zu begrüßen, denn sie sind gewöhnlich ein Anzeichen von zunehmender Produktion und Beschäftigung . . . Da ein Wachsen der Produktion nicht ohne steigende Preise möglich ist [!], so muß unbedingt gesichert werden, daß die Wiedererholung nicht durch ein ungenügendes Geldangebot gehemmt wird, welches den wachsenden Umsatzziffern zur Seite tritt" (S. 33).

„Die Anregung der Produktion durch Steigerung der Gesamtkaufkraft ist der richtige Weg, um die Preise hochzubringen . . .

Ich lege daher das größte Gewicht auf die Vermehrung der nationalen Kaufkraft als den Haupthebel in der ersten Phase der Technik, einen Wiederaufschwung herbeizuführen. Diese Vermehrung muß einer öffentlichen Verausgabung entspringen, die durch Anleihen finanziert ist und nicht einfach schon vorhandene Einkommen auf dem Wege der Besteuerung umverteilt. Nichts ist vordringlicher als dies" (S. 33 f.).

Dabei geht es nicht um Vermehrung der Geldmenge an sich, wie Keynes zutreffend sagt, sondern vielmehr um Vermehrung der *Anlässe* für die Geschäftswelt, sich des vermehrten Geldes zu *bedienen:*

Mancher meint, „man könne Produktion und Einkommen durch bloße Vergrößerung der Geldmenge steigern. Aber das wäre soviel, als wollte man dadurch dicker werden, daß man einen längeren Gürtel kauft. . . . Es ist ganz irreführend, die Geldmenge hervorzuheben, die nur ein begrenzender Faktor ist, statt den Umfang der Verausgabung, der das eigentlich wirkende Moment darstellt" (S. 34 f.).

Um ein solches Programm der heimischen Reflation zu ermöglichen, muß man sich auch frei von währungspolitischen Rücksichten machen (S. 36). Die Weltwirtschaft als ganze bedarf vielmehr einer vergrößerten Zahlungsmittelmenge, damit die Preise *überall* steigen können. Daher empfiehlt Keynes in *Means,* das Gold im internationalen Verkehr durch die Ausgabe einfacher Goldzertifikate zu ersetzen, bei gleichzeitig nahezu fixen Währungsparitäten der beteiligten Länder (S. 30 ff.). — Es ist dies eine „kommode Religion" der Währungspolitik, die bis heute ihre Bedeutung im Zusammenhang mit der Frage, wie die internationale Liquidität vermehrt werden könne, nicht verloren hat.

Indem so ein jedes Land zunächst auf eigene Faust sein großes Problem der heimischen Nachfrage zu meistern sucht, wird nach der Hoffnung von Keynes schließlich . . .

„. . . der Weg frei für eine . . . abgestimmte Politik der Kapitalerweiterung und der Preiserhöhung in der ganzen Welt". (Siehe Keynes' — unbetitelten — Beitrag zu *„The World's Economic Crisis"*, 1932, S. 83.)

„Wenn die Nationen lernen können, sich durch ihre heimische Politik Vollbeschäftigung zu verschaffen . . ., so muß es keine ernsthaften wirtschaftlichen Umstände mehr geben, die geeignet sind, das Interesse eines

Landes demjenigen seiner Nachbarn entgegenzusetzen. ... Es gäbe keinen zwingenden Grund mehr dafür, daß ein Land seine Waren einem anderen aufzwingen oder die Angebote seiner Nachbarn abweisen sollte. ... Der Welthandel würde aufhören das zu sein, was er jetzt ist, nämlich ein verzweifeltes Mittel, die heimische Beschäftigung aufrechtzuerhalten, indem man den Verkauf auf fremden Märkten erzwingt und die eigenen Käufe einschränkt ..." (*Allgemeine Theorie*, 24/IV, S. 322 f. [382 f.]).

Diese das Gesamtwerk von Keynes durchziehenden und aus der Not der Zeit geborenen Gedanken haben ihre Zusammenfassung und theoretische Begründung schließlich in der „*General Theory*" gefunden.

b) Das Konjunkturprogramm der „Allgemeinen Theorie"

aa) Die drei Hauptbedingungen des Wirtschaftsprozesses (Verbrauchsneigung, Liquiditätsvorliebe, Bereitschaft zur Investition) als Ansatzpunkte öffentlicher Einwirkung

1. *Der Hang zum Verbrauch als Gegenstand der Einkommensumverteilung:* Nicht Lohnkürzung wird nach Keynes die Vollbeschäftigung wiederbringen, wie die (Neo)-„Klassiker" gemeint haben, sondern vielmehr eine Stärkung der Endnachfrage:

„Es besteht ... kein Grund für die Annahme, daß eine bewegliche Lohnpolitik einen Zustand dauernder Vollbeschäftigung aufrechtzuerhalten vermag; so wenig wie für die Annahme, daß eine Geldpolitik des offenen Marktes für sich allein fähig ist, dieses Ergebnis zu erzielen. Die wirtschaftliche Ordnung kann nicht auf diese Weise sich selbst wieder ins Lot bringen." (19/II, S. 225 [267].)

Ebensowenig weist das „Sparen" den Weg aus der Krise:

„Wir haben gesehen, daß bis zu dem Punkt, an dem Vollbeschäftigung herrscht, das Wachsen des Kapitals sich keineswegs auf einen niedrigen Hang zum Verbrauch stützt, sondern vielmehr von ihm gehemmt wird, und daß nur bei Vollbeschäftigung ein niedriger Hang zum Verbrauch förderlich für das Wachsen des Kapitals sein wird. Die Erfahrung lehrt überdies, daß unter gegebenen Umständen das Sparen durch feste Einrichtungen (*saving by institutions*) sowie in Form von Abschreibungen mehr als angemessen ist; und daß Maßnahmen zur Einkommensverteilung, die geeignet sind, den Hang zum Verbrauch zu stärken, sich als durchaus günstig für das Wachsen des Kapitals erweisen werden" (24/I, S. 314, [372 f.]).

„Unser Gedankengang führt somit zu dem Schluß, daß unter den gegenwärtigen Bedingungen das Wachsen der Wohlfahrt (*wealth*), weit davon entfernt von der Enthaltsamkeit (*abstinence*) der Reichen abhängig zu sein, wie gemeinhin angenommen wird, eher von ihr gehemmt wird. Einer der hauptsächlichen sozialen Rechtfertigungsgründe für die Ungleichheit der Einkommen entfällt damit" (S. 315 [373]).

Die erste wirtschaftspolitische Konsequenz ist also: Umverteilung von Einkommen zugunsten einer Hebung der Endnachfrage; eine Aufgabe, die mit den traditionellen Mitteln der differenzierten Besteuerung gelöst werden kann. — Man sieht, daß der *Praktiker* Keynes viel besser um die wirklichen Verhältnisse der keineswegs *freiwilligen* Verbrauchsbeschränkung weiß, die es zu korrigieren gilt, als der *Theoretiker* Keynes wahrhaben will.

2. *Liquiditätsvorliebe und Politik des „billigen Geldes"*: „Die Berechtigung eines verhältnismäßig hohen Zinssatzes ist bisher in der Notwendigkeit gesehen worden, eine genügende Veranlassung zum Sparen zu bieten. Wir haben aber gezeigt, daß das Maß wirksamer Ersparnis notwendigerweise von der Skala der Investition bestimmt wird, und daß die Skala der Investition durch einen *niedrigen* Zinsfuß gefördert wird. ... Es ist somit zu unserem größten Vorteil, den Zinsfuß auf jenen Punkt im Verhältnis zur Tabelle der Grenzleistungsfähigkeit des Kapitals zu senken, auf dem Vollbeschäftigung sich einstellt" (24/II, S. 316 [375]).

Dies erfordert freilich, daß die Fesseln abgestreift werden, in welche die Interessen des *Leihkapitals* das *Produktivkapital* geschlagen haben:

„Obschon dieser Zustand [eines niedrigen Zinses; W. H.] sehr wohl mit einem gewissen Maß von Individualismus [gemeint: von privatwirtschaftlichem Gewinnstreben; W. H.] vereinbar wäre, würde er doch den Gnadentod des Rentners *(the euthanasia of the rentier)* bedeuten und folglich die sachte Beseitigung der immer drückenderen Macht des Kapitalisten, der sich den Knappheitswert des Kapitals zunutze macht *(the euthanasia of the cumulative oppressive power of the capitalist to exploit the scarcity-value of capital)*. Der Zins ist heute ebensowenig eine Belohnung für ein wirkliches Opfer wie etwa die Pachtrente auf Grund und Boden. Der Eigentümer von Kapital kann Zins erhalten, weil das Kapital knapp ist, geradeso wie der Eigentümer von Land eine Pachtrente erhalten kann, weil der Boden knapp ist. Aber während es echte Gründe für die Knappheit von Land gibt, bestehen keine wirklichen Gründe für die Knappheit des Kapitals. ...

Wir könnten somit in der Praxis ... auf eine Vermehrung der Masse des Kapitals zielen, bis dieses aufhört knapp zu sein; so daß der funktionslose Investor[12] nicht länger eine Prämie erhalten wird ...

Ich betrachte daher das Phänomen des Rentnerkapitalismus *(the rentier aspect of capitalism)* als eine vorübergehende Phase, die enden wird, wenn sie ihre Aufgabe erfüllt hat" (S. 317 f. [375 f.]).

---

[12] Gemeint: derjenige, der sein Kapital nur in Geldform, als *liquid capital*, „investiert" statt in einer der beiden (oben genannten) Formen des *wirkenden* Kapitals.

3. *Die „Sozialisierung der Investition“:* „Schließlich: es ist unwahrscheinlich, daß die Einflußnahme der Bankpolitik auf den Zinsfuß für sich allein ausreichen wird, um eine optimale Rate der Investition hervorzubringen. Ich meine daher, daß eine ziemlich umfassende Sozialisierung der Investition *(socialisation of investment)* sich als das einzige Mittel erweisen wird, um der Vollbeschäftigung nahezukommen“ (24/III, S. 319 [378]).

Der Staat soll also, wenn die Geschäftstätigkeit stockt, entweder selbst Investitionen durchführen oder, noch besser, durch öffentliche Aufträge entsprechende Investitionen in der Privatwirtschaft anregen. Da es hierbei nicht — wie man dies später formulieren wird — auf den „Kapazitäts-“ oder besser den „Produkt-Effekt“ der „autonomen“ (d. h. nicht durch die Kräfte des Kreislaufs selbst „induzierten“) Investitionen ankommt, sondern vielmehr auf deren „Einkommenseffekt“, da nicht Vermehrung des Angebots der Sinn solcher korrigierenden Investitionen ist, sondern vielmehr die Kräftigung der Nachfrage, so ist diejenige Investition gerade die beste, die *keine produktive* Wirkung hat und die daher unter anderen Bedingungen als sinnlos zu betrachten wäre:

Es zeigt sich, „daß auch ‚verschwenderische‘ *(wasteful)* Anleiheausgaben das Gemeinwesen im Endergebnis bereichern können. Das Bauen von Pyramiden, Erdbeben, selbst Kriege mögen dazu dienen, den Reichtum zu vermehren . . .

Wenn das Schatzamt alte Flaschen mit Banknoten füllen und sie in geeignete Tiefen in verlassenen Kohlenbergwerken vergraben wollte, sie dann bis zur Oberfläche mit städtischem Kehricht füllte und es dem privaten Unternehmungsgeist nach den erprobten Grundsätzen des *Laissez-faire* überließe, die Noten wieder auszugraben . . ., so brauchte es keine Arbeitslosigkeit mehr zu geben, und vermittels der Rückwirkungen würde das Realeinkommen des Gemeinwesens wie auch sein Kapitalreichtum wahrscheinlich viel größer als jetzt werden. Es wäre zwar vernünftiger, Häuser und dergleichen zu bauen, aber wenn dem politische und praktische Schwierigkeiten im Wege stehen, wäre das obige besser als gar nichts. . . .

Genau wie Kriege die einzige Form großer Anleiheausgaben sind, die große Staatsmänner als berechtigt angesehen haben, so ist der Goldbergbau der einzige Vorwand, um Löcher in den Boden zu graben, der von den Bankherren als gesunder Finanzierungsanlaß anerkannt worden ist; und jede dieser Tätigkeiten hat ihre Rolle im Fortschritt gespielt — in Ermangelung eines Besseren. . . .

Das alte Ägypten war doppelt glücklich und verdankte seinen sagenhaften Reichtum zweifellos dem Umstand, daß es *zwei* Tätigkeiten besaß, nämlich sowohl das Bauen von Pyramiden als auch das Suchen nach Edelmetallen, deren Früchte, da sie den Bedürfnissen der Menschheit durch Verbrauch nicht dienen konnten, mit dem Überfluß nicht schal wurden. Das Mittelalter baute Kathedralen und sang Totenklagen. Zwei Pyramiden, zwei Steinhaufen für die Toten sind doppelt so gut wie einer, aber nicht so zwei Eisenbahnen von London nach York" (10/VI, S. 109 ff. [128 ff.]).

Bemerkungen: Daß auch die unnütze Produktion — etwa für den Luxus der Reichen — Beschäftigung schaffe und damit dringende soziale Probleme zu entspannen geeignet sei, ist ein Umstand, der schon bei B. *Mandeville* (1670 bis 1733), später bei S. de *Sismondi* und vollends bei *Marx* (vgl. *Das Kapital* II/20) die Vorstellungen vom „Volksreichtum" ins Zwielicht treten läßt. — Typische „autonome" Investitionen *privater* Art sind übrigens die (kreditfinanzierten) *„Innovationen" Schumpeters.*

Die Notwendigkeit der unproduktiven, d. h. güterwirtschaftlich *nicht* kreislaufwirksamen Investition hat nicht weniger drastisch als Keynes auch A. P. *Lerner* zum Ausdruck gebracht: „Eine Wirtschaft, die an Unterbeschäftigung leidet, ist eine Wirtschaft der verkehrten Welt *(an upside-down economy),* für die *nur* eine Wirtschaftstheorie der verkehrten Welt *(a topsy-turvy economic theory)* taugt" *(Economics of Employment,* New York-Toronto-London, 1951, S. 143). „Wo Unterbeschäftigung herrscht, ist Rationalisierung unökonomisch. ... In jeder Beziehung bringt [dann], gesellschaftlich gesehen, eine Steigerung der Effizienz nicht größeres Glück, sondern größeres Elend" (S. 144). „In der ökonomisch verkehrten Welt ist Sparsamkeit Verschwendung", denn sie senkt den Hang zum Konsum. Dagegen ist „in der ökonomisch verkehrten Welt Vergeudung wohltätig und Verschwendung ein Mittel des Reicherwerdens" S. 146). In der Wirtschaft der Depression ist „alles verdreht. ... Je reicher eine Gesellschaft, desto mehr wird sie unter Armut leiden ... Die Produktivität der Investition wird zum Verhängnis, denn sie bedeutet, daß, wenn die Häuser und Fabriken gebaut sein werden, kein gleiches Bedürfnis nach weiteren Häusern und Fabriken vorhanden sein wird, so daß die Investition sich vereitelt. Wenn dagegen Investitionen sich nicht als nützlich erweisen, wenn ihr Resultat zerstört wird, bevor es fertig ist, oder wenn sie schlecht entworfen sind und ihr Ergebnis unnütz ist, so kann man sogleich wieder mit ihnen beginnen und unterdessen die Beschäftigung, das Einkommen und die Produktion von Konsumgütern mehren. Es ist die Einsicht in diese besondere Eigenart der auf den Kopf gestellten Wirtschaft, welche die ökonomische Theorie der verkehrten Welt ausmacht" (S. 148). — Der besondere Vorteil solcher Investitionen, welche Einkommen schaffen, ohne mehr Produktionsgüter oder auch Konsumgüter entstehen zu lassen, wird später von vielen Autoren gerühmt werden. Einen solchen Effekt weisen vor allem die *Rüstungs*investitionen auf, die zu einer stehenden Erscheinung der Wirtschaft von heute geworden sind. Ihre belebende Wirkung auf die Geschäftstätigkeit hat jüngst wieder der amerikanische Krieg in Vietnam nachdrücklich demonstriert.

Wir werden schließlich sehen, wie E. D. *Domar* (sowie ihm folgend D. *Hamberg)* die öffentlich vermittelte, dem „Sparen" immer mehr *voraneilende* Investition zu einem unentbehrlichen Hebel der wirtschaftlichen Entwicklung überhaupt erklären wird.

bb) Der Multiplikator

Eine zusätzliche Ausgabe wirkt nicht nur einmal, sondern mehrfach im Kreislaufgeschehen. Um diese Folgewirkungen zu demonstrieren, macht Keynes Gebrauch vom „Multiplikator", genauer: vom *Investitionsmultiplikator.*

Er geht hierbei von der uns schon bekannten Formel des Grenzhangs zum Verbrauch aus: $\frac{d C_w}{d Y_w}$. Vgl. oben, S. 186.)

„Diese Größe ist sehr wichtig, weil sie uns sagt, wie der nächste Produktionszuwachs sich zwischen Verbrauch und Investition aufteilen wird. Denn es gilt:

$\Delta Y_w = \Delta C_w + \Delta I_w$; wobei ΔC_w und ΔI_w die Zuwachsgrößen des Verbrauchs und der Investition sind. So können wir schreiben: $\Delta Y_w = k \Delta I_w$; wobei $1 - \frac{1}{k}$ gleich dem Grenzhang zum Verbrauch ist.

Nennen wir k *den Investitionsmultiplikator*. Er sagt uns, daß bei einem Zuwachs der Gesamtinvestition das Einkommen um einen Betrag zunehmen wird, der k mal dem Zuwachs der Investition ist" (10/I, S. 98 [115]).

Der Investitionsmultiplikator bezeichnet also das Größenverhältnis, in welchem der Zuwachs des Volkseinkommens zu dem (ihn verursachenden) Zuwachs der Nachfrage nach Investitionsgütern *(D_2)* steht. Ein solcher Multiplikator besagt, um wieviel eine Zunahme der Investition das gesamte Einkommen im Laufe der Zeit vermehren wird. Der Investitionsmultiplikator $k = \frac{\Delta Y}{\Delta I}$ ist hierbei einfach der reziproke Wert des „Grenzhangs zum Sparen" $\frac{\Delta I}{\Delta Y}$; und er ist als solcher natürlich nicht unabhängig von seiner Korrespondenzgröße $\frac{\Delta C}{\Delta Y}$, dem „Grenzhang zum Verbrauch".

„Es ergibt sich daher: Wenn die Verbrauchsneigung des Gemeinwesens derart ist, daß dieses sich entschließt, zum Beispiel neun Zehntel einer Zunahme des Einkommens zu verbrauchen, so wird der Multiplikator k gleich 10 sein; und die Gesamtbeschäftigung, verursacht durch (beispielsweise) vermehrte öffentliche Arbeiten, wird das Zehnfache der Grundbeschäftigung sein, die durch die öffentlichen Arbeiten selber geschaffen wird; vorausgesetzt, daß nicht die Investition nach anderen Richtungen abnimmt. Nur wenn das Gemeinwesen seinen Verbrauch trotz der Zunahme in der Beschäftigung und folglich im Realeinkommen unverändert beibehält, wird die Zunahme der Beschäftigung auf die durch die öffentlichen Arbeiten geschaffene Grundbeschäftigung beschränkt sein. Wenn das Gemeinwesen andererseits bestrebt ist, den ganzen Einkommenszuwachs zu verbrauchen, so wird es keinen stabilen Ruhepunkt geben; die Preise werden unbegrenzt steigen. Unter normalen psychologischen Voraussetzungen wird eine Zunahme in der Beschäftigung nur dann mit einer Abnahme im Verbrauch verbunden sein, wenn sich gleichzeitig der Hang zum Verbrauch ändert — zum Beispiel in Kriegszeiten als Folge von Propaganda für die Einschränkung des persönlichen Verbrauchs; und nur in diesem Fall wird die vermehrte

Beschäftigung im Investitionssektor mit ungünstigen Rückwirkungen auf die Beschäftigung in den Verbrauchsindustrien verbunden sein. ...

Die Investition, in Lohneinheiten gemessen, kann nicht zunehmen, ohne daß die Bevölkerung bereit wäre, ihre Ersparnisse, in Lohneinheiten gemessen, zu vermehren. Gewöhnlich wird die Bevölkerung dies nicht tun, wenn nicht ihr gesamtes Einkommen, in Lohneinheiten betrachtet, zunimmt. Ihr Streben, einen Teil ihrer vermehrten Einkommen zu verbrauchen, wird somit die Produktion anregen, bis das neue Niveau (und die neue Verteilung) der Einkommen einen Überschuß an Ersparnissen schafft, der genügt, um der vermehrten Investition zu entsprechen. Der Multiplikator sagt uns, um wieviel die Beschäftigung vermehrt werden muß, um eine Zunahme im Realeinkommen zu ergeben, die genügt, um die Bevölkerung zu den notwendigen Extraersparnissen zu veranlassen; er ist eine Funktion ihrer psychischen Neigungen. ... Wenn nicht die psychischen Neigungen der Bevölkerung von unserer Annahme abweichen, so haben wir daher hier das Gesetz festgestellt, daß vermehrte Beschäftigung für Investitionszwecke notwendigerweise die Verbrauchsindustrien fördern und somit zu einer Gesamtzunahme der Beschäftigung führen muß, die ein Mehrfaches der für die Investition selbst benötigten Grundbeschäftigung ist.

Daraus folgt, daß, wenn der Grenzhang zum Verbrauch nur eben unter der Einheit ist, geringe Schwankungen in der Investition zu weiten Schwankungen in der Beschäftigung führen werden; gleichzeitig wird aber ein verhältnismäßig kleiner Zuwachs der Investition zur Vollbeschäftigung führen. Wenn andererseits der Grenzhang zum Verbrauch nicht viel über Null ist, werden geringe Schwankungen in der Investition zu entsprechend geringen Schwankungen in der Beschäftigung führen. Gleichzeitig kann aber ein großer Zuwachs der Investition erforderlich sein, damit Vollbeschäftigung eintritt. ...

Wenn die Vollbeschäftigung erreicht ist, so wird der Versuch, die Investition noch weiter zu vermehren, eine Tendenz der Preise erzeugen, schrankenlos und unabhängig vom Grenzhang zum Verbrauch zu steigen; das heißt, wir werden einen Zustand echter Inflation erreicht haben. Bis zu diesem Punkt werden jedoch steigende Preise mit einem zunehmenden Gesamtrealeinkommen verbunden sein" (10/II, S. 100 f. [116 ff.]).

Es scheint auf den ersten Blick paradox zu sein, daß gerade ein *höherer* „Grenzhang zum Verbrauch" rascher als ein niedriger jene „Ersparnis" erbringen wird, welche die vorausgegangene („autonome") Investition abdeckt. Der Widerspruch löst sich indessen schnell, wenn der irreführende Begriff des „Sparens" auf den hier gemeinten wirklichen Inhalt zurückgeführt wird: Es ist das „unfreiwillige" Sparen der Konsumenten, das gerade im *Kauf* von Konsumgütern — dem Gegenteil eines „Konsumverzichts" — den Unternehmungen die Mittel ihrer *Selbstfinanzierung* verschafft. „Sparen" ist hier nichts als ein unnötig beschönigender Ausdruck für die Gewinnerzielung der Unternehmungen.

Der „Multiplikator" beruht also auf dem einfachen Sachverhalt, daß im Kreislauf „der aus Einkommen resultierende unmittelbare Verbrauch als Ausgabe wieder zu neuen Einkommen wird, und daß die Verausgabung dieses Einkommens oder eines Teils hiervon wieder neue Einkommen erzeugt, so daß in einem fortlaufenden Prozeß über den Verbraucher ‚neues' aus ‚altem' Einkommen entsteht". (H. *Martell, Multiplikatoranalyse*, S. 215. Vgl. auch das Zahlenbeispiel auf S. 220.)

Ein einmaliger (positiver oder negativer) Größenwechsel der Investition hat also im Zeitablauf überdimensionale (wenn auch von Periode zu Periode schwächer werdende) Folgewirkungen im Wirtschaftsprozeß. Hierauf stützt die Lehre von der öffentlich vermittelten („autonomen") Anregung der Investition ihre besondere Konjunkturhoffnung: Ein vorübergehender, vielleicht sogar einmaliger Anstoß kann das Wirtschaftsleben wieder in jene Gangart versetzen, in der es sich sodann aus eigener Kraft halten mag.

Der Multiplikatorgedanke in der Lehrgeschichte: Daß der Wechsel einer wichtigen Kreislaufgröße eine — im Endeffekt sich potenzierende — Veränderung anderer Größen nach sich zieht, ist im Prozeßcharakter des Wirtschaftsablaufs begründet und ist *keiner* Theorie der wirtschaftlichen Entwicklung fremd. Jede Konjunkturtheorie arbeitet implizit mit dieser Voraussetzung. (Vgl. insbesondere *Wicksells „kumulativen Prozeß"*, S. 137.) Den Multiplikatorgedanken im *engeren* Sinn kann man dagegen zurückverfolgen auf N. A. L. J. *Johannsen* (Pseudonym: J. J. O. *Lahn)*, der schon von einem „multiplizierenden Prinzip" gesprochen hat *(Depressionsperioden,* S. 7), auf *Abbati* in England und *Mund* in Amerika. Unmittelbar hat Keynes das Multiplikatorprinzip von R. F. *Kahn* übernommen. *(The Relation of Home Investment to Unemployment, Ec. Journal* 1931, S. 173 ff.)

Die spätere Lehre hat den Multplikatorgedanken *erweitert* und *verfeinert,* aber auch in seiner Brauchbarkeit realistischer eingeschätzt. Zum *Investitionsmultiplikator* von Keynes sind weitere Typen getreten: der *Exportmultiplikator (F. Machlup),* der *Konsum-, Preis-,* ja sogar ein *Staatsausgaben-* sowie ein *„Geldschöpfungsmultiplikator"* (E. *Schneider).* Die Untersuchungsfälle sind von der Keynesschen „komparativ-statischen Analyse" auf die „dynamische Analyse" — und in beiden Fällen wieder: auf „geschlossene" oder „offene" Systeme — ausgedehnt worden. (Vgl. R. *Schilcher,* Artikel *„Multiplikator und Akzelerator"*, HWBSoz. S. 496 ff.) Ferner sind die Bedingungen, unter denen ein Multiplikator wirke, näher qualifiziert worden: Keynes selbst hat einige verzögernde und modifizierende Umstände berücksichtigt, wie etwa das sich während der Multiplikatorperiode ändernde Verhältnis von Grenzleistungsfähigkeit des Kapitals und Zinssatz, die zu erwartende Änderung der Konsumfunktion, die Partizipation ausländischer Importeure an einem einheimischen Multiplikatorimpuls. (Vgl. 10/III.) Spätere Autoren haben weitere „Sickerverluste" sowie modifizierende Umstände erschlossen (Änderung der Lagerbestände, der Preise, der Produktionstechnik während der Wirkungszeit des Multiplikators). Besonders die von Keynes vernachlässigte Multiplikator*periode* ist näher untersucht worden. Dabei fand man auch, daß der Multiplikator selbst sich während der Zeit seines Wirkens ändern könne (E. *Lundberg).* Mit Hilfe eines *„Supermultiplikators"* schließlich, der durch das Zusammenwirken von „autonomen" und „induzierten" Investitionen entstehe, hat John R. *Hicks* den Konjunkturprozeß zu erklären unternommen *(A Contribution to the Theory of the Trade Cycle,* Oxford 1950). Schließlich ist der Multiplikatorgedanke mit dem des *Akzelerators* — wonach eine Änderung

Schema eines Multiplikatorprozesses

nach Emil *Kauder*, *Recent Developments of American Economic Thinking*, in *Weltwirtschaftliches Archiv* Bd. 66 (1951 I), S. 178.

Multiplikator = 3.33

Periode	Einkommensempfänger											Einkommenszuwachs
	I	II	III	IV	V	VI	VII	VIII	IX	X	XI	
1.	100,00											100,00
2.	100,00	70,00										170,00
3.	100,00	70,00	49,00									219,00
4.	100,00	70,00	49,00	34,30								253,30
5.	100,00	70,00	49,00	34,30	24,01							277,31
6.	100,00	70,00	49,00	34,30	24,01	16,81						294,12
7.	100,00	70,00	49,00	34,30	24,01	16,81	11,77					305,89
8.	100,00	70,00	49,00	34,30	24,01	16,81	11,77	8,24				314,13
9.	100,00	70,00	49,00	34,30	24,01	16,81	11,77	8,24	5,77			319,90
10.	100,00	70,00	49,00	34,30	24,01	16,81	11,77	8,24	5,77	4,04		323,94
11.	100,00	70,00	49,00	34,30	24,01	16,81	11,77	8,24	5,77	4,04	2,83	326,77
∞	100,00	—	—	—	—	—	—	—	—	—	—	333,33

der Nachfrage nach *Investitionsgütern* unter bestimmten Voraussetzungen eine überproportionale Ausdehnung oder Schrumpfung des Investitionsgütersektors zur Folge hat — verbunden worden (P. A. *Samuelson,* E. D. *Domar).*

Würdigung: 1. Daß die Änderung einer kreislaufrelevanten Größe weitere, möglicherweise verstärkte Änderungen nach sich zieht — dies ist der gemeinsame Inhalt des „Multiplikator"- wie des „Akzelerator"-Prinzips —, ist eine Selbstverständlichkeit. Als eine neue Einsicht konnte der Multiplikator überhaupt nur erscheinen, nachdem der natürliche Wechselzusammenhang der Einzelseiten des Wirtschaftsprozesses *zerrissen* und der „Kreislauf" als ein normalerweise *stationärer* mißdeutet worden war. Die falsche Trennung von „Statik" und „Dynamik" in der Sicht des Wirtschaftsablaufs hat dazu geführt, daß der Multiplikator als Formel für den Zusammenhang bestimmter *Bewegungs*vorgänge erst nachträglich und der gemeinte Sachverhalt als etwas gewissermaßen Akzidenzielles in die Betrachtung eingeführt worden ist.

2. Erst die *Disjunktion der Glieder des Wirtschaftsprozesses,* die in der neueren Sichtweise allgemein eingetreten ist, hat auch die kühne Vorstellung von einem *mechanischen* und daher *berechenbaren* Zusammenhang zwischen bestimmten Konjunkturimpulsen und ihrer Fortwirkung entstehen lassen, wie sie die Multiplikatorformel suggeriert. Daß im Wirtschaftsprozeß die wirkenden Momente sich gegeneinander nicht isolieren lassen, daß überhaupt der Wirtschaftsprozeß nicht nur ein solcher der quantitativen Größenänderung, sondern zugleich des qualitativen Wechsels, des ununterbrochenen Wandels der Produktionsrichtungen, der Produktionstechnik (Rationalisierungsinvestition), der Einkommensverteilung, der Zusammensetzung der Nachfrage ist, das ist der im Wahne mathematischer Exaktheit befangenen neueren Theorie als späte Einsicht erst im Laufe einer Bibliotheken füllenden literarischen Beschäftigung mit dem Multiplikatorgedanken aufgegangen.

3. Die systematische Verkennung qualitativer gegenüber den quantitativen Vorgängen, die der Wirtschaftslehre seit Keynes eigen geblieben ist, entspringt ihrerseits der *verdinglicht-monetären Sicht,* welche die Theorie dem Denken des einzelnen Erwerbswirtschafters entlehnt hat. Sie begünstigt jene sonderbare Verkehrung des Zusammenhangs, wonach erst das Ausgeben zu Produktion und Einkommen führt, erst die „Investition" — gleichgültig für welchen Zweck — zu jener Nachfrage, welche den Anlaß und die Rechtfertigung der Investition selbst liefert.

Mit alledem treten im Multiplikatorkonzept die Grundzüge des Keynesschen, des neueren Wirtschaftsdenkens überhaupt, abermals hervor (vgl. oben, S. 184 f.). Die Theorie des Wirtschaftsprozesses hat sich weit entfernt von dem, was einmal ihren geschichtlichen Ausgang darstellte: Sie hat — ebenso wie die Ordnung selbst, auf die sie respondiert — aus dem Sinn verloren, daß die Grundlage des „Volkswohlstandes" nicht die Schaffung von Geld, sondern die *produktive Arbeit* ist.

c) Öffentliche Konjunkturpolitik und Wirtschaftsordnung

Dem Staate fällt es nach Keynes zu, die Einkommen umzuverteilen, um die Verbrauchernachfrage zu stärken, den Zinsfuß niedrig zu halten, um das Kreditnehmen zu ermuntern, und vor allem neue Anlässe zur Investition zu schaffen. Mit alledem muß sich natürlich die bisherige Scheidelinie zwischen Staat und Privatwirtschaft verschieben. Und dies hat den „Keynesianern" lange Zeit den Argwohn und die Kritik der „Liberalisten" eingetragen.

Keynes selbst hat freilich sehr klar gesehen, welche ordnungspolitische Position seinen Vorschlägen zukomme:

Es geht darum, jene „Bedingungen aufzuweisen, die das freie Spiel der wirtschaftlichen Kräfte erfordert, wenn es alle Möglichkeiten der Produktion verwirklichen soll. Die zentrale Lenkung, die zum Zwecke der Vollbeschäftigung erforderlich ist, bringt natürlich eine große Ausdehnung der überlieferten Aufgaben der Regierung mit sich. Außerdem hat die moderne klassische Theorie selbst die Aufmerksamkeit auf verschiedene Zustände gelenkt, in denen es notwendig sein mag, das freie Spiel der wirtschaftlichen Kräfte zu zügeln oder zu leiten. Aber es wird immer noch ein weites Feld für die Ausübung der privaten Initiative und Verantwortung verbleiben. Innerhalb dieses Feldes werden die überlieferten Vorteile des Individualismus Geltung behalten" *(Allg. Theorie,* 24/III, S. 320 [379 f.]).

„Während daher die Ausdehnung der Aufgaben der Regierung, welche die Ausgleichung des Hanges zum Verbrauch und der Veranlassung zur Investition mit sich bringt, einem Publizisten des neunzehnten Jahrhunderts oder einem zeitgenössischen amerikanischen Finanzmann als ein schrecklicher Eingriff in die persönliche Freiheit erscheinen würde, verteidige ich sie im Gegenteil als das einzig geeignete Mittel, die Zerstörung der bestehenden Wirtschaftsformen in ihrer Gesamtheit zu vermeiden, und als die Bedingung für das erfolgreiche Wirken der Initiative des einzelnen. . . .

Es ist sicher, daß die Welt die Arbeitslosigkeit, die, von kurzen Zeiträumen der Belebung abgesehen — nach meiner Ansicht unvermeidlich — mit dem heutigen kapitalistischen Individualismus verbunden ist, nicht viel länger dulden wird. Durch eine richtige Analyse des Problems sollte es aber möglich sein, die Krankheit zu heilen und gleichzeitig Leistungsfähigkeit und Freiheit zu bewahren" (S. 321 [380 f.]).

Wenn also — wie eingangs vermerkt — von Keynes eine „Revolution" im neueren Wirtschaftsdenken ausgegangen ist, so läßt sich deren Inhalt nun näher bestimmen: Die „Keynessche Revolution" ist vom Typus der *„konservativen Revolution":* Sie will mit neuen Mitteln bewahren, was nur noch auf neue Art bewahrt werden kann. Im Zeichen dieser „konservativen Revolution" haben sich mittlerweile recht verschiedene Richtungen der Gesellschaft treffen können: von den Sozialreformern bis hin zu jenen Schönwetter-Liberalisten, denen die Keynessche Rezeptur eine letzte Rückgriffsreserve für die Zeiten der wankenden Konjunktur ist.

B. Der gefährdete Gleichgewichtspfad der dynamischen Wirtschaft: Roy Forbes Harrod

Hatte der zweite Weltkrieg mit seinen riesigen „autonomen Investitionen" für Zwecke der Zerstörung auch in den angelsächsischen Ländern das große Beschäftigungs- und Kaufkraftproblem der vorangegangenen Jahre in den Hintergrund geschoben, ja vorübergehend in sein Gegenteil verkehrt, so erfaßte freilich mit Rückkehr zur Friedenswirtschaft viele Ökonomen das Bangen vor einer Wiederkehr jener Marktspannungen, die das Vorkriegsjahrzehnt an den Tag gelegt hatte. Kritische Verhältnisse schienen in der Tat zu erwarten, wenn einerseits der aus der Kriegszeit stammende Kaufkraftüberhang der Konsumenten absorbiert und andererseits die während des Krieges beträchtlich ausgedehnten industriellen Kapazitäten auf die zivile Produktion umgestellt sein würden. So ist es verständlich, daß in den angelsächsischen Ländern — an die seit dem zweiten Weltkrieg eindeutig die Führung in der ökonomischen Theorie übergegangen ist — zunächst an dem *Keynes*schen Faden weitergesponnen wurde und die Sicherung des wirtschaftlichen „Wachstums", d. h. der Kapitalakkumulation, die Theorie beherrschte.

Um diese vordringliche Frage hat auch das Schaffen von Roy Forbes Harrod (geb. 1900, an der Universität Oxford lehrend) schon seit dessen frühen Veröffentlichungen „*The Trade Cycle*" (Oxford, 1936) und „*An Essay in Dynamic Theory*" (*Ec. J.* 1939, S. 14 ff.) gekreist. Auch in Harrods — aus Vorlesungen an der Universität London hervorgegangener — bekanntester Schrift „*Towards a Dynamic Economics*" (1948)[13], an die wir uns im weiteren halten werden, drückt sich die Sorge der Zeitgenossen deutlich aus, wenn es im Vorwort heißt:

„Der Gedanke, der diesen Vorlesungen zugrunde liegt, besteht darin, daß wir uns früher oder später wiederum den Problemen der Stagnation gegenübersehen werden und daß die Ökonomen gerade diesen Problemen ihre Hauptaufmerksamkeit widmen sollten" (S. 5[V]).

So ist auch für Harrod die große Frage noch der von Keynes verwandt: Wie sichert man das elementar gefährdete Gleichgewicht einer auf schmalem Grat sich vorwärts tastenden „dynamischen" Wirtschaft? Denn das Gleichgewichtsproblem stellt sich nach Harrod in voller Schärfe überhaupt erst, wenn man über das immer noch „statische" Konzept von Keynes hinausgreift und in die eigentlichen Bewegungsvorgänge des Wirtschaftslebens eintritt.

1. Der Kapitalbedarf einer wachsenden Wirtschaft

a) Die drei Hauptfaktoren der Wirtschaftserweiterung: Arbeitspotential, Produktivität und Kapitalausstattung

Harrods Ausgangspunkt sind „die Wechselbeziehungen im Wachstum (*expansion*) dreier fundamentaler Komponenten: nämlich 1. der Arbeitskräfte, 2. der Produktion oder des Einkommens pro Kopf sowie 3. der Menge des verfügbaren Kapitals.

[13] Untertitel: *Some Recent Developments of Economic Theory and their Application to Policy.* Erscheinungsort: London und New York. Seitenangaben in eckiger Klammer beziehen sich auf die englische Ausgabe, Seitenangaben in runder Klammer auf die (von mir vielfach revidierte) deutsche Ausgabe: „*Dynamische Wirtschaft.* Einige neuere Entwicklungen der Wirtschaftstheorie und ihre Anwendung auf die Wirtschaftspolitik", Wien und Stuttgart 1949.

Man könnte eine statische Wirtschaft dadurch bestimmen, daß man diese drei Größen als konstant annimmt. Sind sie das, so müßte die jährliche Ersparnis gleich Null sein" (S. 32 [20]).

„Von den drei Variablen, die ich genannt habe, wollen wir — in erster Näherung — zwei als unabhängig betrachten, nämlich die Größe der Bevölkerung und ihre Produktivität pro Kopf, und die dritte, nämlich die Menge des Kapitals, als wenigstens teilweise abhängig ansehen" (S. 33 [21]).

Im weiteren setzt Harrod zunächst den zweiten, dann den ersten Faktor konstant und betrachtet die Wirkung auf den Kapitalbedarf.

b) *Der Kapitalkoeffizient*

„Wie muß sich das Kapital verhalten, das einem Wachstum der beiden anderen Elemente entspricht, und zwar *unter der Voraussetzung, daß der Zinssatz sich nicht ändert?*

Zunächst betrachten wir den Fall einer stetigen geometrischen Bevölkerungszunahme mit konstant bleibendem technischen Wissen. Dann wächst bei konstantem Zinsfuß der Kapitalbedarf im gleichen Maße wie die Bevölkerung. Dieser Bedarf wird dann gedeckt werden, wenn die Bevölkerung ständig einen konstanten Bruchteil ihres Gesamteinkommens spart. Wie groß dieser Bruchteil sein muß, hängt vom Verhältnis des Wertes des gesamten in Verwendung stehenden Kapitals zum Wert des Einkommens während einer Periode ab.

Wenn es keinen technischen Fortschritt gibt und der Zinsfuß sich nicht ändert, so wird das Verhältnis des Wertes des in Verwendung stehenden Kapitals zum Einkommen pro Periode, das wir den *Kapitalkoeffizienten* nennen wollen, unverändert bleiben" (S. 33 f. [21 f.]).

Es ist dann zu fragen, „welche Sparquote für eine bestimmte Entwicklung erforderlich ist, wenn der Zinsfuß sich nicht ändert.

Der erforderliche Bruchteil des Gesamteinkommens ist dann gleich dem Bevölkerungszuwachs einer Periode — ausgedrückt als Bruchteil der Gesamtbevölkerung — multipliziert mit dem Kapitalkoeffizienten. . . . Wenn daher das erforderte Kapital viermal so groß ist wie das jährliche Nationaleinkommen [immer als Bruttogröße verstanden; W. H.] und der Bevölkerungszuwachs 1 % im Jahr beträgt, so ist die notwendige Ersparnis gleich 4 % des Einkommens" (S. 34 [22]).

Von der hierbei durch Harrod getroffenen sonderbaren Voraussetzung, daß die Bevölkerung in *Malthus*scher „geometrischer" Progression wachse, sei abgesehen (Harrod selbst vergißt diese Voraussetzung in dem bei ihm sich anschließenden Zahlenbeispiel). Von großer Bedeutung aber ist der Begriff des „Kapitals", der dem seither in der Wirtschaftsbetrachtung heimisch gewordenen *„Kapitalkoeffizienten“* $\left(\frac{K}{Y}\right)$ zugrundeliegt: Kapital wird nicht als das betrachtet, was es wirklich ist, nämlich als eine *Umschlagsgröße*, als *prozessierendes Erwerbsvermögen* in der Totalität seiner wechselnden Formen, und daher als „Strömungsgröße“ der Volkswirtschaft. Vielmehr wird der Begriff in „operationeller“ Absicht — d. h. im Hinblick auf das Formalmodell, besonders auf die Korrespondenzgröße $\left(\frac{S}{Y}\right)$ — von vornherein zurechtgestutzt auf die bloße *Bestandsgröße* des *fixen „Realkapitals“*. Damit geht freilich die ganze betriebswirtschaftliche Problematik der Bewertung (und Wertberichtigung) dieses Kapitalteils in die Rechnung mit ein. — Man fragt sich allerdings, welchen Anspruch auf „Exaktheit“ hier — wie auch sonst — ein deskriptives (der Prätention nach „theoretisches“) Modell erheben kann, das die Grundkategorie der gesamten Theorie des Wirtschaftsprozesses, das Kapital, so wirklichkeitswidrig bestimmt.

Den Begriff des *„Sparens“* gebraucht Harrod im konventionellen Sinn. Indem er das „Sparen“ ins Verhältnis zur Bevölkerung und ihrem Zuwachs bringt, legt er, wie andere Autoren, den Gedanken eines bloßen *Konsumenten*sparens nahe. Tatsächlich vollzieht sich die Kapitalbildung ganz überwiegend über die Gewinne der Unternehmungen. Die Akkumulationskraft der Unternehmungen aber steht in keiner zwingenden Beziehung zur Volkszahl eines Landes.

c) „Neutraler Fortschritt“ und „marginaler Kapitalkoeffizient“

Nun setzt Harrod den Faktor der Bevölkerung konstant und nimmt eine stetige technische Entwicklung an. Es ergibt sich dann ein „ähnliches Resultat“ wie im ersten Fall. Allerdings kann der technische Fortschritt „arbeitssparend“ *(labour-saving)* oder „kapitalsparend“ *(capital-saving)* sein. Harrod entscheidet sich dafür, im weiteren einen „neutralen Fortschritt“ anzunehmen:

„Ich definiere neutralen Fortschritt *(neutral advance)* als einen solchen, der bei unverändertem Zinsfuß den Wert des Kapitalkoeffizienten unberührt läßt. Er ändert nicht die Länge des Produktionsprozesses.... Dies beinhaltet, daß, roh formuliert, die Produktivität derjenigen Arbeiter, welche die Maschinen hergestellt haben, im gleichen Maße steigt, wie die Produktivität derjenigen, welche die Maschinen anwenden. Angenommen ist also, daß die Produktivität der Arbeit auf allen Stufen der Produktion von der ersten bis zur letzten gleichmäßig steigt. Keine Erfindung wird natürlich diesen Charakter haben, doch dürfte die Gesamtheit aller Erfindungen, die in einer Periode gemacht werden, dem entsprechen.

Ein Strom von Erfindungen, die in diesem Sinne neutral sind, wird, wenn der Zinssatz unverändert bleibt, die Verteilung des gesamten Nationalprodukts zwischen der Arbeit — im weitesten Sinne — und dem Kapital unverändert lassen. Der vorherrschende Charakter der Erfindungen während einer Periode, in der keine kumulative Veränderung der Zinsrate geschieht, kann gemessen werden, indem man das

Wachsen des Kapitalwerts mit dem Wachsen des Nationaleinkommens vergleicht" (S. 34 f. [23]).

Von Kapitalkoeffizienten $\left(\frac{K}{Y}\right)$ gelangt man also zum *„marginalen Kapitalkoeffizienten"* $\left(\frac{\Delta K}{\Delta Y} \text{ oder } \frac{I}{\Delta Y}\right)$. (Harrod selbst gebraucht den Begriff noch nicht.)

Ein „neutraler Strom von Erfindungen" ist nach Harrod „ein solcher, der eine Rate des Kapitalwachstums verlangt, welche gleich ist der hierdurch hervorgerufenen Rate des Einkommenswachstums. Macht der Strom der Erfindungen eine größere Rate des Kapitalzuwachses erforderlich, so überwiegt die Ersparnis von Arbeit und der Bedarf an Kapital; und umgekehrt" (S. 39 [26 f.]).

Harrod meint allerdings, „daß die Erfindungen in den zurückliegenden Jahren nicht überwiegend die Eigenschaft gehabt haben, den Kapitalkoeffizienten — soweit er sich auf einen konstanten Zinsfuß bezog — zu heben. Ich habe nicht den Eindruck, daß die Erfindungen überwiegend arbeitssparend im obigen Sinn gewesen sind" (S. 41 [28]).

Es ergibt sich: „Ist die Bevölkerung stationär und besteht ein stetiger und neutraler technischer Fortschritt, so wird das erforderliche neue Kapital einen konstanten Bruchteil des Einkommens ausmachen, der gleich ist dem Zuwachs des Einkommens (oder Ertrages) in der betrachteten Periode (ausgedrückt als Bruchteil des Gesamteinkommens), multipliziert mit dem Kapitalkoeffizienten" (S. 41 [28]).

Mit „neutralem Fortschritt" meint Harrod eine unveränderte Produktionsperiode (vgl. dazu Harrod, *„The ‚Neutrality' of Improvements"*, *Ec. J.* 1961, S. 300 ff.), d. h. einen konstanten *capital-output-ratio* und eine damit zu vereinbarende Entwicklung der Arbeitsproduktivität bzw. des *capital-labour-ratio*. Seine Annahme hat viel Kritik erfahren und manche Mißverständnisse hervorgerufen. Zu bedenken ist aber, daß die Anwendung von „Erfindungen", die natürlich regelmäßig die Arbeitsproduktivität erhöht und das Verhältnis von eingesetztem *Gesamt*kapital und Ertrag verbessert, in der Volkswirtschaft als ganzer mit dem Wert der *Produkte* auch den Wert des neuproduzierten stehenden *Sachkapitals* selbst senkt, so daß bei vergrößertem *physischen* Aufwand an fixem Kapital die *Wert*größe *I* bzw. *K* sich in etwa konstanter Proportion zu der Wertgröße Y halten kann. Dies scheint auch N. *Kaldor* zu meinen, wenn er schreibt: „Immer gibt es eine gewisse Zuwachsrate der Investition je Beschäftigten, welche die Produktionsleistung je Beschäftigten im gleichen Verhältnis zur Pro-Kopf-Investition steigen läßt und in diesem Sinne den Anschein eines ‚neutralen' technischen Fortschritts annimmt." (*A New Model of Growth, Rev. of Ec. Studies* 1962, S. 190. — Am Rande sei vermerkt: Die Annahme eines so verstandenen „neutralen Fortschritts" läßt auch gewissen Raum für die mit technischer Fortentwicklung stets verbundene „Faktoren-Substitution". Sie ist daher innerhalb der Grenzen, die sie sich setzt, mit dem „neoklassischen" Konzept einer Variation der „Produktionsfunktionen" vereinbar.) — Daß der (marginale) Kapitalkoeffizient langfristig — allerdings nicht im Konjunkturverlauf — relativ konstant zu sein scheint, ist unter diesen Umständen nicht weiter verwunderlich. Harrod hätte viele Mißverständnisse vermeiden können, wenn er den durch ihn von *Pigou* und *Hicks* entlehnten fatalen Begriff des „neutralen Fortschritts“ ganz vermieden und schlicht von der langfristigen Konstanz des (marginalen) Kapitalkoeffizienten gesprochen hätte. Indem Harrod freilich von den Änderungen der *Preise* — und daher von der produktivitätsbedingten Wertminderung von K bzw. ΔK — absah und einen „Güterwertstandard“ wählte (vgl. S. 47), hat er sich selbst den Weg zu dem, was er hätte meinen müssen, verlegt.

Faßt man nun mit Harrod die Überlegung zusammen, welche „Spar“-Rate durch die Kapitalbildung bei steigender Bevölkerung und bei technischer Entwicklung erfordert wird, so ergibt sich:

„Ist a der Teil des Nationaleinkommens, der gespart werden muß, wenn die Bevölkerung um die Größe X zunimmt, während die Technik unverändert bleibt, und b der Teil des Einkommens, der gespart werden muß, wenn die Bevölkerung unverändert bleibt und die technische Entwicklung eine Vergrößerung der Produktion um Y ermöglicht, so gilt: Bei einem Bevölkerungszuwachs um X und einem Zuwachs der Pro-Kopf-Produktion um Y ist der Teil des Einkommens, der gespart werden muß, $= a + b + a \cdot b$. $a \cdot b$ dürfte hierbei eine sehr kleine Größe sein, die getrost vernachlässigt werden kann“ (S. 41 [28]).

Der Umfang der Kapitalbildung ist also abhängig von der „Spar“-Leistung der „Bevölkerung“; zu letzterer zählt Harrod übrigens unter der Hand auch die „*corporate savers*“, d. h. die Kapitalgesellschaften.

d) „Sparen“ und Zins

Es ist nun allerdings Harrod zufolge unwahrscheinlich, daß die Sparrate den Bedürfnissen einer ständig wachsenden Produktion stets entsprechen wird. Es ist vielmehr zu erwarten, daß sie hinter dem, was die Produktion erfordern würde, zurückbleibt. Der Grund hierfür ist, daß der Zins — den Harrod, ähnlich wie E. v. *Böhm-Bawerk*, aus einer mit wachsender Kapitalbildung sinkenden *time preference* der Sparer erklärt — nicht schnell genug sinken wird, um die Investition ausreichend zu stimulieren:

„Die Grundbedingungen [der Wirtschaftserweiterung; W. H.] dürften ein ständiges Fallen des Zinsfußes notwendig machen.“ Man kann sich freilich schwer „vorstellen, wie der Kapitalmarkt ein solches ständiges Sinken gewährleisten sollte“. (S. 95 [75]; vgl. *Keynes)*

Die hieraus entspringende Dichotomie zwischen einer als starr angenommenen volkswirtschaftlichen „Spar“-Quote und einem veränderlichen Bedarf an investierbarem Kapital steht nun hinter jenen Vorgängen des konjunkturellen Lebens, die der Hauptgegenstand von Harrods weiterer Untersuchung sind.

2. Das Modell der Wirtschaftserweiterung

Die Beziehungsgrößen, welche im vorausgegangenen dargestellt worden sind, kehren in den drei Grundgleichungen der *tatsächlichen*, der *gewollten* und der *möglichen* Wirtschaftserweiterung wieder, aus denen Harrod sein —

schon in *An Essay in Dynamic Theory* (1939) ansatzhaft entwickeltes — Modell der Wirtschaftsbewegungen aufbaut.

a) Die Formel des tatsächlichen Wachstums

Die Ausgangsgleichung ist, für sich genommen, nach Harrods Wort eine „Tautologie". Sie lautet:

„$GC = s$.

G (= Wachstum *[growth]*) bezeichnet die Zunahme der Gesamtproduktion in einer Zeiteinheit, ausgedrückt als Bruchteil der Gesamtproduktion. Wenn also bei einem stetigen Fortschreiten der Produktionszuwachs 2 % jährlich beträgt, so ist $G = 1/50$; oder wenn man den Monat als Zeiteinheit wählt, ist $G = 1/600$.

C *(capital)* bezeichnet die Zunahme des Bestandes an Produktionsgütern aller Art am Ende gegenüber dem Beginn der Produktionsperiode, dividiert durch den Produktionszuwachs in der gleichen Periode. ...

Das Symbol s bezeichnet die Quote des gesparten Einkommens" (S. 97 f [77 f.]).

„Ich betone, daß diese Gleichung notwendigerweise richtig ist. Sie ist eine dynamische Gleichung, weil sie G enthält, das zur Wachstumsrate Bezug hat. Ferner möchte ich ihre äußerste Einfachheit hervorheben" (S. 100 [80]).

„Ich kenne im Gebiet der modernen Wirtschaftstheorie keine Formulierung irgendeines dynamischen Prinzips von vergleichbarer Allgemeingültigkeit" (S. 101 [80]).

Was die von Harrod gepriesene Simplizität der Formel angeht, so entspringt sie in der Tat aus der Wahl der Komponenten. Da $G = \frac{\Delta Y}{Y}$, $C = \frac{I}{\Delta Y}$ und $s = \frac{S}{Y}$, so kann man $GC = s$ auch schreiben: $\frac{\Delta Y}{Y} \cdot \frac{I}{\Delta Y} = \frac{S}{Y}$, woraus sich ergibt: $\frac{I}{Y} = \frac{S}{Y}$, also $I = S$.

Es zeigt sich demnach, „daß die Investition *ex post* dem Sparen *ex post* gleich ist" (S. 100 [80]).

Nach drei Seiten hin trifft Harrod nun bei der zunächst noch groben Formel eine nähere Qualifizierung, die hier nur am Rande erwähnt werden soll: 1. Sind Erfindungen nicht „neutral", sondern erhöhen sie den Anteil des Kapitalbestandes, so erweitert sich die Gleichung um die Größe d (vgl. S. 119). — 2. Desgleichen bezeichnet die Größe k, um welche die Formel erweitert werden kann, jene Investitionen, die sich nicht innerhalb der Investitionsperiode schon produktiv auswirken oder die, wie etwa Rüstungsinvestitionen, überhaupt nicht als (physische) „Wachstums"-Größe figurieren (vgl.

S. 99 f.). — 3. Gibt man ferner die Voraussetzung einer geschlossenen Volkswirtschaft auf und bezieht man den Außenhandel ein, so tritt noch die Größe b hinzu, der positive oder negative Saldo der Handelsbilanz. — Im weiteren lassen wir, Harrod folgend, die Größen d, k und b beiseite.

b) Die Formel des „befriedigenden Wachstums“

„Wir kommen nun zu der Formel, die das Gleichgewicht eines stetigen Fortschreitens ausdrückt. Ich schreibe sie folgendermaßen:

$$G_w \cdot C_r = s.$$

Entsprechend meiner früher verwendeten Terminologie nenne ich G_w die *befriedigende Wachstumsrate (warranted rate of growth)*. . . . Diese Gleichung drückt jenen Zustand aus, in dem die Produzenten mit ihrem Tun zufrieden sind.

Wie können wir das Gleichgewicht eines stetigen Fortschritts mit einem statischen Gleichgewicht vergleichen? Im statischen Gleichgewicht verharren die Produzenten in Zufriedenheit über ihr vorhandenes Produktionsergebnis. Sie blicken auf ihr Werk und finden, daß es gut ist. Allgemein schließt dies Änderungen bei den Einzelwaren nicht aus. Wir dürfen annehmen, daß einige Produzenten einer sinkenden und andere einer steigenden Nachfrage gegenüberstehen, so daß tatsächlich nicht alle einzelnen sich mit den gegebenen Verhältnissen zufrieden geben, sondern vielmehr zur Anpassung nach oben oder nach unten Anlaß finden. Sind aber die Grundbedingungen im ganzen von stationärer Art, so dürften die Schrumpfungsvorgänge, welche die Märkte bestimmter Waren nahelegen, durch die Expansion, zu der andere Märkte führen, ausgeglichen werden. Eine Anpassung wird vorgenommen, und die Gleichungen des statischen Gleichgewichts bezeichnen die neuen Werte, bei denen sich die verschiedenen Produktionszweige nach kürzerer oder längerer Zeit schließlich stabilisieren werden.

Das gleiche gilt für ein stetiges Fortschreiten. Auch hier ist das schnellere Wachstum bestimmter Sektoren bei einem langsameren Wachstum oder selbst einem Schrumpfen von anderen nicht ausgeschlossen. Doch wird hier im ganzen eine gewisse Wachstumstendenz vorliegen, und zwar — wenn die kurzfristigen Bedingungen für ein stetiges Fortschreiten gegeben sind — mit der Zuwachsrate G_w. . . . Ich definiere G_w als die allgemeine Wachstumsrate, deren Einhaltung die Unternehmer bereit sein läßt, in gleicher Weise weiter zu expandieren. Einige mögen unbefriedigt sein und eine Anpassung nach oben oder unten vornehmen; doch dürften diese Bewegungen einander ausgleichen, und das Wachstum der laufenden Periode dürfte im ganzen dem Zuwachs der vorausgegangenen Periode gleich sein.

Die erwähnte Gleichung bezeichnet also diejenige Fortschrittsrate, die Befriedigung schaffen und zu ihrer eigenen Fortsetzung führen wird.

C_r ist das Symbol für das erforderliche Kapital *(capital requirements)*. Während wir in der Identitätsgleichung eine ex-post-Größe hatten, welche den Umfang der in der Periode tatsächlich produzierten Kapitalgüter *(capital goods* [oben wurde C allerdings als Zuwachs *aller* Güter definiert]) bezeichnet, ist C_r ein Gleichgewichtsbegriff, der das Erfordernis an neuem Kapital ausdrückt. Wie C, so ist auch C_r definiert als das Bedürfnis nach neuem Kapital dividiert durch jenen Produktionszuwachs, für den das neue Kapital erfordert wird. C_r ist somit der Koeffizient des benötigten Kapitals *(the required capital coefficient* [eigentlich: der *marginale* Koeffizient; W. H.]).

Diese Bestimmung beruht auf dem Gedanken, daß die gegebene Produktion mit dem gegebenen Kapital durchgeführt werden kann und daß ein zusätzliches Kapital nur zur Erzielung zusätzlicher Produktion benötigt wird. Dies folgt aus der Annahme, daß das Verhältnis des Kapitals zum Einkommen *(the capital-income ratio* $\left[\frac{K}{Y}\right]$) konstant ist; d. h. die Länge der Produktionsperiode ist unverändert. Und dies wieder folgt aus den beiden Annahmen, mit denen wir gegenwärtig arbeiten, nämlich 1. daß die Erfindungen neutral sind, und daß 2. der Zinssatz konstant ist" (S. 101 ff. [81 ff.]).

Bemerkungen: 1. Der umständlich psychologisierend umschriebene Begriff der *„befriedigenden Wachstumsrate"* — G_w *„will leave entrepreneurs in a state of mind in which they are prepared to carry on a similar advance"* — bleibt inhaltlich leer, solange er nicht vom eigentlichen *Zweck* des unternehmerischen Tuns, d. h. vom *Gewinn* her bestimmt wird. „Befriedigend" ist für jeden einzelnen die unter gegebenen Umständen jeweils höchstmögliche erzielbare *Rendite*, gleichgültig ob sie mit oder ohne Ausdehnung der *Produktion* erreicht wird. — Wir werden im übrigen sehen, daß die Vorstellung einer *stetigen* oder „Gleichgewichts"-Wachstumsrate, die Harrod mit G_w verbindet, von ihm nicht widerspruchsfrei durchgehalten wird.

2. Der Gedanke Harrods, das Gleichgewicht setze sich aus den einander neutralisierenden Ungleichgewichten der Einzelunternehmungen und Wirtschaftssektoren zusammen, würde voraussetzen, daß die „Produktionsfunktionen" überall gleich und linear sind. — Daß übrigens eine stetige Expansion der Gesamtwirtschaft eine dauernd *überproportionale* Erweiterung der Erzeugung von *Produktionsmitteln* erfordert, daß es also nicht irgendwelche Produktionszweige sind, die über- oder unterdurchschnittlich akkumulieren, sondern vielmehr die Produktionsgütererzeugung im einen, die Konsumgütererzeugung im anderen Fall, ist ein Detail, bei dem sich aufzuhalten dem summarischen Verstand eines Harrod nicht beikommt.

3. In der Gleichung $G_w \cdot C_r = s$ stellt C_r eine *ex-ante-Größe* dar, s hingegen eine *ex-post*-Größe. Die Gleichheit beider Seiten besagt deshalb nicht, ob ein Gleichgewichtswachstum besteht. Es kann über erhöhte Preise ein der Wachstumsrate entsprechendes Sparen erzwungen werden, ohne daß hieraus auf

die wirkliche „Sparneigung“ der Konsumenten geschlossen werden könnte. Umgekehrt braucht ein Erreichen der Grenze, welche die Vollbeschäftigung zu setzen scheint, nicht zu bewirken, daß die Investitionen unter die freiwillige Ersparnis sinken. Wenn der vorausgegangene Aufschwung teilweise mit Kreditschöpfung oder Enthorten finanziert worden ist, so kann das Erreichen der Vollbeschäftigung einfach dazu führen, daß das *ex-post-s* einem niedrigeren *ex-ante-s* angeglichen wird und hierdurch dem verringerten $G_w C_r$ genau entspricht. (Vgl. F. J. *Atkinson, Mr. Harrod's Dynamic Theorems,* S. 15*; ferner D. McCord *Wright, Mr. Harrod and Growth Economics,* S. 226.)

Mit der Formel einer linearen Wirtschaftserweiterung sind wir im Grunde noch tief in der „Statik“. Bewegung kommt in das Bild erst, wenn man die Formel des „befriedigenden“ Wachstums mit der des „tatsächlichen“ Wachstums in Beziehung setzt:

„Betrachten wir diese beiden Gleichungen zusammen, so finden wir eine Relation von äußerster Einfachheit, und ich bitte Sie, mir darin zuzustimmen, daß sie außerordentlich eindrucksvoll ist. Je größer *G*, desto kleiner *C*. Das kann kaum bestritten werden“ (S. 106 [85].

Natürlich nicht, da in der Formel $\frac{\Delta Y}{Y} \cdot \frac{I}{\Delta Y}$ die Wachstumsgröße ΔY das eine Mal im Zähler, das andere Mal im Nenner erscheint. — Unser Autor fährt fort:

„Wenn *G* infolgedessen einen höheren Wert hat als G_w, so wird *C* kleiner sein als C_r. Ich sehe keine Möglichkeit, diesem Schluß zu entgehen. Wenn *C* kleiner ist als C_r, so bedeutet das, daß Produzenten und Händler per Saldo die im Kreislauf befindlichen Güter oder die Ausrüstung zur Aufrechterhaltung des bestehenden Umsatzes als unzureichend ansehen. Lassen Sie mich wiederholen: wenn der Wert von *G* größer ist als von G_w, so muß der Wert von *C* kleiner sein als der von C_r; der Güterstrom im Kreislauf ist dann ungenügend und/oder die Kapitalausrüstung ist unzureichend, und die Lieferungsaufträge werden zunehmen. Wenn der Wert von *G* größer ist als der von G_w, d. h. wenn das wirkliche Wachstum stärker ist als jenes, das mit einem stetigen Fortschreiten vereinbar wäre, so werden die Aufträge zunehmen; und selbstverständlich auch umgekehrt. Dies macht mir den Eindruck einer ungewöhnlich einfachen und bemerkenswerten Darlegung der Instabilität eines im Fortschreiten begriffenen Systems. Rings um die Linie des [stetigen] Fortschreitens, deren Innehaltung allein Befriedigung *(satisfaction)* gewähren würde, sind zentrifugale Kräfte am Werk, die das System weiter und weiter von dem erforderlichen Fortschrittspfad wegführen“ (S. 106 f. [85 f.]).

„Bis hierhin ergeben sich also zwei Thesen: 1. Es gibt eine Linie des Fortschreitens, deren Einhaltung die Produzenten mit ihrem Tun zufrieden machen würde.

2. Wenn das Gesamtergebnis der tastenden Versuche *(trial and error)* zahlreicher Produzenten für *G* einen Wert ergibt, der von G_w abweicht,

so wird die Produktion keineswegs zu einer Anpassung an G_w tendieren; im Gegenteil wird die Produktion sich immer weiter von diesem, nach oben oder nach unten entfernen" (S. 107 f. [86 f.]).

Die Beziehung dieses Gedankengangs zu *Wicksells „kumulativem Prozeß"* und zu dem hieran sich anschließenden Konzept der *„Schwedischen Schule"*, das um den Unterschied zwischen Erwartung und Verlauf einer Entwicklung kreiste, ist unverkennbar. — Zu bedenken ist freilich: Die Unternehmensleiter *korrigieren* ihre Erwartungen ständig nach den veränderten Möglichkeiten, die sie vorfinden. Zwischen dem, was sie *tun*, und dem, was sie *wollen*, wird nicht scharf zu scheiden sein.

Harrods Modell ist allerdings erst fertig, wenn noch eine dritte Entwicklungsgleichung betrachtet wird.

c) Die Formel des „natürlichen" Wachstums und das Verhältnis der drei Gleichungen zueinander

„Als nächstes gilt es diese beiden Gleichungen zu jener Formel einer stetigen Expansion in Beziehung zu setzen, welche durch die schon ausgiebig erörterten Grundbedingungen bestimmt ist. Wir können hierfür die folgende Gleichung schreiben:

$$G_n \cdot C_r = \text{oder} \neq s^{14)}.$$

G_n *(n = natural)* ist die Erweiterungsrate, welche das Wachsen der Bevölkerung und die technischen Verbesserungen erlauben. Sie hat keine unmittelbare Beziehung zu G_w.

G_n bezeichnet Punkt für Punkt diejenige Linie der Produktion [gemeint: der Produktionserweiterung; W. H.], bei der die Produzenten aller Art sich darüber versichern, daß ihre Bilanz von Arbeit und Muße *(balance between work and leisure)* richtig *(correct)* ist. Die Möglichkeit einer ‚unfreiwilligen' Arbeitslosigkeit ist hierdurch ausgeschlossen" (S. 108 [87]).

Ein sonderbares *Quid pro quo*, bei dem die gleichen „Produzenten" bald als die bilanzierenden *Unternehmer*, bald als die Unselbständigen erscheinen. (Letzteren hat die angelsächsische Theorie seit W. St. *Jevons* immer wieder unterstellt, daß sie bei ihrer Arbeit auf quasi-unternehmerische Art gleichfalls Bilanz aufmachen zwischen *pleasure and pain*, zwischen *utility* und *disutility* (vgl. Band II der „Texte", S. 164 ff.). — Harrod fährt fort:

„G_w ist das unternehmerische Gleichgewicht. Es ist diejenige Entwicklungslinie, bei der die Profitbezieher versichert sind, daß sie das Rechte getan haben. Hierbei ist die Möglichkeit einer wachsenden ‚unfreiwilligen' Arbeitslosigkeit im Sinne von Keynes eingeschlossen. So nimmt die Verwicklung zu. Wir haben nicht nur die Abweichung von G gegenüber G_w, sondern auch die von G_w gegenüber G_n zu betrachten.

[14] In der deutschen Ausgabe des Buches unrichtig wiedergegeben.

Zunächst ist zu beachten, daß G_n dem höchsten Durchschnittswert von G *(maximum average value of G)* für längere Zeit eine Obergrenze setzt. Nach einer Rezession mag G für einige Zeit einen höheren Wert annehmen als G_n. Doch kann unmöglich das Wachstum für eine unbegrenzte Zeit in einem größeren Ausmaß beibehalten werden, als der Bevölkerungszuwachs und die technischen Verbesserungen — die sich beide in G_n darstellen — erlauben.

Zweitens ist die Beziehung von G_n zu G_w offensichtlich von entscheidender Bedeutung dafür, ob die Wirtschaft für eine Reihe von Jahren überwiegend belebt oder gedrückt ist. Ein Paradoxon ist hierin eingeschlossen: Immer wenn G größer ist als G_w, wird ein Aufschwung sich zu entwickeln tendieren, und umgekehrt. Wenn nun G_n größer ist als G_w, so besteht kein Grund, warum G nicht für die meiste Zeit G_w übertreffen sollte. Infolgedessen besteht kein Anlaß, warum die Wirtschaft sich nicht einer fortgesetzten Aufschwungstendenz erfreuen sollte. Wenn aber G_w größer ist als G_n, dann muß G während der meisten Zeit unter G_w liegen, da der periodische Durchschnittswert von G nicht G_n übertreffen kann. Unter solchen Umständen müssen wir daher erwarten, daß die Wirtschaft sich überwiegend in Depression befinden wird. Das ist paradox, weil man zunächst vermuten würde, es sei gut, wenn die Befriedigung der Unternehmer so ist, daß diese die Entwicklung ständig rascher voranzutreiben suchen, als die Grundbedingungen erlauben. Würde nicht gerade dies für einen ständigen Auftrieb der Wirtschaft sorgen, für eine Tendenz zur ständigen Vollbeschäftigung? Die Untersuchung zeigt, daß das Gegenteil der Fall ist. Es sind die Abweichungen gegenüber G_w, nicht die Werte von G_w selbst, auf deren Wirken Aufschwung und Abschwung hauptsächlich zurückgehen. Ist der Wert von G_w zu hoch, (höher als der von G_n), so wird die Tendenz zur Abweichung nach unten überwiegen. Dies ist unausweichlich. Ich glaube, daß dieses Paradoxon dem eigentlichen Punkt des Gegensatzes zwischen der Keynesschen und der klassischen Ökonomie sehr nahe kommt. Das Sparen *ist* eine Tugend und ist wohltätig, solange G_w unter G_n steht. Während es verhängnisvoll wäre, wenn G_w über G_n stände, so ist es andererseits nicht gut, wenn G_w zu tief unter G_n steht. Denn in diesem Falle werden wir zwar eine ganze Anzahl von Aufschwüngen und eine häufige Tendenz zur Annäherung an die Vollbeschäftigung haben, doch wird der hohe Beschäftigungsstand von inflationärer und daher ungesunder Natur sein. Unter diesen Umständen ist Sparen eine Tugend; denn indem es G_w hebt, verschafft es uns hohe Beschäftigung ohne Inflation. Wenn aber G_w über G_n steht, so wird das Sparen zu einem Faktor, der eine Depression herbeiführt" (S. 108 ff. [87 ff.]).

Die Bedingungen eines Aufschwungs sind also dann gegeben, wenn die vom Zuwachs der (Arbeits-) Bevölkerung und dem Fortschreiten der Technik *physisch möglich* gemachte Kapitalakkumulation für die effektive Kapitalbildung Spielraum läßt; und wenn hierbei zugleich die *tatsächliche* Kapitalexpansion diejenige, welche die Unternehmensleiter zunächst für *möglich* halten, übertrifft, wenn die Unternehmensleiter daher angenehm überrascht werden. Also: $G_w < G < G_n$. Andererseits setzt die Entwicklung von (Arbeits-) Bevölkerung und Technik nach Harrod eine jeweils unübersteigliche Obergrenze für die tatsächliche Kapitalbildung. Übertrifft schließlich die auf den Aufschwung sich einstellende höhere Erwartung der Unternehmungen diese Möglichkeiten (ist also G_w größer als G_n und G), so muß die Wende nach unten erfolgen.

Harrod entwickelt damit aus der verschiedenen Konstellation der drei Wachstumsgrößen das, was er das „Rahmenwerk" einer Erklärung der Konjunkturschwankungen nennt. Das Schema bedarf allerdings noch in mancherlei Hinsicht einer näheren Bestimmung:

„1. Beim Wiederaufschwung, wenn auf ungenutzte Produktivkräfte (*resources*) zurückgegriffen wird, steht G über G_n. Ist Vollbeschäftigung erreicht, so muß G auf G_n sinken. Wenn G_n niedriger steht als G_w, so ist ein Abschwung unvermeidlich, da G unter G_w fallen muß und ... progressiv nach unten gedrückt werden wird.

2. G_w selbst schwankt mit dem Konjunkturzyklus. Selbst wenn der Anteil des Sparens am Einkommen auf lange Sicht ziemlich stetig ist, so wird er das kaum auf kurze Sicht sein. Kurzfristig betrachtet herrscht vielfach die Neigung, dasjenige zu sparen, was als Differenz zwischen den Einkünften und dem normalen Verbrauch erübrigt werden kann. Die Unternehmungen neigen dazu, einen großen Bruchteil des kurzfristigen Zuwachses ihrer Nettoeinkünfte zu sparen. So kann G_w, selbst wenn es sich normalerweise unter G_n hält, dieses in den späteren Stadien der Entwicklung übersteigen Geschieht dies, so ist eine Depressionsspirale unvermeidlich, wenn die Vollbeschäftigung erreicht worden ist. Wenn G_w im Verlaufe des Anstiegs G_n nicht überrundet hat und wenn der Expansionsdruck nach Eintritt der Vollbeschäftigung anhält, so wird die folgende Inflation der Preise und Gewinne G_w früher oder später über G_n erheben und so die Depressionsspirale übereilt nachholen.

3. Schon vor Erreichen der Vollbeschäftigung muß G möglicherweise vermindert werden wegen der zunehmenden Schwierigkeit, Arbeitskräfte und andere Produktionselemente mit wachsender Inanspruchnahme auf die Bedarfsstätten umzulenken. Wenn G_w wesentlich über G_n liegt, so kann die G-Kurve die G_w-Kurve einige Zeit vor Erreichen der Vollbeschäftigung schneiden, wodurch von diesem Punkt an das Einsetzen der Depressionsspirale unvermeidlich wird.

4. Wenn G_w beträchtlich über G_n liegt, so kann es sein, daß sich G wegen der Mobilitätsschwierigkeiten während der Wiederbelebung nie sehr weit über G_w erhebt; in diesem Fall kann das Durchhalten der Wiederbelebung schwierig werden, und lange vor Erreichen der Vollbeschäftigung kann vielleicht schon eine Depressionsspirale übereilt einsetzen" (S. 110 f. [89 f.]).

Alles in allem gibt es „zwei verschiedene Problemkreise sowohl für die Analyse als auch für die Wirtschaftspolitik: 1. die Abweichungen von G_w gegenüber G_n; und 2. die Neigung von G, sich von G_w zu entfernen. Im ersteren Fall handelt es sich um das Problem der chronischen Unterbeschäftigung, im zweiten um das Problem des Konjunkturzyklus" (S. 113 [91]).

d) Würdigung

Harrods Modell, welches das Bild eines denkbaren „gleichgewichtigen" Wachstums mit dem der tatsächlichen konjunkturellen Abweichungen zu verbinden sucht und das Harrod selbst nicht versäumt hat ins rechte Licht zu rücken, hat viel Beachtung gefunden. Das darf allerdings über die ernsten Mängel nicht hinwegsehen lassen, die sowohl den einzelnen Elementen des Schemas als auch der Grundauffassung vom Wirtschaftsprozeß anhaften.

1. *Die Begriffe:* a) Allem voran ist auf die innere Unstimmigkeit des *Kapitalbegriffs,* und damit der Grundkategorie jeder „Wachstums"-Theorie, hinzuweisen, auf die wir bereits gestoßen sind.

b) Die *„Sparquote":* Daß die Bewegung von G (bzw. von G_w oder G_n) stets von einer entsprechenden Gegenbewegung von C (bzw. C_r) begleitet wird, ergibt sich zwingend aus der Voraussetzung einer konstanten „Spar"-Quote s $\left(= \frac{S}{Y}\right)$. Daß diese Quote im Konjunkturverlauf wirklich unverändert bleibe, ist allerdings eine nicht gerechtfertigte Annahme. (In seinem späteren Aufsatz *„Second Essay in Dynamic Theory", Ec. J.* 1960, S. 277 ff., hat Harrod daher auch mit *zwei* Größen gearbeitet: s und s_r, die sich nicht decken müssen; vgl. besonders S. 286 ff.)

c) Die *„befriedigende" Wachstumsrate:* Der Begriff, der am besten mit dem des *unternehmerischen Gleichgewichts* umschrieben wird, bleibt im Ungefähren hängen, weil er vom wirklichen Inhalt der unternehmerischen Dispositionen absieht; nämlich von den *Gewinnerwartungen.* Ein „befriedigender" *Gewinn* freilich kann auch ganz ohne Ausdehnung der materiellen Produktion (ohne „Wachstum") erreicht werden, wenn eine planvolle Verknappung des Angebots den Unternehmungen eine höhere Rendite verspricht als eine Überflutung des Marktes.

Im übrigen werden sich die Vorstellungen, welche die Unternehmensleiter von der Entwicklung haben, der tatsächlichen Entwicklung immer sehr rasch angleichen. Eine längere Diskrepanz von G_w und G ist schwerlich vorstellbar. So wird der Vorschlag von McCord *Wright* verständlich, G_w ganz beiseite zu lassen und nur das Verhältnis von G und G_n zu untersuchen (*Mr. Harrod and Growth Economics,* S. 227).

d) Die *„natürliche Wachstumsrate" (G_n):* Dieser Begriff bezieht sich auf die unmittelbare Wirklichkeit und muß sich daher den Einspruch der Empirie gefallen lassen: Die Größe G_n ist tatsächlich außerordentlich elastisch; sie bezeichnet keineswegs eine auch nur zeitweilig bestimmbare Obergrenze der jeweiligen Kapitalbildung. Die vorhandene Arbeitsbevölkerung kann vollständiger, rationeller, länger (Überstunden!) beschäftigt werden. Ebenso ist die Nutzung der Produktionsanlagen sehr elastisch (Übergang zum Mehrschicht-Betrieb, Verlängerung der Nutzungsperiode). Sowohl auf Menschen als auch auf die technische Entwicklung (Lizenzen) des Außenraums kann zurückgegriffen werden, etwa auch auf dem Wege des Imports bzw. Exports von Kapital.

Ferner: Die tatsächliche Entwicklung selbst vergrößert die „natürliche" Wachstumsrate gerade in der Zeit des Aufschwungs, indem sie nun erst die Nutzung neuer Produktionsverfahren und Ressourcen vielfach lohnend macht. Die *Rationalisierungsinvestition*, die nun vorzugsweise unternommen wird, kann das Problem der Arbeitsmärkte und anderer Bezugsmärkte entspannen.

Andererseits zeigt die neuere Konjunkturentwicklung, daß ein Aufschwung fast regelmäßig sein Ende findet, *bevor* die verfügbaren Produktivkräfte gänzlich in Dienst genommen worden sind. Man denke vor allem an die selbst im Konjunkturaufschwung anhaltende Arbeitslosigkeit, wie sie sich vor der Weltwirtschaftskrise in allen wichtigen Industrieländern und neuerdings wiederum in den USA — seit etwa 1957 — selbst in der Hochkonjunktur gezeigt hat. Was Harrod selbst zu der Erfahrungstatsache eines vorzeitigen Abbruchs des Aufschwungs zu sagen hat, bleibt in vagen Andeutungen hängen. (Über Harrods unpräzise und widersprüchliche Begriffsarbeit vgl. im übrigen auch D. McCord *Wright*, a.a.O., S. 225.)

2. *Das Wirtschaftsbild als ganzes:* Die hier kritisierten Einzelmomente weisen auf ein Grundkonzept hin, das jenseits der Ordnung liegt, innerhalb deren sich der Wirtschafts- und Konjunkturprozeß in Wirklichkeit abspielt. „Die Grundschwierigkeit ist, daß Harrod mathematisch gefaßte Trends entwickelt, ohne nach den sozio-kulturellen Bedingungen zu fragen, durch welche sie hervorgebracht werden. Eine wirklich dynamische Theorie, so meine ich, muß mögliche Änderungen in den Trends sowie in der kurzfristigen Entwicklung einbeziehen, oder sie muß wenigstens eine Erklärung dafür liefern, warum die vermuteten Trends sich der Voraussicht nach nicht ändern werden." *(Wright,* S. 229; ähnlich J. *Robinson, Mr. Harrod's Dynamics,* S. 69.) Harrod hat ein Modell vorgelegt, in dem das entscheidende Kriterium aller Dispositionen der Unternehmungen fehlt, nämlich der *Gewinn*. Wie Harrod den Leihzins zu einer imaginären Größe verflüchtigt hat — zu einem bloßen *„phenomenon of the mind"* (S. 84 [66]) —, so schweigt er sich über das eigentliche Movens der Unternehmungen, den Gewinn, gänzlich aus; an dessen Stelle tritt das Nebelgebilde einer die Unternehmensleiter „befriedigenden" Wachstumsrate. Hiermit wird der Anschein erweckt, als ob die Unternehmungen um der Produktion selbst willen tätig werden. So stellt sich der ganze Wirtschafts- und Konjunkturprozeß als Ergebnis einer Interaktion *physischer Bedingungen* des Produzierens (Bevölkerung und Technik als Determinanten der „natürlichen" Wachstumsrate) und *mentaler Neigungen* der Unternehmer („befriedigendes" Wachstum) dar.

Es sei in diesem Zusammenhang vermerkt: Wenn gerade eine Konstellation, bei der die Absichten der Unternehmer über das hinausgehen, was die Entwicklung der Produktionsressourcen möglich macht (also: $G_w > G_n$), die Wende der Konjunktur nach unten einleitet, so bedeutet diese mechanistische Darstellung, daß die unternehmerische Wirtschaft aufs glänzendste von der Verantwortung für die Krisenanfälligkeit des Systems entlastet wird: Ist es doch just der Übereifer der Unternehmer, durch möglichste Ausdehnung der Produktion ihre Aufgabe an den Konsumenten zu erfüllen, der sie in tragische Verstrickung mit den begrenzten Möglichkeiten geraten läßt und hierdurch die Peripetie des Konjunkturdramas auslöst!

Die *wirkliche* Grenze der *Kapital*expansion ist freilich durch die jeweilige Aufnahmefähigkeit der *Märkte* bezeichnet. Und hier zählen jene Größen, die in die *Gewinn*erwartungen der Unternehmungen eingehen, nämlich *Kosten* und *Erlöse*. Davon allerdings sieht Harrods Theorie großzügig ab. Das Modell zeigt daher keine *rechnenden* Unternehmungen. Damit ist die Grundtatsache unserer erwerbswirtschaftlichen Ordnung, die *Kapitalverwertung*, ausgelöscht. Es ist von symptomatischer Bedeutung, daß Harrod hartnäckig den Zuwachs der *Produktion* gleichsetzt mit dem Zuwachs des *realisierten Nationaleinkommens* — ein methodischer Fehler mit Tendenz: das Problem der *Märkte* entfällt.

Mit alledem zeigt sich ein durchgehender Grundzug der neueren Ökonomie: Es ist das auffallende Mißverhältnis zwischen der mit oft erheblichem mathematischen Aufwand „exakt" betriebenen *Durchführung* konstruierter Modelle und der größten Unbekümmertheit, Unschärfe und Freizügigkeit, die bei der vorausgehenden Bestimmung jener *Komponenten* des Systems selbst herrscht, mit denen im weiteren „exakt" gearbeitet wird. Die wissenschaftliche Strenge wird damit zur Attitüde da, wo nichts Beunruhigendes mehr geschehen kann. In der Begriffsbildung selbst aber zeigt sich allemal die Befangenheit und die verborgene *soziale Tendenz* des Denkers.

3. Konjunkturpolitische Empfehlungen

„Es ist ein wiederkehrender Fehler der heutigen ökonomischen Überlegungen, daß sie von einer höchst abstrakten Untersuchung geradenwegs auf die Ebene der wirtschaftspolitischen Ratschläge überspringen, ohne das notwendige Zwischenstadium einer Prüfung des Verhältnisses zwischen den Voraussetzungen und den tatsächlichen Gegebenheiten zu durchlaufen. Zwischen Harrods ingeniöser und bemerkenswerter Handhabung seiner drei *G*'s und den Bedingungen einer jeden wirklichen Wirtschaft besteht eine gewaltige Lücke" (J. *Robinson, Mr. Harrod's Dynamics*, S. 83). — In der Tat sind Harrods wirtschaftspolitische Gedanken zwar weit realistischer als seine theoretischen, aber sie entspringen nicht aus diesen.

1. *Lohnpolitik:* Wie vor ihm *Keynes*, so hält auch Harrod dafür,

„. . . daß in einer Wirtschaft, in welcher die Tendenz zur Depression überwiegt, eine ständige Kürzung der Geldlöhne schädlich wäre" (S. 115 [93]).

Und zwar, weil sie eine Senkung der Preise sowie der Gewinne — die nun erst im Gesichtskreis auftauchen — nach sich ziehen müßte (vgl. S. 117).

2. *Politik des billigen Geldes:* Wie *Keynes* meint auch Harrod:

„Es ist nicht nachzuweisen, daß das System von sich aus ein hinreichendes Sinken des Zinsfußes sichern wird. . . . Hier hat man also einen *prima-facie*-Fall für eine planvolle Herabsetzung des Zinsfußes" (S. 122 f. [99]).

Allerdings sind einer Senkung der Zinsrate Grenzen gezogen; und selbst wenn der Zins gleich Null wäre, so würde dies schwerlich „eine Umwälzung in unserer Produktion hervorrufen" (S. 161 [133]). Die Politik des billigen Geldes muß daher durch weitere Stimuli der Wirtschaftstätigkeit ergänzt werden.

3. *Konjunkturpolitik:* Das dreigliedrige Modell von Harrod bringt zum Ausdruck, daß nicht Gleichgewicht, sondern Instabilität das Charakteristikum des Wirtschaftssystems ist. So bestehen „gute Gründe" für die „Annahme, daß die Konjunkturen sich fortsetzen werden" (S. 115).

„Was sind die Gegenmittel? ... Es scheint klar zu sein, daß eine Änderung des Zinsfußes keine erhebliche Rolle im Arsenal der Konjunkturpolitik mehr spielen wird“ (S. 144 [117]).

Bedeutungsvoll bleiben hingegen *öffentliche Arbeiten*, die mit *zusätzlichen Krediten* finanziert werden. Freilich bereitet hierbei die Bestimmung des richtigen Zeitpunkts, wie Harrod sieht, Schwierigkeiten (vgl. S. 147 f.). Immerhin:

„*Deficit spending* ist ein Wasserhahn, der rasch aufgedreht werden kann; und die willkommenste Art, ihn aufzudrehen, ist eine Herabsetzung der Steuern“ (S. 149 [122]).

„Wir sollten von der Voraussetzung ausgehen, daß ausreichende Kaufmittel *(purchasing power)* von Zeit zu Zeit unter die Leute gebracht werden müssen, damit die Vollbeschäftigung erhalten bleibt“ (S. 167 [138]).

Hierzu bedarf es Harrod zufolge einer längerfristigen Budgetierung sowie eines vom Staatshaushalt gesonderten *Stabilization Fund*, der nicht den Bestimmungen über den Etatausgleich unterliegt (vgl. S. 168).

Der Einsatz vermehrter öffentlicher Mittel sollte zwischen den wichtigen Ländern zeitlich abgestimmt werden:

„Hier ist ein weites Feld für internationale Zusammenarbeit gegeben“, in Form „gegenseitiger Konsultation mit dem Zweck, die Variation solcher Ausgaben zeitlich abzustimmen, welche die Einzelnationen aus eigenen Mitteln zu finanzieren vermögen“ (S. 148 [121]).

Eine „weltweite Konjunkturpolitik“ sollte so ermöglicht werden. — Das gilt auch für ein weiteres Mittel der Konjunkturstimulierung, nämlich die Bildung öffentlich finanzierter *Vorräte:*

„Es mag sein, daß die anderen inflatorischen Mittel keine Nachfrage in jenen Sektoren der Wirtschaft hervorrufen, die der Brise der Depression am meisten ausgesetzt sind“ (S. 149 f. [122]).

Die nationalen Vorräte sollten vor allem Fertigerzeugnisse, die zu bildenden internationalen Bestände hingegen in erster Linie Rohstoffe umfassen. Dabei müßten *Preisgarantien* gegeben werden:

„Hierdurch würden die Einkommen eines großen Bereiches der Weltwirtschaft, und somit die Kaufkraft, aufrecht erhalten bleiben“ (S. 153 [125]).

Zwar meint Harrod:

„Prinzipiell sollten alle Mittel, die dazu bestimmt sind, auf den Konjunkturablauf einzuwirken, sich selbst aufheben *(should be self-liquidating)*. Was in den schlechten Jahren ausgegeben wird, muß in den guten Jahren wieder hereingebracht werden“ (S. 163 [134]).

Fast im gleichen Atemzuge allerdings äußert unser Autor:

„Wenn die konjunkturellen Mittel wirksam sein sollen, so müssen wir bereit sein, sie bis zum äußersten einzusetzen. ... Die Konjunkturpolitik sollte so entworfen sein, daß der Strom der Kaufmittel, die durch *pump-priming* hervorgebracht worden sind, im Prinzip unbegrenzt ist“ (S. 164 [135]).

So sollte denn auch die Tätigkeit des *Stabilization Fund*, dessen Errichtung Harrod empfiehlt, sich keineswegs auf die Perioden der Depression beschränken (vgl. S. 169). Die Politik der Konjunkturstimulierung soll also nicht „antizyklisch“ sein. — In der Tat ist nur durch mehr oder minder *ständige* inflationäre Erweiterung der Nachfrage jenes große Problem zu meistern, vor dem die Privatwirtschaft sich seit der großen Krise weiß: die Preise hochzuhalten und gleichzeitig doch durch Ausdehnung der Produktion und damit des Marktangebots die wachsenden stehenden Anlagen möglichst vollständig und dauerhaft zu nutzen. Mit den Worten Harrods:

„Die Preise müssen auf lange Sicht auf ein ökonomisches Niveau gebracht werden, d. h. auf ein Niveau, bei dem sich die Nachfrage mit dem Angebot ausgleicht, ohne daß die Produktion herabgesetzt wird“ (S. 153 [125 f.]).

Möglichste Vollbeschäftigung *aller* Kapitalelemente bei gleichzeitig festen oder — noch besser — steigenden Preisen: das ist in der Tat zur Kernfrage der Kapitalakkumulation unter den Bedingungen einer hochmonopolisierten Wirtschaft geworden.

Dieser Frage begegnen wir auch bei *Domar*.

C. Die Notwendigkeit der zusätzlichen Investition: Evsey D. Domar

Noch entschiedener als bei *Harrod* tritt bei Evsey D. *Domar* (geb. 1914; am *Massachusetts Institute of Technology, Cambridge/Mass.*, lehrend) die Grundfrage der post-Keynesschen Ökonomie hervor, wie von seiten der Nachfrage (des „Einkommens“) eine stets wachsende Produktion und damit die Vollbeschäftigung zu gewährleisten sei. Domar, der sich vor allem seinem Lehrer A. H. *Hansen* sowie J. M. *Keynes* und den Theoretikern der „Unterkonsumtion“ — zu denen er auch *Marx* rechnet — verpflichtet fühlt (vgl. S. VII, 5), hat in zahlreichen Aufsätzen, die in dem Jahrzehnt der Nachkriegs-Ungewißheit (1944—1953) veröffentlicht worden sind[15], einer doppelten Sorge Ausdruck verliehen:

1. Es muß angenommen werden, „daß die gegenwärtige Inflation[16] eine vorübergehende Erscheinung ist, und daß, sobald sie vorbei sein

[15] Unter Einschluß des 1955 konzipierten Beitrags *„A Soviet Model of Growth“* zusammengefaßt in und im weiteren zitiert nach E. D. Domar, *Essays in the Theory of Economic Growth*, New York 1957. Die hier wiedergegebenen Auszüge sind durch mich übersetzt worden. Nähere Hinweise auf die Einzelaufsätze finden sich im Literaturanhang zu diesem Abschnitt, S. 255.

[16] Domar schreibt dies im Winter 1947.

wird, das alte Problem von Deflation und Unterbeschäftigung sich möglicherweise erneut stellen wird" (S. 83).

Die Einsicht, „daß das Nationaleinkommen im erforderlichen Maße wachsen *kann*, berechtigt keineswegs zu dem Schluß, daß es tatsächlich in diesem Maße wachsen *wird*. Beides zu verwechseln hieße die Natur einer kapitalistischen Gesellschaft arg mißverstehen." Die Kapitalbildung bleibt vielmehr elementar gefährdet; denn „es gibt keine Gewähr dafür, daß die Nachfrage von morgen größer sein wird als die Nachfrage von heute" (S. 117).

Das erinnert in der Tat an die alte Fragestellung eines *Lauderdale, Malthus* und *Sismondi* und entspricht der Besorgnis vieler angelsächsischer Ökonomen unmittelbar nach dem zweiten Weltkrieg, die vor einer Wiederkehr jener Verhältnisse bangten, welche in der Weltwirtschaftskrise aufgebrochen waren.

2. Hinzu aber ist nach dem großen Kriege ein zweites Moment getreten, das den Fragen der Wirtschaftserweiterung ihren Vorrang in der ökonomischen Theorie bewahrt hat:

„Wenn ein aggressiver Teil der Welt mit Energie und Erfolg ein rasches Wachstum betreibt, so kann der andere Teil der Welt dieses Ziel nur vernachlässigen, wenn er seiner eigenen gesellschaftlichen Existenz müde ist" (S. 15).

„Der gegenwärtige Weltkonflikt macht Wachstum zu einer Bedingung des Überlebens" (S. 18).

Im Mittelpunkt von Domars Überlegungen steht der *„dualistische Charakter" der Investition:* ihr *Einkommens*effekt auf der einen Seite, ihr *Kapazitäts-* und *Produktions*effekt auf der anderen. Beide Aspekte der Investition sind Domar zufolge von *Keynes* auseinandergerissen worden. Domar stellt die Verbindung zwischen ihnen in einer einfachen Gleichung wieder her. Diese zeigt an,

„... mit welcher Rate die Investition und/oder das Nationaleinkommen zunehmen muß, damit beide Effekte der Investition ausbalanciert bleiben" (S. 7).

1. Die Doppelnatur der Investition: ihr Einkommens- und Kapazitätseffekt

„Ich denke, man darf es für gesichert nehmen, daß es uns weder um die Vergrößerung der Geldeinkommen, für sich betrachtet, noch um die Erweiterung von nicht genutzten Produktionskapazitäten zu tun ist. Unser erster Schritt ist deshalb, unser System mit einem doppelten Aspekt zu versehen; mit dem der Nachfrage und mit dem der Kapazität. ... In der Zeit vor *Keynes* dürfte allein der Aspekt der Kapazität gepflegt worden sein, während eine angemessene Nachfrage als gesichert betrachtet wurde. Umgekehrt haben die Eiferer in der Nachfolge von *Keynes (the more zealous Keynesians)* die Neigung an den Tag gelegt, das Kapazitätsproblem überhaupt zu verkennen ... Heute dürfen wir beide Seiten nicht aus der Sicht verlieren. Unsere Frage kann demnach so formuliert werden: Nehmen wir an, daß Produktion und Kapazität zunächst in Übereinstimmung miteinander stehen — unter welchen Bedingungen wird diese Übereinstimmung im Zeitablauf gewahrt bleiben; oder, mit anderen Worten: in welchem Maße sollten beide zunehmen, so daß sowohl Inflation als auch Unterbeschäftigung vermieden werden?" (S. 19).

Domar geht damit von dem aus, was unserem Wirtschaftssystem in der Tat wesentlich ist: nämlich vom Zwang zur Neubildung von Kapital. Sein realistischer Sinn läßt ihn daher auch die Konzepte eines „statischen Gleichgewichts" abfertigen, wie sie vor allem die sogenannten Neoklassiker kultiviert haben:

„Es geht uns nicht um die heutige Produktion des Unternehmens, sondern um die Bedingungen, unter denen es seine Produktion von morgen vergrößern wird. Wir wünschen ganz entschieden, daß das repräsentative Unternehmen [vgl. A. *Marshall*; W. H.] nicht in einem langfristigen statischen Gleichgewicht verharrt, wo es keinerlei Anlaß zur Expansion und daher zur Investition hat. Wenn alle unsere Unternehmungen jemals in diesen glücklichen Zustand verfielen, so dürfte das Ende vom Liede sein, daß ein Viertel unseres Arbeitspotentials brach liegt. Ebenso bedeutet die optimale Verteilung der Produktivkräfte *(the optimal allocation of resources)* nicht ein jeweils gegebenes Maximum an Produktion, sondern vielmehr eine möglichst maximale Wachstumsrate in der Zeit" (S. 30).

Der gleiche gesunde Sinn für die Wirklichkeit bewahrt Domar auch davor, andere Sonderbarkeiten der zeitgenössischen Ökonomie zu übernehmen, die nur durch häufige Wiederholung einen Schein der Berechtigung erhalten haben: etwa das Theorem von der sinkenden „Grenzproduktivität des Kapitals" und die hiervon vielfach abgeleitete Erwartung eines säkularen Verfalls der Kapitalrendite (vgl. Domar, S. 26, 32), oder die schematisch-simplifizierende Handhabung der „Produktionsfunktionen" (S. 22 ff., 28 f.), die („neoliberale") Vorstellung, daß vollständige Konkurrenz zugleich eine maximale Wachstumsrate gewährleiste (vgl. S. 30), oder schließlich die abstruse Zinstheorie von *Keynes* (S. 31). Domar faßt auch den Inhalt des „Investitions"-Vorgangs klarer und bestimmt ihn als *„private capital formation"* (S. 20). Ferner hat Domar ein differenzierteres Bild vom Wirtschaftsprozeß als die meisten zeitgenössischen Ökonomen. Er unterscheidet besonders zwischen Erweiterungsinvestitionen und Rationalisierungsinvestitionen (vgl. S. 60 und passim). Er weiß, daß die Produktion nicht nur Enderzeugnisse des Verbrauchs, sondern auch Zwischenprodukte des unternehmerischen Verkehrs hervorbringt (vgl. S. 27). Auch sieht er die Schwierigkeit, die eine exakte Bestimmung von Wertgrößen wie derjenigen der „Produktionskapazität" bereitet. Mit alledem zeigt sich Domar ungleich problembewußter und wirklichkeitsnäher als *Harrod*.

Wie *Keynes*, so behandelt auch Domar die Investition als die unabhängige, die Nachfrage der Verbraucher als die abhängige Variable des Systems (S. 21). Grundlegend für alles weitere ist hierbei,

„... daß ein Zuwachs der [Gesamt]-Nachfrage eine Funktion nicht der Höhe der Investition (und anderer Größen), sondern vielmehr des *Zuwachses* der Investition ist. Mit anderen Worten: Die Zunahme der Nachfrage ist eine Funktion der Zuwachsrate der Investition (und anderer Faktoren). Die Beziehung zwischen Investition und Kapazität hingegen ist von anderer Natur, und dieser Mangel an Übereinstimmung ist von größter Bedeutung" (S. 22).

Dies wird im folgenden anhand jener Formel nachgewiesen, um welche Domars ganze Theorie der Kapitalbildung kreist.

2. Die Formel des gleichgewichtigen Wachstums

„Die Errichtung einer Fabrik hat eine *zweifache* Wirkung: *Sie vergrößert die Produktionskapazität und sie erzeugt neue Einkommen.*

Dieser hervorzuhebende Doppelcharakter des Investitionsprozesses ist die Quintessenz unseres Ansatzes, um die Frage der Vollbeschäftigung zu beantworten. Wenn die Investition die Produktionskapazität vergrößert und gleichzeitig neue Einkommen schafft — wie groß sollte dann die Investition sein, oder in welchem Maße sollte sie zunehmen, um den Zuwachs der Einkommen dem Zuwachs der Produktionskapazität gleichzumachen? Könnte nicht eine Gleichung aufgestellt werden, deren eine Seite den Zuwachs (oder die Zuwachsrate) der Produktionskapazität und deren andere den Zuwachs des Einkommens darstellen würde, und deren Lösung die erforderliche *Wachstumsrate* ergeben würde?" (S. 88 f.; vgl. hierzu, wie zum folgenden, auch S. 70 ff.).

Eine Reihe von vereinfachenden Annahmen sind hierbei zu treffen: 1. Das Preisniveau bleibt konstant. 2. Es fehlen Verzögerungseffekte (*lags*). 3. Die Ersparnisbildung und die Investition — beide als Nettogrößen betrachtet, ohne den Ersatz des Kapitalverzehrs — geschehen ausschließlich aus dem Einkommen der laufenden Periode. 4. Es werden keine Neuinvestitionen aus Abschreibungen vorgenommen. 5. Die „Produktionskapazität" stellt eine meßbare Größe dar (vgl. S. 70). Als unverändert müssen ferner angenommen werden die Zusammensetzung des Verbrauchs, die Struktur der Preise und Löhne, der Wettbewerbsgrad etc. (S. 87). — Diese Voraussetzungen dürfen wir als legitim betrachten; sie greifen in die Substanz der Aussage nicht ein.

Es ist nun, wie Domar vermerkt, eine Einseitigkeit des Keynesschen Systems, daß die Beschäftigung nur als eine Funktion des Nationaleinkommens erscheint:

„Wir werden hingegen annehmen, *daß der Prozentsatz der beschäftigten Arbeitskräfte eine Funktion des Verhältnisses zwischen Nationaleinkommen und Produktionskapazität ist*" (S. 87).

Unter „Produktionskapazität" *(productive capacity)* soll hierbei verstanden werden „die Produktion der Gesamtwirtschaft unter Bedingungen, die üblicherweise als die der Vollbeschäftigung — unter Berücksichtigung von friktioneller und saisonaler Beschäftigungslosigkeit — bezeichnet werden" (S. 87).

„Der Wechsel in der Produktionskapazität eines Landes ist eine Funktion der Änderung seiner naturgegebenen Ressourcen (d. h. der Erschließung von neuen und der Erschöpfung von bisherigen), seines Arbeitspotentials (oder genauer: der verfügbaren Arbeitsstunden), seines Kapitals und des Niveaus seiner Technik" (S. 88).

Die Formel des gleichgewichtigen Wachstums läßt sich nun wie folgt entwickeln:

„Die Investition schreite mit der Jahresrate I voran. Die jährliche [neue] Produktionskapazität (d. h. der Nettowertzugang *[net value added]*), bezogen auf den Wert des neugeschaffenen Kapitals, sei im Durchschnitt gleich s. Wenn also beispielsweise drei Dollars Kapital erforderlich sind, um (als jährlichen Neuwert) ein Erzeugnis in Höhe von einem Dollar hervorzubringen, so wird $s = 1/3$ oder 33,3 % im Jahr betragen" (S. 89).

Die Größe s kommt also der „Produktivität der Investition" $\left(\frac{\Delta Y}{I}\right)$ nahe, d. h. dem Kehrwert des „marginalen Kapitalkoeffizienten" $\left(\frac{I}{\Delta Y}\right)$.

„Die Produktionskapazität von I investierten Dollars wird demnach Is jährlich betragen. Es ist jedoch möglich, daß das neue Kapital mindestens in gewissem Umfang zu Lasten früher errichteter Betriebe tätig wird, mit denen das neue Kapital sowohl um Absatzmärkte als auch um Produktionsfaktoren (vor allem um Arbeitskräfte) in Wettbewerb tritt. Wenn infolgedessen die Produktion schon bestehender Betriebe beschnitten werden muß, so könnte man nicht gut sagen, daß die Produktionskapazität der *Gesamtwirtschaft* um Is Dollars im Jahre zugenommen habe. Sie ist tatsächlich in einem geringerem Umfang gewachsen, und dieser soll mit $I\sigma$ ausgedrückt werden. Das Symbol σ meint dabei das, was als *potentielle gesamtwirtschaftliche Durchschnittsproduktivität der Investition* bezeichnet werden kann. Ein Name von solcher Länge bedarf einer Erklärung:

1. Wie eben schon festgestellt, bezeichnet σ den Zuwachs der Produktionskapazität innerhalb der Gesamtwirtschaft und nicht die Produktionskapazität je Dollar, der in neuen Betrieben investiert worden ist, d. h. die Größe s. Eine Differenz zwischen s und σ zeigt eine gewisse Fehlinvestition an, oder auch — was noch wichtiger ist — ein Vorauseilen der Investition gegenüber dem Wachsen des Arbeitspotentials und der Entwicklung der Technik . . .

2. σ sollte nicht mit anderen verwandten Begriffen verwechselt werden, wie etwa mit dem üblichen Begriff der Grenzproduktivität des Kapitals. Solche Begriffe beruhen gewöhnlich auf einer ceteris-paribus-Annahme hinsichtlich der Einsatzmenge anderer Faktoren und des Standes der Technik. Es muß betont werden, daß der Gebrauch unseres Symboles σ nicht im mindesten eine Konstanz des Arbeitspotentials, der Naturkräfte und der Technik einschließt. Es wäre daher richtiger zu sagen, daß σ den Zuwachs der Produktionskapazität bezeichnet, der mit jedem investierten Dollar *einhergeht*, und nicht etwa durch ihn verursacht ist.

3. Für unseren Zweck ist die wichtigste Eigenschaft von σ sein *potentieller Charakter*. σ bezieht sich nicht auf einen Zuwachs des Nationaleinkommens, sondern vielmehr auf einen Zuwachs des *Produktionspotentials* der Volkswirtschaft. Ein hohes σ zeigt an, daß die Wirtschaft *fähig* ist, ihre Erzeugung verhältnismäßig rasch zu steigern. Ob jedoch diese gewachsene Kapazität sich wirklich in einer größeren Produktion oder aber in größerer Unterbeschäftigung niederschlagen wird, hängt ab von der Art der Verwendung der Geldeinkommen.

Der Ausdruck $I\sigma$ bezeichnet die Angebotsseite unseres Systems, d. h. den Zuwachs der Produktion, welcher der Volkswirtschaft *möglich* ist. Auf der Nachfrageseite haben wir die Multiplikatortheorie, die zu vertraut ist, als daß sie näherer Ausführung bedürfte. Hervorzuheben ist allerdings der selbstverständliche, aber oft vernachlässigte Umstand, daß bei einer gegebenen Grenzneigung zum Sparen (Symbol α) der Zuwachs des Nationaleinkommens nicht eine Funktion der Investition, sondern vielmehr des *Zuwachses* der Investition ist. Wenn die Investition von heute — wie groß auch immer — der Investition von gestern gleichkommt, so wird das Nationaleinkommen von heute genau dem von gestern gleich und um nichts größer sein. All dies versteht sich von selbst und wird hier nur betont, um die mangelnde Übereinstimmung *(the lack of symmetry)* zwischen dem Kapazitäts- und dem Einkommenseffekt der Investition hervorzuheben" (S. 89 f.).

Nach diesen methodischen Bemerkungen setzt Domar die Ableitung seiner Wachstumsformel fort:

„Die Investition wachse jährlich im absoluten Umfang von $\triangle I$ (z. B. um jährlich zwei Milliarden). Der entsprechende absolute jährliche Zuwachs des Einkommens betrage $\triangle Y$. Wir haben dann:

$$\Delta Y = \Delta I \frac{1}{\alpha}, \tag{1}$$

wobei $\frac{1}{\alpha}$ natürlich der Multiplikator ist.

Nehmen wir nun an, daß die Volkswirtschaft in einem Zustand des Gleichgewichts bei Vollbeschäftigung ist, so daß ihr Einkommen ihrer Produktionskapazität gleichkommt. Um dieses Verhältnis zu wahren, müßten Volkseinkommen und Produktionskapazität gleichmäßig wachsen. Die jährliche Zunahme der potentiellen Kapazität entspricht $I\sigma$. Der Jahreszuwachs des effektiven Einkommens ist ausgedrückt durch $\Delta I\left(\frac{1}{\alpha}\right)$ Unser Ziel ist, beide einander gleich zu machen. So finden wir die fundamentale Gleichung:

$$\Delta I \frac{1}{\alpha} = I \sigma \tag{2}$$

Um diese Gleichung aufzulösen, multiplizieren wir beide Seiten mit α und dividieren sie mit I. So erhalten wir:

$$\frac{\Delta I}{I} = \alpha \sigma \tag{3}$$

Die linke Seite der Formel (3) bezeichnet den absoluten Jahreszuwachs der Investition (ΔI) dividiert durch das Investitionsvolumen selbst, oder mit anderen Worten: die jährliche Zuwachsrate der Investition. Mithin erfordert die Wahrung von Vollbeschäftigung, daß die Investition mit der jährlichen Rate von $\alpha\sigma$ zunehme.

Soviel zur Investition. Wir werden nun annehmen, daß die Grenzsowie die Durchschnittsneigung zum Sparen gleich und konstant sind, d. h. daß das Gesamteinkommen ein gleichbleibendes Vielfaches der Investition ist. Das Einkommen muß also mit der gleichen jährlichen Rate von $\alpha\sigma$ wachsen.

Im ganzen: Die Aufrechterhaltung eines dauernden Zustandes der Vollbeschäftigung erfordert, *daß Investition und Einkommen mit einer konstanten Jahresrate zunehmen, vergleichbar der Zinseszinsrechnung; einer Rate,* die gleich ist dem Produkt der Sparneigung und — um es knapp auszudrücken — der durchschnittlichen Produktivität der Investition.

Dieses Ergebnis kann durch ein Zahlenbeispiel verdeutlicht werden. Es sei $\sigma = 25\,\%$ im Jahr, $\alpha = 12\,\%$, und Y betrage 150 Milliarden im Jahr. Soll Vollbeschäftigung erhalten bleiben, so müßte ein Betrag in Höhe von $150 \times \frac{12}{100}$ investiert werden. Hierdurch wird die Produktionskapazität um den investierten Betrag, multipliziert mit σ, erhöht werden, d. h. um $150 \times \frac{12}{100} \times \frac{25}{100}$ und das Nationaleinkommen wird um den gleichen Jahresbetrag steigen müssen. Der relative Anstieg des Einkommens allerdings wird gleich sein dem absoluten Zuwachs, dividiert durch das Einkommen selbst, d. h.:

$$(4) \qquad \frac{150 \times \frac{12}{100} \times \frac{25}{100}}{150} = \frac{12}{100} \times \frac{25}{100} = \alpha\,\sigma = 3\,\%$$

Zu diesen Ergebnissen gelangte man unter der Voraussetzung, daß α, die Sparneigung, und σ, die durchschnittliche Produktivität der Investition, gleich bleiben. Der Leser kann erkennen, daß diese Voraussetzung für die Beweisführung nicht notwendig ist, und daß die ganze Ableitung leicht mit einem variablen α und σ wiederholt werden kann.

Formel (3) zeigt (in sehr vereinfachter Form) die Bedingungen an, die zur Aufrechterhaltung von Vollbeschäftigung während einer Zeitspanne notwendig sind. Sie zeigt, daß es nicht ausreicht, wenn, im Sinne von *Keynes*, die Ersparnis von gestern heute investiert wird, oder wenn — wie es häufig ausgedrückt wird — die Investition sich mit dem Sparen ausgleicht. Die Investition von heute muß vielmehr stets das Sparen von gestern übertreffen. Bloße Abwesenheit von Hortbildung reicht nicht aus. Der Einwurf neuen Geldes (oder die Auflösung von Horten) ist täglich notwendig. Mehr noch: dieser Einwurf muß, absolut betrachtet, progressiv zunehmen. Die Wirtschaft muß ständig expandieren" (S. 90 ff.).

Bemerkungen: 1. Zunächst fällt die Ähnlichkeit zwischen Domars und *Harrods* Wachstumsformel auf. Die in Harrods Grundgleichungen verwendeten Symbole $G \cdot C = s$ bedeuten, wie wir wissen:

$$\frac{\Delta Y}{Y} \cdot \frac{I}{\Delta Y} = \frac{S}{Y} \cdot \qquad \text{(Vgl. oben, S. 228.)}$$

Bei Domar bezeichnet σ die (mögliche) „Produktivität der Investition" $\left(\frac{\Delta Y}{I}\right)$, d. h. den Kehrwert des von Harrod verwendeten „marginalen Kapitalkoeffizienten", und α, wie schon bei Harrod, die Sparquote $\left(\frac{S}{Y}\right)$. Wir können also beide Gleichungen so schreiben:

$$\text{Harrod;} \quad \frac{\Delta Y}{Y} = \frac{S \cdot \Delta Y}{Y \cdot I};$$

$$\text{Domar:} \quad \frac{\Delta I}{I} = \frac{S \cdot \Delta Y}{Y \cdot I}.$$

Wird das Verhältnis $\frac{I}{Y}$ als gleichbleibend angenommen, so stimmen beide Formeln — wenn man von der etwas verschiedenartigen Interpretation von σ bei Domar, von C bzw. C_r bei Harrod absieht — miteinander überein. Ferner bedeutet im Falle einer Störung des Gleichgewichts bei beiden Autoren ein Übergewicht der Nachfrage- gegenüber der Angebotsseite der Formel Inflation, ein Übergewicht der Angebots- gegenüber der Nachfrageseite Unterbeschäftigung. Die Fragestellung ist bei Harrod und Domar eine verwandte: „Im Ansatz Harrods wird der Prozentsatz des Einkommenszuwachses gesucht, der die geplante Investition mit dem geplanten sowie mit dem ex-post-Sparen (und der ex-post-Investition) ausgleichen wird. Im Domar-Modell wird die Rate des Einkommenszuwachses ermittelt, die zur vollen Nutzung der vergrößerten Produktionskapazität führen wird" (D. *Hamberg, Ec. Growth,* S. 73). Auch kommen beide zu der gleichen Feststellung, daß nicht eine stetige, sondern vielmehr eine akzelerierte Kapitalakkumulation notwendig ist, wenn eine Depression vermieden werden soll. (Vgl. dazu *Harrod, Dynamic Economics,* S. 70. Zur Übereinstimmung von Harrod und Domar s. auch K. K. *Kurihara, Applied Dynamic Economics,* S. 41.)

2. Der Grundgedanke, daß unter allen Umständen nur ein ständig vorgreifender „Einkommenseffekt" ein gleichgewichtiges Wachstum verbürge, beruht allerdings auf einer falschen, da einseitigen Sicht des Akkumulationsprozesses, wie weiter unten (S. 248) gezeigt werden wird.

3. Im übrigen ist es bei den zahlreichen vom Autor selbst getroffenen — sowie weiteren impliziten — Annahmen und bei der sehr summarischen Behandlung der Gesamtgrößen unvermeidlich, daß auch das System von Domar einen „hohen Abstraktionsgrad" (S. *Klatt*) aufweist. Vieles, was kritisch zu Harrods Modellelementen zu sagen war, ist auch hier zu wiederholen. (Vgl. dazu besonders W. *Fellner, The Capital-Output-Ratio.)* Vor allem gehen wesentliche qualitative Momente des Prozesses der Wirtschaftserweiterung, wie etwa der Wechsel in der Zusammensetzung des Produkts, des Gesamteinkommens, des Kapitals, die Tendenz zur anlageintensiveren Erzeugung, die Zusammensetzung und Verschiebung der gesellschaftlichen Quellen der Geldkapitalbildung, und damit auch der Zusammenhang des Entwicklungsprozesses mit dem der Einkommensverteilung in der mathematischen Formel unter. — Wiederum zeigt sich, daß der Gebrauch der starren, undifferenzierten mathematischen Symbolsprache geeignet ist, einen Denker *hinter* den Stand seiner eigenen besseren Einsicht zurückzuwerfen. Es zeichnet Domar aus, daß er sich der Grenzen der angewandten Methodik bewußt geblieben ist:

„Ob eine befriedigende Wachstumstheorie im vollen Sinne je entwickelt werden wird, weiß ich nicht. Sicherlich aber kann sie nicht allein mit Hilfe von Modellen gewonnen werden" (Vorwort, S. 12).

Immerhin hat Domar — freilich mit einer Formel, die auf diesen Zweck hin von vornherein entworfen ist — jenes Grundproblem der Kapitalakkumulation bezeichnet, das sich unter den heutigen Bedingungen der regulierten Konkurrenz stellt: Wie kann für ein wachsendes Angebot, das als Folge zurückliegender Investitionen auf die Märkte drängt, bei gleichzeitig starren — oder, wie man hinzufügen darf: steigenden — Preisen eine ausreichende *Nachfrage* gesichert werden, welche die Märkte aufgehen läßt und die *mögliche* Vollbeschäftigung — *aller* Kapitalelemente — in eine *tatsächliche* zu verwandeln erlaubt? Domar hat auf diese Frage eine bemerkenswerte

Antwort gefunden: Das Wirtschaftssystem bedarf der *unproduktiven* Investitionen, d. h. der Investitionen mit vorwiegendem „Einkommenseffekt".

3. Das Dilemma der Kapitalakkumulation und seine Lösung

„Die Vergrößerung des Einkommens ist nicht eine Funktion des Investitionsvolumens; sie ist eine Funktion des Zuwachses der Investition. Es vermehrt also das ganze Volumen der Investition die Produktionskapazität, doch nur sein Zuwachs vermehrt das Nationaleinkommen" (S. 98).

So „haben die Erzeugung von Einkommen und die Erweiterung der Produktionskapazität oft einander diametral entgegengesetzte Wirkungen" (S. 98).

Gemeint ist offenbar: Die neue Produktionskapazität heischt *dauernde* Nutzung. Die während der Investitionsperiode entstandenen neuen Einkommen dagegen versiegen mit Abschluß der Investitionsperiode. — Dies ist allerdings ganz unzutreffend: Die Inbetriebnahme neuer Produktionsstätten läßt eine *dauernde* Mehrnachfrage nach *Vorprodukten* entstehen, die in den respektiven Unternehmungen verarbeitet werden sollen. Dies bewirkt eine entsprechende *dauernde* Mehrbeschäftigung — und entsprechende Gewinn- und Lohneinkommen — in den Zulieferwerken. Ebenso geht von den an den neuen Arbeitsplätzen (sowie in den Zulieferbetrieben) in Dienst genommenen Beschäftigten ein *anhaltender* Kaufkraftimpuls aus. Hier, wie auch sonst, schlägt ein falscher, auf den bloßen Aufbau stehender Anlagen bezogener „Investitions"begriff der Theorie ein Schnippchen. Hierin liegt der elementare Fehler des Systems von Domar. — Daher ist auch das folgende in der Form, wie es vorgetragen wird, unzutreffend:

„Die Wirtschaft befindet sich in einem argen Dilemma: Geschehen heute nicht hinreichende Investitionen, so werden wir schon heute Unterbeschäftigung haben. Wenn aber heute genug investiert wird, so wird morgen noch mehr Investition nötig sein. ...

Soweit Unterbeschäftigung in Betracht gezogen wird, ist die Investition gleichzeitig ein Heilmittel für das Übel und die Ursache vergrößerter Beschwerden in der Zukunft" (S. 101).

Daß das Problem in Wahrheit nicht von so allgemeiner Natur ist, sondern vielmehr aus den spezifischen oligopolistischen Marktverhältnissen unserer Zeit entspringt, schimmert bei Domar gelegentlich durch:

„Das Ausmaß, in dem ungenutzte Kapazität — gegenwärtige oder erwartete — der Neuinvestition im Wege steht, hängt von der Struktur der Industrie und von dem allgemeinen Charakter der Wirtschaft ab. Je atomistischer die Wirtschaft ist, desto heftiger ist die Konkurrenz, ... desto geringer ist die Wirkung ungenutzter Kapazität auf die neuen Investitionen. ... Wenn hingegen eine Industrie mehr oder minder monopolisiert ist, oder wenn mehrere Industriezweige miteinander finanziell verbunden sind, so wird Überkapazität zu einer besonders ernsten Gefahr für die Neuinvestition“ (S. 100).

Ferner: Ob eine Investition, welche die Produktionskapazität vergrößert, auch zu vermehrter Beschäftigung führen wird, „hängt davon ab, ob auch das *Realeinkommen* gewachsen ist“. Setzt man — eigenartigerweise — voraus, daß das *Geld*einkommen keine Veränderung erfahren hat, so ...

„. . . kann das Realeinkommen nur steigen, wenn das allgemeine Preisniveau entsprechend fällt. Dies ist in der Tat die übliche Sichtweise bei Fragen dieser Art gewesen; eine Sichtweise, die wir aus folgenden Gründen werden ablehnen müssen:

1. Das Vorhandensein beträchtlicher monopolistischer Elemente (in der Industrie wie auf den Arbeitsmärkten) macht für unsere Wirtschaft die Annahme unrealistisch, daß ein Sinken des *allgemeinen* Preisniveaus zustande kommen könnte, ohne Rückwirkungen auf die Vollbeschäftigung zu haben. . . .

2. In einer Wirtschaft, auf der eine große öffentliche Schuld lastet und die (in Friedenszeiten) ernsten Gefahren für ihre Beschäftigung gegenübersteht, ist ein Sinken des Preisniveaus überhaupt nicht wünschenswert. . . .“ (S. 85 f.).

Erst wenn man die Voraussetzung macht, daß infolge *monopolistischer* Konkurrenz die fortgesetzte Steigerung der Arbeitsproduktivität, verbunden mit — latenter oder offener — Freisetzung von Arbeitskräften, nicht mehr, wie früher, zu *fallenden* Preisen führt und nach weit verbreiteter Auffassung auch nicht führen *sollte*, wird die Frage der Märkte und der Vollbeschäftigung dringlich. Das Problem erhält bei Domar die folgende Form:

„Wenn die Ersparnisse nicht investiert werden, so haben wir heute Depression. Wenn sie investiert werden, so wird die Kapitalakkumulation morgen eine übermäßige sein, und die Depression übermorgen auftreten. . . .

Unter diesen Umständen ist das entschiedenste Heilmittel offensichtlich, weniger zu investieren und . . . weniger zu sparen, also die Sparneigung herabzusetzen“ (S. 118).

„Andererseits: Wenn wir zu der Überzeugung kommen, daß die erforderte Wachstumsrate erreicht werden *kann*, so eröffnen sich neue Möglichkeiten“ (S. 118).

Eine Beschneidung des „Sparens“ — der Geldkapitalbildung — wäre dann bedenklich:

„Wenn das Publikum *bereit* ist, einen bestimmten Teil seines Einkommens zu sparen, und wenn die notwendige Wachstumsrate erzielt werden *kann* — warum dann nicht die Bemühungen darauf konzentrieren, daß diese Wachstumsmöglichkeit realisiert wird? Diesen Weg würde ohne Zweifel eine sozialistische Gesellschaft beschreiten; aber müssen wir hierauf warten? Eine Depression wird nun zu nichts anderem als einem allgemeinen psychologischen Phänomen, und jeder Anlauf, ‚uns selbst in die Prosperität hineinzureden', wird fruchten" (S. 119).

Hierzu sollte die Regierung, neben den allbekannten konjunkturpolitischen Instrumenten, einen weiteren Hebel bieten, den Domar nur „mit Zögern" nennt, da Mißverständnisse auftreten könnten: Es handelt sich um einen „staatsverbürgten Einkommenszuwachs" (*a guaranteed growth of income;* S. 119):

„Wir haben festgestellt: Wenn die Unternehmungen ‚irgendwie' veranlaßt würden, einen ausreichenden Betrag zu investieren, so daß das Nationaleinkommen im erforderten Maße stiege, so würde keine Enttäuschung folgen. Nimmt man nun an, daß es der Regierung möglich wäre, sich dafür zu verbürgen, daß das Einkommen in absehbarer Zukunft wirklich so steigen würde: dürfte nicht eine solche Garantie, wenn von der Geschäftswelt ernst genommen, eine ausreichende Investition hervorrufen und hierdurch das Einkommen *tatsächlich* im notwendigen Maßstab wachsen lassen? Dies wäre Vollbeschäftigung durch Magie *(full employment by magic).* Immerhin ... gewinnt man das Gefühl, daß Magie manchmal hilft" (S. 119).

Die Zauberformel aber heißt: zusätzliche, öffentlich vermittelte nicht kreislauf-induzierte (also „autonome") Investition!

4. Die Theorie der staatsvermittelten Investition und die Konsequenzen für die Fiskalpolitik

„Wenn aus irgendeinem Grunde die Produktion nicht rasch genug wächst, so wird Überkapazität entstehen; die Investition wird sinken und die Produktion wird überhaupt nicht mehr wachsen und schließlich schrumpfen. Auf der anderen Seite preßt ein rasches Anwachsen der Produktion gegen die Grenzen der bestehenden Kapazität und ermuntert hierdurch die Investition, die ihrerseits den Produktionszuwachs beschleunigt und den Druck gegen die Kapazität verstärkt. Es ist recht paradox, daß — bei gegebener Sparneigung — zur Beseitigung von Überkapazität noch mehr Kapital aufgebaut werden sollte und zur Vermeidung von Kapitalmangel die Investition gekürzt werden sollte" (S. 31).

Der Widerspruch löst sich allerdings schnell; und es ist mittlerweile durch zahlreiche Schriftsteller klar gemacht worden, welcher *Art* jene Investition sein soll, auf die es in der Depression, bei bestehender Überkapazität, ankommt: Die „autonome" Investition soll vom Typus der *Erweiterungs*investition sein, und sie soll einen möglichst großen Einkommenseffekt mit einem möglichst geringen künftigen *Angebot* an marktgängigen Waren verbinden.

Dies ist — wie man weiß — etwa bei den Investitionen in der „Infrastruktur" der Nationalwirtschaft der Fall: beim Bau von Straßen, Schulen, Krankenhäusern, Verwaltungsgebäuden. Hier werden materielle und andere Vorleistungen *absorbiert* und Einkommen vermittelt, ohne daß es zu einem späteren Marktangebot von Waren kommt. Am wirkungsvollsten ist in dieser Hinsicht natürlich die Investition für gänzlich *unproduktive* Zwecke. So führt der Gedanke immer wieder zum Keynesschen Pyramidenbauen hin — oder zu dem, was ihm in der Wirklichkeit von heute am nächsten kommt: zur Rüstungsproduktion. Domar selbst hegt hier noch Illusionen, wenn er zur Vermeidung von Inflation empfiehlt, öffentliche Mittel vor allem auf solche Investitionen zu lenken, welche die Produktivität erhöhen (S. 60). Aber auch er weiß um die andere Möglichkeit:

„Es ist natürlich wünschenswert, daß die Ausgaben [der Regierung; W. H] produktiv sind. ... Wenn gesunde Menschen mehr leisten, so entsprechen Ausgaben für das öffentliche Gesundheitswesen diesen Anforderungen. Das gleiche gilt für die Ausgaben für Erziehung, Forschung, Überschwemmungsschutz, Entwicklung von Naturkräften usw. Sollten schließlich institutionelle Momente die Regierung daran hindern, Geld für etwas anderes auszugeben als für das Zusammenrechen von Laub, so sollte sie immerhin die von den privaten Unternehmungen nicht in Anspruch genommenen Ersparnisse an sich ziehen und für das Laubrechen verausgaben . . ., statt daß sie gar nichts unternimmt und es so zu einem Mangel an Geldausgaben und zu Unterbeschäftigung kommen läßt" (S. 60 f.).

Die Privatwirtschaft selbst *bedarf* also — unter den obwaltenden Verhältnissen — der Marktwirksamkeit eines *nicht* erwerbswirtschaftlichen Sektors, um ihrem ureigenen Gesetz der Kapitalakkumulation unter monopolistischen Bedingungen ohne größere Erschütterungen genügen zu können. Und zugleich gewährt das öffentliche Füllhorn schier unbegrenzte Hoffnungen:

„Die Theorie des Multiplikators und unsere gegenwärtige Kriegserfahrung haben, wie ich glaube, gezeigt, daß die Geldeinkommen auf jede gewünschte Höhe gebracht werden können, wenn der Gesamtumfang des öffentlichen Aufwands hinreichend groß ist" (S. 36).

Da die konjunkturbelebenden öffentlichen Ausgaben, wie Domar klar macht, vor allem auf dem Wege der Kreditschöpfung finanziert werden sollen, so erhebt sich allerdings die Frage nach der Stellung der *Staatsschuld* im Wirtschaftsprozeß:

„Das Problem der öffentlichen Verschuldung (debt burden) ist ein Problem des Einkommenszuwachses" (S. 57).

„Das Gesamteinkommen wird mit einem stetigen Prozentsatz nur wachsen, wenn die Investitionsausgaben im gleichen Maßstab wachsen — vorausgesetzt natürlich unveränderte Sparneigung —. Da ein bestimmter Teil dieser Ausgaben nach unserer Annahme durch die Regierung aus geliehenen Mitteln getätigt werden muß, so folgt, daß auch das Defizit im gleichen Verhältnis zunehmen muß. Der absolute Betrag des

Defizits muß beschleunigt wachsen. Es ist für viele erschreckend, zuzusehen, wie die öffentliche Verschuldung beschleunigt zunimmt. Jedoch ist eine solche Zunahme das einzige, was *vermeiden* läßt, daß die öffentliche Schuld immer drückender wird“ (S. 57).

Denn nur dadurch wird jener Zuwachs des Nationaleinkommens hervorgebracht, der die Staatsschuld immer wieder erträglich macht. (Vgl. auch S. 64.) — Auch hierin befindet sich Domar in Übereinstimmung mit der mittlerweile herrschend gewordenen Auffassung von der Notwendigkeit des öffentlich vermittelten Einkommensvorgriffs.

Allerdings soll es dabei ohne Inflation abgehen; das Preisniveau soll lediglich stabil gehalten, also am Sinken gehindert werden. Inflation ist nach Domar schon deshalb zu verwerfen, weil sie bald Erwartungscharakter annehmen müßte und damit sich selbst immer mehr beschleunigen würde (vgl. S. 115).

Mit alledem hofft Domar der Wirtschaft unserer Zeit jenen freilich stets gefährdeten Mittelweg zwischen Krise und Inflation gewiesen zu haben, der ihr noch verblieben zu sein scheint:

„Zwischen den Auffassungen jener sorglosen Ökonomen, die eine breite Straße zur fortgesetzten Prosperität eröffnet sehen, sobald einige Anpassungen — vor allem auf seiten der Gewerkschaften — geschehen sind, und den Befürchtungen derer, die uns versichern, daß dieser Weg in einer kapitalistischen Gesellschaft ausgeschlossen ist, mag es einen Pfad geben, der sich zwischen diesen beiden Extremen hinwindet. Freilich: es ist ein schmaler Pfad“ (S. 125).

5. Die Weiterentwicklung des Harrod-Domar-Modells

Es ist das Unglück der formalen mathematischen Modelle, mit denen die neuere Theorie arbeitet, daß diese entweder einfach und zugleich außerordentlich undifferenziert sind oder aber sehr vielerlei mit einschließen sollen und hierbei gänzlich auszuufern drohen. So wechselt denn auch in der neueren Theorie der Wirtschaftserweiterung das Bestreben nach Verfeinerung der Arbeitsmodelle mit dem entgegengesetzten Bemühen um Vereinfachung ab.

Die Gleichungen von Harrod und Domar sind von monumentaler Simplizität. Allerdings: „Zur Erklärung der Realität leistet das Domar-Harrod-Modell nichts, und seine Schöpfer haben dies auch niemals behauptet“ (G. *Bombach, Wirtschaftswachstum*, S. 20). Die Auffassung ist heute ziemlich allgemein, „daß sich das Domar-Harrod-Modell mit seinem Gleichgewichtspfad der Entwicklung als nicht sehr geeignet zur Analyse einer sich in ständigen Strukturwandlungen befindlichen [*sic*] Wirtschaft erwiesen hat...“ (*Bombach*, ebenda). Beide Autoren haben — was Domar für seine Person selbst ausgesprochen hat — mit „heroischen Vereinfachungen“ gearbeitet; hierunter fallen Annahmen, wie die einer konstanten Spar-Quote, eines konstanten Kapitalkoeffizienten, der Abwesenheit eines technischen Fortschritts, der die „Produktionsfunktionen“ verändert. Ferner bleiben Einwirkungen beiseite, die sich aus einer Verschiebung der Produktionsproportionen, der Einkommensverteilung, des Investitionstyps, aus der Tätigkeit der öffentlichen Hand, aus den Außenbeziehungen der Volkswirtschaft ergeben. Vor allem aber fehlen gerade die *Preis*bewegungen, welche die vorausgegangene *Konjunkturtheorie* einmal als schlechthin bestimmend für den Gang und die Schwankungen der ökonomischen Entwicklung anerkannt hat.

So haben die allzu rigiden Modelle von Harrod und Domar eine Reihe von Ökonomen auf den Plan gerufen, die sich an die Verfeinerung der Formeln gemacht haben. Unter ihnen ist. H. *Brems* zu nennen, der als Faktoren des „Wirtschaftswachstums" auch den technischen Fortschritt und die Steigerung der Arbeitsproduktivität berücksichtigt hat und auf den die Darstellung eines *„Außenhandels-Akzelerators"* zurückgeht. *(Output, Employment, Capital and Growth,* New York 1959.) Auch K. K. *Kurihara* hat in das im ganzen an Investitionsfunktionen orientierte post-Keynessche Modellwerk den technischen Fortschritt einzubauen unternommen (*The Keynesian Theory of Economic Development,* London 1959); desgleichen N. *Kaldor,* der im folgenden noch zu Wort kommen wird. D. *Hamberg* hat vor allem daran Anstoß genommen, daß auch die Modelle von Harrod und Domar, die doch gerade die „statische" Sicht von *Keynes* überwinden wollten, vom *Hintereinander* des Prozeßgeschehens weithin absehen, indem sie der Einfachheit halber simultane Reaktionen der Beteiligten annehmen. Hamberg selbst sucht den *„lags"*, vor allem bei den Investitionen, den ihnen gebührenden Raum zu geben (*Economic Growth and Instability,* New York 1956).

Die Genannten stehen nicht nur dadurch in der Nachfolge von Keynes, daß sie mit bestimmten Grundrelationen des Keynesschen Modelles (Konsum-, Spar- und Investitionsfunktionen) weiterarbeiten. Sie teilen mit jenem vor allem die bald offene, bald verborgene, stets aber in ihrem System selbst wiederzufindende Sorge um die Wahrung der Konjunktur, um die Überwindung einer nach wie vor lauernden Gefahr der *strukturellen Überkapitalisation.*

Seit etwa der Mitte der fünfziger Jahre wird dies anders. Nun treten neben die Ökonomen der *Keynes*-Nachfolge, und diese zum Teil ins zweite Glied zurückdrängend, Denker, die sich einer neuen wachstumstheoretischen Zuversicht anheimgeben.

Literatur

Allgemeines zu den Verhältnissen der Weltwirtschaftskrise

Art. „Weltwirtschaftskrise" HWBSoz. — Alfred *Tismer:* Grenzen der Diskontpolitik, München und Leipzig 1932. — Lionel *Robbins:* The Great Depression, London 1934. — J. *Steindl:* Maturity and Stagnation in American Capitalism, Oxford 1952. — Ingvar *Svennilson:* Growth and Stagnation in the European Economy, UN/ECE, Geneva 1954. — Gerhard *Kroll:* Von der Weltwirtschaftskrise zur Staatskonjunktur, Berlin 1958.

Zu Keynes

Weitere hier herangezogene Veröffentlichungen von Keynes: A Tract on Monetary Reform, London 1923; hier nach der deutschen Übersetzung: Ein Traktat über Währungsreform, München 1924. — The End of Laissez-Faire, London 1926; hier nach der deutschen Übertragung: Das Ende des Laissez-Faire, München 1926. — A Programme for Expansion, Mai 1929; hier zitiert nach Keynes, Essays in Persuasion, London 1931. — A Treatise on Money, 2 Bde., London 1930; deutsch: Vom Gelde, München 1932 (Neudruck Berlin 1955). — Proposals for a Revenue Tariff, in „The New Statesman and Nation", 7. März 1931, S. 53 f. — Essays in Persuasion, London und New York 1931 (Neudruck 1951). — Unbetitelter Beitrag in „The World's Economic Crisis and the Way of Escape", London 1932. — The Means to Prosperity, London und New York 1933. — An Open Letter [gerichtet an Präsident Roosevelt], New York Times, 31. Dezember 1933; hier nach der Wiedergabe in „Readings in Fiscal Policy", London 1955, S. 31 ff.

Vorläufer, verwandte Theoretiker, Epigonen: N. *Johannsen* (Pseud. J. J. O. *Lahn*): Depressionsperioden und ihre einheitliche Ursache, Brooklyn 1903. — L. Albert *Hahn:* Volkswirtschaftliche Theorie des Bankkredits, Tübingen 1920 (1930[3]). — D. H. *Robertson:* Banking Policy and the Price Level, London 1926. — R. G. *Hawtrey:* Trade Depression and the Way Out, London-New York-Toronto 1931 (1933[2]). — Carl *Föhl:* Geldschöpfung und Wirtschaftskreislauf, Berlin 1936 (1955[2]). — Wilhelm *Lautenbach:* Zins, Kredit und Produktion, Tübingen 1952. — Erich *Schneider:* Einführung in die Wirtschaftstheorie, Bd. I Tübingen 1947 (1965[12]); Bd. II 1948 (1965[10]); Bd. III 1952 (1965[9]); Bd. IV/1 1962 (1965[2]). — Paul A. *Samuelson:* Volkswirtschaftslehre, a.d. Am. Köln 1952 (1964[3]).

Allgemeine Literatur zur Theorie von Keynes: Art. „Keynes" HWBSoz. — Lawrence R. *Klein:* The Keynesian Revolution, London und New York 1947 (Neudruck 1950). — Seymour E. *Harris* (Ed.): The New Economics. Keynes' Influence on Theory and Public Policy, London 1947 (Neudruck 1965). — Gottfried *Haberler,* Prosperität und Depression, Bern 1948. — Andreas *Paulsen:* Neue Wirtschaftslehre. Einführung in die Wirtschaftstheorie von John Maynard Keynes, Berlin und Frankfurt 1950 (1958[4]). — Alain *Barrère:* Théorie économique et impulsion Keynesienne, Paris 1952. — Albrecht *Forstmann:* Neue Wirtschaftslehren, Berlin 1954. — K. K. *Kurihara:* Introduction to Keynesian Dynamics, New York 1956. — Alvin H. *Hansen:* Keynes' ökonomische Lehren, a. d. Am., Stuttgart und Düsseldorf 1959. — Henry *Hazlitt:* Das Fiasko der Keynesschen Wirtschaftslehre. Eine Analyse ihrer Fehlschlüsse, a. d. Am., Frankfurt 1960. Ders. (Ed.): The Critics of Keynesian Economics, Princeton-Toronto-London-New York 1960. — Josif *Anghel:* Die wissenschaftliche Unhaltbarkeit der Keynesschen Theorie von der Reproduktion des gesellschaftlichen Gesamtkapitals und vom Volkseinkommen, „Konjunktur und Krise" 1961, S. 128 ff. — W. H. *Hutt:* Keynesianism. Retrospect and Prospect. A Critical Restatement of Basic Economic Principles, Chicago 1963. — Robert *Lekachman* (Ed.): Keynes' General Theory. Reports of Three Decades, New York 1964.

Verbrauch und „Sparen": Simon *Kuznets:* Uses of National Income in Peace and War, 1942. — James S. *Duesenberry:* Income, Saving and the Theory of Consumer Behavior, Cambridge/Mass. 1949 (1952[2]). — Milton *Friedman:* A Theory of the Consumption Function, Princeton 1957. — A. Ghanie *Ghaussy:* Verbrauchen und Sparen. Versuch einer kritischen Überprüfung der Keynesschen Konsumfunktion an Hand der langfristigen Sparentwicklung in den USA, Berlin 1964.

Liquiditätsvorliebe, Zins und Veranlassung zur Investition: Oscar *Lange:* The Rate of Interest and the Optimum Propensity to Consume, Eca. 1938, S. 12 ff. — F. *Modigliani:* Liquidity Preference and the Theory of Interest and Money, Eca. 1944. — F. *Voigt:* Der volkswirtschaftliche Sparprozeß, Berlin 1950. — B. S. *Keirstead:* An Essay in the Theory of Profits and Income Distribution, Oxford 1957. — Erich *Preiser:* Investition und Zins, JNSt. 1958, S. 100 ff. (in verbesserter Fassung abgedruckt in Preiser: Bildung und Verteilung des Volkseinkommens, Göttingen 1963[3], S. 171 ff.). — J. F. *Wright:* Notes on the Marginal Efficiency of Capital, OEP 1963, S. 124 ff.

Multiplikator: Art. „Multiplikator und Akzelerator“ HWBSoz. — Herbert *Martell:* Theoretische Grundlagen und empirische Grenzen der Multiplikatoranalyse, Vierteljahreshefte z. Wsch.forsch. 1950. S. 214 ff. — Hugo *Hegeland:* The Multiplier Theory, Lund 1954. — Herbert *Giersch* und Rudolf *Richter:* Beiträge zur Multiplikatortheorie, SchrVSP, Berlin 1954. — Erich *Preiser:* Multiplikatorprozeß und dynamischer Unternehmergewinn, JNSt. 1955, S. 89 ff. (abgedruckt in Preiser: Bildung und Verteilung des Volkseinkommens, Göttingen 1963[3], S. 124 ff.). — A. Ll. *Wright:* The Genesis of the Multiplier Theory, OEP 1956, S. 181 ff.

Die Staatsfinanzwirtschaft im Dienste der Vollbeschäftigung: Jørgen *Pedersen:* Einige Probleme der Finanzwirtschaft, WA 1937, S. 467 ff. — Alvin H. *Hansen:* Fiscal Policy and Business Cycles, New York 1941. — Abba P. *Lerner:* Economics of Employment, New York-Toronto-London 1951. — Readings in Fiscal Policy, London 1955. — Carl *Föhl:* Möglichkeiten einer künftigen Fiskalpolitik, WA 1957, S. 1 ff. — James E. *Meade:* Is the National Debt a Burden? OEP 1958 (dazu ergänzend 1959, S. 109 f.). — Fritz *Neumark:* Wo steht die „Fiscal Policy“ heute? Fin.arch. 1959, S. 46 ff. — Willi *Albers:* Staatsverschuldung und Geld- und Kreditpolitik, Fin.arch. 1961, S. 25 ff. — W. C. *Petersen:* Income, Employment and Economic Growth, New York 1962.

Zu Harrod und Domar

David McCord *Wright:* Mr. Harrod and Growth Economics, REcStat. 1949, S. 322 ff.; hier nach „Readings in Business Cycles and National Income“, London 1953, S. 220 ff. — F. J. *Atkinson:* Mr. Harrod's Dynamic Theorems, WA 1949 II, S. 12* ff. — Joan *Robinson:* Mr. Harrod's Dynamics, EJ 1949, S. 68 ff. — William *Fellner:* The Capital-Output Ratio in Dynamic Economics, in „Money, Trade and Economic Growth. Essays in Honor of J. H. Williams“, New York 1951, S. 105 ff. — Roy F. *Harrod:* Domar and Dynamic Economics, EJ 1959. — Gottfried *Bombach:* Wirtschaftswachstum und Stabilität, in Bombach u. a.: Wachstum und Konjunktur, Darmstadt und Opladen 1960, S. 7 ff. — F. E. *Banks:* The „Relation“ and the Capital-Output Ratio in a „Harrod-Type“ Model, WA 1962 II S. 247 ff. — K. K. *Kurihara:* Applied Dynamic Economics, London 1963. — John E. la *Tourette:* Technological Change and Equilibrium Growth in the Harrod-Domar Model, Kyklos 1964, S. 207 ff. — Art. „Wirtschaftswachstum“ HWBSoz.

Hier herangezogene Aufsätze von Domar

A Theoretical Analysis of Economic Growth, Essays S. 16—34 (AER 1952). — The „Burden of the Debt“ and the National Income, Essays S. 35—69 (AER 1944). — Capital Expansion, Rate of Growth, and Employment, Essays S. 70 bis 82 (Eca. 1946). — Expansion and Employment, Essays S. 83—108 (AER 1947). — The Problem of Capital Accumulation, Essays S. 109—128 (AER 1948).

Dritter Abschnitt

Die neuere Lehre vom immanenten Gleichgewicht einer wachsenden Wirtschaft: Robert Merton Solow

Schon *Keynes* hatte geschrieben: „Unsere Kritik der überkommenen klassischen Wirtschaftstheorie hat nicht so sehr darin bestanden, logische Fehler in ihrem Gedankengang aufzufinden, als vielmehr nachzuweisen, daß ihre stillschweigenden Voraussetzungen selten oder nie erfüllt sind, so daß sie die ökonomischen Probleme unserer Gegenwart nicht bewältigen kann. Wenn aber unsere staatlichen Einwirkungen zu dem Erfolg führen, daß sie eine Gesamtproduktion zustandebringen, die der Vollbeschäftigung so nahe wie möglich kommt, so tritt von diesem Punkte an die klassische Theorie wieder in ihre Rechte ein." (*Allgemeine Theorie*, S. 319 [378].)

Soweit schien es etwa in der Mitte der fünfziger Jahre wieder gekommen zu sein. Die schwierige Umstellung nach dem zweiten Weltkrieg, mit Mangel, Bewirtschaftung, Teuerung, Währungsverfall und Währungsreformen, ließ zunächst die Unsicherheit über die künftige Entwicklung allenthalben anhalten. Dann folgte das weltweite Korea-Geschäft. Als aber dem Korea-Boom nirgends in der Welt ein ernsthafter Konjunkturverfall folgte, als die ökonomische Entwicklung vielmehr — angeheizt durch ständig steigende Regierungsausgaben — im ganzen ein flottes Geschäft brachte und die Rückschläge verhältnismäßig milde ausfielen, schöpfte auch die Theorie wieder Hoffnung. Den goldenen Fünfzigern entsprach eine neue Welle des wachstumstheoretischen Neoliberalismus.

Die neue Verfestigung der Konjunktur war vor allem — wenn auch in einem nicht genau abzuschätzenden Ausmaß — jenem angewandten Keynesianismus zuzuschreiben, dessen sich alle Regierungen der erwerbswirtschaftlichen Welt seit längerem mehr oder minder befleißigen: Die öffentlichen Ausgaben — die keineswegs nur dann die Geschäftstätigkeit beleben, wenn sie durch zusätzliche Kredite finanziert sind — haben wahrhaft konjunkturtragende Dimensionen erreicht. Vor allem das Rüstungsgeschäft ist im Zeichen des „kalten Krieges" aufgeblüht. Die öffentliche Konjunktureinwirkung muß nun nicht mehr programmatisch herbeigerufen werden. Die Verhältnisse haben sich eingespielt, und die Stimulierung der Konjunktur erfolgt ziemlich geräuschlos. Die ständige Begleiterscheinung der mehr oder minder anhaltend regen Wirtschaftstätigkeit ist die *schleichende Inflation* unserer Tage. Die Geschäftsleute gedeihen dabei im allgemeinen gut; und auch die Wirtschaftstheorie, deren Sorgen schon immer die der Geschäftswelt gewesen sind, hat neue Zuversicht gewonnen. In der Lehre von der expandierenden Wirtschaft drängen die alten, letztlich auf L. *Walras*, G. *Cassel*, J. B. *Clark* zurückgehenden „Gleichgewichts"-Theorien — in neuem Gewande — wieder vor. Hat die vorausgegangene Richtung der Wachstumstheorie nach den Umständen gefragt, welche die Wirtschaft von einem nur *denkbaren* Gleichgewichtspfad *abbrin-*

gen — man vergleiche *Harrods* sich selbst verstärkende Tendenz zum Ungleichgewicht —, so vertraut die neuere Richtung wieder auf die dem System innewohnenden Kräfte der Selbstkorrektur. Kreisen die Überlegungen der älteren Richtung um die großen Fragen von Investition, „Sparen" und Verbrauch, so rückt bei der neueren in den Mittelpunkt der Aufmerksamkeit wieder die Frage einer optimalen Verteilung der Produktivkräfte zwischen den Wirtschaftssektoren, und damit die Frage nach den — „makroökonomischen" — Produktionsfunktionen, welche den maximalen Entwicklungsschritt bezeichnen.

Die Wende darf man vom Erscheinen des vielbeachteten Aufsatzes „*A Contribution to the Theory of Economic Growth*" (1956) aus der Feder des amerikanischen Ökonomen Robert Merton *Solow* (geb. 1924, am *Massachusets Institute of Technology* der Universität *Cambridge/USA* lehrend) datieren[17]. Dieser Aufsatz soll dem Weiteren zugrunde liegen.

1. Kritik am Harrod-Domar-Modell

„Im Sinne von Harrod reduziert sich die entscheidende Frage des Gleichgewichts auf einen Vergleich zwischen der natürlichen Wachstumsrate, die — bei Fehlen technischer Veränderungen — von der Vermehrung des Arbeitspotentials abhängt, und der befriedigenden Wachstumsrate, die von den Spar- und Investitionsneigungen der Haushalte und Unternehmen abhängig ist.

Aber es erweist sich letztlich, daß der grundlegende Gegensatz von befriedigender und natürlicher Rate auf der entscheidenden Annahme beruht, daß die Produktion unter den Bedingungen *starrer Proportionen* abläuft. Es gibt keine Möglichkeit, im Produktionsprozeß Arbeit und Kapital zu substituieren. Wird diese Annahme aufgegeben, so geht offenbar auch die Vorstellung von einem auf des Messers Schneide stehenden labilen Gleichgewicht dahin" (S. 65).

„Ein hervorstechendes Merkmal des Harrod-Domar-Modells ist, daß es konsequent langfristige Probleme mit den üblichen Mitteln der kurzfristigen Betrachtung untersucht. ... Die hier vorgelegte Abhandlung wird sich in der Hauptsache mit einem Modell des langfristigen Wachstums befassen, das alle Annahmen von Harrod und Domar gelten läßt, mit der einen Ausnahme der starren Proportionen. Stattdessen gehe ich davon aus, daß die Einzelware durch Arbeit und Kapital unter den üblichen neoklassischen Bedingungen produziert wird. Die Angleichung des Systems an eine exogen gegebene Rate des Zuwachses des Arbeitspotentials wird genauer untersucht werden, damit festgestellt werden kann, ob sich die Instabilität zeigt, die Harrod annimmt. Die Wechselwirkungen von Preisen, Löhnen, Zinssätzen spielen in diesem neoklassischen Anpassungsprozeß eine erhebliche Rolle und werden deshalb gleichfalls untersucht. Sodann werden wir einige der anderen rigiden Annahmen sachte lockern, um zu prüfen, welche qualitativen Änderun-

[17] *Qu. Journal of Ec.*, 1956, S. 65 ff. Übersetzung durch mich, W. H.

gen sich ergeben: Eine neutrale technische Änderung wird zugestanden, ebenso wie ein zinselastisches Sparen. Schließlich werden wir die Konsequenzen einiger weiterer ‚Keynesscher‘ Beziehungen sowie weiterer starrer Annahmen in aller Kürze einer Prüfung unterziehen“ (S. 66).

2. Modell des langfristigen Wachstums

„Die Gesamtproduktion umfaßt nur ein Erzeugnis, dessen Erzeugungsmenge mit $Y(t)$ bezeichnet wird. So können wir unzweideutig vom realen Nationaleinkommen sprechen. Ein Teil des Produkts *(output)* jeder Zeiteinheit wird konsumiert, der Rest gespart und investiert. Der gesparte Teil des Produkts stellt die konstante Größe s dar; die Sparrate ist also $sY(t)$. Der gesamtwirtschaftliche Kapitalstock $K(t)$ nimmt die Form einer Akkumulation der Gesamtware an. Die Nettoinvestition ist dann genau die Zuwachsrate dK/dt oder $\dot{K}$ dieses Kapitalstocks. So erhalten wir die für jeden Augenblick geltende grundlegende Identität:

(1) $$\dot{K} = sY$$“ (S. 66).

Schon hier ist auf die Absonderlichkeit hinzuweisen: Obwohl das Gesamtprodukt physisch eine einzige Ware darstellen soll, wird diese einzige Ware doch sofort in einen verzehrbaren und in einen spar- und investierbaren Teil zerlegt. Man fragt sich, wie etwa Brot als einzige Ware investierbar oder umgekehrt ein bestimmter Maschinentyp verzehrbar sein soll. Da auch der „Kapitalstock“ produziert worden sein muß, so ist es mit der einen physischen Ware demnach nichts. — Unser Autor fährt fort:

„Das Gesamtprodukt *(output)* wird mit Hilfe zweier Produktionsfaktoren hervorgebracht: Kapital und Arbeit. Der Aufwand der letzteren ist $L(t)$. Die technischen Gegebenheiten werden mit der Produktionsfunktion wiedergegeben:

(2) $$Y = F(K, L).$$

Die gesamte Erzeugung ist als Nettoproduktion zu verstehen, unter Abzug des Kapitalverzehrs. Über die Produktion soll im Augenblick nur gesagt werden, daß sie konstant proportionale Erträge *(constant returns to scale)* aufweist. Die Produktionsfunktion ist daher homogen ersten Grades[18]. Das besagt soviel wie: Es gibt keine knappen und unvermehrbaren Hilfsquellen, wie etwa Grund und Boden.

---

[18] „Eine Funktion ist *homogen*, wenn bei Multiplikation aller Veränderlichen mit ein und derselben Größe die Funktion mit einer Potenz dieser Größe vervielfacht wird. Sie ist *homogen ersten Grades*, wenn proportionale Veränderungen der Variablen zu gleich proportionaler Veränderung der Funktion führen.“ (V. *Zarnowitz, Die Theorie der Einkommensverteilung*, Tübingen 1951, S. 182. — Fußnote eingefügt durch mich, W. H.)

Indem wir (2) in (1) einsetzen, erhalten wir:

(3) $$\dot{K} = sF(K, L)$$“ (S. 66 f.)

Dieser Gleichung ließen sich nach Solow weitere hinzufügen, welche die Nachfrage nach Arbeitskräften sowie das Angebot von Arbeitskraft zum Gegenstand haben würden. Solow entschließt sich aber, dem *Harrod*-Modell nahe zu bleiben:

„Als Folge eines exogenen Bevölkerungswachstums nehme das Arbeitspotential mit einer konstanten Rate *n* zu. Bei Fehlen technischer Entwicklung ist *n* Harrods natürliche Wachstumsrate. Also:

(4) $$L(t) = L_0 e^{nt}.$$

In (3) bedeutet *L* Vollbeschäftigung; in (4) bedeutet *L* das verfügbare Angebot von Arbeitskräften. Wenn wir die beiden gleichsetzen, so heißt dies, daß Vollbeschäftigung dauernd aufrechterhalten bleibt. Wenn wir (4) in (3) einsetzen, so ergibt sich

(5) $$\dot{K} = sF(K, L_0 e^{nt}).$$

Wir haben damit die Grundgleichung, die den Zeitweg der Kapitalakkumulation bestimmt, dem zu folgen ist, wenn das ganze verfügbare Arbeitspotential beschäftigt werden soll“ (S. 67).

„Alles in allem: (5) ist eine Differentialgleichung mit der einzigen Variablen $K(t)$. Die Lösung ergibt denjenigen zeitlichen Aufbau des gesamtwirtschaftlichen Kapitalstocks, der allein die verfügbare Arbeit vollständig zum Einsatz bringt. Kennen wir einmal den Zeitweg des Kapitalstocks und denjenigen der Arbeitskraft, so können wir aus der Produktionsfunktion den entsprechenden Zeitweg des Realprodukts ermitteln. Die Grenzproduktivitätsgleichung bestimmt den Zeitweg des Reallohnsatzes. Eingeschlossen ist auch die Annahme einer Vollbeschäftigung des verfügbaren Kapitalstocks. Das Angebot an schon vorhandenem Kapital — das Ergebnis früherer Akkumulation — ist in jedem Zeitpunkt unelastisch. Es gibt daher eine ähnliche Grenzproduktivitätsgleichung für das Kapital, welche den Realertrag *(the real rental)* der Dienste des Kapitals in der Zeiteinheit bezeichnet. Der Vorgang kann so betrachtet werden: Zu jedem Zeitpunkt ist das verfügbare Angebot an Arbeitskräften durch (4) gegeben und der verfügbare Kapitalstock ist gleichfalls ein Datum. Da der den Faktoren zufallende Realertrag sich so einspielt, daß Vollbeschäftigung von Arbeit und Kapital eintritt, so kann man mit der Produktionsfunktion (2) die laufende Produktion ermitteln. Die Sparneigung besagt dann, wieviel von dem Nettoprodukt gespart und investiert wird. So erfahren wir den Nettozuwachs des Kapitals in der laufenden Periode. Wird diese dem schon akkumulierten Stock zugeschlagen, so ergibt sich das für die nächste Periode verfügbare Kapital, und der ganze Prozeß kann sich wiederholen" (S. 68).

Im Unterschiede zu den Theoretikern der *Keynes*-Nachfolge hebt Solow also hervor, daß das System anpassungsfähig genug sei, um Vollbeschäftigung — von „Arbeit" und „Kapital" — zu gewährleisten. Dieses Ergebnis entspringt in der Tat den Voraussetzungen: Nimmt man an, daß die Kapitalbildung, statt — wie bei den post-Keynesschen Ökonomen — die Beschäftigung der Arbeitsbevölkerung zu bestimmen, dem Zuwachs des Arbeitspotentials selbst sich angleicht, so ergibt sich alles weitere von selbst und man ist wieder bei dem Glaubenssatz von L. *Walras*, J. B. *Clark*, A. C. *Pigou* u. a., wonach das Prinzip der Grenzerträge zugleich das Gleichgewicht aller Märkte wie auch die Vollbeschäftigung und damit die größtmögliche Rate der Wirtschaftserweiterung sichert (vgl. „Texte", Bd. I, S. 257 ff., Bd. II, S. 212 ff., 220 f., 250 ff.). Unterstellt wird hierbei auch, daß die Kapitalbildung nach der allgemeinen Proportionalitätsregel des Grenzproduktivitätsprinzips zu dem Punkte gebracht wird, wo das Renditeninteresse der Unternehmensleitungen mit dem Beschäftigungs- und Lohninteresse der Unselbständigen in Übereinstimmung steht. — Dies wird im folgenden vollends deutlich gemacht.

3. Faktorproportionen, Einkommensverteilung und gleichgewichtige Entwicklung

„Um herauszufinden, ob mit irgendeinem Wachstum des Arbeitspotentials der Weg der Kapitalakkumulation stets in Übereinstimmung steht, müssen wir die Differentialgleichung (5) nach ihrer qualitativen Seite prüfen. ... Zu diesem Zwecke führen wir eine neue Variable $r = K/L$ ein, das Verhältnis von Kapital und Arbeit" (S. 68).

Die Dinge laufen nun nach dem Gesetz der Grenzproduktivität von selbst:

„Wenn der Anfangsbestand des Kapitals unter dem Gleichgewichtsverhältnis liegt, so wachsen Kapital und Produktion schneller als das Arbeitspotential, bis das Gleichgewichtsverhältnis erreicht ist. Liegt das Anfangsverhältnis über dem Gleichgewichtswert, so wachsen Kapital und Produktion langsamer als das Arbeitspotential. Der Zuwachs der Produktion steht immer zwischen demjenigen der Arbeit und demjenigen des Kapitals" (S. 70 f.).

„Aus dieser Untersuchung entspringt als wesentliche Schlußfolgerung: Verläuft die Produktion unter den gewöhnlichen neoklassischen Bedingungen variabler Einsatzproportionen und konstant proportionaler Erträge, so besteht durchaus kein Gegensatz zwischen natürlichem und befriedigendem Wachstum. Es dürfte dann keinen Gleichgewichtspfad auf des Messers Schneide geben; und im Falle der Cobb-Douglas-Funktion kann es ihn niemals geben. Das System kann sich jedem gegebenen Zuwachs der Arbeitsbevölkerung anpassen und schließlich einem Verhältnis der stetigen und proportionierten Expansion nahe kommen" (S. 73).

„Im allgemeinen gilt: Wenn es einen Weg des stetigen Wachstums gibt, so wird ein Fallen des Reallohns oder der Realrendite *(real rental)*, das notwendig ist, um zu ihm hinzuführen, durchaus nicht katastrophale Formen annehmen. Besteht zunächst ein Mangel an Arbeitskräften (verglichen mit dem Gleichgewichtsverhältnis), so wird der Reallohn fallen müssen. Je größer der Zuwachs der Arbeitskräfte und je niedriger die Sparneigung ist, desto niedriger ist die Gleichgewichtsrate, und desto mehr muß der Reallohn gesenkt werden. Sein Fallen ist jedoch kein grenzenloses" (S. 83).

Wurde zunächst gesagt, daß die Kapitalbildung sich dem Wachsen der Arbeitsbevölkerung stets anpassen werde, so zeigt sich nun: 1. Das „Gleichgewichtswachstum" ist nicht nur durch das Ausmaß und den Zuwachs der Arbeitsbevölkerung bestimmt, sondern auch durch die „Sparneigung", d. h. durch den Anteil der Geldkapitalbildung am Volkseinkommen. Letztere ist also *unabhängig* von der Entwicklung des Arbeitspotentials. 2. Infolgedessen kann die „Gleichgewichtsrate" des *Produktions*zuwachses von der Zuwachsrate der *Arbeitsbevölkerung* abweichen; und Vollbeschäftigung ist dann unmöglich, wenn im Falle eines „zu starken" Wachsens der Arbeitsbevölkerung die Beschäftigten nicht selbst das ihre dazu tun und ihre Löhne schmälern lassen. (Voraussetzung ist bei Solow, daß das Angebot an Arbeitskraft unabhängig von der Höhe des Lohnes ist.) Das läuft wieder auf die bekannte Lehre von der selbstverschuldeten Arbeitslosigkeit hinaus (vgl. Bd. II unserer „Texte", S. 250 ff.), gegen die *Keynes* Front gemacht hat. Da die jeweils denkbare Rate des „Gleichgewichtswachstums" in der wirklichen Wirtschaft ganz unbestimmt bleibt, so kann man bei bestehender Arbeitslosigkeit allerdings stets die Vermutung wagen, daß ein „Gleichgewichtswachstum", welches die Vollbeschäftigung wiederbringt, nur durch Lohnkürzung zu erreichen ist. Die Keynesianer hatten auf eine *andere* Bestimmungsgröße der Wachstumsrate einzuwirken empfohlen: auf die *Geldkapitalbildung.*

Von der Frage nach dem Lohn*satz* unterscheidet sich die nach der Bewegung der Lohn*quote* am Nationaleinkommen:

„Im *Gleichgewichtswachstum* ist der Anteil der Arbeit [am Gesamteinkommen; W. H.] desto höher, je größer der Zuwachs der Arbeitsbevölkerung und je geringer die Sparneigung ist. In der Tat entspricht es der Erwartung, daß bei rascherer Vermehrung des Arbeitspotentials der Reallohn im Gleichgewichtswachstum um so niedriger liegen wird; aber der niedrigere Reallohn läßt der gewachsenen Arbeitsbevölkerung einen größeren Anteil am Realeinkommen" (S. 84).

Es ist selbstverständlich, daß eine die gleichzeitige Kapitalbildung übertreffende Entwicklung des Arbeitspotentials die Quote der Lohneinkommen auch bei sinkenden Einzellöhnen vergrößern muß. Dies entspricht besonders einer Konjunkturlage der *Depression* mit vermindertem Gewinneinkommen und verminderter Geldkapitalbildung. — Umgekehrt stellen sich die Verhältnisse unter Bedingungen dar, die man als solche eines Konjunkturaufschwungs zu qualifizieren hat: Bei Anwendung der *Cobb-Douglas*-Produktionsfunktion — d. h. einer Funktion, die homogen vom ersten Grade ist — ...

„. . . bedeutet ein größeres Realprodukt vermehrtes Sparen und Investieren, was die Entwicklung noch verstärkt. Das Größenverhältnis von Kapital und Arbeit erreicht nun in der Tat niemals einen Gleichgewichtswert, sondern wächst ständig. Die fortgesetzt zunehmende Investitionskapazität wird nun natürlich nicht durch eine raschere Vermehrung der Arbeitskräfte eingeholt. So wird K/L größer . . .

Da das Größenverhältnis zwischen Kapital und Arbeit schließlich ohne Grenzen steigt, so folgt, daß der Reallohn im Endergebnis gleichfalls anhaltend steigen muß" (S. 85).

Natürlich schwankt auch die Korrespondenzgröße der Gewinnquote und daher der „Sparneigung", was Solow zu dem — in der Tat nahe genug liegenden — „Experiment" veranlaßt, „die Sparrate vom Kapitalertrag abhängen zu lassen" (S. 87):

„Jedermann kennt die unergiebigen, sowohl abstrakt als auch ökonometrisch geführten Erörterungen darüber, ob der Zinssatz wirklich als eine unabhängige Größe auf den Umfang des Sparens einwirkt, und wenn ja, in welchem Sinne. Für den Zweck unserer Untersuchung jedoch ist die nächstliegende Annahme, daß die Sparrate direkt vom Kapitalertrag (und daher im umgekehrten Sinne vom Größenverhältnis zwischen Kapital und Arbeit) abhängt" (S. 88).

Sieht man von der Ungenauigkeit ab, daß zunächst vom „Spar"-*Volumen,* sodann aber von der „Spar"-*Quote,* erst vom *Zinssatz* und dann vom *Kapitalertrag* die Rede ist, so wird man zugestehen, daß es in der Tat wenig wagen heißt, wenn man vermutet, daß die Bewegung der *Gewinn*quote — sowie der gedachten Durchschnittsrendite — und der Quote der *Geldkapitalbildung* am Nationaleinkommen in Übereinstimmung miteinander stehen werden. (Womit anerkannt wird, daß die Kapitalbildung sich aus den *Gewinn*einkommen vollzicht.)

Es zeigt sich nun, daß das Größenverhältnis von „Kapital" und „Arbeit" sich nicht grenzenlos zum „Kapital" hin verschieben (und daher die „Spar"-Quote nicht grenzenlos wachsen) kann, da sonst der Kapitalertrag selbst — bei *jeweils gegebener Technik,* wie man hinzufügen muß — sinken wird (vgl. S. 88). Denkt man die verschiedenen Möglichkeiten durch, so ergibt sich:

„Viele Verlaufsformen und Varianten sind möglich, aber per Saldo ist eine stabilisierende Tendenz am Werk: Wenn das Größenverhältnis von Kapital und Arbeit hoch ist, so wird das Sparen herabgesetzt, wenn es niedriger ist, so wird das Sparen angeregt" (S. 89).

Damit ist nach Solow die Möglichkeit ausgeschlossen, daß die Wirtschaft in einen stationären Zustand verfällt (vgl. S. 87, 89).

4. Nähere Bestimmungen

Bleibt also Vollbeschäftigung prinzipiell stets möglich, so sind allerdings gewisse Hindernisse nicht zu übersehen. Hierzu zählt Solow natürlich in erster Linie:

„*Starre Löhne*. . . . Der Reallohn wird auf einem willkürlichen Niveau . . . festgehalten. Die Beschäftigungshöhe muß dann so sein, daß sie das Grenzprodukt der Arbeit auf diesem Niveau hält“ (S. 91 f.).

Hinzu tritt die „*Liquiditätspräferenz*. . . . Unter den Bedingungen der bekannten ‚Falle‘, wo das Verlangen nach Hortgeld bei einem bestimmten positiven Zinssatz unendlich elastisch wird, haben wir es mit einem starren Faktorpreis zu tun, der analog dem oben erörterten Fall von starren Löhnen behandelt werden kann. Wird der Zinssatz irgendwo über jenem Niveau festgehalten, das dem Gleichgewichtsverhältnis von Kapital und Arbeit entspricht, so wird das Ergebnis eine unzureichende Nutzung des Kapitalstocks sein.

Gerade an diesem Punkt wird freilich die Vergeblichkeit des Versuchs offenkundig, eine solche Situation mit den Begriffen eines neoklassischen ‚Real‘-Modells zu bezeichnen. Denn nun kann man die unmittelbare Einwirkung monetärer Faktoren auf Realverbrauch und Realinvestition nicht länger beiseite lassen. Wenn die Verteilung des Kapitalbestandes *(asset-holdings)* auf Kasse und Kapitalstock offensteht, wird der Preis des Gesamtprodukts zu einer wichtigen Variablen, und das Bedürfnis nach einer dynamischen Betrachtung monetärer Vorgänge wird unausweichlich“ (S. 92 f.).

Ferner: „*Ungewißheit und ähnliches*. Keine glaubwürdige Investitionstheorie wird auf der Annahme einer vollkommenen Voraussicht und Einschätzung der Zukunft aufgebaut sein. Es gibt nur allzu viele Gründe dafür, daß die Nettoinvestition bald unempfindlich, bald überempfindlich gegenüber einem Schwanken des laufenden Realertrages des Kapitals sein kann“ (S. 93 f.).

Schließlich: „*Einwirkungen der Wirtschaftspolitik*. . . . Planvolles Handeln mag notwendig sein, um die Vollbeschäftigung zu wahren. Die Vielfalt der Wege zur Vollbeschäftigung jedoch — Steuer-, Ausgaben-, Geldpolitik — läßt der Nation einen *gewissen* Spielraum der Entscheidung darüber, ob sie eine hohe Beschäftigung wünscht, mit verhältnismäßig hoher Kapitalbildung, geringem Konsum und raschem Wachstum, oder das Gegenteil davon oder irgendein Mischverhältnis“ (S. 93).

5. Zusammenfassung und Würdigung

„All dies ist die neoklassische Seite der Medaille. Vor allem handelt es sich um eine Theorie der Vollbeschäftigung — in dem doppelten Sinne der Gleichgewichtsbedingung und eines friktionslosen Wettbewerbssystems. Alle Schwierigkeiten und Starrheiten, die in die an Keynes orientierte neuere Einkommenssicht eingehen, sind beiseitegeschoben. Dabei behaupte ich nicht, daß diese Fragen nicht bestehen oder daß sie bei langfristiger Betrachtung ohne Bedeutung sind. Es ging mir darum, das zu untersuchen, was als Drahtseil-Aspekt *(tightrope view)* des Wirtschaftswachstums bezeichnet werden darf, und ausfindig zu machen, wohin ein einfaches Modell führt, das mit flexibleren Annahmen hinsichtlich der Produktion arbeitet. Unterbeschäftigung und Überkapazität, bzw. das Gegenteil davon, können nach wie vor auf einige der früher behandelten Ursachen von ungenügender oder übermäßiger Gesamtnachfrage zurückgeführt werden, schwerlich jedoch auf die Abweichung von einem schmalen ‚Gleichgewichtspfad'" (S. 91).

Das Verhältnis von Solows „neoklassischer" zur vorausgegangenen post-Keynesschen Sicht wird damit klar bezeichnet: Die Fragen der Investition, des „Sparens" und Konsumierens sowie der aktiven konjunkturpolitischen Einwirkung auf diese Prozeßkomponenten bleiben eine Rückgriffsreserve der Theorie. Jedoch ist das Vertrauen auf die Möglichkeit der Vollbeschäftigung — aller Kapitalelemente — gewachsen.

Schält man allerdings die Zwiebel der mathematischen Formeln lange genug ab, so kommen lehrgeschichtlich seit langem vertraute und aus den Annahmen zumeist mit Selbstverständlichkeit entspringende Theoreme der neoliberalistischen — nicht: „neoklassischen" — Ökonomie zutage. Auch in der neueren Entwicklungslehre scheint die Wiederkehr des Gleichen zu herrschen. Nur die Form wandelt sich. Aussagen von ökonomischem *Bekenntnis*charakter — wie hier etwa die über den Zusammenhang von Lohnhöhe und Beschäftigung — erscheinen eingekleidet in die streng sachliche Sprache der Mathematik. Tatsächlich enthalten die Formeln — vielfach bis in die vorausgegangene Begriffswahl hinein — *in nuce* schon das Resultat. Das bloße *Konstatieren,* das mathematische *Umschreiben* von — vermuteten oder tatsächlichen — Sachverhalten, eine innere *Entwicklungslosigkeit* der Gedanken gehört freilich zur allgemeinen Signatur der Nationalökonomie unserer Zeit.

Literatur

Weitere Veröffentlichungen von Solow

Technical Change and the Aggregate Production Function, REcStat. 1957, S. 312 ff. — Substitution and Fixed Proportions in the Theory of Capital, RESt. 1962, S. 207 ff. — Technical Progress, Capital Formation and Economic Growth, AER (Pap. and Proc.) 1962 — Capital Theory and the Rate of Return, Amsterdam 1963.

Die Produktionsfunktion im neueren Schrifttum

Art. „Produktionstheorie" HWBSoz. — C. W. *Cobb* und P. H. *Douglas:* A Theory of Production, AER 1928, S. 139 ff. — Alfred E. *Ott:* Produktionsfunktion, technischer Fortschritt und Wirtschaftswachstum, in „Einkommensverteilung und technischer Fortschritt", SchrVSP, Berlin 1959. — James E. *Meade:* A Neo-Classical Theory of Economic Growth, London 1961 (1962[2]). — Symposium on Production Functions and Economic Growth, RESt. 1962. — Hajo *Riese:* Gleichgewichtswachstum und optimales Wachstum in der neoklassischen Wachstumstheorie, Kyklos 1964, S. 40 ff. Ders.: Mittelfristiges wirtschaftliches Wachstum und neoklassische Wachstumstheorie, Kyklos 1965, S. 80 ff.

Vierter Abschnitt

Die Vereinigung der Aspekte

Der Beitrag von *Solow* hat gezeigt, wie nahe jene Denkrichtung, gegen deren Vertrauen in die selbststabilisierende Kraft der Wirtschaftsordnung einst *Keynes* vom Leder gezogen hatte, mittlerweile der post-Keynesschen Ökonomie selbst gekommen ist, mit der sie nicht nur die wirtschaftliche Erfahrungswelt der Nachkriegszeit, sondern auch die konstruktivistische, formal-mathematische Methode und die Arbeitsbegriffe teilt. So mußte es als möglich erscheinen, das einst Widerstrebende zusammenzufügen und das Konzept der variablen Produktionsfunktionen mit dem der Investitions-, „Spar"- und Konsumfunktion zu verbinden. Dies schien um so dringlicher zu sein, als offenbar die mit Produktionsfunktionen arbeitende Theorie kaum weniger zu Einseitigkeiten neigte als diejenige Lehre, deren Rigidität sie überwinden wollte. So ist heute das Bemühen um Verbindung der Sichtweisen in der Theorie der Wirtschaftserweiterung allgemein, und die Konturen von sogenannter Neoklassik und Keynesianismus sind vielfach fließend geworden.

Doch nicht Eklektiker und nach „Synthese" trachtende Epigonen — an denen es vor allem im deutschen Sprachraum nicht fehlt — sollen uns im weiteren beschäftigen. Vielmehr sollen zum Abschluß zwei Denker zu Worte kommen, die — jeder auf seine Weise — in voller Beherrschung dessen, was Keynesianismus und „Neoklassik" zu bieten gehabt haben, zugleich aus dem großen Erbe der älteren Theorie geschöpft und weit über enge Schulmeinungen hinaus auf einen neuen *Realismus* in der Sicht des umfassenden gesellschaftlichen Prozesses der Kapitalerweiterung abgezielt haben: nämlich Nicholas *Kaldor* und Joan *Robinson*.

A. Wirtschaftsentwicklung im Wandel der Produktionsbedingungen: Nicholas Kaldor

„Ein theoretisches Modell besteht aus gewissen Hypothesen über die kausale Wechselbeziehung zwischen verschiedenen Größen oder Kräften und über die Folge, in der sie aufeinander einwirken. Wir alle stimmen darin überein: Das Grunderfordernis jedes Modells ist, daß es imstande sei, die charakteristischen Züge des Wirtschaftsprozesses zu erklären, wie wir sie in der Wirklichkeit vorfinden. Es ist nicht gut, mit einem Modell von einem Abstraktionsgrad zu beginnen, das aus der Betrachtung zunächst den Einfluß jener Wirkungsfaktoren ausschließt, auf die gerade die Entwicklung der untersuchten ökonomischen Variablen zurückgeht. Wenn wir dann finden, daß die Theorie zu Ergebnissen führt, die der Beobachtung der Wirklichkeit widersprechen, so schreiben wir diese konträre Entwicklung dem entgegenwirkenden (oder sogar überwiegenden) Einfluß jener übrigen Faktoren zu, die erst aus dem Modell hinausgewiesen worden sind. Wenn wir uns etwa mit der Kapitalakkumulation und dem ökonomischen Wachstum befassen, so sind wir nur allzu bereit, einen ‚gegebenen Stand des Wissens' (d. h. ein Fehlen von technischem Fortschritt) sowie ein Fehlen von ‚Ungewißheit' *(‚uncertainty')* anzunehmen; wir begnügen uns dann mit der Mutmaßung, daß diese beiden Umstände — technischer Fortschritt und Ungewißheit — wohl für den Unterschied zwischen der theoretischen Erwartung und dem empirischen Sachverhalt verantwortlich zu machen seien. Der Erklärungswert einer derartigen Theorie ist notwendigerweise äußerst gering.

Jede Theorie muß zwar auf Abstraktionen fußen. Doch kann die Art dieser Abstraktion nicht in einem Vakuum bestimmt werden. Sie muß vielmehr den wesentlichen Zügen des Wirtschaftsprozesses, wie er sich aus der Erfahrung ergibt, angemessen sein."

Mit diesen programmatischen Worten hat Nicholas Kaldor (geb. 1908, an der Universität Cambridge lehrend) seinen Aufsatz *„Capital Accumulation and Economic Growth"* eingeleitet (S. 177 f.), dem wir im weiteren folgen werden. Es ist Kaldors Trachten, die Theorie des Wirtschaftsprozesses, die sich in wirklichkeitsfremden Konstruktionen zu verlieren drohte, wieder auf den Boden der gesellschaftlichen Wirklichkeit zurückbringen. Dies zeigt sich im weiteren vor an folgendem:

1. Kaldor sieht, daß „Wachstum" dem kapitalistischen Wirtschaftssystem inhärent ist und nicht auf äußere Anstöße zurückgeführt werden muß.

2. Er verbindet die Theorie des volkswirtschaftlichen Gesamtprozesses nicht nur mit der Lehre von der einzelwirtschaftlichen Kapitalbildung, sondern auch — und hiermit im Zusammenhang — mit der Theorie der *Einkommensverteilung* (vgl. vor allem *„Alternative Theories"*). Hierin weiß sich Kaldor, bei aller Beziehung zu *Keynes*, mit der ökonomischen Klassik sowie mit dem Ansatz von *Marx* verbunden. (Vgl. *Capital Accumulation*, S. 179.)

3. Kaldors Bild vom Wirtschaftsprozeß ist ein bedeutend differenzierteres als das der bisher vorgeführten Autoren.

4. Kaldor betrachtet den Wirtschaftsprozeß nicht nur als einen Vorgang des quantitativen „Wachstums"; er bezieht den hiermit sich verbindenden *Wandel* der Wirtschaftsgrundlagen, vor allem die *technische Entwicklung*, in die Betrachtung ein.

In immer neuem Anlauf hat Kaldor sein gewaltiges System der Expansionsmodelle emporgeschichtet — angefangen von *„Stability and Full Employment"* (1938) über *„A Model of the Trade Cycle"* (1940), *„The Relation of Economic Growth and Cyclical Fluctuations"* (1954), *„A Model of Economic Growth"* (1957) bis hin zu *„Capital Accumulation and Economic Growth"* (1961) und schließlich *„A New Model of Economic Growth"* (1962)[19]. — Im Mittelpunkt seines Systems steht die *„Funktion des technischen Fortschritts"*.

---

[19] Siehe Literaturanhang S. 289 f.

Denn:

„Das wichtigste Merkmal des kapitalistischen Wirtschaftsunternehmens ist der kontinuierliche Wechsel und die Verbesserung der Produktionsmethoden, verglichen mit der verhältnismäßig unveränderlichen Produktionstechnik der Epoche einer bäuerlichen und handwerklichen Erzeugung" *(A Model of Economic Growth,* S. 293).

Im Einvernehmen mit dem Autor schließen wir uns im folgenden dem Aufsatz *„Capital Accumulation and Economic Growth"*[20] an, der gegenüber dem jüngsten Beitrag *„A New Model of Economic Growth" (Review of Economic Studies,* 1962, S. 174 ff.) den Vorzug besonderer didaktischer Klarheit hat.

1. Das Ausgangsmodell

Kaldor geht von dem Schema *Harrods* und *Domars* aus, in welchem er vor allem eine Formel sieht,

„. . . um die Spar- (und Investitions-) Quote am Einkommen *(s)* in die hieraus entspringende Rate der Kapitalbildung (G_K) zu verwandeln, wenn der *capital-output ratio,* v $(\equiv K/Y)$ gegeben ist:

$$G_K = \frac{s}{v} . \qquad (1)$$

Dies kann auch so geschrieben werden:

$$s = \frac{I}{Y} = G_K v . \qquad (1a)$$

Es folgt ferner: Wenn $s = \frac{P}{Y}$, d. h. wenn alle Profite gespart und alle Löhne verzehrt werden, so gilt:

$$\frac{P}{Y} = G_K \frac{K}{Y} .$$

Da aber

$$\frac{P}{K} \equiv \frac{P}{Y} \cdot \frac{Y}{K} ,$$

daher

$$\frac{P}{K} = G_K , \qquad (2)$$

[20] In *„The Theory of Capital"*, herausgegeben von F. A. *Lutz* und D. C. *Hague,* London und New York 1961, S. 177 ff.

so ist die Rate des Profits, bezogen auf das Kapital, die gleiche wie die Rate des Kapitalzuwachses" (S. 181 f.).

Hierbei darf freilich von zwei wichtigen modifizierenden Umständen nicht abgesehen werden: vom Zuwachs der Arbeitsbevölkerung und von der technischen Entwicklung, welche die Produktion je Beschäftigten, also die Arbeitsproduktivität, erhöht.

„In einer fortschreitenden Wirtschaft wächst das Arbeitspotential nicht nur vermöge seiner zahlenmäßigen Zunahme, sondern auch infolge des Steigens der Arbeitsproduktivität, das auf die technische Entwicklung zurückgeht. Mit Rücksicht auf den technischen Fortschritt können wir also schreiben:

$$G_n = l + t; \quad \text{wobei } t = \frac{1}{Y/L} \cdot \frac{d(Y/L)}{dt}. \tag{3a}$$

Dies ist Harrods Formel für die Rate des ‚natürlichen' Wachstums.

Harrod sah, daß ein gleichgewichtiges Wachstum nur vorstellbar sei, wenn seine ‚Rate des befriedigenden Wachstums' der ‚Rate des natürlichen Wachstums' gleich sei; d. h. wenn

$$G_K = G_n, \text{ oder } \frac{s}{v} = l + t \;. \quad ^{21)}$$

Da er aber annahm, daß s, v, l, t allesamt unabhängig voneinander gegeben sind und in fester Relation zueinander bleiben, so konnte eine solche Gleichheit unter seinen eigenen Voraussetzungen nur das Ergebnis eines besonderen Glücksumstandes sein. Mehr noch: Harrod meinte, daß jede Abweichung zwischen $\frac{s}{v}$ und $(l + t)$ Kräfte einer kumulativen Gleichgewichtsstörung hervorrufen muß, so daß ein Gleichgewichtswachstum, selbst wenn vorübergehend erreicht, notwendigerweise gefährdet ist.

Das Problem gewinnt allerdings einen völlig andersartigen Aspekt, wenn wir einmal anerkannt haben — und wir können uns dem kaum entziehen —, daß diese Variablen nicht in starrer Beziehung zueinander stehen, sondern daß vielmehr bestimmte Wechselverhältnisse zwischen ihnen existieren. So wird es sich zeigen, daß der Anteil des gesparten Einkommens, s, keineswegs unabhängig von $(l + t)$ ist. Ebensowenig ist die Produktivitätssteigerung, t, unabhängig von der Rate der Kapitalakkumulation, $\frac{s}{v}$. " (S. 182 f.).

[21] s = Sparrate; v = capital-output ratio; l = Zuwachs des Arbeitspotentials; t = Zuwachs der Produktion je Beschäftigten (also der Arbeitsproduktivität). Fußnote von mir; W. H.

Will man nun den Zusammenhang der Wachstumsgrößen verdeutlichen, so kommt man zunächst um eine Reihe von „künstlichen Vereinfachungen“ nicht herum:

„Die sechs Hauptvoraussetzungen unseres ‚Grundmodells‘ sind:

1. Gleichbleibendes Verhältnis von Einsatz und Ausstoß *(constant returns to scale)* in jedem einzelnen Produktionsprozeß. Fehlen von Grenzen, welche die Umwelt dem Wachstum setzt. (Das heißt: es gibt nur zwei Produktionsfaktoren, Kapital und Arbeit, K und L, und zwei Arten von Einkommen, Profit und Lohn, P und W.)

2. Fehlen von technischer Entwicklung; d. h. unveränderte Produktionsfunktionen.

3. Allgemeiner Wettbewerb: Die Absatzpreise spielen sich in ihrem Verhältnis zu den Produktionsselbstkosten so ein, daß der Markt geräumt wird. Das Kapital bezieht überall eine einheitliche Profitrate und die Arbeitskraft in allen Arten von Beschäftigung den gleichen Lohnsatz.

4. Alle Profite werden gespart und alle Löhne konsumiert. Die Produktion teilt sich im selben Verhältnis zwischen Produktionsgütern *(‚input goods‘)* und Lohngütern (Konsumgütern) auf wie das Einkommen zwischen Profiten und Löhnen.

5. Zwischen Kapital und Arbeit (d. h. zwischen Einsatz von Sachmitteln und Einsatz von Arbeit) besteht strenge Komplementarität, und zwar sowohl bei der Erzeugung von Produktionsgütern wie bei der Erzeugung von Lohngütern. ...

6. Es besteht ein unbegrenztes Angebot an Arbeitskräften zu einem festen Lohn, ausgedrückt in Lohngütereinheiten.

Unter diesen Voraussetzungen wird die Zuwachsrate des Kapitalstocks, G_K, die Zuwachsrate der Gesamtwirtschaft, G_Y, bestimmen. G_K hinwiederum hängt ab vom Verhältnis des Akkumulationsteils der Produktion *(output saved)*, s, zum *capital-output ratio*, v. Der Akkumulationsteil wird bestimmt durch die Bedingung, daß der Lohnsatz nicht unter ein bestimmtes Minimum sinken kann, das durch die Subsistenzkosten gesetzt ist;

$$w \equiv w_{min}$$

Daher bestimmt allein der Überschuß der Produktion je Beschäftigten über den Subsistenzlohn die Profitquote. Die Produktion je Beschäftigten *(O)*, der *capital-outpout ratio (v)* und daher das Kapital je Beschäftigten stellen gegebene technische Konstanten dar. Und obendrein wird der Gesamtbestand an Kapital zu einem beliebigen Zeitpunkt, $t = 0$, als gegeben betrachtet.

Diese Annahmen führen zu einem Modell, das wie folgt formuliert werden kann. Machen wir von unseren oben eingeführten Bestimmungen Gebrauch[22], und bezeichnen wir die Produktion je Beschäftigten mit *O*, so erhalten wir ein System von sechs Gleichungen, wovon vier die getroffenen Voraussetzungen bezeichnen, eine weitere ein definitorisches Identitätsverhältnis ausdrückt und eine Gleichung die Gleichgewichtsbedingung bezeichnet.

$$\left.\begin{array}{lrl} \text{(i)} & O(t) & = \overline{O} \\ \text{(ii)} & v(t) & = \bar{v} \\ \text{(iii)} & w(t) & = w_{\min} \\ \text{(iv)} & s(t) & = \dfrac{P(t)}{Y(t)} \end{array}\right\} \text{für alle } t \geq 0$$

$$\text{(v)} \qquad P(t) \equiv Y(t) - w(t)\,L(t)$$

$$\text{(vi)} \qquad s(t)\,Y(t) = \frac{dK(t)}{dt} \quad \text{für alle } t \geq 0$$

Dies ist ausreichend, um die sechs Grundvariablen bei gegebenen Ausgangswerten zu bestimmen, nämlich *O (t), v (t), s (t), P (t), Y (t)* und *w (t)*. Aus (vi) und (ii) gewinnen wir:

$$G_Y = \frac{s(t)}{\bar{v}} \quad \text{oder} \quad \bar{v}\,G_Y = s(t)$$

Aus (v) folgt:

$$\frac{P(t)}{Y(t)} = \left[1 - \frac{w_{\min}}{\overline{O}}\right]$$

Die Profitquote ist daher unabhängig von *(t)*. Ebenso ergibt sich aus (iv), daß auch *s (t)* unabhängig von *t* ist. Folglich gilt:

---

[22] Diese können folgendermaßen zusammengefaßt werden:

$$G_K = \frac{dK}{dt} \cdot \frac{1}{K}\,; \; G_Y = \frac{dY}{dt} \cdot \frac{1}{Y}\,; \; v = \frac{K}{Y}\,; \; O = \frac{Y}{L}\,.$$

[Fußnote Kaldors; W. H.] — Es sei bemerkt, daß das Symbol *t* nun „Zeit“ bezeichnet.

$$G_K = \frac{s}{\bar{v}}$$

$$G_K = G_Y$$

$$\frac{P}{K} = G_K$$

(I) $$\frac{P}{Y} = G_K \bar{v}.\text{"} \quad \text{(s. 183 ff.)}$$

Die Weise, wie Kaldor *t* aus den Formeln entfernt — „*s (t)* ist unabhängig von *t*" — befremdet. — Die Schlußformel besagt: Bei gleichgewichtigem Wachstum besteht Übereinstimmung zwischen der Profitquote am Gesamteinkommen und der Zuwachsrate des Kapitalstocks, multipliziert mit dem *capital-output ratio (K/Y)*. Das heißt soviel wie $\frac{P}{Y} = \frac{\Delta K}{Y}$; was wieder auf das bekannte $S = I$ hinausläuft.

2. Annäherung des Modells an die Wirklichkeit

a) Begrenzte Vermehrbarkeit des Angebots an Arbeitskräften

„Die erste Modifikation, die ich einführe, ist die Aufhebung der Annahme (6), d. h. der Voraussetzung eines unbegrenzten Angebots an Arbeitskraft" (S. 185).

Der Zuwachs der Gesamtbevölkerung bestimmt dann — unter den obigen sonstigen Voraussetzungen — die Rate des Profits, bezogen auf das Kapital, sowie die Profitquote am Gesamteinkommen, und damit die Expansionsrate der Volkswirtschaft (vgl. S. 186 f.). Bei knappem Angebot an Arbeitskräften wird sich ein Gleichgewichtslohn, w, entwickeln, der über dem Subsistenzlohn, w_{min}, liegt.

„*Ricardo* hat an mehreren Stellen in seinen ‚*Principles*' ausgeführt: Wenn die Kapitalakkumulation dem Bevölkerungszuwachs vorauseilt, oder umgekehrt, so werden die Löhne über den ‚natürlichen Preis der Arbeit' steigen oder unter ihnen sinken. Ricardo hat jedoch niemals die darin eingeschlossene Folgerung gezogen (obwohl er mehrfach nahe daran schien, sie auszusprechen), daß das Steigen oder Sinken der Löhne infolge übermäßiger oder ungenügender Akkumulationsraten *seinerseits die Rate der Kapitalakkumulation durch Änderung der Profitquote berühren wird;* und daß hierbei eine Mechanik ausgelöst wird, welche die Rate der Kapitalakkumulation mit derjenigen des Arbeitsangebots im gleichen Schritt halten wird. Das heißt, es gibt ein ‚Gleichgewichts-'

Niveau der Löhne, das die vermehrte Nachfrage nach Arbeitskräften mit der Vergrößerung des Angebots in Übereinstimmung bringt" (S. 188).

So ist auch nicht einzusehen, „warum die Löhne sich nicht auf ein neues Gleichgewichtsniveau einspielen sollten, das von den bloßen Unterhaltskosten der Arbeitskraft abweicht" (S. 188).

b) Variable Produktionsfunktionen

„Wir wollen nun weitere vereinfachende Annahmen aufheben. Wie sich dabei zeigen wird, bedeutet dies keine wesentliche Abweichung von unseren Ergebnissen, bis auf die Rolle der technischen Entwicklung" (S. 190).

Kaldor bezieht hierbei auch jenen Aspekt in seine Betrachtung ein, den die „neoklassische" (richtiger: die neoliberalistische) Richtung der Ökonomie gepflegt hat:

„Wir können die Überlegung einfügen, daß anstelle einer strikten Komplementarität zwischen Kapital und Arbeit variable Einsatzproportionen bestehen, und annehmen, daß es die Möglichkeit der Wahl zwischen mehreren Produktionsverfahren gibt, welche einen verschieden hohen Kapitaleinsatz je Beschäftigten — d. h. unterschiedliche Verhältnisse zwischen dem Aufwand von ‚Sachgütern' *(commodities)* und von ‚Arbeit' — erfordern. Daher wird die Produktion je Beschäftigten, O ($O \equiv Y/L$), eine Funktion von K/L, des Kapitals je Beschäftigten, sein. ...

Nehmen wir an, daß jeder Unternehmer jeweils über einen begrenzten Kapitalbetrag verfügt, so wird das Kapital je Beschäftigten so eingesetzt werden, daß es die Profitrate maximiert. Und dieser optimale Kapitalaufwand je Beschäftigten wird um so größer sein, je höher die Löhne (in Wareneinheiten) sind . . ." (S. 190).

Es findet also bei höheren Löhnen Substitution von Arbeitskraft durch Sachkapital statt, und mithin auch eine Änderung des *capital-output ratio* sowie der Arbeitsproduktivität, wie Kaldor zutreffend vermerkt. Hierbei trifft Kaldor zufolge die Ersetzung von Menschen durch Produktionsmittel bei unverändertem Stand der Technik auf die Grenze, welche die Wirksamkeit des Gesetzes eines sinkenden Ertragszuwachses setzt, so daß nach zeitweiser Hypertrophie der Sachkapitalbildung schließlich der durch das Bevölkerungswachstum bestimmte Pfad des „Gleichgewichtswachstums" wieder ertastet wird (vgl. S. 190 f.).

„So bedeutet die Einführung einer Wahl zwischen Produktionsprozessen, welche Arbeit durch Kapital zu ersetzen erlauben, daß zwischen dem Gleichgewicht von Modell I (wo G_Y durch G_K bestimmt war) und dem Gleichgewicht von Modell II (wo G_Y durch G_n sowie G_K

durch G_Y bestimmt war) eine vermittelnde Phase liegt, gekennzeichnet durch die Bedingung:

$$G_K > G_Y > G_n.$$

Hier ist also die Rate des tatsächlichen Wachstums größer als die des natürlichen Wachstums, wie sie sich aus der Zunahme der Bevölkerung ergibt, und gleichzeitig niedriger als die Rate der Kapitalakkumulation" (S. 191).

c) Die „Sparneigung"

„Wir können nun unsere vierte Annahme fallen lassen: diejenige, die allen ‚klassischen' Modellen zugrunde liegt, und wonach es keine Konsumtion aus dem Profit und kein Sparen aus dem Lohneinkommen gibt" (S. 194).

Dabei wird der Akkumulationsteil der Gewinneinkommen natürlich höher sein als der Anteil der Ersparnisse an den Lohneinkommen. Berücksichtigt man dies im Grundmodell, so kommt man zu einem Ergebnis, das hier nur in seiner verbalen Form wiedergegeben werden soll:

„Die Rate des Profits, auf das [Sach-] Kapital bezogen, wird nun die Expansionsrate der Wirtschaft im umgekehrten Verhältnis zum Anteil der gesparten [besser: akkumulierten; W. H.] Profite übertreffen. Entsprechend wird auch die Profitquote am Gesamteinkommen sich erhöhen; es sei denn das Steigen von $\frac{P}{K}$ senkt v und damit das Verhältnis von Investition und Produktion bei einer gegebenen Wachstumsrate" (S. 195).

d) Der Wettbewerbsgrad

Nun läßt Kaldor die dritte seiner eingangs getroffenen Annahmen fallen und betrachtet die Verhältnisse der beschränkten Konkurrenz. Es gibt dann ...

„... eine bestimmte *Minimalspanne des Profits*, welche der [eingeschränkte; W. H.] Wettbewerb nicht zu beseitigen vermag. Wir können diese Minimalspanne des Profits den ‚Monopolgrad' oder den ‚Grad der Unvollkommenheit des Marktes' nennen . . ." (S. 198).

Es ergibt sich hieraus: das Verhältnis P/Y muß über der Minimalspanne des Profits liegen; anderenfalls verfällt die Wirtschaft in den Zustand der Stagnation. Freilich:

„Nur unter Bedingungen der Vollbeschäftigung im Sinne von Keynes wird das Wachstumspotential einer Volkswirtschaft (das durch seine ‚natürliche' Wachstumsrate angezeigt wird) sich in tatsächliches Wachstum umsetzen" (S. 201).

e) Die technische Entwicklung

„Wir müssen nun daran gehen, die wichtigste unserer ‚vereinfachenden' Annahmen zu beseitigen: das Fehlen von technischer Entwicklung. Ein gleitendes Wachstumsgleichgewicht schließt die ständige Zunahme der Arbeitsproduktivität — und nicht nur die Zunahme der Arbeitsbevölkerung — ein, im Verein mit einer ständigen Zunahme des auf den Beschäftigten entfallenden Kapitals . . ." (S. 203).

Die übliche („neoklassische") Art, an diese Verhältnisse mit Hilfe von linearen und homogenen Produktionsfunktionen heranzugehen, die sich mit der technischen Entwicklung kontinuierlich verschieben und *jeweils* dem Gesetz eines sinkenden Ertragszuwachses folgen, befriedigt Kaldor nicht. Er führt hierfür sehr scharfsinnige Überlegungen an, auf die wir wegen ihrer allgemeinen Bedeutung näher eingehen wollen:

1. Im Prozeß der Akkumulation befindet die Volkswirtschaft sich niemals in Übereinstimmung mit den gedachten Möglichkeiten; sie schreitet nicht *auf* der Kurve der Produktion, sondern vielmehr *innerhalb* des von ihr markierten Raumes fort (vgl. S. 205).

2. Der Stand der Technik ist kein unmittelbar quantifizierbares Moment; er kann daher nur indirekt ausgedrückt werden. Infolgedessen läßt sich nicht ausmachen, ob zwei verschiedene Verhältnisse des Einsatzes von „Kapital" und „Arbeit" zu zwei verschiedenen Zeitpunkten auf eine Fortbewegung entlang einer ursprünglich angenommenen Kurve oder auf eine Verschiebung der Kurve selbst zurückgehen (S. 205).

3. Die Produktion kann überhaupt nicht als eine Funktion von „Kapital" und „Arbeit" allein angesehen werden. Beide „Faktoren" ändern sich selbst qualitativ im Prozeß der technischen Fortentwicklung. Der nichtquantifizierbare „Faktor", wie ihn technische Kenntnisse darstellen, kann daher auch nicht sein eigenes „Grenzprodukt" erhalten:

„Das heißt soviel wie: wir sind nicht frei, in den Rang eines ‚Produktionsfaktors' zu erheben, was wir nur wollen. Die Variablen der Produktionsfunktion müssen echte Einsatzgrößen sein, und nicht unbestimmte ‚mitwirkende Elemente', wie die Sonne oder das Meer oder die technischen Kenntnisse . . . Betrachten wir aber die *wirklichen* Variablen, Kapital und Arbeit, so wird die Produktionsfunktion nicht linear-homogen, sondern vielmehr bei steigendem technischen Niveau eine Funktion von höherer Ordnung sein. Es ist daher nicht gerechtfertigt, anzunehmen, daß die Faktoren nach ihrer Grenzproduktivität entgolten werden, da die Summe der Grenzprodukte der Faktoren das Gesamtprodukt übersteigen wird. . . . Daher ist auch ein jedes Postulat unberechtigt, das sich von der Hypothese einer sinkenden Produktivität herleitet . . ., wenn diese Produktivität tatsächlich — aus welchen Gründen immer — *nicht* sinkt. Ist im Verhältnis zur Kapitalakkumulation die Produktivität unverändert oder steigend, so muß die Profitquote notwendigerweise *unter* dem Grenzprodukt des Kapitals liegen; und es gibt dann keinen Grund dafür, daß ein gegebener *capital-output ratio* sich mit einer bestimmten Profitrate verbinden sollte, oder daß diese beiden überhaupt auf Grund eines technischen Umstands miteinander in funktioneller Beziehung stehen sollten" (S. 206 f.).

4. Die Verschiebung der Produktionsfunktion bei steigendem technischen Niveau hängt selbst von der Rate der Kapitalbildung ab, in der sich die *Nutzanwendung* der neuen Technik ausdrückt. Technische Entwicklung und Kapitalakkumulation lassen sich also auch aus diesem Grunde nicht voneinander trennen (vgl. S. 207).

„Das Äußerste, was man sagen kann, ist dies: Zwar hängt die Rate der technischen Verbesserung von der Rate der Kapitalakkumulation ab; doch hat die Gesellschaft nur eine begrenzte Möglichkeit *(capacity)*, den technischen Wandel jeweils *nutzbar* zu machen. Ob die Zunahme der Produktion größer oder geringer sein wird als die Zunahme des Kapitals, wird daher nicht vom technischen Niveau oder seiner Verschiebung, sondern vielmehr von der *Geschwindigkeit* abhängen, mit der das Kapital im Vergleich zur Fähigkeit der Gesellschaft, Neuerungen zu finden und ökonomisch nutzbar zu machen, akkumuliert wird" (S. 207).

„Diese Überlegungen können, wie mir scheint, in eine ‚Funktion des technischen Fortschritts' gefaßt werden. Diese stellt eine Relation zwischen der Zuwachsrate des Kapitals und der Zuwachsrate der Produktion her und verarbeitet die Wirkung eines ständig fortschreitenden technischen Wissens sowie eines wachsenden Kapitalbestandes je Beschäftigten, ohne dabei den Versuch zu unternehmen, das eine vom anderen zu trennen. ...

Die *Lage* dieser Kurve bezeichnet die ‚Dynamik' einer Gesellschaft, womit sowohl ihr Erfindergeist als auch die Bereitschaft zum Wechsel und zum [ökonomischen] Experiment gemeint ist. Zugleich weist die *Krümmung* der Kurve auf die Möglichkeit hin, bis dahin ungenutzte Gedanken mehr oder weniger vollständig auszuwerten; und es sind immer die gewinnbringendsten Gedanken . . ., die zuerst genutzt werden" (S. 207 f.).

„Es gibt daher nicht *eine* Rate der technischen Entwicklung, nicht eine einzige, bei der allein ein konstanter Zuwachs gehalten werden kann, sondern vielmehr eine ganze Reihe solcher Raten, je nachdem, ob die Kapitalakkumulation verhältnismäßig langsam oder rasch vonstatten geht.

Unsere Untersuchung ergibt: Es ist die ‚technische Dynamik' der Wirtschaft, wie sie sich in der Höhe und im Verlauf der Kurve des technischen Fortschritts darstellt, die in einer kapitalistischen Wirtschaft sowohl die Rate der Kapitalakkumulation als auch die Wachstumsrate der Produktion verhältnismäßig niedrig oder hoch ausfallen läßt. So erklärt sich, warum es weder eine langfristige Tendenz der *sinkenden*

Profitrate noch ein tendenzielles Anwachsen des Kapitals im Verhältnis zur Produktion gibt, sei es nun in langsam oder in rasch wachsenden Volkswirtschaften. Auch in einer Wirtschaft mit geringer technischer Dynamik werden zwar die Akkumulationsrate und die Zunahme der Produktion mäßig sein; doch kann dabei ein stetiges Wachstum vor sich gehen, ohne daß notwendigerweise eine Tendenz zu sinkenden Erträgen und damit zu einer schrittweisen Annäherung an einen stationären Zustand eintritt" (S. 209).

Die technische Entwicklung nun tendiert dahin, „neutral" zu werden: d. h. Kapital und Produktion nehmen im gleichen Verhältnis zu, der *capital-output ratio (K/Y)* bleibt konstant. Ebenso bleiben die Quoten der beiden großen Einkommen unverändert, sowie die [durchschnittliche] Profitrate auf das Kapital und die Wachstumsrate selbst. Dies ergibt sich aus zwei Überlegungen, die den Inhalt von Kaldors *„Investitionsfunktion"* bezeichnen:

„1. Immer wenn die Produktion rascher wächst als der Kapitalstock, wird die erwartete Profitrate, bezogen auf die Investition, höher sein als die, welche gegenwärtig aus dem vorhandenen Kapitalbestand gewonnen wird. 2. Ein Steigen der erwarteten Profitrate verursacht eine Erhöhung der Investitionsrate im Vergleich zu dem, was ein stetiges Wachstum erfordern würde, und umgekehrt" (S. 214).

Gerade die Fehlerwartungen korrigieren sich infolgedessen selbst und bezeugen damit die immanenten Bedingungen einer gleichgewichtigen Entwicklung.

3. Das definitive Modell

Das Endmodell, das aus allem Vorangegangenen entspringt, enthält *drei* wesentliche *Gleichgewichtsbeziehungen*. Die eine entspringt der *Sparfunktion*, die zweite der *Funktion des technischen Fortschrittes*, die dritte der *Investitionsfunktion*, d. h. der Wirkung einer für die Zukunft erwarteten Profitrate auf die Investitionsentscheidungen der Unternehmensleiter. Baut man diese drei Beziehungen — sowie die weiteren Umstände, die sich aus dem Verzicht auf die zunächst getroffenen Vereinfachungen ergeben — in das oben vorgeführte Ausgangsmodell ein, so gewinnt dieses die Gestalt der im weiteren wiedergegebenen Formeln (wobei nur das Ergebnis des Gedankengangs von Kaldor hier festgehalten werden soll)[23]:

[23] Die verwandten Symbole seien hierbei — teils nochmals, teils erstmals — in der Reihenfolge ihres Auftretens, bezeichnet: *Y:* Gesamtprodukt (= Nationaleinkommen); *O:* Produktion je Beschäftigten ($O \equiv Y/L$); *L:* Beschäftigungsmenge; *P:* Gesamtprofit; *v: capital-output ratio (K/Y); s: Sparquote* (richtiger: Akkumulationsteil des Nationaleinkommens; *I/Y); w:* Lohnsatz; G_0: Rate des Zuwachses der Produktion je Beschäftigten; *p:* Risikoprämie des Investors; *r:* Zinssatz (für Effekten erster Qualität); *L* (t):* „Maximum der in der Zeit *t* verfügbaren Arbeitskräfte"; α: Akkumulationsteil des Profits ($\alpha' > 0$); *β:* gesparter Teil der Lohneinkommen ($1 > \beta' > 0$); $G_{\underline{K}}$: Zuwachs rate des Kapitalstocks; λ: höchste Zuwachsrate der Bevölkerung; $\bar{r}$: Minimalzins; ξ: Funktionszeichen; *K:* Sachkapitalbestand; w_{min}: Minimallohnsatz; *m:* Minimalprofitrate (= Ausdruck des Monopolgrades); *W:* Lohnsumme; p_C:

Das „definitive Modell" enthält dabei 10 Gleichungen und 10 Variable: nämlich $Y(t)$, $O(t)$, $L(t)$, $P(t)$, $v(t)$, $s(t)$, $w(t)$, $G_0(t)$, $p(t)$ und $r(t)$. Angenommen wird, daß kein Sparen aus Lohneinkommen geschieht ($\beta = 0$). Der Geldzins wird als konstant betrachtet. Die verschiedenen das Wachstum begrenzenden Faktoren, die in den vorausgegangenen Überlegungen aufgetaucht sind, erhalten nun ihren Platz in den Formeln des Modells:

Annahmen:

$$\left.\begin{array}{lr} \text{(i)} & L^*(t) = L^*(o)\, e^{\lambda t} \\ \text{(ii)} & G_o(t) = \alpha' + \beta'(G_K(t) - \lambda) \\ \text{(iii)} & s(t) = \alpha \dfrac{P(t)}{Y(t)} \\ \text{(iv)} & \dfrac{dv(t)}{dt} = 0 \\ \text{(v)} & r(t) = \bar{r} \\ \text{(vi)} & p(t) = \xi(v(t)) \\ & \xi' > 0 \end{array}\right\} \text{für alle } t \geq 0$$

Identität:

$$\text{(vii)} \qquad P(t) \equiv Y(t) - w(t)L(t)$$

Gleichgewichtsbedingungen:

$$\left.\begin{array}{lr} \text{(viii)} & s(t)Y(t) = \dfrac{dK(t)}{dt} \\ \text{(ix)} & L(t) = L^*(t) \\ \text{(x)} & \dfrac{P(t)}{K(t)} = r(t) + p(t) \end{array}\right\} \text{für alle } t \geq 0$$

Ungleichungen:

$$\text{(a)} \qquad w(t) \geq w_{\min}$$

$$\text{(b)} \qquad \frac{P(t)}{Y(t)} \geq m$$

$$\text{(c)} \qquad \frac{W(t)}{Y(t)} \leq \frac{\dfrac{dY(t)}{dL(t)} L(t)}{Y(t)}$$

$$\text{(V) (d)} \qquad p_F + \bar{r} > \frac{\lambda + \gamma'}{\alpha} > p_C + \bar{r}\,.$$

Grenzrisikoprämie für die Investition in zirkulierendem Kapital; p_F: Grenzrisikoprämie für die Investition in fixem Kapital; γ': Gleichgewichtsrate des Wachsens der Arbeitsproduktivität; G_Y: Wachstumsrate der Gesamtproduktion; N: Niveau der Produktion, das einen „Normal"-Profit auf den Kapitalbestand abwirft.

Hieraus ergibt sich, wie unschwer zu erkennen ist, ein fest bestimmtes System; vorausgesetzt, daß die Lösungen unter die Bedingungen fallen, die mit den Formeln (a) — (d) abgesteckt worden sind. Aus (ii) und (iv) gewinnen wir:

$$G_o = \frac{\alpha'}{1 - \beta'} \equiv \gamma'$$

Daher aus (i) und (ix):

$$G_Y = \lambda + \gamma'.$$

Jedoch aus (vii):

$$G_Y(t) = \frac{s(t)}{v(t)} = \lambda + \gamma' \equiv N\,.$$

Aus (iii), (v), (vi) und (x):

$$\frac{P(t)}{K(t)} = \frac{s(t)}{\alpha v(t)} = \frac{N}{\alpha} = \bar{r} + \xi(v(t))\,.$$

Auf diese Weise können wir durch Lösung der letzten Gleichung für *v (o)* alle verbleibenden Unbekannten des Systems ableiten.

Wenn die Ungleichung (a) nicht zutrifft, so wird *P/Y* unter seinen Gleichgewichtsstand gedrückt; und infolgedessen werden die Rate der Kapitalakkumulation und die Wachstumsrate niedriger, als bezeichnet, sein. Solange wir jedoch von sinkenden Erträgen als Folge begrenzter natürlicher Produktionsressourcen absehen und eine kontinuierliche technische Entwicklung annehmen, so daß $G_0\ (t)$ im Zeitablauf wächst, muß früher oder später der Punkt erreicht sein, wo unserer Ungleichung entsprochen wird.

Ist andererseits einer der Ungleichungen (b), (c) oder (d) nicht genügt, so wird *P/Y* über seinen Gleichgewichtswert hinausgehen, und ein gleichgewichtiges Wachstum bei Vollbeschäftigung wird unmöglich. Im Falle von (c) dürfen wir annehmen, daß es immer einen gewissen Grad von Überkapazität gibt . . ., welcher dieser Bedingung entspricht; und wäre der erforderliche Bestand an Überkapazität nicht von Anfang an da, so würde das System ihn hervorbringen. Denkbar ist allerdings, daß die Bedingungen (b) oder (d) echte Hindernisse auf dem Weg zu einem ausgeglichenen Wachstum darstellen. In diesem Falle kann das System nicht stetig expandieren. Das bedeutet jedoch nicht, daß die Wirtschaft in einen Zustand permanenter Stagnation verfallen wird.

Vielmehr nehmen auch in Zeiten der Ruhe infolge der fortgesetzten technischen Entwicklung und des Volkswachstums die Investitionsgelegenheiten zu. Hierdurch wird es dem System möglich, für einige Zeit in einem Maße zu wachsen, das immerhin über $(\lambda+\gamma')$ liegt, so daß der erforderliche Wert $\frac{P(t)}{K(t)}$ schließlich zustande kommt.

Zum letzten: Ist Bedingung (d) nicht erfüllt, so wird ein stetiges Wachstum unverträglich mit der angenommenen Zinsrate $\bar{r}$. Zwei Fälle sind hier möglich: Ist $\frac{\lambda+\gamma'}{\alpha} > p_F + \bar{r}$, so macht das Gleichgewicht einen höheren Geldzinsfuß notwendig. Ist $\frac{\lambda+\gamma'}{\alpha} < p_C + \bar{r}$ und steht der Geldzins schon auf denkbar niedrigem Niveau, so erfordert das Gleichgewicht ein Steigen der Geldlöhne und eine hierdurch ausgelöste Steigerung der Preise, welche den Realzins auf die angemessene Höhe zurückführen dürfte" (S. 220 ff.).

4. Würdigung

Kaldors Betrachtung des Wirtschaftsprozesses zeichnet sich durch die Weite des Gesichtskreises, durch die lebendige Beziehung zur älteren, vor allem der klassischen Theorie, durch die methodische Präzision der Analyse, durch die Originalität der Gedanken und durch ihren handfesten Realismus aus. All dies setzt Kaldor auch instand, die unbeholfene Weise, wie die „Neoklassiker" an die Entwicklungsvorgänge herangegangen sind, sowie deren „Grenzproduktivitäts"-Theorem abzufertigen. Besonders wichtig ist, daß Kaldor die technische Fortentwicklung in den Mittelpunkt seines Systems gerückt und damit der Rationalisierungsinvestition neben der Erweiterungsinvestition ihren Raum zugewiesen hat. „Kapital" und „Arbeit" erscheinen hierdurch nebeneinander als substitutiv und komplementär. Hier ist zugleich der Punkt erreicht, wo die Theorie der Entwicklung die Theorie der Einkommensverteilung einbegreift. An anderer Stelle (*Alternative Theories of Distribution, Rev. of Ec. St.* S. 95 f.) hebt Kaldor hervor: Die Einkommensverteilung hängt langfristig von der Sparneigung der Unternehmer und Nichtunternehmer sowie von der Wachstumsrate des Sozialprodukts ab; und sie wirkt ihrerseits auf diese beiden Größen zurück.

So hat bei Kaldor das Sichtfeld eine Spannweite erlangt, die das System dessen, was mit mathematischen Formeln noch anschaulich zu machen ist, geradezu sprengt. Die von Kaldor selbst in redlichem Forscherfleiß immer neu entworfenen und verfeinerten Modelle sind alles andere als einfach. Freilich ist nicht die Simplizität, sondern der Wirklichkeitsgehalt einer Lehre Ausweis ihres Ranges. Gerade mit zunehmender Wirklichkeitsnähe aber wird das Spannungsverhältnis zwischen der realistischen Absicht und den Grenzen der formal-konstruktivistischen Darstellungsweise deutlich: Von der Begriffs- und Symbolwahl selbst kann eine beirrende Wirkung ausgehen (Kapitalbegriff!); und die mathematische Sprache muß so verfeinert werden, daß schließlich das Auskunftsbegehren des Lesers zu dem schlichten verbalen Ausdruck zurückverlangt.

Kaldor hat die Gleichgewichtsbedingungen des Wachstums nicht nur bezeichnet, er hat auch eine immanente Tendenz der ökonomischen Kräfte am

Werke gesehen, welche das Gleichgewicht unmittelbar zu verwirklichen neige. Hierin unterscheidet er sich von seiner — im übrigen ihm nahestehenden — Cambridger Kollegin Joan *Robinson*, für welche das Gleichgewichtswachstum nur ein gedankliches Hilfsmittel ist, um die Ungleichgewichte der wirklichen Wirtschaftsentwicklung aufzuweisen.

B. Kapitalakkumulation und Einkommensproportionen: Joan Robinson

Unter den Versuchen, die Einseitigkeit vieler neuerer Modellkonstruktionen zu vermeiden und Getrenntes wieder zusammenzufassen, ragt das Werk „*The Accumulation of Capital*" (London 1956) aus der Feder Joan Robinsons (geb. 1903, an der Universität Cambridge lehrend) heraus. Robinsons Akkumulationstheorie, die reife Frucht eines umfassenden Lebenswerkes — angefangen von den bekannten „*Economics of Imperfect Competition*" (1933) — ist, wie die Verfasserin selbst großzügig einbekennt, dem Erbe so verschiedenartiger Denker wie A. *Marshall*, K. *Wicksell*. J. M. *Keynes* sowie, unter den Zeitgenossen, den Gedanken von R. *Harrod*, R. F. *Kahn*, M. *Kalecki* und anderen verpflichtet. Das Werk trägt darüber hinaus auch den Stempel der *Marxschen* Akkumulationstheorie, mit der sich die Verfasserin schon früher literarisch auseinandergesetzt hat (vgl. vor allem „*An Essay on Marxian Economics*", London 1947[2]). — In Robinsons Akkumulationslehre verbinden sich nicht nur verschiedene Richtungen der neueren Entwicklungstheorie miteinander: auch die Theorie der Einkommensverteilung findet, noch ausdrücklicher als bei *Kaldor*, ihren Platz in der Lehre vom volkswirtschaftlichen Gesamtprozeß. So ist Robinsons Werk besonders geeignet, am Abschluß unserer Übersicht über die Theorie der Entwicklung einer kapitalistischen Wirtschaft zu stehen[24].

1. Die Bedingungen stetigen Wachstums: das „goldene Zeitalter"

a) *Gesellschaftliche Voraussetzungen*

Den Überlegungen Robinsons liegt eine einfache Zwei-Klassen-Gesellschaft mit akkumulierenden Unternehmern und konsumierenden Unselbständigen und dementsprechender eindeutiger Scheidung von Gewinn- und Arbeitseinkommen — letztere unter Einschluß des „Unternehmerlohns" betrachtet — zugrunde (vgl. S. 90). Von der Existenz gesellschaftlicher Zwischenschichten wird abgesehen; doch spielen die „*Rentiers*", die von Zinsen und Dividenden leben, eine gewisse Rolle. — Damit sind die Verteilungsverhältnisse ins Bild der Wirtschaftserweiterung von vornherein aufgenommen, und die Sicht der Kapitalakkumulation schließt auch die der wechselnden Proportionen zwischen Lohn- und Gewinneinkommen sowie zwischen Kapitalstock und Arbeitspotential ein.

Allgemeine Voraussetzung aller Kapitalbildung ist, wie Robinson hervorhebt, die Erzielung von Gewinn, d. h. die Produktion eines Überschusses über den Bedarf der Beschäftigten selbst hinaus. Hierbei ist...

---

[24] Zitiert wird im weiteren nach der mit dem englischen Original verglichenen und von mir gelegentlich abweichend formulierten deutschen Übersetzung: *Die Akkumulation des Kapitals*, Wien o. J. (2. englische Aufl. 1965.)

„... die Beziehung zwischen Gewinnen und Akkumulation eine zweiseitige. Damit überhaupt ein Gewinn erzielt werden kann, muß die Produktion pro Beschäftigten einen Überschuß über jene Menge hinaus ergeben, die notwendig ist, um die Familie des Arbeiters und damit das Arbeitskräftepotential zu erhalten. Aber die technische Möglichkeit eines solchen Überschusses ist keine hinreichende Bedingung für die Realisierung von Gewinnen. Die Unternehmer müssen dazu auch investieren. Der Satz, daß die Profitrate gleich der Akkumulationsrate ist (wenn aus Gewinnen nicht konsumiert wird), wirkt nach beiden Richtungen. Wenn die Unternehmer keinen Gewinn erzielen, können sie nicht akkumulieren, und wenn sie nicht akkumulieren, erzielen sie keinen Gewinn“ (S. 96 [76]).

Freilich: um Gewinn zu erzielen, sind die Unternehmungen — direkt oder indirekt — auf eine ausreichende Nachfrage der Lohnbezieher nach Konsumgütern angewiesen. Und hierbei zeigt sich ...

„... ein elementares Paradoxon des Kapitalismus. Jeder Unternehmer für sich genommen zieht aus einem niedrigen Reallohn einen Vorteil, bezogen auf sein eigenes Produkt. Alle Unternehmer zusammen aber werden von einer beschränkten Aufnahmefähigkeit der Warenmärkte betroffen, die aus niedrigen Reallöhnen entspringt“ (S. 99 [78]).

Für eine stetige Kapitalerweiterung ist also offenbar ein „richtiges“ Größenverhältnis zwischen Lohneinkommen und Gewinneinkommen die notwendige Bedingung. Freilich wird jene Proportion in der Unternehmerwirtschaft nicht oder nur ganz zufällig und vorübergehend erreicht. Unsere Autorin wählt daher, um das von vornherein nur *gedachte*, in Wirklichkeit nicht zu realisierende Verhältnis einer gleichgewichtigen stetigen Entwicklung angemessen zu bezeichnen, den fabulosen und etwas kapriziösen Begriff eines *„goldenen Zeitalters“* der Kapitalakkumulation. Hauptkennzeichen eines solchen vorstellbaren Verhältnisses sind: gleichbleibende Expansionsrate und konstante Profitrate, „neutrale“ technische Entwicklung und daher unveränderter Realkapitalquotient, Parallelität von Lohnanstieg und Produktivitätsentwicklung. Unter diesen Voraussetzungen würde gelten:

„Die Wachstumsrate bezeichnet die höchste Akkumulationsrate, die bei einer unveränderten Profitrate auf Dauer durchgehalten werden kann.“ (S. 201 [174]; vgl. auch S. 122 ff. und passim)

Als vollends imaginär ist schließlich nach Robinson der — übrigens schon von J. St. *Mill* gesichtete — stationäre Zustand eines *„vollendeten wirtschaftlichen Glücks“ (state of economic bliss)* anzusehen, wo das ganze Nettoprodukt verzehrt wird, die Erzeugung von Sachkapital sich auf den Ersatz der verbrauchten Produktionsgüter beschränkt und jegliche Akkumulation aufgehört hat (vgl. S. 105, 201 und passim).

b) Das Gleichgewicht der Akkumulation

Für die Kapitalerweiterung unter den Bedingungen eines „goldenen Zeitalters“ gilt nun die allgemeine Proportionalitätsregel:

„Das Tempo der technischen Entwicklung und die Zunahme des Arbeitspotentials — unter Berücksichtigung einer etwaigen Änderung der Zahl der Arbeitsstunden pro Haushalt — bestimmen den Zuwachs der Gesamtproduktion, der bei unveränderter Profitrate dauernd gewahrt bleiben kann. Die mögliche Zuwachsrate (=die jährliche prozentuale Zunahme der Erzeugung) ist ungefähr gleich der prozentualen Zunahme der Beschäftigung plus der prozentualen Zunahme der Produktion je Beschäftigten“ (S. 199 [173]).

Daraus folgt bei fortschreitender Technik und daher steigender Arbeitsproduktivität die für alles weitere wichtige Überlegung:

„Die erste Grundbedingung einer ausgeglichenen Expansion ist, daß die Maschinenkapazität im richtigen Verhältnis zum gleichzeitigen Anstieg der Produktion je Beschäftigten zunimmt. Zugleich muß die Konkurrenz dafür sorgen, daß die Preise sich in einem solchen Verhältnis zu den Geldlohnsätzen bewegen, daß die Kapazität im normalen Umfang ausgelastet bleibt. Anders ausgedrückt: der Reallohn muß mit der Produktion je Beschäftigten steigen, so daß stets genügend Nachfrage vorhanden ist, um das ständig wachsende Produkt einer ständig wachsenden Kapazität aufzunehmen.

Soll ein stabiles Beschäftigungsniveau erhalten bleiben, so ist es zweitens notwendig, jede zufällige Diskrepanz zwischen verfügbarem Arbeitspotential und Produktionskapazität rasch zu beseitigen. Dies geschieht dann, wenn bei einem Überschuß an Arbeitskräften der Reallohn langsamer als die Produktion je Beschäftigten steigt und gleichzeitig die Aufwendungen im Investitionsgütersektor auf solcher Höhe gehalten werden, daß die Ausdehnung der Produktionskapazität... beschleunigt wird. Bei Knappheit an Arbeitskräften dagegen müssen die Geldlöhne im Verhältnis zu den Preisen steigen; der Reallohn steigt mehr als die Produktion je Beschäftigten, und die Akkumulation wird gebremst. Solange dieser Mechanismus arbeitet, wird das Angebot an Kapitalgütern dem Angebot an Arbeit ständig angeglichen, und jede Tendenz zu einem Überschuß oder zu einem Mangel an Arbeitskräften wird sogleich berichtigt.

Man braucht nur die notwendigen Bedingungen der Stabilität auseinanderzusetzen, um zu erkennen, wie gefährdet *(precarious)* die Wahrung einer solchen Stabilität unter den kapitalistischen Spielregeln ist“ (S. 111 f. [89]).

Eines klärenden Wortes bedarf hier die „erste Grundbedingung einer ausgeglichenen Expansion“: Den mit der Einführung technischer Verbesserungen in aller Regel verbundenen *Rationalisierungs*investitionen, durch welche Arbeitskräfte *freigesetzt* werden, müssen *Erweiterungs*investitionen in dem Umfang zur Seite treten, daß die bisherige Beschäftigung und damit ungefähr die bisherige Lohnsumme erhalten bleibt. Hinzu aber muß außerdem nach Robinson ein Sinken der Preise treten, das dafür sorgt, daß die Realkaufkraft der Arbeitenden nicht nur erhalten bleibt, sondern entsprechend dem *gestiegenen* Angebot *vermehrt* wird. Daß beide Bedingungen durch den Mechanismus des Wirtschaftssystems als solchen erfüllt werden, erscheint in der Tat nicht als gesichert.

„Im Ruhezustand eines goldenen Zeitalters expandieren Kapazität, Produktion und effektive Nachfrage im Gleichschritt. Sind die Bedingungen eines goldenen Zeitalters nicht erfüllt, so kann die Nachfrage rascher expandieren als die Kapazität (zum Beispiel, wenn eine unerwartete Beschleunigung der technischen Entwicklung zu einem Investitionsboom führt) oder hinter der Kapazität zurückbleiben (zum Beispiel, wenn ein steigender Monopolisierungsgrad die Reallöhne senkt, ohne eine entsprechende Erhöhung der Akkumulationsrate mit sich zu bringen)" (S. 203 [179]).

2. Gleichgewichtswachstum und Renditenkalkül

Das Bild einer geradlinigen Wirtschaftserweiterung bleibt für Robinson ein „analytisches Hilfsmittel" zur Verdeutlichung wesentlicher Zusammenhänge. In der unternehmerischen Ordnung allerdings orientieren sich die Einzelwirtschafter nicht an den Größen eines ihnen unbekannten volkswirtschaftlichen „Gleichgewichts", sondern vielmehr an dem, was die Märkte ihnen zu bieten versprechen. Die Unternehmensleiter treffen ihre Wahl zwischen alternativen Produktionsverfahren — und, wie zu ergänzen ist: zwischen alternativen Produktions*richtungen* — bei *gegebenen* Preisen und Kosten nach den jeweiligen Ertragsaussichten.

„Wenn ein Unternehmer eine Investition plant, so will er vor allem sicher sein, daß er hierbei kein Kapital verliert; d. h. er muß darauf bauen, daß er den ursprünglichen Aufwand aus der Quasirente[25] während der Nutzungszeit der Anlagen zurückerhält. Zweitens wünscht er den größtmöglichen Profit aus der Investition zu ziehen. Unter Wettbewerbsbedingungen sind die Preise seines Erzeugnisses und aller seiner Kapitalgüter sowie die Geldlohnsätze gegeben, und er kann — wenn die Verhältnisse hinlänglich ruhig sind — die Profitrate berechnen, welche die verschiedenen Produktionsverfahren erwarten lassen. Eine jede Erzeugungstechnik erfordert eine bestimmte Maschinenausstattung, bestimmte Mengen von zirkulierendem Kapital sowie eine bestimmte Anzahl von Arbeitskräften, und sie ergibt eine bestimmte Produktionsmenge je Beschäftigten. Bei gegebenen Preisen und Löh-

[25] Unter „Quasirente" versteht die Verfasserin — die sich hierbei auf A. *Marshall* bezieht — den „Überschuß der Erlöse über die laufenden Geschäftskosten" *(the excess of proceeds over running-costs of a business)*. Dieser Überschuß stellt eine Bruttogröße dar. Setzt man von ihr die Grundrente sowie die Kosten des Kapitalersatzes ab, so kommt man auf den *Profit*. (Vgl. Robinson, S. 28 [13].)

nen ist die Quasirente je Beschäftigten größer mit wachsender Erzeugung je Beschäftigten. Eine größere Pro-Kopf-Produktion wieder wird durch eine vermehrte Investition in Kapitalgütern ermöglicht; d. h. je höher der *Mechanisierungsgrad,* desto größer ist die Quasirente je Beschäftigten, und desto höher sind gleichzeitig die Kosten der erforderlichen Investition je Beschäftigten. Eine bestimmte Summe, eingesetzt zur Anwendung eines bestimmten Produktionsverfahrens — sagen wir Beta — verspreche einen bestimmten Ertrag. Die gleiche Summe, verwandt für ein stärker mechanisiertes Verfahren — Alpha — bei geringerer Anwendung von Arbeitskräften, erbringe ein geringeres Produkt... und bedeute eine niedrigere Lohnsumme. Ist nun der Ausfall an Produkt größer als die Ersparnis an Lohnkosten, so wird Beta vorgezogen werden. Ähnlich verhält es sich bei einem weniger mechanisierten Verfahren — Gamma — bei größerem Beschäftigungsaufwand und größerer Produktmenge. Wenn das Mehr an Lohnkosten das Mehr an Produkt übertrifft, so wird wiederum Beta vorgezogen. Betrachten wir den gleichen Sachverhalt unter einem anderen Gesichtspunkt: Die Beschäftigung einer bestimmten Anzahl von Arbeitskräften erfordere beim Beta-Verfahren eine bestimmte Kapitalinvestition und erbringe einen bestimmten Ertrag pro Kapitaleinheit. Dieselbe Anzahl kann beim Gamma-Verfahren mit einer geringeren Investition beschäftigt werden und liefere gleichzeitig einen geringeren Ertrag. Wenn die Differenz im Ertrag von Beta und Gamma größer ist als die Differenz der investierten Summen, so wird Beta vorgezogen. Die gleiche Anzahl von Arbeitskräften erfordere bei der Alpha-Technik eine größere Investition und erbringe einen höheren Ertrag. Bleibt der Mehrertrag hinter der Mehrinvestition zurück, so wird wiederum Beta vorgezogen.

Ist schließlich der Unterschied im Gewinn je Beschäftigten genau gleich dem Unterschied im Investitionsaufwand je Beschäftigten, so ergeben zwei Investitionen die gleiche Profitrate und der Unternehmer verhält sich indifferent." (S. 124 ff. [101 f.]; man vergleiche P. A. *Samuelsons* Regel der *„Minimalkostenkombination"*, Bd. II unserer „Texte", S. 229 f.)

Es ist Robinson hierbei wohl bewußt, daß eine rechnerische Bestimmung des Investitionsaufwandes, des laufenden Wertes der Kapitalgüter, der Dauer der Anlagennutzung sowie des künftig zu erwartenden Gewinns den größten Schwierigkeiten begegnet. Auch scheidet sie von den älteren „Gleichgewichts"-Theoretikern der Grenzproduktivitätsschule, denen sie hier nahezukommen scheint, und für welche die Summe aller einzelwirtschaftlichen „Gleichgewichte" — oder auch der „Saldo" aller partialen Ungleichgewichte — ein statisches „Gleichgewicht" der Gesamtwirtschaft ergibt (vgl. hierzu etwa J. B. *Clark*, „Texte", Bd. II, S. 212 ff.), die Sicht der *Bewegungs*vorgänge, die das Gleichgewicht zum bloßen Hilfsbegriff der Theorie der wirklichen *Disproportionen* macht. Den zahlreichen „Paradoxa", die Robinson aufspürt, liegt das durchgängige Spannungsverhältnis zwischen den einzelwirtschaftlichen Zielsetzungen und den für die einzelnen selbst immer wieder überraschenden kumulierten Wirkungen ihres eigenen Tuns zugrunde.

3. Die Instabilität der Entwicklung

„Eine Volkswirtschaft im Zustand der Ruhe, der Durchschaubarkeit und der Harmonie würde sich auf rationale Art der Erzeugung und dem Verbrauch von Werten widmen.

Es genügt schon die bloße Beschreibung dieser Bedingungen, um zu erkennen, wie weit diese von der Lage entfernt sind, in der sich unsere Volkswirtschaften in Wirklichkeit befinden. Insbesondere hätte der Kapitalismus unter solchen Bedingungen nie entstehen können, denn die Trennung von Arbeit und Eigentum, die erst die Großunternehmen ermöglicht, zieht Konflikte nach sich; und die Spielregeln wurden gerade zu dem Zweck entwickelt, die Akkumulation und den technischen Fortschritt unter den Bedingungen der Unsicherheit und der unvollständigen Kenntnis zu ermöglichen. Dennoch würden zu viele Störungen, Täuschungen und Konflikte zum Zerfall der Wirtschaft führen. Das Fortbestehen des Kapitalismus bis in unsere Tage beweist, daß in seine Unordnung gewisse Grundsätze des Zusammenhalts eingebaut sind." (S. 80 f. [60]; vgl. hierzu auch Robinson, *The Model of an Expanding Economy,* S. 42 f.)

Die Instabilität der wirklichen Entwicklung rührt sowohl von längerfristigen als auch von kürzerfristigen Wandlungen im Wirtschaftsgefüge her; wobei die Grenze zwischen beiden Erscheinungen eine durchaus fließende ist.

a) Längerfristige Wandlungen im Kapitalprozeß

Im weiteren geht Joan Robinson zunächst den Verhältnissen bei unveränderter sowie bei fortschreitender Technik nach; wobei verschiedene Relationen im Bestand sowie im Anwachsen des Sachkapitals und des Arbeitspotentials auf ihre Wirkungen untersucht werden. Besonderes Augenmerk gilt hierbei einer sprunghaften Entwicklung der Technik, einer ungleichmäßigen Verbreitung des technischen Fortschritts innerhalb des Wirtschaftssystems sowie der Beziehung zwischen Monopolgrad und Kapitalakkumulation (vgl. S. 111 f. und passim). Bemerkenswert ist dabei, was Robinson über den Zusammenhang zwischen Lohnhöhe und „Mechanisierungsgrenze" *(technical frontier)* zu sagen hat: Bei jeweils gegebenem Stande der Technik und sonst gleichbleibenden Umständen hängt es von der Höhe und der Bewegung des Lohnniveaus ab, ob zu anlageintensiveren Verfahren übergegangen wird. Mit steigenden Löhnen nimmt also die Anlageintensität der Produktion zu (vgl. S. 132 ff.). Allerdings muß nicht umgekehrt ein höherer Lohn auf einen höheren Mechanisierungsgrad und daher eine größere Arbeitsproduktivität zurückgehen oder eine gestiegene Produktivität unter allen Umständen höhere Löhne nach sich ziehen, wenn etwa die Verhältnisse des Arbeitsmarktes nicht danach sind (vgl. S. 154 ff.).

Es bestätigt sich dabei gerade in den wahrnehmbaren Abweichungen die Bedeutung, die unter dem Aspekt der Kapitalbildung einer „richtigen" Verteilung der Einkommen zwischen Lohn- und Gewinnbeziehern im Sinne der oben entwickelten Proportionalitätsregel zukommt: Wenn die Lage an den Arbeitsmärkten dergestalt ist, daß die Löhne steigen, so übt dies einen heilsamen Anstoß aus, die „Mechanisierungsgrenze" durch Verbesserungsinvestitionen vorzuschieben. Im umgekehrten Fall dagegen zeigt sich:

„In einer Volkswirtschaft mit einem überhandnehmenden Überschuß an Arbeitskräften geht die Akkumulation im allgemeinen nur zögernd vor sich, und den Unternehmern fehlt es an Unternehmungslust" (S. 182 [156]).

Allerdings dürfen die Löhne nicht soweit steigen, daß hierdurch die Rate der Profite unter das Maß gesenkt wird, das zur Durchführung der Rationalisierungsinvestitionen selbst notwendig ist. So kommt man auf die Formel einer Einkommensverteilung zurück, welche die stetige größtmögliche Akkumulation bei gleichzeitig hinreichend mitwachsenden (aus den Lohneinkommen gespeisten) Endmärkten sichert.

b) Kurzfristige Schwankungen: Akkumulation und Konjunkturprozeß

Betrachtet man die kurzfristigen Bewegungen der Akkumulation, so treten vor allem die wechselnden Preise und Kosten, welche den Kalkül der Unternehmungen und ihre Gewinne bestimmen, in ihre Rechte ein. Im Mittelpunkt stehen hier die Konjunkturschwankungen, die J. Robinson zu Recht — wenn auch nicht als erste — auf die Schwankungen der Investitionsrate zurückführt. Hierbei können Vorgänge von Aufschwung und Abschwung selbst dann einsetzen, „wenn alle langfristigen Bedingungen des goldenen Zeitalters erfüllt sind" (S. 236 [208]).

„Bei unserer Analyse der langfristigen Akkumulation sind wir auf verschiedene Situationen gestoßen, in denen die Investitionstätigkeit beschleunigt wird; etwa wenn zusätzliche Investitionen zu unerwartet raschen Neuerungen führen. Wir wollen nun untersuchen, wie die Wirtschaft in einer solchen Situation reagiert. Die steigende Beschäftigung im Investitionssektor hat auf dem Konsumsektor zu einer relativ zur Kapazität gestiegenen Nachfrage geführt. So entwickelt sich ein Verkäufermarkt. Oder wenn in der vorangehenden kurzfristigen Periode ein Käufermarkt gegeben war, so ist er jetzt weniger wirksam.

Wird angenommen, daß der Verkäufermarkt anhält, dann ist jeder bereits tätige Unternehmer bestrebt, seine Kapazität auszuweiten, um einen größeren Absatz ohne steigende Grenzkosten erzielen zu können. Diejenigen, die sich neu etablieren wollen, finden eine günstige Gelegenheit vor, denn sie können sich in den Markt einschalten, ohne eine defensive Preissenkung der alteingesessenen Firmen (deren Kapazität bereits voll ausgelastet ist) befürchten zu müssen. Die Aussicht auf einen anhaltenden Verkäufermarkt fördert daher die Nettoinvestitionen. Sogar wenn die Unternehmer, durch schlechte Erfahrungen gewitzigt, genau wissen, daß ein Verkäufermarkt sich nicht ewig hält, zwingt sie der Wettbewerb zu Investitionen; denn in dem folgenden Umschlag in einen Käufermarkt, den die Weiterblickenden erwarten, werden diejenigen einen Preisdruck besser durchstehen können, die eine neue Ausstattung (mit den neuesten Verbesserungen) erworben und daher geringere Kosten haben. Sogar die klugen Unternehmer müssen also investieren, so sehr sie dies auch bedauern mögen. ...

Der Anstieg der Investitionen führt zu einem weiteren Anstieg. Jede Erhöhung des Investitionsaufwandes seitens einer Gruppe von Unternehmern verbessert die Situation für andere, so daß — bis zu einer gewissen Grenze — jede Steigerung der Investitionsrate eine weitere Steigerung hervorruft.

Diese Obergrenze kann sich daraus ergeben, daß die Nachfrage nach Kapitalgütern nicht mehr wächst. ...

Es ist aber auch möglich, daß sich keine Obergrenze einstellt, bevor nicht der maximal mögliche Produktionsumfang erreicht ist.

Bei gegebenem Arbeitskräftepotential ist die Obergrenze der möglichen Investitionsrate durch die Inflationsschranke bestimmt[26]. Unter den normalen wirtschaftlichen Bedingungen (im Gegensatz zu Kriegszeiten, Wiederaufrüstung und dergleichen) wird jedoch diese Grenze gewöhnlich nicht erreicht (obwohl die Wirtschaft bis in ihre unmittelbare Nähe gelangen kann), denn vor ihr liegt eine andere Schranke, die durch die begrenzte Kapazität der auf die Produktion von Kapitalausrüstung spezialisierten Betriebe gegeben ist. Wenn in den Grundindustrien des Kapitalgütersektors (Eisen und Stahl, Schiffbau und anderes) die Kapazitätsgrenze erreicht ist, kann die Beschäftigung im Investitionssektor zunächst nicht weiter zunehmen. Die Investitionsindustrien finden selbst einen Verkäufermarkt vor, und ein Teil der Gesamtinvestitionen dient der Ausweitung ihrer eigenen Kapazität... Ist wieder zusätzliche Kapazität einsatzbereit, dann kann die Investitionsrate weiter gesteigert werden. Aber wenn dieser Zustand erreicht ist, hat sich der Verkäufermarkt im Investitionssektor abgeschwächt oder ist überhaupt verschwunden, und die Investitionen in Kapitalgüter zur Produktion von Kapitalgütern lassen nach.

Es ist daher... unmöglich, daß sich die Wirtschaft reibungslos auf die höhere, der neuen Situation entsprechende Investitionsrate umstellt. Die Anpassung an eine gegebene Steigerung der Investitionsrate erfordert eine noch höhere Investitionsrate, die nicht gehalten werden kann.

Es gibt einen maximalen Beschäftigungsstand im Investitionssektor, der irgendeinmal erreicht wird. Bis hierhin gab es eine — stetige oder

[26] Das heißt durch den Punkt, wo die Steigerung der Preise eine Preis-Lohn-Spirale auslöst. (Vgl. dazu Robinson, S. 66 ff., 48 ff.)

ruckweise — Expansion. Von da an hört die Expansion auf, und die Investitionen halten sich eine Zeitlang auf ihrem Höchstniveau.

Die Wirtschaft verharrt dann in einem kurzfristigen Gleichgewicht, wobei die Investition ihr Höchstmaß erreicht hat. Aber die Kapazität im Konsumsektor wächst dauernd, da zusätzliche Ausstattung zum Einsatz gelangt. Der Verkäufermarkt wird daher zunächst nicht stärker und schwächt sich dann ab. Neue Bestellungen von Kapitalgütern erfolgen nicht mehr in dem Tempo, in dem alte Bestellungen ausgeführt werden, und die Beschäftigung im Investitionssektor sinkt unter das Maximum. In der Folge sinkt die Nachfrage nach Waren, und es entsteht überschüssige Kapazität.

Es macht das Wesensmerkmal eines Boom aus, daß er (im Gegensatz zur Akkumulation im goldenen Zeitalter) auf einem Widerspruch beruht. Die Investitionen vollziehen sich unter dem Einfluß eines Verkäufermarktes, den die Investitionen selbst erzeugen. Über jene Investitionen hinaus, die durch den Beginn des Boom ausgelöst wurden, werden weitere Investitionen durch die starke Nachfrage induziert, die eine Folge der Investitionen ist. Der Verkäufermarkt könnte nur anhalten, wenn die Investitionen (und damit die Nachfrage nach Waren) proportional der wachsenden Kapazität zunehmen. Da die Investitionsrate nicht grenzenlos zunehmen kann, während gleichzeitig mehr und mehr Ausstattung den Herstellungsprozeß verläßt und die Kapazität ständig wächst, kann der Verkäufermarkt nicht ewig bestehen. Mit den Investitionen als der Folge eines Verkäufermarktes sägen die Unternehmer den Ast ab, auf dem sie sitzen, indem sie selbst den Verkäufermarkt zum Erliegen bringen.“ (S. 225 ff. [198]).

„Jedesmal, wenn sich ein Verkäufermarkt entwickelt, schießen die Investitionen übers Ziel, und es folgt eine Periode geringer Investitionstätigkeit. Gerade die Tatsache, daß es einen Boom gab, erzeugt den folgenden Abschwung. Jedesmal, wenn sich ein Käufermarkt entwickelt, geht die Desinvestition zu weit, und es folgt eine Periode reger Investitionstätigkeit. Gerade die Tatsache, daß es eine Depression gab, erzeugt die Wiederbelebung.“ (S. 236 [209])

Allerdings bleibt Robinsons Darstellung hier beschreibend. Die eigentlichen *Wendepunkte* der Konjunktur lassen sich nur erklären, wenn die Verhältnisse von *Kosten* und *Erlösen* bei den Unternehmungen sowie von *Löhnen* und *Gewinnen* in der Einkommensverteilung einbezogen werden. Ein Hochschwung findet sein Ende, wenn die — vor allem aus den Lohneinkommen gespeiste — Endnachfrage der Verbraucher hinter einem drängenden Angebot an Waren zu gleichzeitig in der Regel steigenden Preisen zurückbleibt *und* wenn die Profitrate in wichtigen Wirtschaftszweigen durch ein ungünstig gewordenes Verhältnis von Erlösen und Kosten zusammengedrückt wird, so daß sowohl Endnachfrage als auch unternehmerische Nachfrage teilweise ausfallen.

Auch in den konjunkturellen Schwankungen der Kapitalakkumulation tritt nach Robinson wieder jener durchgängige Gegensatz von einzelwirtschaftlichem Tun und gesamtwirtschaftlicher Wirkung hervor, der dem Wirtschaftssystem als solchen eigen ist:

„Für jeden einzelnen Unternehmer ist die Zukunft auch dann ungewiß, wenn sich die gesamte Wirtschaft reibungslos entwickelt, und das Verhalten eines Unternehmers beeinflußt die Lage der anderen. Aus diesem Grund ist dem kapitalistischen Spiel eine Instabilität inhärent, die Schwankungen sozusagen aus der Wirtschaft heraus erzeugt, und zwar selbst unabhängig von Änderungen in den äußeren Umständen." (S. 236 [209]).

4. Würdigung

Im ganzen bleibt Robinsons weitläufiger — und hier keineswegs erschöpfend nachgezeichneter — Gedankengang auf einem hohen Niveau der Abstraktion. Nicht der begrenztere Ausschnitt der vorfindlichen Verhältnisse, sondern vielmehr die Fülle der *möglichen* Wachstumsbeziehungen sind Gegenstand der Untersuchung, und ohne rigorose Annahmen kann es dabei nicht abgehen. Das berührt den Wirklichkeitsgehalt der Theorie; und man wird es bedauern, daß eine Ökonomin von solchem Scharfsinn uns manche ihr mögliche Analyse der Gegenwartswirtschaft selbst vorenthalten hat. So erlaubt zwar — um nur einen Umstand zu erwähnen — das konsequent durchgehaltene gesellschaftliche Zwei-Klassen-Schema, die Konsumeinkommen mit den Löhnen gleichzusetzen (wozu bei der Verfasserin lediglich noch der Verzehrsteil von Zins- und Dividendeneinkommen tritt). Es entfällt damit freilich die im Umfang immer mehr wachsende Teilhabe Dritter am Sozialprodukt, die selbst ohne produktiven Beitrag auf dem Wege öffentlicher wie privater Umverteilung von Einkommen mit Verbraucherkaufkraft ausgestattet werden, so daß die Beziehung zwischen Löhnen und Konsumnachfrage heute als sehr gelockert erscheint.

Bei alledem bleibt es das große Verdienst von Joan Robinson, den Prozeß der Kapitalakkumulation nicht als ein mechanisches Resultat von „Sparen" und „Investieren", sondern vielmehr als das Ergebnis eines immer neuen gesellschaftlichen *Verteilungskampfes* zwischen den Trägern so heterogener Einkommen betrachtet zu haben, wie dies die Gewinn- und die Arbeitseinkommen ihrer Natur nach sind. — Damit tritt zugleich die große lehrgeschichtliche Beziehung zu jener früheren Epoche der Theorie des Wirtschaftsprozesses wieder hervor, da in den materiellen Formen ihrer Daseinsentfaltung die Grundnatur der Gesellschaft als solcher noch einsichtig war.

Literatur

Hier erwähnte Veröffentlichungen von Kaldor

Stability and Full Employment, EJ 1938 (wiederabgedruckt in Kaldor: Essays on Economic Stability and Growth, London 1960, S. 103 ff.). — A Model of the Trade Cycle, EJ 1940 (abgedruckt, a.a.O., S. 177 ff.). — The Relation of Economic Growth and Cyclical Fluctuations, EJ 1954 (abgedruckt a.a.O., S. 213 ff.). — A Model of Economic Growth, EJ 1957 (abgedruckt a.a.O., S. 259 ff.). — Alternative Theories of Distribution, REStat. 1955/56 (wiederabgedruckt in Kaldor: Essays on Value and Distribution, London 1960, S. 209 ff.). — Capital Accumulation and Economic Growth, in „The Theory of Capital" (Ed. F. A. Lutz und D. C. Hague), London 1961, S. 177 ff. — A New Model of Economic Growth, REStat. 1962, S. 174 ff.

Weitere Veröffentlichungen von Joan Robinson zur Akkumulationstheorie

The Model of an Expanding Economy, EJ 1952, S. 42 ff. — Essays in the Theory of Economic Growth, London 1962.

Allgemeines Schrifttum zur neueren Theorie der Wirtschaftsentwicklung

Sigurd *Klatt:* Zur Theorie der Industrialisierung, Köln und Opladen 1959. — Ben B. *Seligman:* Main Currents in Modern Economics. Economic Thought since 1870, Glencoe/Ill. 1962. — Klaus *Rose:* Wachstums- und Konjunkturtheorie, JS 1962, S. 196 ff. [Literaturbericht]. — Karlheinz *Oppenländer:* Die moderne Wachstumstheorie, Berlin 1963. — Alfred E. *Ott:* Einführung in die dynamische Wirtschaftstheorie, Göttingen 1963. — Gottfried *Bombach:* Von der Neoklassik zur modernen Wachstums- und Verteilungstheorie, SchZ 1964, S. 399 ff. — Wilhelm *Krelle* (Hrsg.): Theorien des einzelwirtschaftlichen und des gesamtwirtschaftlichen Wachstums, SchrVSP, Berlin 1965. — Art: „Wirtschaftswachstum", HWBSoz.

Einzelbeiträge

John R. *Hicks:* A Contribution to the Theory of the Trade Cycle, Oxford 1950. — T. C. *Koopmans* (Ed.): Statistical Inference in Dynamic Economic Models, New York und London 1950. — D. *Hamberg:* Business Cycles, New York 1951. — Trygve A. *Haavelmo:* A Study in the Theory of Economic Evolution, Amsterdam 1954 (Neudruck 1956). — Michael *Kalecki:* Theory of Economic Dynamics, London 1954 (Neudruck 1965). — William *Fellner:* Trends and Cycles in Economic Activity, New York 1956. — James S. *Duesenberry:* Business Cycles and Economic Growth, New York-Toronto-London 1958. — Gottfried *Bombach:* Quantitative und monetäre Aspekte des wirtschaftlichen Wachstums, in „Finanz- und währungspolitische Bedingungen stetigen Wirtschaftswachstums", SchrVSP, Berlin 1959, S. 154 ff. — Trygve A. *Haavelmo:* A Study in the Theory of Investment, Chicago 1960. — Carl Christian v. *Weizsäcker:* Wachstum, Zins und optimale Investitionsquote, Tübingen 1962. — J. *Tinbergen* und H. C. *Bos:* Mathematical Models of Economic Growth, New York-San Francisco-Toronto-London 1962. — Michael *Kalecki:* Essays in the Theory of Business Cycles, 1965. — John R. *Hicks:* Capital and Growth, Oxford 1965.

Vierter Teil

Zur Theorie der Industrialisierung von Entwicklungsländern: Eigenbeitrag

Die nachholende Industrialisierung der bisher wirtschaftlich schwach entwickelten Länder, die Vollendung jenes materiellen Prozesses der industriellen Zivilisation, der die neuere Geschichte durchzieht, ist die große säkulare Aufgabe von heute. Sie stellt sich nicht nur den unmittelbar beteiligten Weltsphären, sondern auch der mitwirkenden Umwelt und ist von wahrhaft weltgeschichtlicher Dimension: Fällt doch mit den Sachentscheidungen der Industrialisierung zugleich die Entscheidung über die gesellschaftliche *Ordnung*, der die jungen Völker in ihrem großen Aufbruch folgen wollen. Die Theorie der ökonomischen Erschließung ist daher so recht geeignet, am Ende unseres weitläufigen Ganges durch die Lehrgeschichte die *gesamt*gesellschaftliche Natur des wirtschaftlichen Entwicklungsprozesses wieder vor Augen zu führen. Und zugleich lenken viele Probleme der Entwicklungsländer von heute den geschichtlichen Blick auf unsere eigene Epoche der Erstindustrialisierung, auf die *Merkantilzeit* der Länder unserer Hemisphäre zurück.

Die große geschichtliche Erwartung des klassischen Liberalismus, die Durchindustrialisierung und Zivilisierung des ganzen Erdballs, hat sich nicht erfüllt. Ebenso ist jenes historische Gesetz der zunehmenden Diversifikation einer fortschreitenden Wirtschaft, wie es in Deutschland einst Friedrich *List* (1789 bis 1846) entworfen hatte, die Perspektive des Übergangs vom reinen Agrarstaat über den Agrar- und Manufakturstaat zur entfalteten Agrar-, Manufaktur- und Handelsnation (vgl. *„Das nationale System der politischen Ökonomie"*, Stuttgart 1841) für den größeren Teil der Welt eine Aufgabe der Zukunft geblieben. — Auch die Kolonialmächte der imperialistischen Zeit haben an der Wirtschaft der unterworfenen Völker nur ein sehr einseitiges Interesse gezeigt. Die überseeischen Räume sollten mit ihren mineralischen und pflanzlichen Rohstoffen, mit ihrer vielfach monokulturellen Plantagenwirtschaft die Produktion der herrschenden Nation ergänzen. Die Entwicklung eines größeren Binnenmarktes, einer eigenständigen Industrie, mit allem sozialen Umbruch, den dies bedeutete, blieb durchaus in den Anfängen. (Es ist an seinem Ort [S. 158] gezeigt worden, wie sehr die frühen Imperialismus-Theorien die Rolle der überseeischen Räume als Absatzmärkte und Felder der Kapitalanlage überschätzt haben.) So hat das Kolonialzeitalter das riesenhafte Problem, wie die ihrem verfassungsmäßigen Status nach schließlich unabhängig gewordenen Länder sich auch wirtschaftlich — und damit erst politisch — auf eigene Füße stellen sollen, weithin als ein unbewältigtes hinterlassen. Die vielfach gewaltige Volksvermehrung (Indien!) *erzwingt* gleichzeitig die äußersten Anstrengungen, und sei es allein, um zu verhüten, daß die traditionelle Armut in blanken Hunger umschlägt.

Die Hauptlast dieser Aufgabe, und damit auch die Entscheidung über den einzuschlagenden Weg, fällt hierbei unvermeidlich auf die jungen Nationen selbst. So wichtig die Mithilfe einer wirtschaftlich entwickelten Umwelt für die Spätkömmlinge der industriellen Zivilisation ist, sie kann die Eigenleistung der Entwicklungsvölker nur ergänzen. Und diese kommen daher auch um die große gesellschaftliche Ordnungsentscheidung, die sich zugleich mit den allgemeinen Sachfragen stellt, nicht herum. Die Industrialisierungsländer von heute gehören nicht zu jenem Typus europäischer Siedlungskolonien des 18. und 19. Jahrhunderts, wie etwa Nordamerika, Südafrika, Australien, die durch Kapitalzufuhr aus dem Stammland und gleichzeitig durch Einwanderung industriell schon vorgeformter Bevölkerung in einen dünn besiedelten Raum, also gänzlich von der Weltwirtschaft her, erschlossen worden sind, so daß man sie als „Seitentriebe der europäischen Zivilisation" hat bezeichnen können. Die Entwicklungsländer von heute sind zwar mehr oder minder in industrieller, nicht aber in gesellschaftlicher Hinsicht *tabula rasa*. Sie haben nicht nur aufzubauen, sondern gleichzeitig zu verändern. Und dies ist eine Entscheidung, die ihnen nicht abgenommen werden kann.

Das Bemühen, jenen viel erörterten Teufelskreis der Armut zu durchbrechen, worin alle Momente sozialer und ökonomischer Frustration einander zu verstärken scheinen, muß alle Lebensgebiete der überkommenen Gesellschaft ergreifen. Um zwei große *Hauptaufgaben* freilich lassen sich die Entwicklungsprobleme gruppieren: Einmal gilt es die subjektiven *Träger* des industriellen Aufbaus, die *arbeitenden Menschen* selbst zu entwickeln und innerhalb eines durchwegs vorindustriellen Kulturkreises jenen Geist der planvollen, vorausschauenden Tätigkeit, der „Rechenhaftigkeit" (Max *Weber*), des geordneten Zusammenwirkens zu wecken, ohne den jene höhere Stufe der gesellschaftlichen Arbeitsteilung und Arbeitskooperation nicht erreicht werden kann, welche die Industrie darstellt. Menschen aus ihrem bisherigen meist beschränkten Wirkungskreis in einen größeren Arbeitsverbund, in das Verhältnis geregelter und gleichmäßiger ineinandergreifender Tätigkeit zu überführen, sie zu *spontaner* Leistung nach *fremdem* Geheiß zu bringen, sie empfänglich zu machen für materielle Anreize (Lohnsystem), ihnen Sachkenntnis, technisches Geschick, ökonomische Einsicht und schließlich administrative Fähigkeiten zu vermitteln, ja vielfach noch das überkommene Vorurteil einer ständisch gegliederten vorindustriellen Gesellschaft gegenüber körperlicher Arbeit überhaupt zu überwinden — das bezeichnet den ersten großen Problemkreis der Industrialisierung. Fragen dieser Art stellen sich mit unterschiedlicher Dringlichkeit in *jeder* Gesellschaft des industriellen Übergangs; wenn auch die *Form* ihrer Lösung nicht unabhängig von den sozialen Ordnungsentscheidungen ist, denen eine Nation folgen will.

Die zweite große Aufgabe ist die der *Aufbringung* und des *Einsatzes der Industrialisierungsmittel* — um die Frage zunächst ordnungsneutral, also unter Vermeidung des *Kapital*begriffs, zu bezeichnen. Auch dies ist ein Problem, das sich vor jeder Gesellschaft des Übergangs zur Industrie zunächst riesenhaft auftürmt und dessen Lösung von schlechthin ordnungspolitischer Bedeutung ist.

So sehr hierbei jedes Land seine besonderen Vorbedingungen — oder Schwierigkeiten — geographischer und demographischer, ökonomischer, geschichtlicher, politischer und allgemein sozio-kultureller Art mitbringt und daher die ihm angemessene Lösung im einzelnen wird auffinden müssen: bestimmte *Grund*fragen der ökonomischen Erschließung sind von historisch wiederkehrender und allgemeiner Natur. Dies zeigt auch der Vergleich mit den Erfahrungen derjenigen Länder, die, wie die Sowjetunion in ihrer eigenen Industrialisierungsepoche und weitere Nationen nach dem zweiten Weltkrieg, einer sozialistischen Gesellschaftsordnung nachgeeifert haben. Das ungeheure geschichtliche Erfahrungsgut, das sich mittlerweile angesammelt hat, berechtigt zu der Aussage: Eine *allgemeine Theorie der beschleunigten nachholenden Industrialisierung unter den Bedingungen des zwanzigsten Jahrhunderts* ist möglich und fällig geworden.

Damit werden auch die bisher entwickelten ökonomischen Lehren der Umwelt auf ihre Anwendungsprobe gestellt. Wenn man die Entwicklungsländer in ihrer noch vielfach unentschiedenen Zwischenstellung zwischen den beiden großen rivalisierenden Weltsystemen von heute betrachtet, zwischen dem sozialistischen und dem erwerbswirtschaftlich-kapitalistischen, so bedeutet dies auf dem Gebiete der Volkswirtschaftslehre auch: Welche Theorie des ökonomischen Prozesses vermag den Entwicklungsländern von heute mehr zu sagen: die marxistische *Reproduktionstheorie* oder die moderne „*Wachstums*"-*Theorie* der erwerbswirtschaftlichen Hemisphäre? Bestimmter formuliert: Wie weit wird die uns vertraute Theorie der privaten *Kapital*erweiterung den überwiegend *güter*wirtschaftlichen Problemen der Entwicklungsländer gerecht? Wie weit können etwa auch die Fragen des Entwicklungsraumes auf unsere eigene ökonomische Denkweise von heilsam klärender Wirkung sein?

Der folgende Eigenbeitrag über „*Die Entwicklungsländer zwischen ‚Ost' und ‚West'*"[1] stellt einen — im übrigen höchst unvollständigen — Versuch dar, einige der großen Grundfragen, die sich *allen* Entwicklungsländern heute mit freilich verschiedener Dringlichkeit stellen, in das gesellschaftliche Spannungsgefüge unserer Welt einzuordnen.

1. Grundsachverhalte der Industrialisierung

Fragt man nach dem Verhältnis der Entwicklungsländer zwischen „Ost" und „West", so sind — ganz unabhängig vom Umfang des Handels und der Entwicklungshilfe, die etwa die sozialistische Weltsphäre in die Waagschale zu werfen hat — zunächst zwei Umstände bedenkenswert:

„1. Die bloße Existenz des Sowjetblocks und dessen Rivalität um die Meinung der Welt hat die Fortdauer des Kolonialismus, des politischen wie des ökonomischen, objektiv unmöglich gemacht. 2. Die Länder des Sowjetblocks sind selbst industriell unentwickelte Länder gewesen oder sind es noch. ... Das Industrialisierungsexempel der Sowjetwelt muß unter solchen Umständen den Blick der Länder, deren wirtschaftliche und oft auch gesellschaftliche Ausgangslage eine vergleichbare ist, auf sich lenken. Und das hat die Industriemächte des Westens in die Lage versetzt, ihrerseits den Industrialisierungsanspruch der jungen Nationen als einen legitimen, ja förderungswürdigen anzuerkennen. Daß ein Problem, vor dem die respektiven Länder seit langem gestanden haben, begonnen hat, auch für uns zu einem Problem zu werden, ist selbst ein Resultat des Ost-West-Konflikts.

[1] Vortrag des Herausgebers der vorliegenden „Texte" an der Universität Bern. Abgedruckt in „Die wirtschaftlich und gesellschaftlich unterentwickelten Länder und wir. Vorträge und Diskussionen eines Kolloquiums", herausgegeben von Richard F. *Behrendt*, Bern 1961, S. 154 ff. Die hier gebotene stilistisch leicht bearbeitete Fassung hat den ursprünglichen Vortrags-Charakter der Studie nicht ganz zu tilgen vermocht.

Gerade diese Tatsache freilich belastet alles Nachdenken über die Sorgen der Entwicklungsländer. So sehr, daß schon die Ausgangsfrage eine entstellte Form erhalten mag, in der sie gar nicht beantwortet werden kann. Es kann hier nicht zur Debatte stehen, ob die Entwicklungsländer in irgendeiner Weise „sowjetisierbar" sind, sei es von innen heraus, sei es von außen her. Das hieße die Frage veräußerlichen; und am wenigsten wäre der Ökonom befugt, dazu etwas zu sagen. Die Frage kann vielmehr mit Sinn nur so gestellt werden: Vor welche Probleme der Wirtschafts- und Gesellschaftsordnung finden die Entwicklungsländer sich selbst in Verfolg ihres Industrialisierungsprogramms versetzt, und welche Lösungen bieten sich von den gestellten *praktischen* Aufgaben her an? Welche Tendenzen ist der Industrialisierungsprozeß selbst, aus seiner Natur heraus, geeignet auszulösen? Welche Wirtschaftsordnung kommt der Lösung der Aufgabe am nächsten?

Was ist unter Wirtschaftsordnung zu verstehen?" (S. 154 f.)

Unterscheidet man nach der Art des Wirtschaftseigentums, so findet man ...

„... zwei fundamental verschiedene Wirtschaftsordnungen in der Welt von heute, eine solche mit überwiegendem Privateigentum und eine solche mit überwiegendem Gemeinschafts-„Eigentum" (genossenschaftlichem oder staatlichem). Es ist dabei offenkundig, daß es innerhalb einer jeden der beiden Wirtschaftsordnungen eine ganze Reihe existierender oder auch denkbarer Ausprägungen gibt, die man als ‚Wirtschaftstypen', ‚Wirtschaftsmodelle', ‚Systeme', ‚Varianten' oder wie immer bezeichnen mag. Innerhalb der privatwirtschaftlichen Ordnung wäre etwa zu scheiden zwischen solchen Typen von Wirtschaftsordnung, in denen Produzent und Anbieter von Waren die gleiche Person sind, und solchen, in denen Produzenten und Anbieter der Waren verschiedene Personen sind. Im einen Fall haben wir den kleingewerblichen, im andern Fall den großgewerblichen, ‚kapitalistischen' Typ. Im einen Fall wird mehr oder weniger für den persönlichen Unterhalt des Produzenten gewirtschaftet, etwa im Sinne von *Sombarts* „Nahrungsprinzip", im andern Fall unter dem Gesichtspunkt der Rendite, des Gewinns, also unter erwerbswirtschaftlichem Gesichtspunkt. Diese Unterscheidung zu treffen ist von Belang auch für die hier nicht anzustellende Erörterung darüber, ob Gewinnung der Entwicklungsländer für die Ordnung der ‚Privatwirtschaft' heißen soll: Ausbildung eines breiten Stammes von Kleineigentümern, oder: Entwicklung von Zellen künftiger kapitalistischer Entwicklung.

Eine Unterscheidung zu treffen zwischen der Wirtschaftsordnung im allgemeinen und dem Wirtschaftstypus oder Wirtschaftssystem, dem Phänotypus, in dem diese Wirtschaftsordnung sich jeweils ausprägt, wird nun aber für unser Thema bedeutungsvoll, wenn nach den Formen möglicher gemeinwirtschaftlicher Ordnung gefragt wird. Die Sowjetwirtschaft ist selbst nur *ein* Typus jener Wirtschaftsordnung, für die es keinen besseren Namen gibt als den der ‚sozialistischen', so abgenutzt der Begriff auch geworden ist. Daß andere Typen von solcher ‚sozialistischer' Wirtschaft denkbar sind, die heute nirgendwo existieren, beweist die Ideengeschichte der sozialen Bewegung. Aber auch die existierenden Systeme sind durchaus vielfältig. Man denke etwa an die Unterschiede zwischen dem sowjetischen, dem chinesischen, dem jugoslawischen Wirtschaftstypus!

Sind die Begriffe soweit geklärt, so ist die Überlegung nicht mehr durch die falsche Frage nach der Sowjetisierbarkeit des Entwicklungsraumes bedrängt. Die Frage zerfällt dann vielmehr in die eine nach der Wirtschafts*ordnung* und die andere nach der Wirtschafts*form*, innerhalb deren ein Industrialisierungsprozeß verlaufen mag. In dieser Gestalt erst wird die Frage sozialökonomischer Theorie zugänglich. Wobei nur die erste, die nach der Wirtschaftsordnung, eine mehr oder minder allgemeine Beantwortung zuläßt, während in die Entscheidung über die Wirtschaftsform die ganze Fülle jener objektiven und subjektiven Bedingungen eingeht, die nun einmal von Land zu Land durchaus verschieden sind. Ein Merkmal der Wirtschaftsordnung ist daher *nicht*, ob die Industrialisierung etwa von der Schwer- oder Leichtindustrie her oder ob sie in überwiegend groß- oder kleinbetrieblichen Formen geschehen soll. Wohl aber bestimmen solche *Sach*entscheidungen mit darüber, welche Wirtschaftsordnung, eventuell auch: welcher Wirtschaftstypus, der Lösung auch des Sachproblems näher kommt" (S. 155 f.).

„Wenn wir nun nach dem Verhältnis der Entwicklungsländer nicht zwischen ‚Ost' und ‚West', zwischen Sowjetunion und USA ... fragen, sondern in erster Linie nach den praktisch-ökonomischen Aufgaben, die sich stellen, und in zweiter nach der Wirtschaftsordnung, der sich die Entwicklungsländer im Verfolg ihrer Aufgabe nähern mögen, so ist zunächst eine Grundsituation festzuhalten, vor der mehr oder minder alle Entwicklungsländer heute stehen. Diese Grundsituation ist durch zweierlei gekennzeichnet:

Erstens: Die Industrialisierung hat *Nachholcharakter*. Etwas Überfälliges muß geschehen. Die Industrialisierung ist objektiv und subjektiv überfällig geworden. Warum, braucht hier wohl kaum ausgeführt zu werden. Als subjektives Moment ist zu werten die Ungeduld der Menschen in den Entwicklungsländern selbst. Der Nachholcharakter, den die Industrialisierung hat, bedeutet ökonomisch, daß nicht *irgendein* Weg zur Industrie, sondern ein möglichst *kurzer* dahin in Betracht kommt. In alle Entscheidungen geht die *Zeit*überlegung ein. Dies schränkt den Kreis der Alternativen in gewissem Maße ein.

Im Zusammenhang hiermit steht ein zweiter Grundzug heutiger Entwicklungspolitik: Industrialisierung ist selbst nur das notwendige Mittel zu einer ebenso überfälligen Politik gesellschaftlicher Wohlfahrt. Es ist dies nicht etwa nur eine Frage des Umfangs, in dem Verbrauchsgüter verfügbar gemacht werden, obwohl natürlich vermehrte Arbeitsteilung und wachsende Verstädterung in einem sich industrialisierenden Land ständig neue Konsumbedürfnisse hervorbringen müssen. Es ist dies vor allem eine Frage der materiellen und moralischen Bedingungen, unter denen gearbeitet wird. Wenngleich alle Industrialisierung Opfer verlangt, so unterscheidet sich die nachholende ökonomische Entwicklung in der Welt von heute von der Industrialisierung Westeuropas vom 17. bis zum 19. Jahrhundert doch auch dadurch, daß eine Wiederholung jenes Opfergangs, wie ihn die europäische Industriearbeiterschaft seinerzeit hat gehen müssen, ausgeschlossen ist. . . . Industrialisierung mit einem gewissen Maß sofort wirksamer Arbeitsschutzgesetzgebung, womöglich mit 8-Stunden-Tag, mit Sozialversicherung: das scheint ein weiterer Grundzug der nachholenden Entwicklung zu sein, die eben auch nachholende Zivilisierung ist.

Dahinter steht aber etwas Weiteres, steht die Frage, für *wen* eigentlich die Industrialisierung geschehen, wem sie zugute kommen, von wem sie getragen sein soll. Es scheint ganz ausgeschlossen, daß eine wirklich entschiedene, wirksame Industrialisierung, mit den unvermeidlichen Opfern, die sie bedeutet, heute im Entwicklungsraum durchführbar ist, ohne daß die arbeitende Bevölkerung in Stadt und Land diese als ihre ureigene Angelegenheit betrachtet, und auch betrachten kann. Das Industrialisierungsbegehren verbindet sich ja nicht von ungefähr überall in der heutigen Welt mit einem ungestümen und oft gegen die heimischen Reichen gewandten Verlangen nach sozialem Ausgleich und nach einer Regierung, die einen solchen sichert. Die Entwicklung wird uns wohl noch mehr soziale ‚Volkshelden‘ vom Typus eines *Nasser* bescheren, ausgestattet mit mehr oder minder diktatorischen Vollmachten, die im Sinne des sozialen Opferausgleiches gebraucht werden. So viel soll gesagt sein: Die Industrialisierung im Entwicklungsraum kann an den Wünschen und Hoffnungen der arbeitenden Massen nicht vorbeigehen, sie muß einen Weg nehmen, der das Einverständnis mit dem Industrialisierungszweck sichert; und das heißt: sie wird in hohem Maß an gesamtwirtschaftlichen Zielen sich orientieren müssen.

Denn die Grundprobleme der Industrialisierung sind selbst von gesamtwirtschaftlicher Natur. Es gibt zwei Hauptprobleme der Industrialisierung: ein wirtschaftspolitisches und ein allgemein gesellschaftspolitisches. Das ökonomische Hauptproblem ist das der *Mittelaufbringung* und des *Mitteleinsatzes*. Das gesellschaftspolitische, auch *‚sozialpädagogische‘* Problem ist das der Sicherung des Arbeitspotentials: der Beschaffung (und das heißt oft auch: der räumlichen Umsetzung) von Arbeitskräften, ihrer Ausbildung, ihrer Erziehung zu jener geregelten, gleichmäßigen, disziplinierten, ineinandergreifenden Arbeit, wie sie die moderne Wirtschaftsweise überall verlangt. Die Überlegung soll sich im folgenden ausschließlich auf die erste Frage beschränken; und diese hat zwei Aspekte. Zunächst soll das Problem der Mittelaufbringung und dann das Problem des Mitteleinsatzes betrachtet werden“ (S. 158 f.).

2. Der Begriff der Investierungsmittel

„Oben war die Rede von dem Opfer, welches die Industrialisierung kostet. Worin besteht dieses Opfer? Es besteht, kurz gesagt, in der Aufbringung der Industrialisierungsmittel. Dies wird sogleich klarer werden, wenn wir uns fragen, was denn das eigentlich für Mittel sind, um die es geht. Für das, was hier gemeint ist, gibt es den geläufigen Begriff der Kapitalbildung.

Er soll hier vermieden werden. Denn was heißt im vorliegenden Zusammenhang Kapital? Die ‚babylonische Sprachverwirrung‘, die nach *Böhm-Bawerk* um den Kapitalbegriff besteht, ist seit den Tagen Böhm-Bawerks gewiß nicht kleiner geworden. Man denkt bei dem Wort Kapital heute im allgemeinen an drei Bedeutungen:

1. Kapital = Geld für Investitionszwecke;
2. Kapital = Produktionsgüter;
3. Kapital = Erwerbsvermögen.

Vergleichen wir die drei Wortbedeutungen mit dem, was sich etwa zuträgt, wenn in einem Entwicklungsland eine Fabrik errichtet wird. Was muß vorhanden sein, um diese Anlageinvestition zu ermöglichen? Natürlich Geld. Aber offenbar doch auch alle Sachelemente, gegen die sich Geld tauschen muß, damit die Investition, die ein *physischer* Vorgang ist, vonstatten gehen kann. Und dazu gehören nicht nur die Baumaterialien und die Maschinen, dazu gehören z. B. auch die Nahrungsmittel und alle anderen Subsistenzgüter, gegen die sich der Arbeitslohn der bei der Investition Beschäftigten tauschen soll. Eine wachsende Menge von Nahrungsmitteln, welche die Landwirtschaft für eine zunehmende Zahl nichtlandwirtschaftlicher Bevölkerung bereitstellt, gehört also offenbar auch zu den ‚Mitteln‘, die aufgebracht werden müssen, um die Industrie in Gang zu bringen. Dazu kommt eine wachsende Produktion landwirtschaftlicher Rohstoffe für die laufende Produktion, was namentlich in den Frühstadien der Industrialisierung von Bedeutung ist. Brot und Baumwolle aber im *physischen* Sinn als Kapital zu bezeichnen ist einigermaßen unüblich und verwirrend; so sehr bei den Klassikern der Nationalökonomie, bei *Smith, Ricardo* und anderen, die Subsistenzmittel noch in der Liste der Kapitalgüter erscheinen.

Es ist von elementarer Bedeutung für das Verständnis der Schwierigkeiten des Entwicklungsraums: Das Aufbringungsproblem ist wesentlich nicht ein geldwirtschaftliches, sondern ein naturalwirtschaftliches. Und daher ist der geläufige Kapitalbegriff für unseren Zusammenhang nicht nur in seiner geldwirtschaftlichen Bedeutung, sondern auch in seiner Beschränkung etwa auf Produktionsgüter ungeeignet. — Das naturalwirtschaftliche Aufbringungsproblem aber ist ein gesamtwirtschaftliches, das mehr oder minder alle Zweige der traditionellen Wirtschaft berührt, und an den neuen Anforderungen wird diese traditionelle Wirtschaft selbst auf die Probe gestellt.

Daß uns das Eindenken in den naturalwirtschaftlichen Charakter des Aufbringungsproblems im allgemeinen so schwer fällt, bezeichnet die Inadäquanz einer geldwirtschaftlich orientierten Theorie, in der wir herangewachsen sind, gegenüber den Fragen des Entwicklungsraumes. Namentlich die auf *Keynes* sich berufende herrschende Richtung der Nationalökonomie ist kaum geeignet, den Problemen des Entwicklungsraums gerecht zu werden oder den Industrialisierungsländern etwa praktischen Rat zukommen zu lassen. Man betrachte z. B. den geläufigen Begriff des Sparens, bei dem wir selbstverständlich an eine geldwirtschaftliche Entscheidung denken, während der Begriff des ‚Sparens', angewandt auf den Entwicklungsraum, nichts anderes bedeuten würde als Mehrarbeit über den Eigenverzehr hinaus. Die Inadäquanz einseitig geldwirtschaftlichen Denkens gegenüber den Fragen des Entwicklungsraums sollte ein heilsamer Anstoß zur Selbstbesinnung in unserer Disziplin sein. Wie weit sie den drängenden Problemen des Entwicklungsraums gerecht zu werden vermag, scheint mir schlechthin eine Bewährungsprobe der Nationalökonomie von heute zu sein.

Daß die Frage der Aufbringungsmittel eine elementar naturalwirtschaftliche ist, führt zu einer wichtigen Folgerung: Dieser Umstand lenkt die Aufmerksamkeit der Entwicklungsländer von vornherein auf die gleichfalls naturalwirtschaftlichen Lösungsversuche, wie sie die Länder des Sowjetraums bieten. Sinnfällig wird dies darin, daß mit dem Kriterium der *Rentabilität* dieser oder jener Investitionsentscheidungen tatsächlich weithin nicht gearbeitet werden kann; daß der naturale Mehrertrag, daß das Kriterium physischer Produktivität zählt, koste es beinahe, was es wolle. Und daher richten sich auch Bedenken gegen die Verwendung des Kapitalbegriffs in des Wortes letzter Bedeutung, im Sinne von privatem Erwerbsvermögen. Die Frage, ob die Aufbringung von Sachmitteln vermehrter Produktion als *Kapitalbildung* sich vollziehe, nimmt eine Entscheidung über die *Wirtschaftsordnung* implicite schon vorweg; eine Entscheidung, die mangels Anwendbarkeit des Rentabilitätskriteriums sich jedenfalls vorläufig kaum zugunsten des *erwerbswirtschaftlichen* Typus privatwirtschaftlicher Ordnung erwarten läßt.

Dies wird noch deutlicher werden, wenn wir nun von der Frage, was eigentlich für die Industrialisierung aufgebracht werden muß, übergehen zu einigen Einzelfragen des Aufbringungsproblems. Es sind dies, kurz gesagt, Fragen des ‚Wo', des ‚Wer' und des ‚Wieviel' " (S. 159 ff.).

3. Die Aufbringung der Mittel

a) Der Industrialisierungsbeitrag der Landwirtschaft

„Zunächst: *Wo* soll der Industrialisierungsbeitrag erwirtschaftet werden? Ein Grundphänomen aller Industrialisierung ist ja: Die Industrie kann die von ihr benötigten Mittel noch nicht selbst aufbringen. Ein zunächst überwiegender, später sinkender Teil ihrer Mittel muß aus einem nichtindustriellen Sektor stammen, und diesen Sektor kann nach Lage der Dinge in der Hauptsache nur die Landwirtschaft darstellen. Mehr Nahrungsmittel für eine wachsende Industriebevölkerung und mehr Rohstoffe für die Industrie selbst, oder auch: mehr Export agrarischer Erzeugnisse gegen solche Güter, welche die heimische Industrie selbst noch nicht bereitstellt — das ist der Entwicklungsbeitrag der Landwirtschaft. Und die ganze Agrargeschichte der neueren Zeit ist eine Antwort auf dieses elementare Verlangen der Industrie: der Umbau der Agrarwirtschaft und der Agrarverfassung in frühkapitalistischer Zeit, die Beseitigung der Grundherrschaft der Samurai in Japan, die Kollektivierung im Sowjetraum. — Und hier schließt sich sogleich die Frage der Wirtschaftsordnung an: *Wer* in der Landwirtschaft soll diesen Beitrag leisten? Wie wird dieser gesichert?

Zwei Alternativen bieten sich an: einmal der (in der Regel private) Latifundienbetrieb, und zweitens der bäuerliche Betrieb. Die Latifundienwirtschaft hat den Vorteil des Großbetriebs, der besseren Mechanisierbarkeit, der höheren Marktquote am Gesamtertrag. Aber einmal ist nicht überall die Voraussetzung verhältnismäßig dünner Besiedlung des flachen Landes gegeben. Und ferner erfordert die Nutzung der Produktionsvorteile des Großbetriebs das Vorhandensein einer leistungsfähigen Landmaschinenindustrie. Solange diese fehlt — und das ist mehr oder minder bei allen Entwicklungsländern der Fall —, fällt der Produktionsvorteil des Großbetriebs kaum ins Gewicht. Einen Beweis hierfür darf man darin sehen, daß auch da, wo landwirtschaftliches Groß*eigentum* überwiegt, die *Produktion* dennoch kleinbetrieblich geschieht, das Land bäuerlichen Kleinpächtern zugewiesen wird.

Die Frage ist aber auch unter dem Gesichtspunkt des Transferproblems zu sehen: Die Landwirtschaft soll nicht vorwiegend für sich selbst Mittel vermehrter Produktion aufbringen, sondern für den Aufbau der Industrie. Das heißt: sie kann von der Industrie nicht so viel zurückerhalten, wie sie ihr gibt; sonst würde die Industrie nur für die Landwirtschaft und nicht für ihre eigene Ausdehnung arbeiten. Es müssen Mittel ständig von der Landwirtschaft *übertragen* werden auf die Industrie. Die Landwirtschaft eines Industrialisierungslandes steht also in einem *einseitigen* Leistungsverhältnis zur Industrie. Dies kann in der Sphäre der Geldeinkommen seinen Ausdruck finden entweder in entsprechender Besteuerung schon erzielten landwirtschaftlichen Einkommens oder in der Verhinderung solcher Einkommensbildung überhaupt, durch öffentliche Regulierung der Agrarpreise, durch planvolle Herstellung einer ‚Preisschere' im Austausch zwischen Stadt und Land zuungunsten der Landwirtschaft. Beides aber ist dem Prinzip privatwirtschaftlicher freier Preisgestaltung und Gewinnverwendung zuwider, und daher dem Typus privater agrarischer Großwirtschaft. — Wir sind hier bei einer ersten Nutzanwendung der begrifflichen Unterscheidung von Kapitalbildung und Mittelaufbringung: Die private Bildung von Geldkapital muß keineswegs von entsprechender Mittelaufbringung begleitet sowie gefolgt sein. Ein vermehrter Geldgewinn kann auf Steigerung der Preise beruhen, und seine Wiederanlage kann im Ausland erfolgen.

Ist schon das Prinzip der privaten freien Kapitalbildung im Agrarsektor schwer vereinbar mit dem Verlangen nach einem gesicherten Industrialisierungsbeitrag der Landwirtschaft, so schließen sich vollends geradezu aus jene überkommenen Verhältnisse, wo zwar Geld- oder Naturalabgaben der Bauern, sei es an einen Grundherrn, sei es an einen Pachtherrn, geschehen, dieser aber seine Bezüge überhaupt nicht zur Kapitalbildung verwendet, sondern aufzehrt. Eine mehr oder minder feudale Agrarverfassung ist absolut unverträglich geworden mit den Bedürfnissen der Industrialisierung, und der mehr oder minder jähe Bruch mit einer solchen überkommenen ökonomischen Ordnung, wie ihn die Landreform darstellt, bedeutet stets auch den Bruch mit einer überkommenen gesellschaftlichen Herrschaftsordnung. Die Übergabe des Bodens aus der Hand von Grund- oder Pachtherren an die bäuerlichen Produzenten, wie sie namentlich in Asien zum Teil geschehen ist oder noch aussteht, ist dabei, für sich gesehen, keinesweg ein ‚sozialistisches' Unternehmen, so sehr sie die Agrarverfassung ändert. Ökonomisch betrachtet ist die Bodenübergabe ein Mittel, einen bisher konsumtiv verwendeten agrarischen Überschuß in einen produktiv verwendbaren umzuwandeln.

Ein Beispiel hierfür liefert die Industrialisierungsgeschichte Japans. Von 1872 an geschah, auch gesetzlich gefördert, der massenhafte Übergang von Grund und Boden aus dem Eigentum der Ritterkaste, der Samurai, in das Eigentum der Bauern. 1873 wurde die japanische Grundsteuer neu geordnet und so ausgebaut, daß sie im Durchschnitt etwa ein Drittel des bäuerlichen Ernteertrags hinwegnahm. Das entsprach etwa der Höhe der bisherigen Abgaben der Bauern an die Samurai, und so scheint zunächst nur eine öffentliche Abgabe an die Stelle einer privaten getreten zu sein. Aber die bisherigen Privatabgaben hatten konsumtiven Zwecken gedient. Die Grundsteuer hingegen, die noch im Jahre 1893/94 61,4 % aller öffentlichen Einkünfte aus Hoheitsabgaben erbrachte, ging an einen Staat, der seine Mittel im großen Stil für planmäßige Industrialisierungsförderung einsetzte. So hat die japanische Landwirtschaft ihren Industrialisierungsbeitrag geleistet; und zwar nicht nur in monetärer Form: Eine Geldabgabe ist stets ein wirksames Mittel, entsprechende landwirtschaftliche Produktion für den *Verkauf* zu erzwingen.

Immer fällt das erste große Industrialisierungsopfer also auf die Landwirtschaft. Private Latifundienwirtschaft allerdings dürfte nicht der geeignete Typus von Agrarwirtschaft sein, der eine solche Leistung *sichert*. Im übrigen steht die Entscheidung kaum einem Land zur freien Wahl. Die vorgegebenen Wirtschaftsverhältnisse lassen in der Regel — und dies gilt vor allem für Asien — nur die bäuerliche Produktion zu. Aber auch unter solchen Umständen muß ein gewisses Aufkommen der Bauern für die Industrie gesichert werden. Ohne öffentliche Einwirkung auf die Bauernschaft wird es dabei kaum abgehen. Und auch eine gewisse organisatorische Zusammenfassung der Bauern, etwa zu Produktionsgenossenschaften, wird dabei aus Gründen der ökonomischen Rationalität wie auch aus solchen gesicherter Ertragserfassung sich anbieten. Am Falle der Produktionsgenossenschaften zeigt sich nun, wie wichtig es ist, zu unterscheiden zwischen Wirtschaftsordnung und Wirtschaftstypus. Produktionsgenossenschaften stellen zweifellos eine Form gemeinwirtschaftlicher Produktion dar. Aber eine Produktionsgenossenschaft ist nicht notwendig ein Kolchos, mit — jedenfalls lange Zeit hindurch — strenger staatlicher Reglementierung selbst der internen Verwaltungsordnung und mit Leistungsauflagen vom Umfange einer permanenten Requisition. Überhaupt ist die Form, in der die Regierung ein Aufkommen der Landwirtschaft zugunsten der Industrialisierung sichert, also auch die Produktionsordnung in der Landwirtschaft, abhängig von der Größe des erwarteten Leistungsbeitrags. Die ganze sowjetische Industrialisierung der *Stalin*-Ära ist mit äußerster Phasenverkürzung geschehen; sie stand unter dem Druck nicht zuletzt der äußeren Isolierung; und diese Phasenverkürzung hat allen Seiten der sowjetischen Industrialisierung, und nicht zuletzt der Agrarverfassung, den Stempel des Gewaltsamen aufgeprägt. Im Gegensatz zu der sowjetischen steht die Industrialisierung des Entwicklungsraums nicht unter den Bedingungen einer ‚belagerten Festung', um ein Wort von *Trotzkij* zu gebrauchen. Daher verfügt auch eine im Dienste der Industrialisierung stehende Agrarpolitik hier über größeren Spielraum. Es ist ja stets zu bedenken: Geht es ökonomisch um einen ergiebigen und, was immer mit zu berücksichtigen ist, einen gesicherten Beitrag der Landwirtschaft zur wirtschaftlichen Gesamtentwicklung, so darf doch gleichzeitig in gesellschaftspolitischer Hinsicht die Verbindung zwischen Regierung und Bauernschaft nicht abreißen" (S. 161 ff.).

b) Die Mobilisierung ruhender Vermögen

„Auf die Landwirtschaft, und das heißt in aller Regel: auf die Masse der Bauernschaft, fällt also die Primärleistung für die Industrie zurück. Aber ergänzend kommen natürlich auch die etwa schon vorhandenen, bisher meist ruhenden Vermögen in Betracht, die in den Dienst der Industrialisierung gestellt werden können. Auf das zugleich ökonomische und soziale Problem der Mobilisierung solcher Vermögen, das heißt auch: der Inpflichtnahme der heimischen Reichen für die Zwecke der Industrialisierung, soll hier nur hingewiesen werden. Ein arabischer Scheich ist nicht gerade ein geborener industrieller Unternehmer, und wenn er sein Vermögen als Kapital anlegt, so in aller Regel im westlichen Ausland. ... Man sieht: ohne ein erhebliches Maß *öffentlicher Einwirkung* geht es bei der Mittelaufbringung für den Industrialisierungszweck, im ganzen gesehen, nicht ab. Und da die ökonomische Aufbringungspolitik zugleich Gesellschaftspolitik ist, verbindet sich in den Entwicklungsländern mit der praktischen Frage sehr eng die andere, *wer* Träger der öffentlichen Macht ist, und für wen er sie gebraucht. Das scheint mir einer der Gründe für die erhebliche soziale Unrast zu sein, die wir heute in den meisten Entwicklungsländern beobachten.

Schließlich die Frage: *Wieviel* soll erbracht werden? Das heißt auch: wie rasch soll industrialisiert werden? Hier ist ein echter Entscheidungsspielraum gegeben, und wenig Prinzipielles kann gesagt werden. Aber so viel ist aus dem Vorausgegangenen wohl deutlich geworden: Sind Ausmaß und Zeitziele der primären Mittelaufbringung einmal bestimmt, so ist dies in gewissem Maß ein Vorentscheid auch über die Formen der Aufbringung. Im übrigen ist die Frage des Wieviel abhängig von sehr vielen Umständen: von der Dringlichkeit der Industrialisierung, die von Land zu Land verschieden sein wird, von der Belastbarkeit (der ökonomischen und der sozialen) der Landbevölkerung, vom Ausmaß der sonstigen Hilfsquellen, etwa aus dem Ausland und aus auswärtiger Hilfe, vom Umfang der Abwanderung vom Land, von der Stärke der Regierung; aber auch: von der Art und den Schwerpunkten des Mitteleinsatzes" (S. 165).

4. Die Alternativen des Mitteleinsatzes

Auch hier schließt die Antwort auf die wirtschaftspolitische Frage, wo der Schwerpunkt liegen soll, die Antwort auf die andere ordnungspolitische Frage, wer Träger des Mitteleinsatzes sein soll, in gewissem

Maß ein. Die Alternative heißt hier, schlagwortartig ausgedrückt: Industrialisierung von der Konsumgüterproduktion oder von der Grundstoff- und Investitionsgütersphäre her? Und eng hiermit verbunden ist die andere: Kleinbetriebliche oder großbetriebliche Form des Industrieaufbaus? Die ordnungspolitische Konsequenz ist: Industrialisierung von den konsumnahen Zweigen der Wirtschaft her und unter Vorwiegen des Kleinbetriebs erzwingt zwar nicht, aber begünstigt eine privatwirtschaftliche, sei es kleingewerbliche, sei es klein- oder großkapitalistische Entwicklung. Industrialisierung von den vorgeordneten Produktionsstufen her und im großbetrieblichen Stil erzwingt zwar nicht, aber begünstigt den öffentlichen Betrieb. Vor dieser doppelten Alternative hat auch die Sowjetunion gegen Ende der Periode der Neuen Ökonomischen Politik gestanden. Und es ist bekannt, daß sie sich gegen die ‚Kattunindustrialisierung' entschieden hat, gegen eine Industrialisierung also auf dem Wege des rückwirkenden Impulses kaufkräftiger Konsumentennachfrage. Wie werden sich die Industrialisierungsländer von heute entscheiden? Um Mißverständnissen vorzubeugen: Es kann sich nicht darum handeln, ausschließlich das eine zu tun und das andere zu lassen. Jede wirksame Industrialisierung muß allseitig, mindestens vielseitig, auch in den Formen, sein. Aber wo soll der Schwerpunkt liegen? Auch die Entscheidung hierüber hängt von vielen Umständen ab, die von Land zu Land verschieden sind: von den wirtschaftsgeographischen Voraussetzungen, von dem, was an industriellen Ansatzpunkten schon da ist, von den Ergänzungsmöglichkeiten des Weltmarkts, von der Bedeutung, die einer Erhaltung der Kaufkraft des Geldes beigemessen wird, von der Tauglichkeit der Arbeitskräfte für die kleingewerbliche oder für die industrielle Arbeit. Nur *eine generelle* Auskunft kann der Ökonom mit einiger Sicherheit geben; nämlich Auskunft auf die Frage: Welcher Weg zur Industrie ist der kürzere?

Die Antwort hierauf ist nicht schwer zu finden. Der kürzeste Weg ist der *Weg der höchstentwickelten Technik*. Darin liegt ja die große Chance der Entwicklungsländer von heute, daß sie sich in technologischer Hinsicht qualvolle Umwege, wie wir sie einst haben hinter uns bringen müssen, ersparen können. Nutzbarmachung der höchstentwickelten Technik aber heißt, soweit nicht Hilfe von anderswo kommt, Entwicklung einer leistungsfähigen Schwerindustrie; natürlich immer, soweit die Voraussetzungen von Land zu Land gegeben sind. Zugleich heißt Nutzbarmachung aller Möglichkeiten der Technik, daß auch die Entwicklungsländer der in den Industrieländern zu beobachtenden Tendenz zum Großbetrieb werden folgen wollen. Dies freilich ist eine Aufgabe, die den planvollen Mitteleinsatz der öffentlichen Hand erfordert. Daß gleichzeitig und spontan sich die nötigen kleingewerblichen und arbeitsintensiven Zwischenglieder zwischen Großindustrie und Landwirtschaft entwickeln, ist nach aller geschichtlichen Erfahrung außer Frage. Die Errichtung einer leistungsfähigen Großindustrie auf Grundlage modernster Technik aber fällt der öffentlichen Hand zu, soweit nicht etwa Auslandskapital die Aufgabe übernimmt.

Wenn der Staat in den Entwicklungsländern den Ausbau einer leistungsfähigen Groß- sowie Grundindustrie unternimmt, so handelt es sich in gewissen Grenzen um die notwendige Ergänzung zu jener spontanen und fast unauffälligen Tendenz zur Entwicklung kleingewerblicher Tätigkeit, die ohnehin am Werk ist und der staatlichen Förderung kaum bedarf, die aber zugleich nicht die ergiebigste Mittelaufbringung zur weiteren Industrialisierung sichert. Um den Aufbau einer Groß- und Grundindustrie kommen die Entwicklungsländer im allgemeinen nicht herum. Aber zugleich ist ein solcher Entscheid auch ein ordnungspolitischer, und eben dies macht ihn für Ost und West so interessant. Die westlichen Industriemächte wünschen die kleingewerbliche und von den konsumnahen Wirtschaftszweigen ausgehende, arbeitsintensive und auf den inneren Markt beschränkte Industrialisierung der Entwicklungsländer, mit einem Wort, die ‚Kattunindustrialisierung': erstens um ernste Weltmarktkonkurrenz fernzuhalten; zweitens, um das Entstehen einer eng agglomerierten und zahlenstarken Arbeiterschaft mit ihrer gesellschaftlichen Schlagkraft hintanzuhalten; drittens, weil dieser Typus der Industrialisierung der privatwirtschaftlichen Ordnung größere Chancen läßt. Genau das nun, was die westlichen Industrienationen vermeiden möchten, paßt den sozialistischen Ländern ins Konzept: vermehrte Weltmarktkonkurrenz muß die kapitalistischen Märkte bedrängen; mit der Industrialisierung erhält alle soziale Frage im Entwicklungsraum einen mehr oder weniger proletarischen Zug; und Ausbau eines öffentlichen Sektors ist ohnehin nach dem Sinn der Länder vom sozialistischen Typ. Es versteht sich, daß jede der beiden rivalisierenden Gruppen mit Hilfe des Entwicklungsbeitrages, den sie leistet, für ihr Konzept von Strukturpolitik zu wirken sucht. Der Westen will den privatwirtschaftlichen, der Osten den öffentlichen Sektor stärken.

Es wäre allerdings fatal, wenn die Industrienationen des Westens sich darauf versteifen wollten, etwa aus Konkurrenzgründen einen dauernden Produktivitätsabstand zwischen der eigenen Industrie und derjenigen der Entwicklungsländer zu wünschen. Das müßte sie in ein doppeltes Dilemma bringen. Einmal müßte sich die Anlage von Auslandskapital im Entwicklungsraum erschweren, wenn die erzielbare Rendite nicht der heimischen vergleichbar ist. Zum zweiten: Will man dezentralisierte Entwicklung der Industrie, will man die kleingewerbliche Produktion, will man die anerkanntermaßen nicht höchstleistungsfähige Form der Industrialisierung, auch unter Abstrichen von der maximalen Rationalität des Mitteleinsatzes, so bleibt offen, wie man gleichzeitig einen *Umweg* zur Industrie empfehlen und doch darauf hoffen kann, daß die Länder des Entwicklungsraums der fortschreitenden

Industrialisierung des Sowjetraumes Überzeugendes zur Seite oder auch gegenüberstellen werden“ (S. 166 ff.).

5. Die Tendenz zur Gemeinwirtschaft

„Welcher Wirtschaftsordnung werden die Entwicklungsländer im Prozeß ihrer Industrialisierung zuneigen? Der gemeinwirtschaftlichen oder der privatwirtschaftlichen?

Wir haben innerhalb der privatwirtschaftlichen Ordnung zwei Typen unterschieden, den Typus der kleinen Einzelwirtschaft, der persönlichen Nahrungsfürsorge *(Sombart)*, und den der erwerbswirtschaftlichen Betätigung einzelner im großen Stil. Wir können das Bild nun vereinfachen: Überall in der modernen Wirtschaftsgeschichte sind die Verhältnisse der gewerblichen Kleinwirtschaft nur Durchgangsstufe gewesen zum privatkapitalistischen modernen Großbetrieb, zur Großindustrie. Solcher privatkapitalistischen Industrialisierung gibt es in der neueren Wirtschaftsgeschichte drei Modelle. Einmal die westeuropäische Industrialisierung, angefangen von der Epoche des Merkantilismus. Zweitens die Industrialisierung der europäischen Siedlungskolonien im nordamerikanischen, südafrikanischen, australischen Raum; und drittens die Industrialisierung Japans. Keiner der drei Wege dürfte in der Entwicklungswelt von heute wiederholbar sein. Der weitläufige historische Weg Westeuropas nicht, weil die Industrialisierung sich viel rascher und dabei doch zugleich mit einem erheblichen Maß von Sozialschutz vollziehen soll; ferner weil eine entwickelte Technik schon da ist; weil die Mittelaufbringung sich nicht über die Bildung von Handelskapital, und das heißt auch: unter Rückgriff auf eigene Kolonien, wie in der europäischen Merkantilzeit, vollziehen kann. Das Modell der Industrialisierung von Siedlungskolonien entfällt, weil die Entwicklungsländer nicht vom Typus der Siedlungskolonien sind. Aber auch das scheinbar nächstliegende Beispiel privatwirtschaftlicher Industrialisierung, das Beispiel Japans, ist unwiederholbar; darin sind sich die Kenner der jüngeren japanischen Wirtschaftsgeschichte einig: Die japanische Industrialisierung geschah unter Rückgriff auf eine geradezu merkantilistische Politik des Wirtschaftsnationalismus, u. a. des Abschlusses gegen privates Auslandskapital (dieser hat bis gegen Ende der zwanziger Jahre unseres Jahrhunderts angehalten). Die japanische Industrialisierung geschah ferner unter großzügiger Vernachlässigung alles dessen, was irgendwie Sozialschutz, in Stadt und Land, bedeutete. Die japanischen Arbeitslöhne sind zum Ärgernis der Weltmärkte geworden. Und die japanische Industrialisierung ist drittens in den typischen Bahnen dessen verlaufen, was wir als Wirtschaftsimperialismus bezeichnen, mit gewaltsamer Aneignung von Rohstoffquellen und aggressiven Methoden der Absatzerschließung.

So dürften alle drei bisherigen geschichtlichen Modelle privatwirtschaftlicher Industrialisierung mehr oder weniger unwiederholbar sein. Natürlich könnte ein neuer Typus privatwirtschaftlicher Erschließung gefunden werden. Sehr vieles am Industrialisierungsproblem weist allerdings auf gemeinwirtschaftliche Lösungen hin. Allein an der Frage der Aufbringung und des Einsatzes der Industrialisierungsmittel dürfte dies sinnfällig geworden sein. ... Es ist aber hinzuzufügen: Die Tendenz zu einer gemeinwirtschaftlichen Ordnung bedeutet nicht gleichzeitig Tendenz zum sowjetischen, oder etwa auch zum chinesischen Typus solcher Ordung. Teilt auch der Entwicklungsraum mit diesen Ländern bestimmte ökonomische, zum Teil auch gesellschaftliche Ausgangsprobleme, so sind doch die *Bedingungen* der Industrialisierung andere. Es fehlt das Moment der weltwirtschaftlichen Isolierung. *Neue* Typen gemeinwirtschaftlicher Ordnung scheinen vielmehr zu erwarten, verschieden je nach den Bedingungen der einzelnen Länder. Etwa ein kräftiges Genossenschaftswesen, auch in der Produktion, oder Formen von Staatskapitalismus, d. h. von staatlich überwachter partieller privatkapitalistischer Betätigung.

Was folgt daraus für das Verhältnis des ‚Westens' zu den Entwicklungsländern? Zunächst: die übrigens an der Geschichte erhärtete Einsicht, daß die Entwicklungsländer, soweit sie *ihren* Problemen gerecht werden wollen, mindestens auf längere Zeit und in weiten Bereichen, nicht nach geldwirtschaftlicher Ratio, d. h. nach dem Kriterium der Rentabilität, sondern vielmehr nach gesamtwirtschaftlichen Kriterien, mit Blick auf die Zukunft, nach Maßgabe naturaler Produktivität wirtschaften müssen. Und die Einsicht darein, daß sich ihnen hierdurch die Adoption des erwerbswirtschaftlichen Modells weithin verschließt. — Das aber stellt die Umwelt selbst vor eine Bewährungsprobe: Die Anerkennung der industriellen Entwicklung als einer Notwendigkeit für die Länder, von denen hier die Rede war, schließt ein die Anerkennung auch des Rechts dieser Länder, ihren Industrialisierungspfad eigenständig zu suchen. Denn die Fragen der Wirtschaftsordnung sind von den Sachproblemen nicht zu trennen, und den Entwicklungsländern hier mit ihnen oft fremden Ordnungsvorstellungen kommen zu wollen, hiervon etwa eigene Mithilfe abhängig zu machen, hieße einfach die Industrialisierung selbst behindern und damit die Industrialisierung immer neu zu einem Kampfprogramm, auch gegen den Westen, werden lassen. Die Emanzipation der Entwicklungsländer von ihren einstigen industriellen oder politischen Vormächten ist noch keineswegs abgeschlossen. Wir aber haben, so schmerzlich uns das ankommen mag, diese Emanzipation als den einzigen Weg zu ehrlicher Partnerschaft, zu wirklicher Gleichbürtigkeit zu akzeptieren. ... Die Entwicklungsländer von heute haben ökonomische Überfremdung erlebt, sie haben politische Überfremdung erlebt; die Erfahrung ideologischer Überfremdung sollten wir ihnen, soviel an uns ist, ersparen. Wir haben heute zu erweisen, wieweit wir die Fragen der Entwicklungswelt gerade *nicht* unter dem Aspekt der West-Ost-Rivalität, d. h. als *unsere* Fragen, sondern als Fragen der Entwicklungswelt *selbst* anzusehen bereit sind. *Das* heißt heute die Selbstbestimmung der Völker ernst nehmen, *das* heißt das große geistige Erbe der Liberalität wiedererwecken in unserer Epoche; *das* heißt auf dem zerklüfteten Globus von heute *Weltbürger* sein!" (S. 168 ff.)

Literatur

Ragnar *Nurkse:* Problems of Capital Formation in Underdeveloped Countries, Oxford 1953 (1958[6]). — W. A. *Lewis:* Die Theorie des wirtschaftlichen Wachstums, a. d. Am. Tübingen 1956. — Harvey *Leibenstein:* Economic Backwardness and Economic Growth, New York 1957. — P. T. *Bauer:* Economics and the Underdeveloped Countries, 1957. — G. M. *Meier,* R. E. *Baldwin:* Economic Development. Theory, History, Policy, New York 1957 (Neuauflage 1963). — Albert O. *Hirschman:* The Strategy of Economic Development, New Haven 1958. — Gunnar *Myrdal:* Ökonomische Theorie und unterentwickelte Regionen, a. d. Engl., Stuttgart 1959. — Fritz *Baade:* Die Beziehungen zwischen landwirtschaftlicher und industrieller Entwicklung, WA 1959 II. — Landwirtschaft und Industrialisierung in den Entwicklungsländern, Beihefte zur Konjunkturpolitik, Berlin 1960. — B. F. *Hoselitz* (Ed.): Theories of Economic Growth, Glencoe/Ill. 1960. — E. *Nevin:* Capital Funds in Underdeveloped Countries, London 1961. — Peter *Heintz* (Hsg.): Soziologie der Entwicklungsländer. Eine systematische Anthologie, Köln und Berlin 1962. — Walter *Galenson* (Ed.): Labor in Developing Economies, Berkeley und Los Angeles 1962. — Alexander *Gerschenkron:* Economic Backwardness in Historical Perspective, Cambridge/Mass. 1962. — G. M. *Meier:* Leading Issues in Development Economics, New York 1964. — Klaus *Billerbeck:* Die Konsequenzen der Industrialisierung der Entwicklungsländer für die Industrieländer, Köln und Opladen 1964. — Wilfried *Guth* (Hsg.): Die Stellung von Landwirtschaft und Industrie im Wachstumsprozeß der Entwicklungsländer, Berlin 1965. — Hla *Myint:* Economic Theory and the Underdeveloped Countries, Journ. of Pol. Ec. 1965, S. 477 ff.

Schluß

Die Theorie des volkswirtschaftlichen Gesamtprozesses, soweit sie Theorie der *Kapital*erweiterung, also der Entwicklungsbedingungen unserer eigenen Ordnung ist, durchwaltet seit den Tagen der Klassik der Kontrast zwischen zwei Sichtweisen: Die eine vertraut den Kräften einer *gleichgewichtigen* Entwicklung, die andere hebt das tatsächliche *Ungleichgewicht* des Akkumulationsprozesses hervor. Ein proportioniertes Fortschreiten aller ineinandergreifenden Teile der Volkswirtschaft erscheint den einen als immanente Tendenz der Wirklichkeit selbst, den anderen als bloße Denkmöglichkeit. Disproportionen werden im einen Falle als *Störungen,* im anderen als die eigentliche Form der Kapitalexpansion betrachtet. Soweit nicht in neuerer Zeit an der Möglichkeit einer fortgesetzten Wirtschaftserweiterung überhaupt — unter dem Eindruck der Weltwirtschaftskrise — gezweifelt worden ist („Gleichgewicht bei Unterbeschäftigung": *Keynes;* Tendenz zur „säkularen Stagnation": A. H. *Hansen*), lebt jener Kontrast in anderen Formen fort, den schon in der Epoche der klassischen Ökonomie die Gleichgewichtszuversicht eines J.-B. *Say* und der gleichzeitige besorgte Ausblick eines *Sismondi* bezeichnet hat. Was im Lehrwerk von Karl *Marx,* in den Schemata einer kontinuierlich erweiterten Reproduktion des Kapitals einerseits, im konjunkturtheoretischen Ansatz von Marx andererseits seinen dialektischen Ausgleich gefunden hat, tritt später wieder auseinander. Den Ökonomen, die auf die Selbstordnungskraft der Märkte bauen *(Solow, Kaldor),* stehen andere gegenüber, denen ein — womöglich kumulativer — Prozeß der Störung des bloß denkbaren Gleichgewichts die Wirklichkeit der Wirtschaftsgesellschaft ist *(Harrod, Domar, J. Robinson).* — Der Gegensatz kehrt wieder im Kontrast zwischen dem Bilde der („reinen") *Wirtschaftstheorie* und dem der Lehre von den Aufgaben der praktischen *Wirtschaftspolitik.* Herrscht dort der Gedanke einer dem System inhärenten Gravitation zum Gleichgewicht, so gehen hier die Dinge eigentlich nirgends auf; überall bedarf es einer korrigierenden, umverteilenden und damit umproportionierenden Hand und eines überlegenen, Ordnung erst stiftenden Sozialorgans.

Freilich gelangen wir — im Wirtschaftlichen wie in anderen Lebensbereichen — zu einer Vorstellung von dem *„Richtigen"* eigentlich nur über die Erfahrung dessen, was sich als *korrekturbedürftig* erweist. So lebt vollends die *Konjunkturtheorie* aus dem im Sachverhalt selbst angelegten Spannungsverhältnis von *Disproportionen,* die sich regelmäßig nicht etwa zu einem ideellen „Gleichgewicht" der Bewegung, sondern zu entgegengesetzten Disproportionen hin korrigieren, und die gerade hierdurch der Empirie eine Ahnung von dem vermitteln, was als *proportionierte* Entwicklung *vorzustellen* wäre.

Der Widerspruch liegt im gesellschaftlichen Inhalt eben jener „Selbstordnung", aus der das „Gleichgewicht" entspringen soll. Sie vollzieht sich durch die Wirksamkeit heterogener und konkurrierender Teilinteressen, von denen keines auf absichtsvolle *Gesamt*ordnung zielt, und deren Kräfte einander keineswegs neutralisieren, sondern vielmehr übermächtigen und in der Richtung beirren. Die Lehre vom *Gesamtzusammenhang* der Bewegung transzendiert daher notwendigerweise den engen Horizont aller Einzelbeteiligten.

Eben hierdurch aber ist alle Theorie des volkswirtschaftlichen Gesamtprozesses selbst essentiell gefährdet. Gesichert scheint nur zu sein, was der Welt der Privatwirtschafter zugehört. Und von der *einzelwirtschaftlichen Analogie* ist in der Tat die Theorie des Wirtschaftsprozesses bis in ihre begriffliche Apparatur hinein durchsetzt worden.

Diese Begriffe selbst aber sind heute weithin *ideologisch deformiert.* Das lehrgeschichtlich weit zurückzuverfolgende Bestreben, alle kritischen Momente unseres erwerbswirtschaftlich-kapitalistischen Systems, ja dessen sozialen Gehalt schlechthin der Einsicht zu entziehen und den Wirtschaftsablauf als ein Zusammenspiel technischer Daten, als eine „Saldenmechanik", als einen volkswirtschaftlichen „Regelkreis" erscheinen zu lassen, hat dazu geführt, daß Grundkategorien unserer Wirtschaftsweise ins rein Instrumentale umgedeutet worden sind: So findet sich der umfassende Begriff des *Kapitals* reduziert auf dingliche Teilaspekte („Sachmittel der Produktion", „Geld"); seine übergreifende Natur — und daher etwa auch die Beziehungen von *Kapitalumschlag* und volkswirtschaftlichem Gesamtprozeß — ist weithin uneinsichtig geworden. Die als Ärgernis empfundene Kategorie des *Profits* ist in eine Reihe von „Kosten"-Elementen aufgeteilt worden, so daß nur Monopolrente und Differentialgewinn übrig blieben und die Behauptung gewagt werden konnte, im Normalzustand werde von den Unternehmungen überhaupt kein Gewinn gemacht. Wie der Inhalt des Kapitals, so ist auch derjenige der *Kapitalakkumulation* zu dem vielfach mißleitenden Begriff der *„Investition"* — der bloßen Bildung von *Sach*kapital — verengt worden. Von unverkennbar moralisierend-apologetischem Gehalt ist vollends die Kategorie des *„Sparens"*, die den umfassenden Prozeß der *Geldkapitalbildung* auf die Denkwelt des bürgerlichen Hausvaters zurückbringt.

Schließlich ist der unserem Wirtschaftssystem wesentliche *Kapitalprozeß* losgelöst worden von der eigentlichen Sphäre aller *Wertschöpfung,* der *Produktion,* die nur noch als ein Sektor des Wirtschaftslebens neben anderen rangiert. Die Einzelseiten des Prozesses der Wertvermehrung gewinnen damit ein Eigendasein; und Gewinn scheint überall da zu *entstehen,* wo er den Einzelwirtschaftern *erscheint.* — Verloren gegangen ist vollends mit der Einsicht in die Natur der Wertschöpfung der Sinn für die *produktive Arbeit.* Dies bezeichnet zugleich die elementare Schwierigkeit der neueren „Wachstums"theorie gegenüber der *Entwicklungswelt* von heute, vor der die gleiche große Frage sich wieder erhebt, an der die Theorie des Wirtschaftsprozesses sich in unserem Geschichtskreis einst hochgearbeitet hat, und die der Auskunft über die originären Quellen aller Volkswohlfahrt dringend bedarf.

Was unter diesen Umständen die Einsicht in den gemeinten Sachverhalt, vollends für den Ungeschulten, so sehr erschwert, ist nicht der Sachverhalt selbst, sondern vielmehr das Netz eines *depravierten und inadäquaten Kategorialsystems,* das die neuere Theorie darüber geworfen hat; eines Systems, das durch ständige Wiederholung den Charakter des Zwingenden, Unentrinnbaren auch für den einzelnen gewonnen hat. Jener *„Fetisch-Charakter"*, den einst Karl *Marx* in der Waren-Welt der modernen Kommerzgesellschaft entdeckt hat, scheint mittlerweile zur Signatur des ökonomischen Bewußtseins selbst geworden zu sein. Er schlägt auch überlegene Geister in seinen Bann und hat den Prozeß des ökonomischen Denkens zu einem qualvollen Vorgang der schrittweisen Berichtigung verfehlter Grundannahmen gemacht. Der esoterische Charakter, den die formalisierte Theorie des Wirtschaftsprozesses — wie die Nationalökonomie weithin als *ganze* — angenommen hat, erscheint freilich selbst als eine List der auf Selbstschutz bedachten sozialen Räson. Das *letzte* Wort der Kritik hat daher die Einsicht in das theorienschaffende gesellschaftliche *Bedürfnis.*

Personenregister

Sachregister